教育部人文社会科学研究基金项目（05JA740024）成果
“明代早中晚期三部白话小说虚词计量研究”三种之一

《水浒传》虚词计量研究

曹炜 等　著

暨南大學出版社
JINAN UNIVERSITY PRESS
中国·广州

目录

汉语语言史全面、准确的还原和建构是汉语学术界几代人的梦想。

第一章　绪　论

第一节 《水浒传》虚词研究的意义

一、专书语法研究的意义

汉语语言史全面、准确的还原和建构是汉语学术界几代人的梦想。

20 世纪 50 年代，王力先生等完成了《汉语史稿》的写作，这是国内第一部描写汉语语言史的著作。今天看来，此书除了“语音的发展”部分（上册）的描写比较清晰、细腻、准确之外，“语法的发展”（中册）和“词汇的发展”（下册）两部分的描写均比较薄弱，不少问题语焉不详，不少描写或者不够准确，或者缺乏足够的材料依据。《汉语史稿》面世以后，其中的一些论断争讼不断，就是明证。个中主要原因是，汉语语音史的勾勒有比较充分的可以依凭的断代成果，如《切韵》、《广韵》便是唐宋时期语音描写的断代成果，《中原音韵》就是元明时期语音描写的断代成果，《诗经》押韵反映的是先秦时期的语音概貌，再加上清儒古音研究的成果、高本汉音韵学研究的成果以及方言研究的成果等，都为汉语语音史的建构提供了扎实、可靠的依据。而汉语语法史、词汇史的建构则远没有汉语语音史的建构那么幸运、那么富有基础，一方面前人在语言研究中没有“语法学”、“词汇学”的概念，数千年下来，几乎没有某一个时段语法系统或词汇系统的断代描写的成果；另一方面 20 世纪 50 年代国家刚获太平，百废待举，语言研究的成果缺乏，在这样的背景下要建立翔实并经得起推敲的汉语语法史和汉语词汇史实在是一种奢望。

这里不谈汉语词汇史的建构，单表汉语语法史的勾勒。

前面已经说过，汉语语法史的勾勒所依赖的是某一个时段汉语语法系统的断代描写，而某一个时段汉语语法系统的断代描写则又依凭于能准确反映某个时点汉语语法系统概貌的专书语法研究。事实证明，那些在没有某一时点代表性专书语法研究提供基础的前提下所进行的某一类语法现象发展史的研究多多少少会存在一些缺漏。可见，专书语法研究对汉语语法史的建立是多么的重要。

20 世纪 80 年代以降，在汉语史领域中最亮丽的一道风景是学者们有关晚唐五代以来近代汉语语法现象的研讨，出现了一些专书语法研究和断代语法研究的论著，也出现了一些语法专题研究的论著。但这些成果在总体数量上依然显得很不够，尤其是宋、元、明、清四个朝代的专书语法研究、断代语法研究还存在着许多空白点。要建立“晚唐——清汉语虚词史”、“晚唐——清汉语语法史”等还有许多重要的基础性工作要做。因此，国家社科规划办在 2005—2007 年连续三年的国家社科基金项目的“语言学申报课题指南”中均指出：“今后要在发掘事实和理论探讨的基础上，以建立更为翔实的汉语词汇史、语法史为目标，开展系列专题、专书、断代研究。”这种倡导是非常正确、非常及时的。

我们着手的《水浒传》虚词研究便属于专书语法的专题研究。

二、《水浒传》虚词研究的意义

《水浒传》取材于北宋末年宋江起义的故事，为元末明初人施耐庵依据当时的话本、剧本及文人笔记中所铺陈和记录的有关水浒的故事综合加工而成，因此，国内学界基本认定该书大约问世于元末明初。而按照对《水浒传》考察了30多年的日本著名汉学家香坂顺一的说法，其文学语言应该反映了宋至明初的白话文语法的基本概貌。[①] 今天看来，有一点是毋庸置疑的：《水浒传》文学语言总体上反映的是明代初期语言的基本面貌，是研究明代初期语言极为难得、极为珍贵的重要材料。

前人关于《水浒传》虚词研究的成果首推香坂顺一的《水浒词汇研究（虚词部分）》。香坂顺一先生在此书中对《水浒传》中的600多个虚词逐个进行了初步考察，书名虽是《词汇研究》，实际上是一部虚词词典，无论是全书的体例构架——没有章节，按音节将600多个虚词以词头的方式摆成长蛇阵，还是行文展开——每个虚词先作诠释，再提供用例，最后作简要说明，都接近辞书形式。这是20世纪80年代中期一个日本学者眼中的《水浒传》虚词系统，其时，国内的近代汉语语法研究才刚刚起步。

至于其他的学者，大多是对《水浒传》文学语言的一些语法结构、句型等感兴趣，对个中虚词的讨论基本上属于个案分析，系统的讨论则尚未有人再度尝试。

二十多年后的今天，我们重新来审视《水浒传》的虚词系统，按不同的词类逐类来加以考察，并且用香坂顺一先生未及使用的计量统计的方法来研究《水浒传》中600多个虚词的使用频率、各种语法意义和用法的百分比率，应该能看到一些以前所未曾看到过的新景观。

有明一代近300年，正值近代汉语向现代汉语发展演变的重要时期。明代汉语虚词的断代研究，无疑是近代汉语虚词史建构不可或缺的重要基石，而对《水浒传》虚词系统的准确描写不仅为明代汉语虚词的断代研究，也为有明一代近300年汉语虚词史的勾勒提供了坚实而又可靠的重要依凭。

第二节 《水浒传》虚词研究的步骤和方法

一、《水浒传》虚词研究的步骤

《水浒传》虚词研究的具体步骤为：

---

① 香坂顺一：《水浒词汇研究（虚词部分）》前言，文津出版社，1985年，第3页。

（一）版本的选择

《水浒传》的版本很多，大致可分为简本和繁本两大系统。“简本叙事简略，文字比较粗糙；繁本叙事详细，文学性较强”①，因此流行的多是繁本，“繁本主要是一百回本，题作《忠义水浒传》”②，此外，还有一百二十回本和七十回本，但“只有百回本可能是水浒故事定型成书的最早本子，也最接近传说故事的原貌”③。因此，我们选择百回本作为考察的对象和立论的依据。人民文学出版社于 1997 年 1 月出版的百回本是以容与堂本为底本，参照天都外臣序本、杨定见序本等整理而成的，并经多次校订，是目前通行的百回本中的善本，自然便成为我们的首选。

（二）电子文本的制作

前面已经说过，我们与香坂顺一先生的不同之处之一在于我们将使用计量统计的方法来对《水浒传》中的 600 多个虚词的使用频率、各种语法意义和用法在不同系统、不同范围中的百分比率逐一进行考察，最终展示出每个虚词在《水浒传》中反映其语法属性的全部数据。很显然，这是一项极其浩繁的巨大工程，如果全部靠手工统计——逐页翻检笔录，一来将耗费我们所难以承受的巨大人力和物力，二来难免会有这样或那样的差错和缺漏，从而无法保证数据的可靠性和准确度。这就迫使我们去寻找《水浒传》的电子文本。

目前，网络上所有的《水浒传》电子文本均存在着一个比较严重的问题，即错讹较多。开始，我们试图寻找一个错讹相对较少的电子文本作底本，通过几番校对完成制作，可后来发现，这样做的速度很慢，还不如直接将人民文学出版社于 1997 年 1 月出版的百回本输入电脑快捷。于是，我们将百回本分成五份，每人分别录入 20 回内容的文字，而后两两交换精校三次，最终制作成了研究所需的电子文本。电子文本的制作分别由徐冲、王华、征文平、冯芳、卞于靖等五人共同协作完成。

（三）考察对象的确定与语料的收集

《水浒传》中每一类虚词究竟有多少个成员，这是摆在我们面前的第一个问题。香坂顺一先生的《水浒词汇研究（虚词部分）》确实可以利用，但万一有遗漏怎么办，而且他使用的《水浒传》的版本也没有交代清楚。于是，我们采取了以下步骤：

（1）每人通过反复阅读《水浒传》来将自己要研究的某类虚词的成员一一摘录下来。

（2）将自己摘录的结果与香坂顺一先生的《水浒词汇研究（虚词部分）》中该类词的所有成员一一对照，以检查有无缺漏。

（3）翻阅裴学海的《古书虚字集释》，董志翘、蔡镜浩的《中古虚词语法例释》，

---

① 人民文学出版社编辑部：语文新课标必读丛书《〈水浒传〉导读》，人民文学出版社，1997 年第 2 版，第1 页。

② 朱一玄：《水浒传》前言，人民文学出版社，1997 年第 2 版，第 1 页。

③ 朱一玄：《水浒传》前言，人民文学出版社，1997 年第 2 版，第 2 页。

吕叔湘的《现代汉语八百词》，北京大学1955级、1957级语言班编的《现代汉语虚词例释》等书籍，选择一些未被摘录的词语通过《水浒传》电子文本搜索，以检查有无缺漏。

（4）最终确定每类虚词的成员阵容。

在确定了考察对象之后，我们通过电子文本将被考察对象的所有用例下载下来，而后甄别其身份，琢磨其在语法意义和用法上的些微差异（详见本小节“二、《水浒传》虚词研究的方法”）。

二、《水浒传》虚词研究的方法

在对《水浒传》虚词系统作全面考察的过程中，我们采用了一些独特而有效的研究方法，主要有：

（一）全方位、全过程地运用计量统计法

此前的一些论著也曾采用计量统计的方法，但一般只用于针对一些具体问题的讨论。而我们在讨论中则是全方位、全过程地运用计量统计法，不但对《水浒传》中每一类虚词的成员状况及每一个虚词的分布情况进行穷尽性的调查，还对每一个虚词的每一种语法意义和具体用法的数量、比例都详尽地进行计量统计，力求呈现《水浒传》虚词系统中每个成员用法上的特点，做到定量统计与定性分析相结合。在计算比例时，我们采用四舍五入的方法，精确至小数点后两位。同时，为了直观明了，我们还常采用列表分析法来加以分析、比较。

（二）着重作详尽的共时研究，一般不作历时考察

时下的一些近代汉语专书语法研究论著，往往在作共时描写之前先对被考察对象作一番历时演变轨迹的勾勒，从甲骨文中的意义说起，一直说到晚唐宋元明时期，这似乎已成为一种程式。然而，一个虚词发展演变的真正准确的历史轨迹只有一条，说的人多了，难免重复。当然，属于用法的历史比较的那种追溯不在此列。

我们在讨论某个虚词时一般只对其在《水浒传》中的分布及用法情况作多角度的详尽的共时描写，描写的内容包括该虚词的分布情况，各种语法意义及其分布，句法功能及其分布，组合能力及其分布，适用的句式及其分布，该虚词与其他同类虚词的语义、语用、句法方面的横向比较等，具体到不同类别的词会各有所侧重，目标是力求全面展示每一个虚词的用法特点。

至于某个虚词语法意义和用法的来源及此前的发展演变轨迹，我们一般不作描写，除非该虚词在《水浒传》中的语法意义和用法同它此前的大相径庭，有必要作比较分析。

而《水浒传》中的虚词用法与稍后的明代其他专书中的虚词用法究竟有何差异，我们将在《〈型世言〉虚词计量研究》一书中予以展开讨论。

（三）微观分析与宏观勾勒相结合

专书语法专题研究一般不缺乏微观的分析，缺乏的是宏观的勾勒和高屋建瓴的概

括，所谓“只见树木，不见森林”说的就是这种情形。香坂顺一先生的《水浒词汇研究（虚词部分）》一书所缺乏的也正是这个。

我们在微观分析不放松——力求较之香坂顺一先生的《水浒词汇研究（虚词部分）》中的描写细腻、详尽远甚的前提下，着力于某类虚词或某个虚词用法特点的总体勾勒和宏观概括，从而使描写错落而丰满，同时也使讨论的系统性和关联性得到加强。

第三节　“《水浒传》虚词计量研究”课题概述

“《水浒传》虚词计量研究”课题是曹炜主持的教育部人文社会科学基金项目“明代早中晚期三部白话小说虚词计量研究”（05JA740024）的三个子课题之一。该子课题的主持人是曹炜，课题组成员（按姓氏音序排列）依次为卞于靖、冯芳、王华、徐冲、征文平。

“《水浒传》虚词计量研究”子课题与“《金瓶梅词话》虚词计量研究”子课题、“《型世言》虚词计量研究”子课题等构成“明代早中晚期三部白话小说虚词计量研究”总课题的全部内容。当然，在实施“《型世言》虚词计量研究”子课题的过程中，我们同时完成另一项工作——明代早中晚期三部白话小说虚词比较研究。

“《水浒传》虚词计量研究”课题主要由六个部分组成，依次为绪论、介词系统计量研究、助词系统计量研究、连词系统计量研究、代词系统计量研究和程度副词系统计量研究。

这里有两个问题需要说明：

（一）关于将代词、副词纳入本课题的说明

代词在现代汉语中归为实词，这是从代词可以充当句子成分的角度来归类的。而在古代汉语中，先贤们一般将代词归为虚词。《马氏文通》虽把“代字”归为“实字”，但也承认“先儒或以代字列诸虚字”①。这显然是从代词的意义比较虚空的角度来归类的。而前述裴学海的《古书虚字集释》中就收录有代词，北京大学中文系1955级、1957级语言班编的《现代汉语虚词例释》中也收录有代词，董志翘、蔡镜浩的《中古虚词语法例释》中的“凡例”中更是将代词作为其讨论的七种虚词之一。② 再加上《水浒传》的代词系统也确实颇有特色，让我们难以割舍，所以本课题讨论的范围也涵盖代词。

无独有偶，副词在现代汉语中也归为实词，理由同代词。而在古代汉语中，先贤

---

① 马建忠：《马氏文通》，商务印书馆，1983年，第20页。

② 董志翘、蔡镜浩《中古虚词语法例释》“凡例”三：“本书在每个词目下，首先标明词性。共分为代词、副词、连词、助词、介词、词缀、助动词七类。”吉林教育出版社，1994年。

们也都将其归为虚词，理由也同代词。北京大学中文系1955级、1957级语言班编的《现代汉语虚词例释》在“凡例”中也将副词列为虚词之首，[①] 所以本课题讨论的范围也涵盖副词。课题主持人最初设计的时候，是将副词的全部成员纳入讨论的范围，后来由于时间及人力所迫，而副词部分的工作量又实在太大，所以在实施过程中放弃了时间频率副词、情态方式副词、范围处所副词、语气副词及肯定和否定副词等，而只讨论了程度副词。

（二）关于助词系统涵盖范围的说明

现代汉语的助词系统所涵盖的范围中没有语气词，但在古代汉语中，语气词也被称为语气助词，是助词系统内部的一个次类。语气词单立不是不可以，但单立的语气词在专书研究中较之介词、连词、代词等毕竟显得有些单薄。因此，在本课题的实施中，我们将语气词放在助词系统中来加以讨论。

“《水浒传》虚词计量研究”课题实施人员的具体分工如下：

第一章	绪　论	曹　炜撰写	
第二章	《水浒传》的介词系统	徐　冲撰写	曹　炜修订
第三章	《水浒传》的助词系统	王　华撰写	曹　炜修订
第四章	《水浒传》的连词系统	征文平撰写	曹　炜修订
第五章	《水浒传》的代词系统	冯　芳撰写	曹　炜修订
第六章	《水浒传》的程度副词系统	卞于靖撰写	曹　炜修订

这里也有几个问题需要说明：

（一）关于总体框架设计来源的具体说明

“《水浒传》虚词计量研究”课题的酝酿和框架设计始于2003年秋季，是我们申报2004年度国家社科基金项目的课题“明代早中晚期三部白话小说虚词计量研究”的一个子课题，结果申报没有成功。2004年秋，我们在对过去的设计进行充分修改的基础上继续申报2005年度国家社科基金项目，结果又没有成功。于是改为申报2005年度教育部人文社科基金项目，终获立项。

2004年9月，课题主持人招收了五名2004级汉语言文字学专业的硕士研究生：徐冲、王华、征文平、冯芳、卞于靖。入学之后，课题主持人原本为他们设计的硕士毕业论文选题是合起来一起做“百年汉语词汇史（1900—2000年）”，一人选做一段。经过一段时间摸索之后，他们反应有难度。于是，2005年9月，课题主持人将他们五人的硕士毕业论文选题改为合起来一起做“《水浒传》虚词计量研究”，并为每个人指定了研究对象和内容。其时，项目主持人申报的课题尚未有结果，但总体设计框架在申报书中已经比较完备，这便是本书的基本框架。

---

① 北京大学中文系1955级、1957级语言班编的《现代汉语虚词例释》“凡例”一：“本书共收副词、介词、连词、助词、语气词等虚词790条。”商务印书馆，1982年。

（二）关于徐冲、王华、征文平、冯芳、卞于靖等人初稿撰写的具体说明

2005年9月始，徐冲、王华、征文平、冯芳、卞于靖等人按照项目主持人的要求，分别对《水浒传》中的介词系统、助词系统、连词系统、代词系统和程度副词系统进行了细致的考察研究，耗时20个月，于2007年5月完成写作。期间，征文平和冯芳的写作最为难产，主要原因是可资借鉴的前哲时贤的相关研究成果相对较少，时不时需要导师参与商讨。尤其是征文平的连词系统的讨论，师生常常为讨论对象的词性辨认和语法功能表述而伤透脑筋，一切磋就是一个上午、一个下午或一个晚上。

应该说，五位研究生基本上均能按照导师的要求比较圆满地完成既定的研究任务，在嗣后的硕士论文答辩过程中获得了答辩组专家的一致好评。尤其是卞于靖关于程度副词的研讨，更是赢得了大家的一致赞誉，答辩委员会主席王继如教授更是要求将“该论文已经达到博士研究生毕业论文水平”写入卞于靖学位论文的答辩委员会决议中。

（三）关于曹炜修订定稿的具体说明

曹炜修订定稿前后耗时近两年，可以分为两个阶段：

第一个阶段：逐字、逐句、逐段全面修订阶段，始自2007年7月，终于2008年12月。修订所针对的主要是以下问题：①统计所获得的数据前后矛盾；②针对所举例证所作的分析不正确；③所举例证与所要证明的语法特征不吻合；④分析论证过程中表述的语言不恰当；⑤在同一篇文章中前后体例不一致；⑥脚注缺漏或脚注不规范。

第二个阶段：再次删繁压缩阶段，始自2009年1月，终于2009年6月。由于在与出版社签订的出版合同中有字数的约定，我们不得不对上述改定稿再作删繁压缩。这是个十分痛苦的过程，因为每个字均是我和我的研究生们的血汗。目前的情形较之学位论文答辩时的情形，在规模和数量上是大大压缩了。

在讨论《水浒传》的介词系统之前，我们首先面临的是介词的判定问题，主要涉及介词和动词的区分问题以及介词和连词的区分问题。

第二章 《水浒传》的介词系统

在讨论《水浒传》的介词系统之前，我们首先面临的是介词的判定问题，主要涉及介词和动词的区分问题以及介词和连词的区分问题。

我们先来讨论介词和动词的区分问题。

从理论上讲，动词属于实词，是开放的类，主要表示具体的词汇意义；而介词属于虚词，是封闭的类，在句中只表示抽象的语法意义，起到标示语法成分之间语法关系和语法意义的作用。在动词与介词的划分上，以语法功能为主，兼顾形式和意义，一般认为有四条标准：①

（1）“体”标志的有无。介词一般不带“体”标志，不能带动态助词。

（2）句法位置。介词一般处于“V_1+N+V_2”格式的 V_1 位置上，V 表示动词，N 表示名词。

（3）介词不能重叠。

（4）介词不能单独回答问题。

我们认为，介词的范围应该从严界定，只有动作意义已经虚化，不单独作谓语，或者与作谓语动词时的意义是有明显区别的，才算作介词。如“给”在近现代汉语中是引进对象的介词，但在《水浒传》中基本都用作动词，因而我们就不把它作介词来讨论。又如香坂顺一先生在《水浒词汇研究》中把“使”、“叫”、“教”等词归为表示使役的介词，但现在大家普遍认同的是将这些词归为使令性动词，对此我们也不把它们作为介词加以讨论。

在计量分析时，我们对《水浒传》的例句统计也从严把握，凡能判定为动词的则不作介词用例统计。

下面再来谈谈介词和连词的区分问题。

介词和连词的区分主要涉及诸如“与”、“和”、“以”等一些兼有介词和连词用法的虚词在具体语境中的词性归属问题。我们主要采取两种办法：一是考察其语法功能的差异：介词只带上其后的宾语一起充当句子成分，而且只能作状语或补语；而连词则必须带上它前后两个所连接的成分一起充当句子成分，而且常作主语和宾语。二是考察其语法意义的差异：连词的语法意义比较单纯，只起连接作用；而介词的语法意义则比较丰赡。在判定个别词的词性归属时，我们往往将上述两条综合起来加以考察。

此外，我们觉得还有两点需要加以说明：

（1）一般而言，语音形式不同的介词，我们一般作不同的介词处理。但一部分介词后面带上了“着”、“了”，我们则将其看作是同一个介词的不同变体，如“朝”、“朝着”就属此类，我们在介词“朝”中讨论“朝着”，同时“朝着”的用例也都统一到介词“朝”当中。《水浒传》中类似的介词还有“乘”和“乘着”、“靠”和“靠着”、“除”和“除了”等。

---

① 参见马贝加：《近代汉语介词》，中华书局，2002 年，第 4 页。

（2）《水浒传》中由介词构成的双音节结构究竟是双音节介词还是介词连用，似乎很难确定。我们的处理意见是，出现频率高的（出现10次以上）为双音节介词；出现频率低的为介词连用。如果是介词连用，我们则放在第二个音节的介词中进行讨论，如介词“在”和“于”的连用——“在于”，介词“到”和“于”的连用——“到于”，我们都是放在介词“于”中加以讨论的，并且这些连用的用例都统一计算在介词“于”的用例中。

本章以《水浒传》的介词系统作为考察对象，以计量研究为基础，对《水浒传》中每一个介词的分布情况及用法进行详尽的分析和描写。那些在《水浒传》中出现频率高、用法丰富且有特点的介词是本章论析的重点。

本章将介词分为四大类：处所、时间类介词，凭借、方式类介词，原因、目的类介词，对象、范围类介词。在每一大类中再根据不同的语法意义分为不同的小类，在每一小类讨论结束后，都有一个小结和数据表；每一大类讨论结束后，都有一个总结。

本章拟对《水浒传》中所有的67个介词展开讨论，这些介词依次为于、自、从、就、在、去、向、把、及、至、到、望、往、当、朝、照、奔、冲、经、沿、随、顺、趁、乘、赶、方、值、临、离、为、因、缘、被、以、用、凭、据、仗、靠、依、按、论、将、拿、与、和、问、共、同、跟、对、替、吃、着、教、捉、连、带、除、抵、比、由、打、让、借、劈、拦。

第一节 处所、时间类介词

一、处所介词

（一）起始处（于、自、从、就、在、去、向、把）

这类介词表示动作行为的处所起点，几乎都相当于“从”，它们往往和后面的名词性成分构成介词短语作状语。《水浒传》中共有454例，占处所类介词的5.64%。

1. 于

“于”在商代文献中兼属动词和介词，介词用法仅限于表示处所、时间、对象等，其他用法都是周代以后才逐渐产生出现的。到了秦汉时期，“于”已经成为汉语中使用频率最高的介词之一，语法意义极为丰富。作为处所介词的“于”在古代汉语中是比较常见的。但其在《水浒传》中表示处所起始的用例并不多见，在百回本中只有8例，仅占其介词用例的1.99%。如：

①只见那两个大虫于黑影里直立起来，……（23回）

②身穿一领旧法衣，手里擎着法环，于路摇将进来。（47回）

③宋江自令人于馆驿内搬出酒肉，赏劳三军，都教进前。（83回）

这8例无一例外，都是后面带上名词性成分一起作状语。

2. 自

“自”在古代汉语中表示处所起始的用法十分常见，但在《水浒传》中用例很少，只有12例，占其介词用例的4.56%。

介词“自”从东汉开始可以表示官位或地位的起点，这种用法在《水浒传》中仅见1例。如：

①起自花村刀笔吏，英灵上应天星。(18回)

《水浒传》中表示处所起始的介词“自”最常见的用法是带上方位名词或表示处所的疑问代词一起作状语。如：

②只将三五百步军马军进城，自东过西，寡人亲要观看。(82回)

③那引军旗在阵内自东转北，北转西，西投南。(88回)

④今次却说及时雨宋公明，自何而来在山寨？(34回)

3. 从

在《水浒传》中，“从”是表示处所起始用例数量最多的介词，共有295例，占处所类介词的3.66%，占其介词用例的54.23%。

“从”表示处所起点时，多带上指示代词或方位短语一起作状语。如：

①这秃驴倒是个老贼，这般险峻山冈，从这里滚了下去。(5回)

②杜兴入去不多时，只见李应从里面出来。(47回)

③手拿长枪上马，从厅后跑将出来。(12回)

④石子从肋罗里飞将过去。(70回)

与介词“从”用法相似的“打从”，在《水浒传》中表示处所起点的用例仅有1例，后面也带上了方位短语一起作状语。如：

⑤穆太公道：“你等如何却打从那条路上来？”(41回)

4. 就

“就”表示始发处，最早见于魏晋时期。晚唐五代以后，“就”的介词用例数量逐渐增多，且用法日趋丰富。在《水浒传》中表示处所起始的介词“就”共有32例，虽然占处所类介词的比例并不是很高，但占介词“就”所有用例的比重还是比较高的，达10.13%。如：

①杨志就弓袋内取出那张弓来，扣得端正，擎了弓，…… (13回)

②阎婆就床上拖起女儿来，…… (21回)

③开了锁，就香帛袋中取出那御赐金铃吊挂来，叫推官看。(59回)

介词“就”表示处所起始时，所带宾语经常是方位短语，它们一起作状语，如上述诸例。

介词“就”表示始发处的用法在现代汉语中已经消失。

5. 在

介词“在”表示所在处是其介词用法中最重要也最常见的用法，无论是古代汉语、近代汉语中，还是现代汉语中。但其表示处所起始的用法在近代汉语中并不十分多见，在《水浒传》中，我们只看到了17例，在“在”所有的介词用例中所占比例很小，仅为0.48%。如：

①那道人不知智深在后面跟来，只顾走入方丈后墙里去。(6回)

②若是只在这里寻路上去时，惟恐有失。(34回)

③见哥哥张横在大江里来，借哥哥身壳，……(95回)

④赃物正在你箱子里搜出来，如何赖得过！(30回)

介词“在”表示行为动作的起始处时，其所带宾语均为方位名词或方位短语，而且全部作状语，没有作补语的用例。

6. 去

“去”在《水浒传》中表示处所起始的用法比较多，共有74例。其宾语几乎都是方位短语，方位词前面的名词可以是表示事物的名词，也可以是表示人或人体某个部分的名词。这些宾语与介词“去”构成介词短语作谓语的状语。如：

①去枪架上拿了一条棒在手里，来到空地上，使个旗鼓。(2回)

②三杯酒罢，石勇便去包裹内取出家书，慌忙递与宋江。(35回)

③只见那一个军官模样的人，去伴当怀里取出一帕子物事，递与管营和差拨。(10回)

④便去腰里掣出那两口烂银也似戒刀来，(31回)

例①、例②中“去”所带的方位短语中，方位词前面的均为表示事物的名词；例③、例④中方位词前面的均为表示人或人体某个部分的名词。

7. 向

在现代汉语中，“向”与“从”所表示的方向是相反的，但在《水浒传》中，“向”也有和“从”表示相同方向的用法。“向”表示始发处或由来，义同“自”、“从”。这一用法在《水浒传》中共有15例。如：

①武行者见了，怒从心上起，恶向胆边生，……(31回)

②张清把左手虚提长枪，右手便向锦袋中摸出石子，……(70回)

③便向身边取出假公文，劈脸丢将去道：“你看这是开封府公文不是?”(81回)

这种用法的“向”后面所带的都是方位短语，而且全部作状语。

8. 把

介词“把”表示处所起始的用法在近代汉语中十分罕见，我们在《水浒传》中仅发现1例，也是带上方位短语一起在谓语动词前作状语。如：

①自把头上拔下一把头发，递与杨志："你且吹我看。"（12 回）

【小结】　《水浒传》表示处所起始类的介词中，使用频率最高的依次是"从"、"去"、"就"，三者占了该用法用例的 88.33%。尤其是"去"和"就"，在《水浒传》中表处所起始的用例虽然不是最多的，但在它们所有的介词用例中，这种用法所占的比重还是比较高的。而且，"去"、"就"的这一用法在古代汉语中并不多见，在现代汉语中已经消失，也就是说，仅仅活跃在近代汉语中。除了表示官位或地位起点的"自"的唯一用例是带上宾语作补语之外，其他所有表示处所起始类的介词带上宾语后均作状语。

《水浒传》中表示起始处的介词用例数量及其分布情况详见下表：[①]

介词	于	自	从	就	在	去	向	把
用例数	8	12	295	32	17	74	15	1
类比例（%）	0.10	0.150	3.66	0.40	0.21	0.92	0.19	0.01
自身比（%）	1.99	4.56	54.23	10.13	0.48	29.60	4.82	0.06

（二）所在处（于、自、从、在、就、去、向）

这类介词表示动作行为发生的地点或场所，几乎都相当于现代汉语中的"在"。它们往往和后面的处所名词、方位短语或与指示代词构成的介词短语一起作状语。《水浒传》中共有 4 168 例，占处所类介词的 51.77%。

1. 于

介词"于"的这种用法在意义上相当于现代汉语的"在"，但其使用的范围和用法比较灵活多变。这种用法的"于"在《水浒传》中共出现了 317 次，占其介词用例的 78.86%，远远高于其表示处所起始的用法。可见，这一用法是介词"于"在明代初期汉语中的主要用法。如：

①右阵上青面兽杨志，拈手中枪，勒坐下马，立于阵前。（13 回）
②此一节牢记于心。（36 回）
③宋江道："可于城中买些肴馔之物将去。"（38 回）
④随唤赵谭与宋江等相见，俱于桐庐县驻扎。（97 回）

---

① "用例数"指介词在此用法中出现的次数。"类比例"指一个介词在其所属的类别里，用例数量占此大类所有介词用例数量的比重。由于数目较大，我们将处所时间类、凭借方式类、对象范围类分为处所、时间、凭借、方式、对象、范围六类，再加上原因、目的类，共七个类别。"自身比"指一个介词在某类中的用例数量占其自身在《水浒传》中所有介词用例数量的比重。

例①、例②中的“于+宾语”在谓语动词后作补语；例③、例④中的“于+宾语”在谓语动词前作状语。

此外，介词“在”和介词“于”可以连用，表示所在处，在《水浒传》中共有2例：一个带上方位短语后一起作补语，一个带上方位短语后一起作状语。如：

⑤话说当时周谨、杨志两个勒马在于旗下，……（13回）

⑥即目在于水边竖起架子，安排施放火炮，攻打寨栅。（55回）

2. 自

在《水浒传》中，处所介词“自”的主要用法之一不是表示时间或处所的起始，而是表示所在处，相当于现代汉语中的“在”，共有31例，占其介词总用例的11.79%。如：

①却说戴宗、杨林自酒店里看见那伙做公的入来寻访石秀，……（44回）

②石秀自肚里暗忖道：“莫信直中直，须访仁不仁。”（45回）

③看官听说，宋江自丹徒分兵，共是九十九人，已自不满百数。（92回）

④再说柴进同燕青，自秀州镌李亭别了宋先锋，行至海盐县前，……（96回）

“自”带上宾语后全部在谓语动词前作状语，没有作补语的用例。

3. 从

介词“从”表示所在处的用法不太常见，而且介词“从”的这一用法在现代汉语中已经完全消失。在《水浒传》中，这一用法共有15例。如：

①直使囚从冰上立，尽教人向镜中行。（8回）

②月光影里，纷纷红雨喷人醒；杀气丛中，一颗人头从地滚。（31回）

③欲识真仙高隐处，便从林下觅形踪。（53回）

④时迁却从梁上轻轻解了皮匣，正要下来……（56回）

《水浒传》中表示所在处的介词“从”经常出现在诗句或对仗语句中，如例①、例②、例③。这一用法中的介词“从”与后面的名词性成分构成介词短语后均作状语。

4. 在

“在”是《水浒传》中表示所在处的介词中使用频率最高的，共出现了3 339例，占处所类介词的41.47%，占其介词用例的93.53%。可见，表示所在处是“在”在元明之际最基本的用法。

《水浒传》中的介词“在”与名词性成分构成的介词短语既可以作补语，也可以作状语，而且两者的比例基本相当，作补语的略占优势，占52%。如：

①当时将丹诏供养在三清殿上，……（1回）

②悬挂在心中，不曾完得此愿。（51回）

③若是留提辖在此，诚恐有此山高水低，教提辖怨怅；……（4回）

④李逵拔两把板斧在手，叫人将火把远远照着。(73 回)

⑤看官牢记话头，这李忠、周通自在桃花山打劫。(5 回)

⑥那寇将军在镇远做了半世番官，死于孙立之手，尸骸落于马前。(87 回)

例①、例②是介词“在”带上名词性成分直接在谓语动词后作补语；例③、例④是介词“在”带上名词性成分在谓语动词所带的宾语后作补语；例⑤、例⑥是介词“在”带上名词性成分在谓语动词前作状语。

5. 就

表示所在处是介词“就”在《水浒传》中最主要的用法，共有 249 例，占其介词用例的 78.80%。而且它在《水浒传》各回中的分布都很均衡，基本上每回都可见到。如：

①就金殿上焚起御香，亲将丹诏付与洪太尉为使，即便登程前去。(1 回)

②你就庙里歇了等我。(2 回)

③且说史进就中堂又放起火来，大开了庄门，呐声喊，杀将出来。(3 回)

④长老选了吉日良时，教鸣鸿钟，击动法鼓，就法堂内会集大众。(4 回)

⑤再说这鲁智深就客店里住了几日，等得两件家生都已完备，……(5 回)

上述例子中的“就”均相当于现代汉语中的“在”，所带的均为处所名词或方位短语，构成介词短语后均作状语。“就”的这种用法还保留在现代汉语中，多用于书面语中。

6. 去

介词“去”表示所在处的用法在现代汉语中已经不是“去”的主要用法了，但《水浒传》中表示所在处是介词“去”最为常见的用法，用例多达 159 例，占其介词用例的 63.60%。

《水浒传》中介词“去”的用法多多少少还是带有一些趋向动词“去”的性质。这些“去”在几乎等同于现代汉语介词“在”的同时，还带有一些方向感。介词“去”表示所在处时，一般都是与方位短语构成介词短语，在动词前作状语。如：

①便去腰里摸时，搭膊和书都不见了。(2 回)

②这婆子乘着酒兴，叉开五指，去那唐牛儿脸上连打两拳……(21 回)

③再说那妇人归到家中，去槅子前面设个灵牌，上写：“亡夫武大郎之位。”(26 回)

④各用枪去石灰桶里蘸了石灰，再各上马，出到阵前。(13 回)

还有一种比较常见的情况是介词“去”与“把”字结构配合使用，这里的“把”相当于介词“用”、“拿”。如：

⑤那妇人拿起一盏茶来，把帕子去茶钟口边抹一抹，双手递与和尚。(45 回)

⑥退后一步，把衣袖去李逵腿上只一拂，喝声：“住!”(53 回)

7. 向

介词“向”表示所在处的用法在《水浒传》中共有43例，要大大多于表示起始处的用法，占处所类介词的0.53%，占其介词用例的13.83%。如：

①车辆人马都到山寨，向聚义厅上相会。(35回)
②和尚便抱住这妇人，向床前卸衣解带，共枕欢娱。(45回)
③日期已近，向那忠义堂前，挂起长幡四首。(71回)

在《水浒传》中，介词“向”表示所在处时，一般都是带上方位短语在谓语动词前作状语。介词“向”的这一用法在现代汉语中已经看不到了。

8. 把

介词“把”表示所在处的用法是比较少见的，但要多于表示起始处的用法。《水浒传》中表示所在处的“把”共出现了10次，仅占其介词用例的0.64%。如：

①智深赶下桥去，把崔道成后身一禅杖。(6回)
②宋江把袖子里摸时，手里枣核三个，袖里帕子包着天书。(42回)
③燕青赶上，把后面带毡笠儿的后心一拳，扑地打倒。(62回)

表示所在处的介词“把”与名词性成分构成的介词短语都在谓语动词前作状语。介词“把”的这种用法在现代汉语中已经看不到了。

【小结】 《水浒传》中表示所在处的介词共11个，其中使用频率最高的是“在”，用例多达3 339例，占处所类介词的41.47%，占其介词用例的93.53%。其用法相对于其他几个介词来说也是比较丰富的，已经基本接近于其在现代汉语中的用法。“于”、“就”、“去”的使用频率也不低，用例均过百。尤其值得关注的是，表示所在处的介词“就”、“去”、“向”和现代汉语普通话中的“就”、“向”意义和用法完全不同，它们今天已趋于消失，只保留在个别方言中。①

《水浒传》中表示所在处的介词用例数量及其分布情况详见下表：②

介词	于	自	从	在	就	去	向	把	及	乘	趁
用例数	317	31	15	3 339	249	159	43	10	1	2	2
类比例（%）	3.94	0.39	0.19	41.47	3.09	1.97	0.53	0.12	0.01	0.02	0.02
自身比（%）	78.86	11.79	2.76	93.53	78.80	63.60	13.83	0.64	2.70	3.17	5.88

① 参见刘镜芙：《〈水浒传〉中一组同义介词》，《暨南学报（哲学社会科学版）》1991年第2期，第118页。

② 在本小节中，我们主要讨论和分析用例比较多、用法比较丰富和典型的介词。对于个别用例数量很少且用法比较单一的介词，我们不列标目、不作展开，但会在各类统计表中展示其用例数量和分布情况。在后面的讨论中我们亦如此处理。

（三）终到处（于、及、到、至、在、就、向、往）

这类介词主要表示动作行为到达的处所，也就是动作行为的终点。《水浒传》中表示终到处的介词共有 2 351 例，占处所类介词的 29.20%。

1. 于

表示终到处并不是《水浒传》中介词“于”的主要用法，这种用法共有 37 例，仅占其介词用例的 9.20%。介词“于”表示终到处时，基本上都在谓语动词后，作补语。如：

①这个不是你们弟兄抬举宋江，倒要陷我于不忠不孝之地，万劫沉埋。(36 回)

②这曹明济急待要走，史进赶上，一刀也砍于马下。(84 回)

介词“于”常常同介词“到”连用，表示终到处。如：

③次日，众位官同送太尉到于龙虎山下。(90 回)

④到于衙前，打听的果然史进陷在牢中，方知吴用智亮如神。(69 回)

⑤须臾，合寺众僧都披袈裟坐具，到于法堂中坐下。(90 回)

2. 及

“及”也是一个比较古老的介词，它是由表示“到达、关涉”之义的动词“及”演变而来的。因此，介词“及”有表示终到处的用法并不奇怪，但介词“及”往往表示时间的终到点，表示终到处的用法并不多见，《水浒传》中只有 6 例。如：

①未及半箭之地，只见右手下锣鼓乱鸣，火光夺目，…… (66 回)

②未及十里，早迎着山棚。(82 回)

③未及半箭之地，松树林中早见一所庙宇，…… (97 回)

在这一用法中，介词“及”表示处所的终到处，但更多的是表示距离的终到处，或者说距离的长度；而且，常常与否定副词“未”组合，表示距离之短，6 例中有 5 例是作“未及……”的。

3. 到

“到”的本义是“到达”，为动词。介词“到”就是从有“到达”之义的动词“到”发展演变而来的。“到”首先是作为引进时间的介词，大约在晚唐五代时才基本虚化为引进处所的介词。[①] 此后，引进处所逐渐成为介词“到”的主要用法。表示终到处的“到”在《水浒传》中共有 1 846 例，占处所类介词的 22.93%，占其介词用例的 89.39%。可见，表示终到处是《水浒传》中介词“到”最主要的用法。

表示终到处的“到”的用法之一是构成介宾短语在动词后作补语。如：

①晁盖、宋江并众头领送行已罢，回到大寨里聚义厅上坐定。(43 回)

① 参见吴金花：《处所介词“到”的产生》，《福建师范大学学报（哲学社会科学版）》2005 年第 4 期，第 106 页。

②飞马引军杀到乌龙岭上，正接着石宝军马。(98 回)

表示终到处的“到”的用法之二是构成介宾短语在动词前作状语。如：

③随即差人到王进家来，捉拿王进。(2 回)

④是夜恰好到东京城外等接，正逢着宋江、柴进、戴宗三人。(72 回)

4. 至

“至”原为运行动词，作为介词的使用开始于战国时期，一直使用到现代。介词“至”引进处所表示终到处的用法萌生于汉代。《水浒传》中表示终到处的介词“至”共有 173 例，占其介词用例的 61.57%，是介词“至”最主要的用法。

介词“至”表示终到处时，常构成介宾短语，在谓语动词后作补语。如：

①当下庄客引领宋江来至东庄，…… (22 回)

②行至沂水县西门外，见一簇人围着榜看。(43 回)

有时，也在谓语动词前作状语。如：

③都下山来迎接丹诏，直至上清宫前下马。(1 回)

③至村店吃酒，醉打了孔兄。(32 回)

5. 在

表示终到处是介词“在”另一个比较重要的用法，但与介词“到”表示终到处的用例数量相比还是逊色很多。表示终到处的“在”在《水浒传》中共有 195 例，占其介词用例的 5.46%。“在”构成介宾短语后均在谓语动词后作补语，没有作状语的用例。如：

①老汉已把女儿寄送在邻舍庄里去了。(5 回)

②三个人奔到里面，解下行李包裹，都搬在树根头。(8 回)

③这伙贼，我都捉在便袋里了。(17 回)

6. 就

介词“就”表示终到处的用法并不多见，在《水浒传》中共有 13 例，而且全部用在谓语动词之前作状语。如：

①陆虞侯道：“兄长，我们休家去，只就樊楼内吃两杯。”(7 回)

②少间，证盟已了，请众人和尚就里面吃斋。(45 回)

7. 向

介词“向”表示终到处的用法也比较少见，在《水浒传》中只有 13 例，占其介词用例的 4.18%。表示终到处的“向”构成介宾短语后有时在谓语动词前作状语。如：

①杨志喜气洋洋，下了马，便向厅前来拜谢恩相，充其职役。(13 回)

②巴到天明，跳将起来，便向厅前问道：“你家甚么人哭这一夜，搅得老爷睡不着?”（73 回）

有时则在谓语动词后作补语。如：

③这厮不在庙里，别又无路，却走向那里去了?（42 回）

④张顺再钻向城边去，料是水里入不得城，……（94 回）

8. 往

介词“往”经常是用作表示方向的，但《水浒传》中表示终到处的介词“往”却多于表示方向的“往”，共有 61 例。这两种用法在某种程度上联系是很紧密的，有时甚至无法完全分开，似可归为一类。但这里我们倾向于将介词“往”的这两种用法分开，表示终到处时，“往”后面的宾语即为其修饰的动词所表示的动作行为发生的地点，介词“往”相当于“到”。如：

①俺山寨里欠少些粮食，欲往华阴县借粮，……（2 回）

②宋江问武松道：“二哥今欲要往何处去安身立命?”（32 回）

③乞陛下圣鉴，可差天使，赍御酒往楚州赏赐，以安其心。（100 回）

【小结】 《水浒传》中表示终到处的介词共有 10 个，以介词“到”的用例为最多，共有 1 846 例，占处所类介词的 22.93%，在《水浒传》所有介词中仅次于介词“在”表示所在处的用例数量。介词“到”表示终到处的用法也是比较丰富的，有构成介宾短语后在谓语动词前作状语的情况，也有在谓语动词后作补语的情况。其次是“在”，也有 195 例。另外，介词“至”也不容忽视，虽然其在《水浒传》中表示终到处的只有 173 例，但是这一用法是介词“至”最主要的用法，占其介词用例的 61.57%。其余的均只有几十例或几例。

《水浒传》中表示终到处的介词用例数量及其分布情况详见下表：

介词	于	及	到	至	在	就	向	往	将	抵
用例数	37	6	1 846	173	195	13	13	61	3	4
类比例（%）	0.46	0.07	22.93	2.15	2.42	0.16	0.16	0.76	0.04	0.05
自身比（%）	9.20	16.21	89.39	61.57	5.46	4.11	4.18	61.61	0.75	100

（四）方向（向、就、望、往、朝、照、当、奔、去）

这类介词表示动作行为的朝向或指向，共有 871 例，占处所类介词的 10.82%。其中介词“望”的用例最多，共有 378 例。

1. 向

先秦时，“向”主要用作时间介词。到了魏晋以后，其功能有所发展，也可以引进处所、表示方向，介词“向”的这一用法大概是从其动词的义项发展演变而来的。介词“向”表示方向的功能产生最早，沿用至今。[①] 在《水浒传》中，表示方向是介词“向”最主要的用法，共有 238 例，占其介词用例的 76.53%。介词“向”构成的介宾短语可作状语，也可作补语。如：

①杨志喜气洋洋，下了马，便向厅前来拜谢恩相，充其职役。（13 回）

②李逵也困乏了，走向泗州大圣庙里，睡到天明。（43 回）

介词“向”在《水浒传》中表示方向时，后面常常接方位名词“前”构成“向前”这个比较固定的结构，在《水浒传》中共有 78 例，占其表示方向用例的 32.77%。“向前”结构只能在谓语动词前作状语。如：

③王进连忙撇了棒，向前扶住道：“休怪，休怪！”（2 回）

④当时吴用向前施礼，卢俊义欠身答礼问道：“先生贵乡何处？尊姓高名？”（61 回）

介词“向”在表示方向时，后面常常也带“着”字，但在《水浒传》中仅有 2 例。如：

⑤李俊弃马跳入涧中去了，向着前面，口里叫道：“宋公明哥哥快走！”（64 回）

⑥那瘦后生向着炭火烘着上盖的衲袄，看见张顺睡着了，……（65 回）

2. 就

介词“就”在《水浒传》中表示所在处的用例最多，表示方向并不是其主要的用法，仅有 5 例。如：

①史进就人丛中叫道：“师父，多时不见。”（3 回）

②二人饮罢分例酒，随即开窗，就水亭上放了一枝响箭，……（58 回）

这五例中，介词“就”都是构成介宾短语后在谓语动词前作状语。

3. 望

介词“望”是从表示“向远处看”的动词“望”发展演变而来的。在中唐前后，就可以看到“望”用作介词、表示方向的用例，从《水浒传》的情况来看，元明之际“望”表方向的介词用法是颇为常见的，而到了现代汉语中，“望”只有动词用法而无介词用法。

《水浒传》中的“望”是一个比较重要的方向类介词，共有 378 例，这也是其在《水浒传》中所有的介词用例。

介词“望”所指的方向有“向外”的，这时多与动词“去”搭配使用。如：

①一丈青便勒转马，望这树林边去。（48 回）

---

① 参见马贝加：《处所介词“向”的产生及其发展》，《语文研究》1999 年第 1 期，第 45 页。

介词“望”所指的方向也有“向内”的，这时多与动词“来”搭配使用。如：

②呼延灼看了大怒，引兵望北冲将来。(57回)

介词“望”还有表示其他方向的。如：

③便把枪只一点，那船便使转来，望小港里串着走。(19回)

④黄文炳是个乖觉的人，早瞧了八分，便奔船梢而走，望江里踊身便跳。(41回)

《水浒传》中有18个“望+着”的用例，“望着”的功能同“望”。如：

⑤望着灯光处拽开脚步奔将来。(86回)

介词“望”均与名词性成分构成介宾短语在谓语动词前作状语。

4. 往

“往”最初是一个表示运行的动词，后发展演变为可以表示方向的介词，这种用法的“往”在《水浒传》中共有38例。介词“往”表示方向时，所构成的介宾短语经常在谓语动词前作状语，其所修饰的动词通常都是运行动词，如“来”、“进”等。如：

①倒提了禅杖，再往方丈后来，见那角门却早关了。(6回)

②遂不从吴用、朱武之言，引兵往幽州便进。(86回)

5. 朝

介词“朝”在《水浒传》中表示方向的用法共有14例，也是“朝”在《水浒传》中作介词的所有用例。其中介词“朝”带指人名词的共有5例。如：

①那条大蛇径抢到盘砣石边，朝着洪太尉盘做一堆…… (1回)

介词“朝”带地点名词的共有4例。如：

②争开怪眼似双环，鼻孔朝天仰见。(64回)

介词“朝”带方位短语的共有4例。如：

③宋江在当中证盟，朝着涌金门下哭奠，戴宗立在侧边。(94回)

还有1例是介词“朝”带方位名词的。如：

④张青、武松在下面朝上坐了，孙二娘坐在横头。(28回)

在《水浒传》中，介词“朝”常常带“着”字，在这14例中，介词“朝”带上“着”字的共有7例，如例①、例③。

马贝加在《近代汉语介词》中，把“朝+指人名词”归在了对象类介词里。[①] 我

---

① 参见马贝加：《近代汉语介词》，中华书局，2002年，第178页。

们觉得，虽然介词“朝”后接的是指人名词，好像所指的是对象，但实际上介词“朝”在句子中更多的仍是表示一种指向，只是指向的东西不同而已，所以，我们在这里还是把介词“朝”的这种用法归为表示方向类。与之类似的还有介词“向”、“对”等。

6. 照

介词“照”在《水浒传》中的用例总体较少，所以尽管表示方向的“照”在《水浒传》中只有 4 例，却占其介词用例的 36.36%。如：

①杨志左手接过头发，照着刀口上尽气力一吹，那头发都做两段，纷纷飘下地来。(12 回)

②花荣满满地攀着弓，觑得亲切，照面门上飕地一箭，……(97 回)

需要说明的是，这 4 例中有 2 例是介词“照”带上了“着”字，介词“照”构成的介宾短语都在谓语动词前作状语。

7. 当

介词“当”表示方向的用法在汉代之前就已经出现了。这种用法的“当”在《水浒传》中共有 12 例，占其介词用例的 29.27%。如：

①早被鲁智深一禅杖当头打着，把脑盖劈做两半个，……(17 回)

②却待再射，关胜赶上，提起青龙刀当头便砍。(89 回)

这 12 例都是介词“当”加名词“头”构成介词短语“当头”，在谓语动词前作状语。

8. 奔

“奔”用作表示方向的介词在现代汉语中十分常见，《水浒传》中“奔”已经是个很重要的方向介词了，共有 91 例，占处所类介词的 1.13%，是其在《水浒传》中唯一的介词用法。如：

①林冲别了智深，急跳过墙缺，和锦儿径奔岳庙里来。(7 回)

②拿了鞭子，便出庄门，上马加鞭，奔祝家庄去了。(47 回)

介词“奔”表示方向时所修饰的谓语大多是“来”、“去”这样的趋向动词，如例①、例②。

《水浒传》中的介词“奔”偶尔也会修饰其他动词，如“看”、“劈”等，但这种用法不是很多见。如：

③却说众庄客引了二十余人，拖枪拽棒，都奔草屋下看时，不见了林冲。(10 回)

④话说当下李逵从客店里抢将出来，手搦双斧，要奔城边劈门，……(73 回)

9. 去

介词“去”表示方向的用法在《水浒传》中共有 17 例，占其介词用例的

6.80%，它的这种用法是比较特殊的。如：

①林冲拿住王伦，骂了一顿，去心窝里只一刀，肐察地搠倒在亭上。(19回)

②去周信鼻凹上只一石子打中，翻身落马。(77回)

【小结】 《水浒传》中表示方向的介词共有14个，其中最主要的就是介词“望”，共378例；其次是介词“向”，共238例。这两个介词的用法和表示的方向种类都很丰富。另外，表示方向的介词中很多都与助词“着”连用，形成了“介词+着”的结构形式，如介词“向”、“望”、“朝”、“照”等。

《水浒传》中表示方向的介词用例数量及其分布情况详见下表：

介词	向	就	望	往	朝	照	当
用例数	238	5	378	38	14	4	12
类比例（%）	2.96	0.06	4.70	0.47	0.17	0.05	0.15
自身比（%）	76.53	1.58	100	38.38	100	36.36	29.27
介词	奔	去	冲	着	对	劈	拦
用例数	91	17	2	4	14	42	12
类比例（%）	1.13	0.21	0.03	0.05	0.17	0.52	0.15
自身比（%）	100	6.80	100	28.57	5.20	100	100

（五）经由（从、经、由、打）

这类介词表示动作行为经过或通过的处所，《水浒传》中共有99例，仅占处所类介词的1.23%。

1. 从

“从”用作处所介词，表示运行的始发点，《诗经》、《左传》、《论语》均无用例。这一语言事实除能证明介词“从”的产生迟于“自”之外，还可以证明：“从”、“自”在表处所方面相通，不是开端于始发点，而是开端于经由。[①] 介词“从”表示经由，在《水浒传》中共有81例，占其介词用例的14.89%，也是介词“从”比较重要的用法之一。如：

①在那里搜检，把住道口，兄长必用从那里经过。(11回)

---

① 参见马贝加、徐晓萍：《时处介词“从”的产生及其发展》，《温州师范学院学报（哲学社会科学版）》2002年第5期，第18页。

②晁盖道："倘若不从这里经过，却不误了大事？"(39回)

介词"从"表示经由更多的是因为与"经过"、"过"等表示经由的动词配合使用。介词"从"构成的介词短语几乎都是在这些动词前作状语。

2. 经

"经"原有"经由（某处）"之义，属于运行动词。后经过发展演变，"经"就逐渐演变为引进处所、表示经由的介词。表示经由的处所介词"经"至南北朝时期已发育成熟。[①] 在《水浒传》中，表示经由的"经"共有6例，占其介词用例的23.08%。如：

①小人路经梁山泊过，走出那一伙强人来，把小人劫了……(40回)

②臣自幼飘泊江湖，流落山东，跟随客商，路经梁山泊过……(81回)

3. 由

"由"在《水浒传》中多用作名词，用作介词的情况很少，总共出现了5次，仅占《水浒传》中所有"由"字用例的3.14%。其中表示经由的只有2例，1例是与"经"连用构成"经由"。如：

①今日到来，经由我村中过，却不拿你，倒放你过去？(2回)

②不则一日，来到东京，不由顺路入城，却转过万寿门来。(81回)

4. 打

"打"在《水浒传》中主要用作动词，介词的用例并不多，在"打"的1 710个用例中作介词的只有9例，都表示经由。而且，在这9例表示经由的介词"打"中，有6例是介词"打"和介词"从"连用构成"打从"表示经由。如：

①笑道："兀谁教大官人打这屋檐边过，打得正好！"(24回)

②这一条路去山东泰安州，正打从梁山泊边过。(61回)

【小结】 《水浒传》中表示经由的介词并不是很多，共5个；用例也不是很多，共有99例，仅占处所类介词的1.23%。其中介词"从"的用例最多，共有81例，占处所类介词的1.01%。这些介词大多数是与有"经由"之义的动词"经过"或"过"连用，产生了表示经由的用法。

《水浒传》中表示经由的介词用例数量及其分布情况详见下表：

---

① 参见马贝加：《介词"经"的产生与发展》，《温州师范学院学报（哲学社会科学版）》1999年第1期，第40页。

介词	从	经	由	打	自
用例数	81	6	2	9	1
类比例（%）	1.01	0.07	0.02	0.11	0.01
自身比（%）	14.89	23.08	40.00	100	0.38

（六）沿循（沿、随）

这类介词是指表示动作行为有“沿着”之义的介词。这类介词在上古时期十分罕见，从春秋战国时期开始萌芽，到魏晋南北朝时期定型。属于这类介词的“沿”、“随”在《水浒传》中共有23例，占处所类介词的0.29%。

1. 沿

介词“沿”是由有“行经”之义的动词“沿”发展演变而来的。《水浒传》中“沿”作为介词的比例还是比较高的，其在《水浒传》中共出现35例，用作介词的有19例，占其所有用例的54.29%，都表示沿循之义。如：

①约莫离城沿江上也走了五七里路，……（40回）

②先于诸路差官供送粮草，沿途交纳。（78回）

介词“沿”所带的名词基本都是“途”、“路”、“江”等单音节名词，构成介宾短语后在谓语动词前作状语。

2. 随

介词“随”是一个比较古老的介词，在先秦时期已经有“跟从”之义，作处所介词时表示“沿着”。介词“随”在《水浒传》中表示沿循的用例很少，只有4例。如：

①随路望北来，撞见一个京师古邻，来这里做买卖，……（4回）

②随着那山路行去，走不得半里，抬头看时，……（6回）

③走不过一里路，被朔风一掉，随着那山涧边倒了，那里挣得起来。（10回）

④贪战贼兵，直赶入乱山深处，迷踪失径，迤逦随路寻去。（99回）

其中有2例是“随+着”的格式。“随”同“随着”的区别是：“随”所带的是单音节名词，而“随着”所带的则是多音节名词性短语。“随”构成的介宾短语都在谓语动词前作状语。

【小结】 表示沿循的介词在《水浒传》中很少，只有“沿”和“随”两个，共23例，仅占处所类介词的0.29%。这两个介词后所接的名词基本上都是“途、路、江”等单音节名词，都在谓语动词前作状语。

《水浒传》中表示沿循的介词用例数量及其分布情况详见下表：

介词	沿	随
用例数	19	4
类比例（%）	0.24	0.05
自身比（%）	100	57.14

二、时间介词

（一）起始点（自、从）

这类介词表示动作行为的时间起点。《水浒传》中共有353例，占时间类介词的40.02%，基本上都在谓语动词前作状语。

1. 自

表示时间的起始点是介词“自”的一个很重要的用法。《水浒传》中共有215例，占其介词用例的81.75%。由“自”构成的介词短语均在谓语动词前作状语。如：

①自此高俅遭际在王都尉府中，出入如同家人一般。(2回)
②长老道：“自古天子尚且避醉汉，何况老僧乎?”(4回)
③小人自幼只爱习学枪棒，多得薛师父指教，因此不敢忘恩。(41回)
④我自小学得一身相扑，天下无对。(80回)

介词“自”表示时间起始点时，所带的宾语基本上都是“此、古、小、幼”等单音节词，如上述4例；多音节词仅限于由“以来”构成的方位短语，《水浒传》中共有4例。“自……以来”在句子的前面作状语。如：

⑤朕自即位以来，任贤之心，夙夜靡怠。(83回)

2. 从

介词“从”由表示处所的始发点到表示时间的始发点，是同义同向发展的结果。时间介词“从”在汉代之前已见用例。[①]《水浒传》中共有135例，占其介词用例的24.82%。如：

①再说鲁智深离了桃花山，放开脚步，从早晨直走到午后……(5回)
②俺两个从小在开封府勾当，这门下不知出入了几万遭……(81回)

介词“从”后接表示时间的名词性成分，在谓语动词前作状语。其中，介词

---

① 马贝加、徐晓萍:《时处介词“从”的产生及其发展》,《温州师范学院学报（哲学社会科学版）》2002年第5期，第21页。

“自”和介词“从”连用构成“自从”的结构表示时间的起始点，在《水浒传》中共有83例。这可以看出“自从”到《水浒传》时已经发展成为双音节介词了。“自从”后往往接一个小句构成状语从句。如：

③自从十四五岁时来走了这遭，如今不是十年了？(14回)

另外，“自从”与“之后”形成了固定结构“自从……之后”，《水浒传》中共有27例。如：

④小人自从上山之后，欲要搬取妻子上山来。(20回)

《水浒传》中“自从”与“以来”形成固定结构“自从……以来”的共有5例。如：

⑤我自从上梁山泊以来，大小兄弟，不曾坏了一个。(83回)

【小结】 《水浒传》中表示时间起始点的介词有3个，用例数量为353例，占时间介词的40.02%。介词“自”虽然用例数量比介词“从”多很多，但介词“自”所带的宾语基本上都是“此”、“古”、“小”、“幼”等单音节词，而介词“从”后所接的成分则相对比较丰富。另外，固定结构也比较常见，如“自……以来”、“自从……之后”、“自从……以来”等。

《水浒传》中表示起始点的介词用例数量及其分布情况详见下表：

介词	自	从	于
用例数	215	135	3
类比例（%）	24.38	15.31	0.34
自身比（%）	81.75	24.82	0.75

（二）时间点（于、在、就）

这类介词表示动作行为发生的时间，《水浒传》中共有45例，仅占时间类介词的5.10%。

1. 于

介词“于”在《水浒传》中表示动作行为所发生的时间共有8例，占其介词用例的1.99%。如：

①可教往来客人，结伙成队，于巳、午、未三个时辰过冈……（23回）

②父亲于今年正月初头殁了，专等我归来奔丧。(35回)

介词“于”表示时间点时，其后多接具体的时间名词，如例①中的“巳、午、未三个时辰”、例②中的“今年正月初头”；而且“于”构成的介宾短语均在谓语动词前作状语，没有1例作补语。

2. 在

介词“在”在《水浒传》中最主要的用法是表示处所所在处，而表示时间点的用法，共出现了19次，仅占其介词用例的0.53%。如：

①告复恩相，只在明早准行……（16回）

②养兵千日，用在一朝。（61回）

表示时间点的介词“在”构成的介词短语可以在谓语动词前作状语，如例①；也可以在谓语动词后作补语，如例②。

3. 就

《水浒传》中介词“就”表示时间点时共有16例，占时间介词的1.81%，占其介词用例的5.06%。如：

①就今晚着人去唤陆虞候来分付了。（7回）

②就此日，府尹回来升厅，叫林冲除了长枷，断了二十脊杖，……（8回）

③他若是有心收留我们，只就早上便议定了坐位。（19回）

表示时间点的介词“就”构成的介词短语，可以在谓语动词前作状语，如例①、例③；也可以单独在句首作状语，如例②。

【小结】 《水浒传》中表示动作行为发生时间的介词用例比较少，一共只有45例，仅占时间介词的5.10%。介词“于”构成的介宾短语只能在谓语动词前作状语；介词“在”构成的介宾短语既可在谓语动词前作状语，也可在谓语动词后作补语；介词“就”构成的介宾短语既可以在谓语动词前作状语，也可以单独在句首作状语。

《水浒传》中表示时间点的介词用例数量及其分布情况详见下表：

介词	于	在	就	向	自
用例数	8	19	16	1	1
类比例（%）	0.91	2.15	1.81	0.11	0.11
自身比（%）	1.99	0.53	5.06	0.32	0.38

（三）终到点（到、至、及）

这类介词表示动作行为发生时间的结束点，在《水浒传》中共有347例，占时间介词的39.34%。

1. 到

《水浒传》中介词“到”表示时间终到点的用例，虽然在数量上逊色于表示处所终到处的用例，仅有210例，但这是介词“到”另一个比较重要的用法，占其介词用例的10.17%。如：

①假如譬喻说，一个财主家，……到三更二更才睡……（45回）
②人应道：“直到晚方归来，五更便去内里随班。”（56回）
③林冲与那汉斗到三十来合，不分胜败。（12回）
④不然直走到明年正月初一日，也不能住。（53回）

表示时间终到点的介词“到”所构成的介宾短语既可以在谓语动词前作状语，如例①、例②；也可以在谓语动词后作补语，如例③、例④。

2. 至

表示时间终到点是介词“至”的另一重要用法，在《水浒传》中共有106例，占时间类介词的12.02%，占其介词用例的37.72%。如：

①当日众人在席上，所说各自经过的许多事务，至晚都留在庄上宿歇。（37回）
②我已累次差遣枢密院进兵，至今不见回奏。（74回）
③当日饮酒至晚，各自去客房里歇息。（16回）
④高俅惶恐无限，却再入席，饮至夜深，扶入后堂歇了。（80回）

与介词“到”的用法颇为相似的是，表示时间终到点的介词“至”所构成的介宾短语既可以在谓语动词前作状语，如例①、例②；也可以在谓语动词后作补语，如例③、例④。

此外，介词“至”所构成的介宾短语还可以单独在句首作状语。如：

⑤至第五日，孙立等众人都在庄上闲行。（50回）

介词“及”与介词“至”连用构成“及至”，在《水浒传》中共有2例，都后接动宾短语构成状语从句，作整个句子的状语。如：

⑥洒家有心要去和他厮会，及至洒家去时，又听得说道去了……（58回）

3. 及

《水浒传》中表示时间终到点的介词“及”共有29例，虽然仅占时间类介词的3.29%，却占其介词用例的78.38%。因此，可以看出这一用法是介词“及”在《水浒传》中最重要的用法。如：

①三人慢慢地饮酒。将及天晚，只听得楼下打将起来。（4回）
②将及天明，诸将都回。（89回）
③年及三旬，有养济万人之度量；身躯六尺，怀扫除四海之心机。（18回）
④未及良久，遥望辽兵远远而来。（88回）

这里的介词“及”既可表示时间终到点，也可表示时间长度；既可与主谓短语构成状语从句，如例①、例②，也可与时间名词构成介词短语在谓语动词前作状语，如例③、例④。

【小结】 《水浒传》中表示时间终到点的介词共有5个，其中介词“到”、“至”、“及”的主要用法就是表示时间终到点。尤其是介词“及”，虽然只有29例，但占其介词用例的78.38%。表示时间终到点的介词“到”和“至”的用法十分相似，可以在谓语前作状语，也可以在谓语动词后作补语。另外，还出现了功能同“至”的“及+至”的介词连用现象。

《水浒传》中表示时间终到点的介词用例数量及其分布情况详见下表：

介词	到	至	及	于	自
用例数	210	106	29	1	1
类比例（%）	23.81	12.02	3.29	0.11	0.11
自身比（%）	10.17	37.72	78.38	0.25	0.38

（四）时机（趁、乘、赶）

这类介词表示利用某个时机采取某种动作行为，《水浒传》中共有39例，仅占时间类介词的4.42%。

1. 趁

《水浒传》中表示利用某个时机采取某种动作行为的介词“趁”共有26例，占其介词用例的76.47%。如：

①次日天色未明，众人起来，趁早凉起身去。(16回)

②宋江道：“天色喧热，趁早凉过岭去，寻个宿头。”(36回)

③押司，只好趁天未明时讨具棺材盛了，邻舍街坊，都不要见影。(21回)

④我若趁半夜下手便好，倘若闹将起来……（56回）

在《水浒传》中，介词“趁”的宾语一般都是表示时间的名词或名词性短语，但也有形容词。如：

⑤那厮们慢仗些的，趁活捉了；敌他不过的，必致杀害。(31回)

2. 乘

表示利用某个时机采取某种动作行为的介词“乘”在《水浒传》中共有11例。如：

①因此我们听的，乘他醉了，把他绑缚在这里，献与大王。(17 回)

②朱仝乘着月色明朗，径抢入林子里寻时，只见小衙内倒在地上。(51 回)

介词“乘”与主谓短语或小句构成状语从句，既可在句首也可在句中作状语，如例①、例②；“乘”也可带上宾语直接在谓语动词前作状语。如：

③架上蓑衣，野外渔郎乘兴当。(6 回)

④百单八位尽英雄，乘时播乱居山东。(81 回)

需要说明的是，这种用法的“乘”多见于诗词中，“乘”的宾语也均为单音节名词。

《水浒传》中也可以看到介词意义用法同“乘”的“乘着”，除例②外，又如：

⑤只说宋江乘着月色满街，信步自回下处来。(21 回)

3. 赶

表示利用某个时机采取某种动作行为的介词“赶”，在《水浒传》中用例极少，仅有 2 例。如：

①炎炎火日当天，烁石流金之际，只得赶早凉而行。(27 回)

②次日起个五更，赶早凉行，拴上甲马，挑上信笼又走。(39 回)

《水浒传》中另有 8 例“赶趁”并非介词，而是动词。

【小结】 《水浒传》中表示利用某个时机采取某种动作行为的介词只有“趁”、“乘”、“赶”等 3 个，总共有 39 例，仅占时间类介词的 4. 42%。这三个介词的用法基本都相同，其中“趁”的用例最多，共有 29 例；“赶”的用例最少，仅有 2 例，但却是其在《水浒传》中所有的介词用例。

《水浒传》中表示时机的介词用例数量及其分布情况详见下表：

介词	趁	乘	赶
用例数	26	11	2
类比例（%）	2. 95	1. 25	0. 23
自身比（%）	76. 47	17. 46	100

（五）正当（当、方、值）

这类介词强调动作行为正发生于某个时间，基本上相当于现代汉语中的介词“当”，在《水浒传》中共有 61 例，占时间介词的 6. 92%。

1. 当

“当”作为时间介词的用法在先秦时期就已经产生，在近现代汉语中继续沿用。

《水浒传》中介词“当”共有29例，都表示正当的意义，占时间类介词的3.29%。如：

①次日天晓，时当二月中旬，正值风和日暖。(12回)

②当国家多事之秋，如何处置？(86回)

时间介词“当”的宾语可以是时间名词，也可以是短语甚至是小句。

2. 方

《水浒传》中表示正当的时间介词“方”共有7例，也是其介词用法的所有用例。如：

①方今四边未宁，不可升迁。(90回)

②今特来报知义士，方十三气数将尽，只在旬日可破。(97回)

时间介词“方”和“当”可以连用，功能同“方”、“当”，在《水浒传》中仅见1例。如：

③此时方当徒弟相辞，却望将军还放。(85回)

3. 值

表示正当的介词“值”在《水浒传》中共有25例，是其所有的介词用例，都表示“正当……时”，在句子中作时间状语。如：

①正走之间，只见前面有五十来株大树丛杂，时值新秋，叶儿正红。(43回)

②时值初秋天气，大小官员都在长亭饯别。(78回)

③时值秋残冬到，石秀里里外外身上，都换了新衣穿着。(44回)

④时下又值正旦节相近，诸官准备朝贺。(90回)

表示正当的介词“值”的宾语可以是时间名词或表示时间的名词性偏正短语，如例①、例②；也可以是主谓短语，如例③、例④。

介词“值”后还可以接小句。如：

⑤当下巳牌时分，却值知县退了早衙，县前静悄悄的。(18回)

【小结】 《水浒传》中表示“正在……时”或“正是……时”的时间介词只有“当”、“方”、“值”三个。其中介词“当”和“值”的使用频率大致相同，用法也有相似之处。介词“方”较另外两个介词有特殊之处，其后接的名词性成分比较单一。表示正当的介词“方”、“当”可以连用。表示正当某时的时间介词可以在谓语动词前作状语，也可以单独在句首或句中作状语。

《水浒传》中表示正当的介词用例数量及其分布情况详见下表：

介词	当	方	值
用例数	29	7	25
类比例（%）	3.29	0.79	2.83
自身比（%）	70.73	100	100

（六）临近点（临）

《水浒传》中表示时间临近点的介词只有“临”一个，其用法不仅有代表性，也是《水浒传》中最重要的介词用法，因此，这里单独划分为一类进行讨论。

表示时间临近点的时间介词“临”产生于汉代。《水浒传》中表示时间临近点的介词“临”共有37例，占时间类介词的4.20%，占其介词用例的86.05%。

时间介词“临”经常与名词性成分构成介词短语，在句中谓语动词前作状语。如：

①三个临晚辞了柴大官人便行，柴进叫庄客备三骑马，送出关外。(52回)

②石秀临期自去州衙内放火。(84回)

时间介词“临”也经常与动词性成分构成介词短语，在句首作状语。如：

③临出门，武松又道：“大哥，我的言语休要忘了。”(24回)

④那一双眼却只在这妇人身上，临动身也回了七八遍头…… (24回)

时间介词“临”还常与“时”搭配使用，构成“临……时”格式表示时间临近点，能嵌入该格式的均为动词性成分。如：

⑤临行时，太师亲自分付，教小人到本府，只就州衙里宿歇…… (17回)

⑥临起身时，那梯己人取银两还酒钱。(33回)

【总结】 在本节分析的四大类介词中，处所、时间类介词所占比例最大。《水浒传》中介词的用例共有15 218例，其中处所、时间类介词共有8 933例，占58.70%。而在时间、处所类介词中又以处所类介词种类最多，用例最为丰富，多达8 051例，占处所、时间类介词的90.13%。在处所类介词中，“在”是最常用的一个介词，用例多达3 551例，占处所类介词的44.11%，占其介词用例的99.47%。时间类介词虽然用例远少于处所类介词，但其种类也很丰富。在时间类介词中由介词构成的固定结构也比较常见，如由表示时间起点的“自”构成的“自……以来”、“自从……之后”、“自从……以来”等固定结构。另外，介词连用的现象也比较常见，如表示终到点的“及至”、表示时间起始点的“自从”，表示正当的“方当”等，而且“自从”在《水浒传》中已经发展为双音节介词。

第二节 凭借、方式类介词

一、凭借介词

（一）凭借（以、乘、趁、用、凭、据、仗、靠、把）

这类介词表示动作行为发生所凭借的某人、某物、某事或某种条件，介词后的名词性成分即所凭借的某人、某物、某事或某种条件。这类介词在《水浒传》中共有141例，占凭借类介词的49.13%。

1. 以

在《水浒传》中，介词“以”表示凭借的用例共有21例，占其介词用例的21.00%。“以”后的名词性成分就是动作行为发生所凭借的某物或某种条件，与介词“以”构成介词短语，在谓语动词前作状语。如：

①上临之以天鉴，下察之以地祇。（36回）
②贤弟，我等忠义自守，以强欺弱，非所愿也。（64回）

例①是凭借某物，例②是凭借某种条件。

2. 乘

表示凭借是介词“乘”在《水浒传》中最主要的用法，共有50例，占其介词用例的79.37%。介词“乘”后经常出现的名词性成分有“……势”、“……兴”、“……机会”等。如：

①智深也乘着酒兴，都到外面看时，果然绿杨树上一个老鸦巢。（7回）
②却才李大哥乘势要坏师父，却是小弟不肯容他下手，……（44回）
③小生不才，愿献一计，乘此机会，就取北京钱粮，以供山寨之用。（63回）

在这50例中，介词“乘”后加“着”的，如例①，共有11例，所占比例还是比较高的。

3. 趁

介词“趁”和“乘”的用法差不多，但在《水浒传》中表示凭借并不是介词“趁”的主要用法，总共只有6例。但介词“趁”后所接的名词性成分还是比较丰富的，这6例当中的名词性成分都不尽相同。如：

①只是趁这个机会，便好下手。（41回）
②趁着那血迹寻将去，寻到一处大洞口，……（43回）
③秦明趁势手起棍落，把陈翥连盔带顶，……（76回）

介词“趁”后也有加“着”的情况，如例②，共有3例，这一用法占其介词用例的50%。

4. 用

介词“用”在《水浒传》中表示凭借的用例不是很多，而且有时与表示工具的用法很难区分开来。在这里，我们把表示依靠的介词“用”归在了凭借介词这一类，共有13例，占其介词用例的10.08%。如：

①若是这厮会使神师计，他必然今夜要来劫寨，可先用计提备。(52回)

②朕自即位以来，用仁义以治天下，……(82回)

这13例都是介词“用”与名词性成分构成介词短语在谓语动词前作状语。

5. 凭

介词“凭”在《水浒传》中的用例很少，表示凭借是其最主要的用法，也只有10例而已。介词“凭”后的名词性成分主要是所凭借的某物。如：

①我却不是说嘴，凭着我胸中本事，……(29回)

②只凭飞虎三千骑，卷起貔貅百万兵。(75回)

③贫道不才，凭胸中之学识，仗陛下之洪福，……(97回)

《水浒传》中介词“凭”也有后面加“着”的用法，如例①，共有2例。这种用法现代汉语中还在继续使用。

6. 据

介词“据”在《水浒传》中的用例很少，表示凭借的介词“据”只有4例，仅占凭借类介词的1.40%，但占其介词用例的40%。如：

①据你的大名，这表人物，必不是等闲之人，久后必做大官。(9回)

②据着我胸襟胆气，焉敢拒敌官军，剪除君侧元凶首恶？(20回)

③据我等胸中学识，虽不在古今名将之下，……(90回)

《水浒传》中也有介词“据+着”的用法，但仅见1例，即例②。这种用法在现代汉语中已经消失了。

7. 仗

“仗”在《水浒传》中主要用作名词和动词，介词的用例比较少，只有10例，都用作凭借，占其所有用例的6.6%，占凭借类介词的3.48%。如：

①晁盖道：“全仗先生妙策良谋，可以容身。”(19回)

②既然仗你豪势，救了人来，凡事三思而后行，再思可矣。(33回)

有时，介词“凭”与“仗”在上下文中同时出现，对举使用，都表示凭借。如：

③凭陵欲作恢宏计，须仗公明作主张。(58回)

④贫道不才，凭胸中之学识，仗陛下之洪福，一扫宋江兵马，……(97回)

介词“倚”和“仗”连用构成“倚仗”，功能同“倚”、“仗”，表示凭借，共有

5例。如：

⑤倚仗谁的势要，不送常例钱来与我？（38回）

⑥那厮年纪却小，又倚仗他姐夫高廉的权势，在此间横行害人。（52回）

8. 靠

介词“靠”在《水浒传》中只表示凭借，共有20例，占凭借类介词的6.97%。如：

①便道：“既蒙员外做主，洒家情愿做了和尚，专靠员外照管。”（4回）

②我的武大今日已死，我只靠着你做主。（25回）

介词“靠”后所带的一般均为名词性成分，这个名词性成分有时可以省略。如：

③且说菜园左近，有二三十个赌博不成才破落户泼皮，泛常在园内偷盗菜蔬，靠着养身。（6回）

例③中“靠着”后的名词性成分“在园内偷盗菜蔬”实际上是承前省略了。

《水浒传》中有介词“靠+着”的用法，共有3例。

9. 把

《水浒传》中介词“把”表示凭借的用例极少，只有4例。所凭借的有物或事，构成的介宾短语都是在谓语动词前作状语。如：

①战船人马俱亏折，更把何颜见故乡。（20回）

②这厮两个把梁山泊好汉的名目去偷鸡吃，因此连累我等受辱。（47回）

【小结】 《水浒传》的介词中表示凭借的共有10个。其中用例最多的是介词“乘”，共有50例，占凭借类介词的17.42%；其次是介词“靠”，共有20例，占凭借类介词的6.97%。与其他类介词相比，凭借类介词的数量并不少，但是每个介词的用例都不是太多，最多的介词“乘”在百回中也只见到50例。介词“乘”和“趁”有相似的用法，但介词“乘”在这一用法中占优势。

《水浒传》中表示凭借的介词用例数量及其分布情况详见下表：

介词	以	乘	趁	用	凭	据	仗	靠	把	借
用例数	21	50	6	13	10	4	10	20	4	3
类比例（%）	7.32	17.42	2.10	4.53	3.48	1.40	3.48	6.97	1.40	1.05
自身比（%）	21.00	79.37	17.65	10.08	76.92	40.00	100	100	0.26	100

（二）依据（以、依、据、按、照、随、凭、论）

这类介词表示动作行为发生的依据，《水浒传》中共有146例，占凭借类介词的50.87%。

1. 以

“以”是个文言介词，早在先秦时期就已有表示动作行为发生依据的介词用法，而且如果“以”的宾语是疑问代词，该疑问代词必须置于“以”之前。“以”的这些用法均保留在了近代汉语中，而且都用在文言色彩较浓的句子中。在《水浒传》中，表示动作行为发生依据的介词“以”共有31例，占其介词用例的31.00%，均与名词性成分构成介宾短语，在谓语动词前作状语。如：

①林冲道：“足下何以知之？”（11回）

②知府谢道：“累承厚意，何以克当！”（40回）

③不期村仆脱口失言说了，小弟当以实告。（29回）

④以臣愚意，不若降敕赦罪招安，诏取赴阙……（67回）

上述诸例文言色彩极浓，颇适用“以”。

2. 依

表示动作行为发生的依据是介词“依”唯一的用法。但“依”在《水浒传》中更多的是用作动词，《水浒传》中“依”共出现了280次，用作介词的共有69例，占其所有用例的24.6%。如：

①明日早行，依例拜纳房金。（2回）

②三位好汉依次而坐，大吹大擂饮酒，商议打清风寨一事。（34回）

介词“依”后可以带名词，也可以带代词。

《水浒传》中也有介词“依”带“着”的现象，功能用法同“依”。在介词“依”的69个用例中，介词“依+着”的用例共有5例。如：

③你只依着我行。（33回）

④李逵道：“我今番再不惹事便了，都依着你行。”（90回）

3. 据

表示动作行为发生依据的介词“据”在《水浒传》中只有6例，但这是介词“据”在《水浒传》中最主要的用法，占其介词用例的60.00%。而且，这种用法的“据”全部位于句首。如：

①据这柴大官人，名闻寰海，声播天下的人……（19回）

②据某愚意，相留恩相游玩数日。（82回）

4. 按

表示动作行为发生依据的介词“按”在《水浒传》中只有3例，值得注意的是，其出现的位置在88回以后，属于整部书的结尾部分。如：

①周回旗号按二十四气六十四卦，南辰，北斗……（88回）
②按二十四气，上放火石火炮，直推入辽兵中军。（88回）
③按《宋鉴》所载，斩杀方腊蛮兵二万余级。（99回）

5. 照

表示动作行为发生依据的介词"照"在《水浒传》中共有7例，构成介词短语后均在谓语动词前作状语。如：

①教山寨里打军器的照着样子打造，自有雷横提督，不在话下。（56回）
②其余偏将，照名支给赏赐段匹。（96回）

7例中有1例是介词"照+着"，见例①。

表示依据的介词"照"和介词"依"可以连用，在《水浒传》中共有3例。如：

③制使也休这般打扮，只照依小人这里近村庄家穿着。（17回）
④天子欣喜，敕令宣上文德殿来，照依班次赐坐。（82回）

6. 随

在《水浒传》中表示依据的介词"随"共有3例，占其介词用例的42.83%，是其主要的介词用法之一。其后所接的都是单音节名词，构成的介词短语均在谓语动词前作状语。如：

①如有人知得武松下落，赴州告报，随文给赏……（31回）
②万种强为，怎奈随缘俭用。（50回）
③随次降敕，教诸路各助军马，并听高太尉调遣。（80回）

7. 凭

介词"凭"主要表示凭借，但有的也表示依据，在《水浒传》中共有3例，占其介词用例的23.08%。构成的介词短语均在谓语动词前作状语。如：

①然虽如此，我们凭书请客，奉帖勾人，难凭你说不在庄上。（22回）
②如今只凭这两个言语，便问他杀人公事，莫非忒偏向么？（26回）
③五帝凭礼乐而有封疆，三皇用杀伐而定天下。（75回）

8. 论

在《水浒传》中表示依据的介词"论"共有19例，是其介词用法的全部用例。有两种用法：一种是构成介词短语，在句首作状语。如：

①论年齿，张青却长武松五年，因此武松结拜张青为兄。（28回）
②论某愚意，招安一事最好。（75回）

另一种是构成介词短语，在谓语动词前作状语。如：

③论秤分金银，整套穿衣服，不强似受那大头巾的气？(34 回)

④众军追赶不上，自回常州听令，论功升赏。(92 回)

【小结】 《水浒传》中表示依据的介词共有 9 个，使用频率差异比较大。以介词“依”为最多，有 69 例，占凭借类介词的 24.04%；其次是介词“以”，有 31 例，占凭借类介词的 10.80%。其他的介词用例都在 10 个以内。表示依据的介词和表示凭借的介词在用法上有相似之处，而且，有一些词既可以表示依据，又可以表示凭借，只是侧重点有所不同，如介词“以”、“凭”、“据”等。

《水浒传》中表示依据的介词用例数量及其分布情况详见下表：

介词	以	依	据	按	照	随	凭	论	将
用例数	31	69	6	3	7	3	3	19	5
类比例（%）	10.80	24.04	2.09	1.05	2.44	1.05	1.05	6.62	1.74
自身比（%）	31.00	100	60.00	100	63.64	42.83	23.08	100	1.25

二、方式介词

(一) 工具（以、用、将、把、拿、着）

这类介词表示动作行为发生时所使用的某物或某人，用法基本相当于现代汉语中的介词“用”。在这里，我们要特别说明的是，虽然我们把这一类介词归为工具类介词，但这些介词后面的宾语不仅仅是表示工具的名词，还有表示人、人体的某个部位、话语、材料、钱财等的名词及代词等。《水浒传》中工具类介词共有 466 例，占方式类介词的 97.49%。

1. 以

在《水浒传》中，介词“以”的用法是十分丰富的，除了前面讨论的一些用法外，它也有表示工具的用法，共有 32 例，占其介词用例的 32.00%。如：

①宋江在马上以手加额，望空顶礼……（42 回）

②两个都眉来眼去，以目送情。(45 回)

③次日，史进、朱武、陈达、杨春各以己财做筵宴……（59 回）

④若以数句善言抚恤，我等尽忠报国，万死无怨。(75 回)

例①、例②中的介词“以”后接的是人体某个部位的名词“手”、“目”，例③中接的是钱财，例④中接的是话语。

《水浒传》中表示工具的介词“以”后所带的宾语基本上都是人体某部位、钱财、话语这三类名词性成分。这里虽然没有工具类的名词，但表示的意思都是

“用……（做……）”。因此，我们把介词“以”的这些用例归为表示工具这一用法当中。

2. 用

表示工具是介词“用”最主要的用法，现代汉语中是这样，近代汉语中也是如此。在《水浒传》中共有 116 例，占方式类介词的 24.28%，占其介词用例的 89.92%。如：

①锁用铜汁灌铸，谁知里面的事。(1 回)

②若要去时，须用船去，方才渡得到那里。(11 回)

③拿到寨里，用四条麻索绑了，押至厅前。(33 回)

④宋江道：“只用十两银子去取，再要利钱么?”(38 回)

⑤五只大船上，用着张横、三阮、童威和识水的人护船。(41 回)

⑥宋江回顾，青衣用手一推，猛然惊觉，就帐中做了一梦。(88 回)

⑦用好言招抚此人，束手来降，免动干戈。(67 回)

⑧吴秉彝用戟奔史进心坎上戳将来，史进只一闪…… (77 回)

介词“用”表示工具的用例很多，其后所带的名词性成分种类也很丰富。如例①中的“铜汁”是灌铸材料，例②中的“船”是交通工具，例③中的“四条麻索”是捆绑工具，例④中的“十两银子”是钱财，例⑤中的“张横、三阮、童威和识水的人”是人，例⑥中的“手”是人体的某个部位，例⑦中的“好言”是话语，例⑧中的“戟”是兵器。介词“用”后所接的名词性成分几乎包括了所有工具类介词后所能接的名词性成分。介词“用”构成的介词短语都在谓语动词前作状语。

在《水浒传》中，也有介词“用+着”的用例，共有 4 例，如例⑤。但这一用法在现代汉语中已经消失了。

3. 将

介词“将”在《水浒传》中表示工具的共有 44 例，占其介词用例的 10.97%。介词“将”在引进工具时，其后所接的名词性成分也是比较丰富的。如：

①丫鬟将银酒壶烫上酒来，子父二人轮番把盏。(4 回)

②叫四个庄客，将乘凉轿来抬了武松…… (23 回)

③若是遇着敌军，船面上伏弩齐发，他将何物可以遮护！(80 回)

4. 把

介词“把”在《水浒传》中引进工具的用法共有 263 例，占方式类介词的 55.02%，但只占其介词用例的 16.86%。《水浒传》中引进工具的介词“把”多与表示人、人体的某个部位、言语、钱财等的名词构成介词短语，在谓语动词前作状语。如：

①何涛把手一招，众人并力向前，各执器械，挺着迎将去。(19 回)

②李师师再与燕青把盏，又把言语来调他。(81 回)

③张顺道："便把这命报答先锋哥哥许多年好情分，也不多了。"(94回)

④那汉把钥匙开了门，请李逵到里面坐地。(54回)

⑤蔡福、蔡庆两个商议定了，暗地里把金子买上告下，关节已定。(62回)

例①中的"把"后是人体的某部位"手"，例②中的"把"后是话语"言语"，例③中的"这命"是人的生命，例④、例⑤中的介词"把"的宾语是其他名词。

5. 拿

"拿"在《水浒传》中共出现了643次，但用作介词的只有7例，占其所有用例的1.1%。作为引进工具的介词只有4例。如：

①你这个鸟大汉，不替俺敲门，却拿着拳头吓洒家，俺须不怕你。(4回)

②拿条绳索绑了，把马也救起来，都解上清风山来。(34回)

③我指望拿他来祭门，却寻那厮不见。(40回)

④有时怒起，提井栏便打老公头；忽地心焦，拿石碓敲翻庄客腿。(49回)

介词"拿"后可以接代词，如例③；可以接工具名词，如例②、例④；也可以接人体名词，如例①。在《水浒传》中，介词"拿"还可以带"着"，如例①，这种用法一直保留到了现代汉语中。

6. 着

介词"着"在《水浒传》中引进工具的用例虽然只有7例，但占其介词用例的50.00%，其后表示工具的宾语也很丰富，有话语、交通工具、材料等。如：

①再着些甜话儿调和他，不由他不肯。(7回)

②把洒家着蒙汗药麻翻了。(17回)

③就一发禀道，若要活的，便着一辆陷车解上京……(39回)

【小结】 虽然《水浒传》中引进工具的介词的数量不是很多，共有6个，但除了介词"拿"只有4例和介词"着"只有7例外，其余几个介词的用例数量都很丰富。用例最多的是介词"把"，共有263例，占方式类介词的55.02%，但占其介词用例的比率却不是最高的。介词"把"在引进工具时，其后所接的名词性成分远没有介词"用"的丰富。介词"用"在引进工具方面的用例数量仅次于介词"把"，共有116例，占方式类介词的24.28%。但其后名词性成分的种类却非常丰富，几乎囊括了所有工具类介词后所能接的名词性成分的种类。

《水浒传》中表示工具的介词用例数量及其分布情况详见下表：

介词	以	用	将	把	拿	着
用例数	32	116	44	263	4	7
类比例（%）	6.69	24.28	9.21	55.02	0.84	1.46
自身比（%）	32.00	89.92	10.97	16.86	57.14	50.00

（二）顺应（顺）

这类介词表示动作行为发生时所需顺应的某种方式，《水浒传》中只有一个介词“顺”，共有12例，占方式类介词的2.51%。

“顺”原来是动词，有“遵循”、“听从”之义。介词“顺”是由动词“顺”发展演变而来的。表示顺应的介词“顺”在魏晋南北朝时期已经有比较多的例子了。介词“顺”在《水浒传》中表示顺应的共有12例，仅占方式类介词的2.51%，但这一用法是其在《水浒传》中唯一的介词用法。如：

①猛听得山下叮叮当当的响声，顺风吹上山来。(4回)

②河北人氏顺口都叫他做一枝花蔡庆。(62回)

③顺手提起钢鞭来，只一下，打个衬手，正着荆忠脑袋……(78回)

介词“顺”的这一用法在现代汉语中也很常见。

【总结】 凭借、方式类介词从总体上来说数量并不少，但每个介词的用例数量与处所、时间类介词和对象、范围类介词相比并不是很多，全书共有765例，占《水浒传》所有介词用例的5.03%。其中用例最多的是方式类介词中引进工具的介词“把”，共有263例，占方式类介词的55.02%，但仅占其介词用例的16.86%。而在对象类介词中，表示处置者的介词“把”共有1 282例，两者在数量上相距甚殊。在这一节中，我们重点分析了凭借、方式类介词后名词性成分的种类，其中以引进工具的介词“用”的种类为最多。凭借、方式类介词的句法功能基本相似，几乎都是与名词性成分构成介词短语，在谓语动词前作状语。

第三节 原因、目的类介词

一、原因介词（为、因、缘、被）

这类介词表示动作行为的原因，在《水浒传》中共有231例，占原因、目的类介词的 92.03%。[①]

（一）为

介词“为”引进原因的用法在《诗经》中已经出现，现代汉语中仍然在继续使用。《水浒传》中引进原因的介词“为”共有 156 例，占原因、目的类介词的 62.15%。如：

①知府道：“雷横为何打死了那娼妓？”（51 回）

②张顺道：“婆婆，你家为甚不开门？”（91 回）

《水浒传》中介词“为”引进原因时，所带宾语多为疑问代词“何、甚”等，如例①、例②。

（二）因

“因”作为介词的用法是比较丰富的，可以用作时间介词、凭借介词、方式介词等，但《水浒传》中介词“因”只有表示原因一种用法，共有 26 例，占原因、目的类介词的 10.36%。如：

①因何手执利刃，故入节堂，欲杀本官？（7 回）

②你因甚和都头争执？（14 回）

③小人闻知这众猎户因这个大虫受了相公责罚……（23 回）

《水浒传》中介词“因”引进原因时所带宾语也多为疑问代词“何、甚”，如例①、例②。

（三）缘

介词“缘”有三个义项，即“依据”、“因为”、“沿着”，其中“因为”义始于战国末期。[②] 介词“缘”引进原因的用法在《水浒传》中共有 33 例。如：

①扶住鲁智深道：“哥哥缘何做了和尚？”（5 回）

②今日缘何经过贱处？（51 回）

③你这厮是朝廷命官，国家不曾负你，缘何敢造反？（58 回）

需要指出的是，这 33 例均为“缘”带上宾语“何”作状语，“缘何”有词汇化倾向。

（四）被

介词“被”在《水浒传》中共有两种用法：一种是引进施为者，共有 665 例，占其介词用例的 97.79%；另一种是引进原因，在《水浒传》中共有 15 例，占其介词用

① 原因、目的类介词的数量与介词的用例数量都不多，因此，这里我们将原因、目的类介词的用例数量放在一起计算，不再单独分为原因类、目的类。

② 参见马贝加：《介词“缘”的产生及其意义》，《山西大学学报（哲学社会科学版）》1996 年第 2 期，第 90 页。

例的 2.21%。如：

①被这个畜生正不知害了多少人性命，连累猎户吃了几顿限棒。(23 回)

②只被这知府受了张都监贿赂嘱托，不肯从轻勘来。(30 回)

③被土居人民透漏，诱引宋兵私越小路过关…… (98 回)

介词“被”表示原因的用法比较特殊，不太多见。有时也与引进施为者的对象类介词“被”之间存在着边缘不清的状况。

【小结】 《水浒传》中表示原因的介词只有 5 个，但这五个都是比较典型的原因介词。其中以介词“为”的用例最多，共有 156 个，占原因、目的类介词的 62.15%。引进原因是介词“为”、“因”、“缘”最主要的用法。这三个介词在引进原因时所带宾语多为疑问代词“何”、“甚”等。引进原因并不是介词“被”的主要用法，仅占其介词用例的 2.21%。

《水浒传》中表示原因的介词用例数量及其分布情况详见下表：

介词	为	因	缘	被	让
用例数	156	26	33	15	1
类比例（%）	62.15	10.36	13.15	5.98	0.40
自身比（%）	82.54	100	100	2.21	100

二、目的介词（为）

这类介词表示动作行为的目的。《水浒传》中引进动作行为目的的介词只有“为”，“为”也是近代汉语中最常见的表示目的的介词。表示目的的介词“为”与表示原因的介词“为”在意义上有密切的联系。《水浒传》中引进目的的介词“为”共有 20 例，占原因、目的类介词的 7.97%，占其介词用例的 10.58%。如：

①万望娘子休等小人，有好头脑，自行招嫁，莫为林冲误了贤妻。(8 回)

②不为银两赍发而来，乞头领照察。(11 回)

③自称是一清道人，不为钱米而来，只要求见保正一面。(15 回)

④大丈夫处世，若为酒色而忘其本，此与禽兽何异！(81 回)

引进目的的介词“为”前可以有否定副词“莫”、“不”，如例①、例②；介词“为”在引进目的时，常与“而”构成“为……而……”的固定结构，如例②、例③、例④。

【总结】 《水浒传》中原因、目的类介词的数量很少，只有“为”、“因”、“缘”、“被”、“让”5个介词，用例数量也很少，共有251例，仅占《水浒传》介词用例的1.65%。引进原因这一功能是介词“为”、“因”、“缘”最主要的功能。《水浒传》中引进原因的介词宾语经常是疑问代词“何”、“甚”等。引进目的的介词常以固定结构的形式出现，如“为”主要出现在“为……而……”的结构中。

第四节　对象、范围类介词

一、对象介词

（一）接受者（与、对、问、于、向）

这类介词引出动作行为的接受对象，《水浒传》中共984例，占对象类介词的19.18%。

1. 与

在《水浒传》中，“与”兼有介词和连词两种词性，共出现了1 951例，其中用作介词的有1 539例，占78.88%，远远高于作为连词的用法。《水浒传》中介词“与”引进动作的接受对象，共有693例，占对象类介词的13.46%。如：

①林冲把休书与教头收了。(8回)

②我不曾舍得卖与他，恐怕久后军前阵后要用。(56回)

③燕青便取出道君皇帝御笔亲写赦书，与宋江等众人看了。(82回)

“与”引进的接受对象，可以是普通名词，如例①；可以是代词，如例②；也可以是名词性短语，如例③。大部分介词“与”构成的介词短语在谓语动词前作状语，如例①、例③；也有作补语的情况，如例②。

2. 对

“对”作为对象介词，在《水浒传》中共有252例，占其介词用例的93.68%。如：

①那妇人听了这话说的跷蹊，慌忙来对丈夫备细说了。(17回)

②吴用便对晁盖道：“这人来相探，中俺计了。”(19回)

③花荣跑马回阵，对宋江、卢俊义说知就里。(99回)

介词“对”引进动作行为涉及的对象时，均在谓语动词前作状语，其修饰的动词都为言谈动词“说”、“道”等。

3. 问

介词“问”是由动词“问”发展演变而来的。《水浒传》中的“问”主要用作动词，在1 019个“问”的用例中，用作动词的共有985例，而用作介词的只有34例，仅占3.34%。如：

①李忠道："我们赶上去问他讨，也羞那厮一场。"（5回）

②张保道："我不要酒吃，我特来问你借百十贯钱使用。"（44回）

③宋江问酒保借笔砚，讨了一幅纸……（35回）

④次日，王都尉自来问宋江求要铁叫子乐和……（90回）

其中，介词"问"带代词宾语的情况比较多见。"问"构成介词短语后多在索取类动词"讨"、"要"、"取"、"借（进）"等前作状语。

4. 于

介词"于"在《水浒传》中引进接受对象的仅有4例，占其介词用例的1.00%。"于"构成介词短语后均在谓语动词后作补语。如：

①宋江再拜："愿受天言，臣不敢轻泄于世人。"（42回）

②宋江尽将仓廒粮米给散于民，各归本业，复为良民。（98回）

③我自幼学儒，长而通吏，不幸失身于罪人，并不曾行半点异心之事。（100回）

5. 向

在《水浒传》中，介词"向"引进接受对象的只有1例，与名词构成介词短语在谓语动词后作补语。如：

两个猎户把武松打杀大虫的事，说向众人，众人都不肯信。（23回）

【小结】 《水浒传》中引进接受对象的介词有"与"、"对"、"问"、"于"、"向"，其中介词"与"的用例最多，共有693例，占对象类介词的13.51%，占其介词用例的45.03%。介词"于"、"向"的用例数量明显少于介词"与"，分别只有4例、1例。这里需要特别说明的是，虽然这类介词的用法相当于介词"给"，但"给"在《水浒传》中共出现了61次，都是作为动词使用的，没有1例用作介词的用法。这至少可以说明，到《水浒传》成书时，"给"用作介词的用法还不占优势。

《水浒传》中表示接受者的介词用例数量及其分布情况详见下表：

介词	与	对	问	于	向
用例数	693	252	34	4	1
类比例（%）	13.51	4.91	0.66	0.08	0.02
自身比（%）	45.03	93.68	100	1.00	0.32

（二）偕同者（和、与、共、同、跟等）

这类介词引出动作行为的偕同对象，《水浒传》中共有1 288例，占对象类介词的25.01%。

1. 和

介词“和”在《水浒传》中兼有介词和连词两种用法。“和”本义是“声音相应，和谐地跟着唱或伴奏”，后引申为“伴随着、连带、连同”，这成为动词“和”虚化为介词“和”的关键。[①] 在《水浒传》中，介词“和”引进偕同对象的共有474例，占对象类介词的9.20%，占其介词用例的95.37%。如：

①押司是个风流人物，不和你一般见识。(21回)

②那妇人道：“亲戚自有几家，都是庄农之人，谁敢和他争论。”(32回)

③林冲别了智深，急跳过墙缺，和锦儿径奔岳庙里来。(7回)

介词“和”引进偕同对象，宾语可以是代词，如例①、例②；也可以是人物名词，如例③。介词“和”引进偕同对象时，都与宾语构成介词短语在动词前作状语。

2. 与

引进动作行为的偕同对象是介词“与”在《水浒传》中又一重要的用法，共有591例，占对象类介词的11.48%，占其介词用例的38.40%。如：

①我又不与你有杀父之仇，你如何定要谋我？(41回)

②你那贼兵阵上有好厮杀的，出来与我决战！(50回)

③蔡九知府却出来与黄文炳叙罢寒温已毕，送了礼物，分宾坐下。(39回)

④此人原是朝廷命官，青州都监，与秦明、花荣一时落草。(64回)

介词“与”引进偕同对象的宾语可以是代词，如例①、例②；也可以是人物名词，如例③、例④。介词“与”引进偕同对象时，都与宾语构成介词短语，在动词前作状语。

3. 共

“共”在上古汉语中用作副词的情况比较多，引进偕同对象的介词用法萌生于南北朝时期，到唐朝时介词的性质已明确。在《水浒传》中，介词“共”引进偕同对象的共有4例。其中3例是用在对仗的诗句中，可以看出介词“共”在《水浒传》中主要是作为书面语出现的，使用介词“共”是为了增添书面语色彩。如：

①好歹要共那妇人完聚，只除他自缢死了便罢。(7回)

②群星拱皓月争辉，绿水共青山斗碧。(37回)

③浑似海神，共龙子龙孙离洞府。(82回)

4. 同

介词“同”是由具有“伴随、连带、随同”之义的动词“同”发展演变而来的。

---

① 参见陈昌来：《汉语介词的发展历程和虚化机制》，《柳州职业技术学院学报》2002年第3期，第19～20页。

动词“同”发展成为介词主要受其同义词“共”的影响。但引进偕同对象的介词“同”在《水浒传》中共有139例，而介词“共”却只有4例。可见，宋元明时期，受“共”的影响发展成为介词的“同”反而占了优势。如：

①奴家是东京人氏，因同父母来这渭州投奔亲眷，不想搬移南京去了。(3回)

②今日同哥哥上山去，这回只得死心蹋地与哥哥同死同生。(41回)

在《水浒传》中，介词“与”和介词“同”连用引进偕同对象的共有13例。如：

③晁盖那里顾他说，与同公孙胜舍命只顾杀出来。(18回)

④晁盖、宋江听了大喜，随即与同军师吴用三个下山迎接。(51回)

《水浒传》中的“与同”大多和人名构成介词短语，在谓语动词前作状语。

5. 跟

在现代汉语中，介词“跟”引进偕同对象的用法很常见，但在《水浒传》的百回中只有77例，仅占对象类介词的1.50%，远不如介词“和”、“与”、“同”。

①从今日跟将军去干大功，如奏凯还京…… (85回)

②臣知御林军兵总有三万，可分一万跟国师去保守关隘。(97回)

③因跟一个叔伯哥哥来蓟州做知府，一向流落在此。(44回)

这77例介词“跟”和名词性成分构成的介词短语都在谓语动词前作状语。

另外，在77例引进偕同对象的介词“跟”中，有21例为“跟+着”。如：

④洞仙侍郎见寡不敌众，只得跟着御弟大王投北门而走。(84回)

⑤自郓城县结义，跟着晁天王上梁山泊…… (95回)

“跟着”作为引进偕同对象的介词时，有时还兼有“跟随”之义，但在这里我们统一划分到引进动作的偕同对象这一类，如例④、例⑤。

6. 于

介词“于”在《水浒传》中表示引进偕同对象的只有2例。如：

①于你无干，何故定要害他？(41回)

②特来请问于禅师。(90回)

一例在谓语动词前作状语，如例①；一例在谓语动词后作补语，如例②。

7. 就

介词“就”在《水浒传》中引进偕同对象的只有1例，作状语。如：

却没本事去捉，倒来就我见成。(49回)

【小结】 《水浒传》中引进偕同对象的介词用例是比较丰富的，共有1 288例，占对象类介词的25.01%，不过每个介词使用的频率参差不齐。用例数量最多的是介词“与”，共有591例，而介词“就”只有1例。这些介词后的宾语大多是代词、人名、职位名称、称呼语等。有的介词所修饰限定的谓语动词是比较固定的，如介词“问”主要修饰索取类动词“讨”、“要”、“取”、“借（近）”等，介词“对”主要修饰言谈动词“说”、“道”等。综上所述，《水浒传》中表示偕同者的介词用例数量及其分布情况详见下表：

介词	和	与	共	同	跟	于	就
用例数	474	591	4	139	77	2	1
类比例（%）	9.20	11.48	0.08	2.70	1.50	0.04	0.02
自身比（%）	95.37	38.40	100	100	100	0.50	0.32

（三）受益者（为、和、替、对、与）

这类介词引出动作行为的受益人，相当于现代汉语中的介词“替”、“为”，《水浒传》中共有388例，占对象类介词的75.34%。

1. 为

介词“为”引进与动作行为相关的对象，上古汉语中已经有此用法，《水浒传》中引进动作行为受益对象的介词“为”共有10例，占其介词用例的5.29%。如：

①何当一夕金风起，为我扫除天下热。（16回）

②我从梁山泊归来，特为老娘来取他。（43回）

③今为高唐州知府高廉显逞异术，有兄宋江特令二弟来此呼唤。（53回）

介词“为”与代词、称谓语、职位名称等名词性成分构成介词短语，在谓语动词前作状语。

2. 和

介词“和”引进受益对象的用法并不常见，在《水浒传》中仅有4例，表示要为某人做什么事情。如：

①智深道：“俺有些碎银子在这里，和你买碗酒吃。”（4回）

②那妇人取出一贯钱付与王婆说道：“干娘，奴和你买杯酒吃。”（24回）

③我却要和宋公明哥哥争口气了，下山来……（67回）

④就叫燕青也走一遭，专和李逵作伴。（72回）

3. 替

“替”在《水浒传》中共出现了141次，其中用作介词的有122例，占86.52%，而且都是作为引进动作行为受益对象的介词。这可以看出“替”在《水浒传》中的介词用法已经占优势。如：

①我弟兄三个便替他死也甘心！（15回）

②既然有一千两金子在此，我和你替他上下使用。（62回）

③当时取两个甲马，替杨林缚在腿上，戴宗也只缚了两个。（44回）

④不侵州郡，不害良民，专一替天行道。（82回）

介词“替”所带的宾语中以代词最为常见，不过出现最多的宾语是“天”，达45例之多，均出现在“替天行道”这个组合中。

4. 对

介词“对”引进受益对象的用法不太常见，在《水浒传》中只有2例，而且是重复使用。如：

①毕竟公孙胜对宋江献出甚么阵法来，且听下回分解。（59回）

②话说公孙胜对宋江、吴用献出那个阵图道：“……”（60回）

5. 与

介词“与”在《水浒传》中引进受益对象的用法也比较多见，共有250例，占对象类介词的4.86%，占其介词用例的16.24%。如：

①先教枢密院与你入名，只是做随驾迁转的人。（2回）

②何九叔起身道：“小人不曾与都头接风，何故反扰？”（26回）

③当时听了大怒，咬牙切齿，喝教：“备我马来，要与哥哥报仇！”（68回）

④次日，宋江置酒与燕青送行。（74回）

⑤只是早望招安，愿与国家出力。（81回）

介词“与”后所带的宾语主要是代词和指人的名词，像例⑤这样的用例很少见。

【小结】 《水浒传》引进动作行为受益对象的介词中，以介词“与”的使用频率为最高，共有250例。其次是介词“替”，出现了122次，但这是介词“替”在《水浒传》中所有的介词用例，也就是说，介词“替”在《水浒传》中只有引进动作行为受益对象这一种用法。虽然介词“与”的使用频率较介词“替”要高很多，但这一用法并不是介词“与”最主要的用法，仅占其介词用例的16.24%。其他介词“为”、“和”、“对”引进动作行为受益对象的这一用法也都不是其主要的介词用法。综上所述，《水浒传》中表示受益者的介词用例数量及其分布情况详见下表：

介词	为	和	替	对	与
用例数	10	4	122	2	250
类比例（%）	0.19	0.08	2.37	0.04	4.86
自身比（%）	5.29	0.80	100	0.74	16.24

（四）涉及者（为、于、与）

这类介词引出动作行为所涉及的对象，相当于现代汉语中的介词“对”、“对于”，在《水浒传》中共有15例，仅占对象介词的0.29%，是对象类介词中用例最少的一类。

1. 为

在《水浒传》中引进涉及对象的介词“为”共有2例，都在谓语动词前作状语。如：

①原来强人下拜，不说此二字，为军中不利，……（5回）

②另选一分，为上国进奉。（82回）

2. 于

引进涉及对象并不是介词“于”的主要用法，《水浒传》中共有10例，占其介词用例的2.49%。引进涉及对象的介词“于”构成的介词短语可以在谓语动词前作状语。如：

①轻则残疾，重则致命，此乃于军不利。（13回）

②令此辈好汉建功进用，于国实有便益。（83回）

也可以在谓语动词后作补语。如：

③且王伦心术不定，语言不准，失信于人，难以相聚。（19回）

④后来收伏方腊，有功于朝……（96回）

3. 与

介词“与”在《水浒传》中也有引进涉及对象的用法，共有3例，仅占其介词用例的0.19%。这三例的用法十分相似，均用于“与……有恩”的格式中。如：

①抑且柴大官人自来与山上有恩，日后得知不纳此人，须不好看。（11回）

②柴大官人自来与山上有恩，今日他有危难……（52回）

③兄长昔日打华州时，尝与宿太尉有恩。（81回）

【小结】 《水浒传》中引进涉及对象的介词用例很少，最多的介词“于”也不过10例。这类介词所修饰的谓语部分相对稳定，基本上都是“……有恩”、“……有功”、“……有益”等。这类介词可以在谓语动词前作状语，也可以在谓语动词后作补语。综上所述，《水浒传》中表示涉及者的介词用例数量及其分布情况详见下表：

介词	为	于	与
用例数	2	10	3
类比例（%）	0.04	0.19	0.06
自身比（%）	1.06	2.49	0.19

（五）施为者（被、为、吃、与、着、教）

这类介词引出动作行为实施的对象，几乎相当于现代汉语中的介词“被”，在《水浒传》中共有805例，占对象类介词的15.63%。

1. 被

介词“被”的发展与被动句式的发展有着紧密的联系。将介词“被”作为被动句标志的被动句式起源于两晋，而盛行于唐，自唐以后逐渐成为被动句中的主要句式。[①] 在《水浒传》中，“被”作为介词引进施为者的共有665例，占其介词用例的97.79%，也可以说，这665例都是被动句。

“被”作为被动句的主要标志，引进动作行为的施为者主要有两种情况：

（1）“被+V”。

①宋江被绑在将军柱上，心里寻思道……（32回）

②乱滚滚都撷入荒草芦苇之中，尽被捉了。（57回）

在这种结构里，“被”前面的名词为谓语的受事者，“被”后省略的宾语是谓语的实施者，也就是介词“被”所要引进的施为者。在这里，我们要特别说明一下，现在我们普遍认同的是，在“被+V”的结构中“被”不作为介词使用。但也有人认为，“被”直接放在动词前边，表示动作的被动性。在这种格式里，“被”的宾语实际上是省略了，只是由于不必或不能说出而没有出现。[②]

（2）“被+N+V”。

③那两间草厅已被雪压倒了。（10回）

④甫能尽力一吹，被灰眯了眼睛。（62回）

⑤寻思没甚与哥哥吃酒，被我悄悄把去溪边杀了……（46回）

⑥正欲要动手，先被我两脚把两个公人踢下水里去。（31回）

例③、例④中介词“被”的宾语是物，这些例子中的“雪”、“火”、“灰”是动作行为的施为者；例⑤、例⑥中介词“被”的宾语都是人，也是动作行为的施为者。

需要关注的是例⑤、例⑥，介词“被”和“把”搭配使用构成“被……把……”

① 杨伯峻、何乐士：《古汉语语法及其发展》，语文出版社，2001年，第684页。

② 北京大学中文系1955、1957级语言班：《现代汉语虚词例释》，商务印书馆，1982年，第71页。

的句式，这和现代汉语中“被……给……”的格式比较相似。

2. 为

介词“为”表示被动，引进动作行为的施为者只有1例，“为”在谓语动词前作状语。如：

大辱君命，岂不为天下谬笑！(82回)

3. 吃

“吃”的原义为“口吃”，南北朝到隋时期已经有“吃（食）”之义。刘坚先生认为，表示被动的介词“吃”是由表“吃食”之义的动词“吃”发展演变而来的。[①] 在近代汉语中，“吃”也成为被动句的主要标志之一，但在现代汉语中，这一用法已经消失。在《水浒传》中，介词“吃”表被动的共有115例。

介词“吃”引进动作的施为者也有两种格式：

（1）“吃+V”。

①小喽啰道：“二哥哥吃打坏了。”(5回)

②解珍、解宝吃拷不过，只得依他招了。(49回)

例①、例②中“吃”的宾语在前文已经提到，这里省略不说，或是宾语不需要说。这一情况和介词“被”的用法十分相似，这里不再作更多的讨论。

（2）“吃+N+V”。

③我今日吃这婆子言来语去，央了几杯酒，……(21回)

④且教把衣甲船只，悄悄藏在庄后港内，休得吃人知觉了。(93回)

例③、例④中介词“吃”后的宾语，就是动作行为的施为者。《水浒传》中介词“吃”后所带的宾语大多是指人名词。

4. 与

介词“与”在《水浒传》中引进施为者共有2例，均在谓语动词前作状语。如：

①林冲与泰山张教头救得起来，半晌方才苏醒，也自哭不住。(8回)

②那匹千里玉狮子马，见今与教师史文恭骑坐。(60回)

5. 着

介词“着”在《水浒传》中表示被动的只有3例，其中有2例用法完全相同。如：

①你可知着他打了，原来不是男子汉做事。(29回)

②可知道着他打了，也不曾伤重，快依我口便罢休。(37回)

③那番将措手不及，着一枪刺下马去。(84回)

---

① 参见马贝加：《近代汉语介词》，中华书局，2002年，第224～225页。

6. 教

介词“教”在《水浒传》中表示被动的共有16例，占对象类介词的0.31%，也是其在《水浒传》中所有的介词用例。如：

①我若拿他去解官请赏时，反教天下好汉们耻笑我不英雄。(2回)

②又恐连累父母，教爹娘告了忤逆，……(22回)

③且与我囚在后院里，休教一个人得知。(33回)

【小结】 近代汉语中介词“被”和“吃”都是被动句的主要标志，《水浒传》中也不例外。其中以介词“被”的用例为最多，共有665例，占对象类介词的12.91%，占其介词用例的97.79%。在宾语的种类上，也以介词“被”的宾语最为丰富、复杂，介词“被”的宾语可以是人，也可以是物，还可以是人和物。介词“吃”的用例也不少，共有115例，但在《水浒传》中介词“吃”引进的施为者主要是人。另外，虽然介词“为”、“与”引进施为者的用例并不多，但其用法比较具有代表性，也是这两个介词不太容易见到的介词用法。综上所述，《水浒传》中表示施为者的介词用例数量及其分布情况详见下表：

介词	被	为	吃	与	着	教	于
用例数	665	1	115	2	3	16	3
类比例（%）	12.91	0.02	2.23	0.04	0.06	0.31	0.06
自身比（%）	97.79	0.53	100	0.13	21.43	100	0.75

（六）处置者（把、将、捉、拿、以）

这类介词引进动作行为处置的对象，几乎相当于现代汉语中的介词“把”，《水浒传》中共有1 651例，占对象类介词的32.06%。

1. 把

一般认为，“把”从唐代开始出现引进处置者的用法。在《水浒传》中，引进动作行为处置者的介词“把”共有1 282例，占其介词用例的82.18%。如：

①拿了朴刀，拽扎起，把庄后草屋点着。(3回)

②武松把杀西门庆并嫂的缘由一一说了一遍。(27回)

③美髯公朱仝，一枪把苟正刺下马来。(93回)

介词“把”引进的处置者，可以是物，如例①；可以是事，如例②；也可以是人或人身体的一部分，如例③。

在《水浒传》中，介词“把”的使用频率是比较高的，有时可以在一句话中看到几个介词“把”连用的情况。如：

④林冲把枪和酒葫芦放在纸堆上，将那条絮被放开，先取下毡笠子，把身上雪都抖了，把上盖白布衫脱将下来，早有五分湿了，和毡笠放在供桌上，把被扯来盖了半截下身。(10回)

例④中一句话出现了5个引进处置者的介词：1个“将”和4个“把”。

在《水浒传》中，介词“把”的否定式共有9例，一般是在“把”前加否定词“不”。如：

⑤既然如此行时，权且由你写下，我只不把女儿嫁人便了。(8回)

2. 将

处置式中的介词“将”是从表“率领、带领”义的动词“将”发展而来的。“将”取代“以”而成为处置式中常用的介词，是语法化的结果。[①] 引进处置者的介词“将”的出现要早于介词“把”。《水浒传》中引进动作行为处置者的介词“将”共有349例，占其介词用例的87.03%。如：

①系了搭膊，把毡笠子带上，将葫芦里冷酒都吃尽了。(10回)

②将彩帛衣服堆在一边，行货等物堆在一边，金银宝贝堆在正面。(20回)

介词“将”所修饰的谓语一般都不是单纯的动词，动词后有补语；“将”后的宾语多为物，有时也可以是人或人身体的一部分，但用例相对较少。

3. 捉

在现代汉语中，“捉”的介词用法已经消失，主要用作动词。在《水浒传》中，引进处置者的介词“捉”只有1例。如：

捉那黄安绑在将军柱上，取过金银缎匹，赏了小喽啰。(20回)

由此可以看出，宋元明时期，“捉”的介词用法已经逐渐走向衰弱。

4. 拿

“拿”引进处置者的用法在《水浒传》中有3例。如：

①既然犯了人命罪过，你可拿他依法度取问。(3回)

②拿我解送孟州府里，强扭做贼，打招了监在牢里。(31回)

③孩儿们，拿这厮取心儿吃酒。(39回)

例①、例②中“拿”的宾语为代词，例③中“拿”的宾语是指人的名词性短语。

5. 以

汉语中最早引进处置者的介词就是“以”，《水浒传》中引进处置者的介词“以”共有16例，占其介词用例的16.00%。如：

---

① 参见马贝加：《对象介词“将”的产生》，《语言研究》2000年第4期，第36页。

①我今日以义气为重，立他为山寨之主，好么？(20 回)

②自从火并王伦之后，便以忠义为主，全施仁德于民。(47 回)

在《水浒传》中，介词“以”的宾语主要是抽象事物，并且都存在于“以……为……”的结构中，具有浓郁的文言色彩。

【小结】 《水浒传》中引进处置者的介词，以介词“把”的用例为最多，用法最丰富，共有 1 651 例，占对象类介词的 32.06%。引进处置者介词的发展演变是相互影响的，“以”是最早演变为引进处置者的介词。但在《水浒传》中，介词“以”引进处置者的只有 16 例。由此可以看出，介词“以”引进处置者的用法已经逐渐转为弱势了，而且“以”引进处置者的用法主要存在于“以……为……”的结构中，这种结构在现代汉语中还可以看到。另外，介词“捉”、“拿”在《水浒传》中引进处置者的用例已经很少了，在现代汉语普通话中这种用法已经消失了。但“捉”的这种用法保留在现代安庆方言中，“拿”的这种用法存在于现代上海话中。综上所述，《水浒传》中表示处置者的介词用例数量及其分布情况详见下表：

介词	把	将	捉	拿	以
用例数	1 282	349	1	3	16
类比例（%）	24.89	6.78	0.02	0.06	0.31
自身比（%）	82.18	87.03	100	42.86	16.00

二、范围介词

（一）程度（到）

这类介词表示动作行为所达到的程度，《水浒传》中的程度介词只有一个介词“到”，共有 9 例，占范围类介词的 7.56%，占其介词用例的 0.44%。如：

①山根鞋履，是福州染到深青，……(45 回)

②斗到间深里，被呼延灼就马上把孔明活捉了去。(57 回)

③正斗到浓深处，韩存保一戟望呼延灼软胁搠来，……(79 回)

这 9 例由介词“到”构成的介词短语都在谓语动词后作补语，其中有 6 例是在动词“斗”后作补语。

（二）关涉（自、对、至、及）

这类介词表示动作行为发生所关涉的范围，《水浒传》中共有 6 例，占范围类介词的 5.04%。

1. 自

《水浒传》中表示关涉的介词“自”只有2例，表示动作行为发生的范围，所关涉的都是人。如：

①上自晁盖，下至白胜，共是三十位好汉，都把遍了。(41回)

②山寨中头领，自宋公明以下，都带重孝……（60回）

2. 对

介词“对”在《水浒传》中表示关涉的只有1例。如：

对尸检验已了，都押回县来。(51回)

在近代汉语中，介词“对”的这一用法并不是主要用法，但在现代汉语中，这一用法却是常见用法。

3. 至、及

《水浒传》中表示关涉的介词“至”有2例，“及”只有1例，都表示动作行为所关涉的人的范围。如：

①当下上至住持真人，下及道童侍从，前迎后引……（1回）

②上自晁盖，下至白胜，共是三十位好汉，都把遍了。(41回)

【小结】 《水浒传》中表示关涉的介词用例非常少，严格地说，四个介词一共只有4例，而且经常是两个表示关涉的介词同时出现在一句话中，前后呼应。如“上自……，下至……”、“上至……，下及……”。综上所述，《水浒传》中表示关涉的介词用例数量及其分布情况详见下表：

介词	自	对	至	及
用例数	2	1	2	1
类比例（%）	1.68	0.84	1.68	0.84
自身比（%）	0.76	0.37	0.71	2.70

（三）连带（连、带、和）

这类介词表示动作行为发生时所牵连的范围，《水浒传》中共有65例，占范围类介词的54.62%。

1. 连

介词“连”的主要用法就是表示连带，《水浒传》中共出现了40次，占范围类介词的33.61%，这一用法在现代汉语中也很常见。如：

①左手带住头，连肩胛只一提，……（26 回）

②被武松当时一刀，齐耳根连脖子砍着，扑地倒在楼板上。（31 回）

③一个唤做中箭虎丁得孙，面颊连项都有疤痕，马上会使飞叉。（70 回）

在《水浒传》中，介词“连”的宾语多为事物，构成的介词短语在谓语动词前作状语。表示连带的介词“连”经常与同样表示连带的介词“和”、“带”搭配使用，形成“连……和……”、“和……连……”、“连……带……”等结构，详见下文“和”、“带”的讨论。

2. 带

“带”在《水浒传》中主要用作动词，用作介词只表示连带，共有 7 例，占范围类介词的 5.88%。如：

①被鲁智深就势劈头巾带角儿揪住，一按按将下床来。（5 回）

②把腰只一趁，将那株绿杨树带根拔起。（7 回）

表示连带的介词“带”经常与表示连带的介词“连”搭配使用，构成“连……带……”的格式。如：

③只听得一声响，簌簌地将那树连枝带叶劈脸打将下来。（23 回）

④把兀颜统军连腰截骨带头砍着，撷下马去。（89 回）

3. 和

介词“和”表示连带的用法大约萌生于唐代，到宋代时使用频率已经比较高了。在《水浒传》中，介词“和”表示连带的共有 18 例，占其介词用例的 3.62%。如：

①薛霸腰里解下索子来，把林冲连手带脚和枷紧紧地绑在树上。（8 回）

②把王文斌连肩和胸脯砍做两段，死于马下。（88 回）

③其余尽被林冲和人连马生擒活捉了去。（54 回）

④双手把董平和枪连臂膊只一拖，却拖不动，两个搅做一块。（70 回）

《水浒传》中表示连带的介词“和”没有单独使用的用例，都是与表示连带的介词“连”搭配使用，以“连……和……”的格式最为常见，“和……连……”的格式相对少见。

【小结】 表示连带的介词用法是十分有特点的。《水浒传》中有介词“连”、“带”、“和”，其中介词“连”的用例最多，共有 40 例，占范围类介词的 33.61%。而且介词“连”经常与介词“带”、“和”一起出现，或是“连……带……”，或是“连……和……”，或是“和……连……”。但没有介词“带”与介词“和”同时出现的用例。由此可以看出，《水浒传》中表示连带时介词“连”占主导地位。综上所述，《水浒传》中表示连带的介词用例数量及其分布情况详见下表：

介词	连	带	和
用例数	40	7	18
类比例（%）	33.61	5.88	15.13
自身比（%）	100	100	3.62

（四）排除（除）

这类介词表示动作行为所排除的范围，《水浒传》中共有17例，占范围类介词的14.29%。如：

①你不可投别处去，只除梁山泊可以安身。（18回）

②今特来报你：贤弟有百日血光之灾，则除江南地灵星可治。（65回）

③除杨志患病不能征进，寄留丹徒外，其余将校拨开两路。（92回）

介词"除"后的宾语可以是地点专有名词，也可以是指人的专有名词。

此外，《水浒传》中介词"除"还可以带上"了"构成"除了"。如：

④洞仙侍郎道："除了这个蛮子，别的都不打紧。"（84回）

这种用法共有3例。"除了"表示排除的用法在宋代就已经出现。

【总结】 总体来看，《水浒传》中对象、范围类介词的数量和用例都很丰富，共有5 269例，占《水浒传》所有介词用例的34.62%，仅次于处所、时间类介词。其中对象类介词在这类介词中的数量和用例占绝对地位。我们把《水浒传》中的对象类介词分为六类。其中以引进处置者的介词"把"用例最为丰富，共有1 282例，占对象类介词的24.89%，占其介词用例的82.18%；以介词"与"的用法最为丰富，可以引进接受者、偕同者、受益者、涉及者、施为者五种对象。《水浒传》中范围类介词的数量和用例都不太多，如关涉类的4个介词一共只有4个用例。另外，连带类介词中的"连"、"带"还保留在现代汉语中，而表示连带的介词"和"已经消失了。

《水浒传》中介词的特点颇为鲜明，主要表现为：

第一，介词数量多，用法丰富。

在《水浒传》中，单音节介词有67个，这在同一时期的文献中是不多见的。而且介词用例也数量惊人，如介词"在"共出现了3 570例，介词"到"共出现了2 065例。不少介词的用法也十分丰富，如介词"于"，有表示处所起始处、处所所在处、处所终到处、时间起始点、时间点、时间终到点以及引出动作行为的偕同者、涉及者、施为者等多种用法，这样的介词绝非个案。

第二，介词连用的现象增多，有的已经发展成为双音节介词。

在古代汉语中，介词多为单音节，《水浒传》中由单音节介词连用构成的固定结构以及双音节介词有 24 个，分别是打从、在于、向着、望着、朝着、照着、经由、随着、自从、及至、趁着、乘着、方当、凭着、据着、照依、倚仗、靠着、依着、用着、拿着、与同、跟着、对着等。其中“自从”、“与同”等已经发展演变成双音节介词。

第三，介词的分工越来越细致。

《水浒传》中有像“于”这样一个介词身兼数职的情况，也有只有一种用法的介词，如介词“依”、“按”、“论”，在《水浒传》中只用作表示依据的介词；再如介词“仗”、“靠”、“借”，在《水浒传》中都专门用作表示凭借的介词。

第四，介词或用法的此消彼长频仍。

由于明清时期是近代汉语向现代汉语发展过渡的转型时期，因此，一些活跃在现代汉语中的介词或用法会在这一时期萌芽，一些曾经活跃在古代汉语或近代汉语中的介词或用法也会在这一时期消失。如现代汉语中常见的对象介词“给”在《水浒传》中都用作动词，这说明在《水浒传》成书时，“给”表示对象的介词用法还没有产生，或者很少使用；再如现代汉语中经常使用的表示关涉的范围类介词“对”，在《水浒传》中只见一例，这也可以说明在《水浒传》的成书年代，“对”表示关涉的用法还处于萌芽阶段。

第五，一些介词在书中不同章回里的使用频率不均衡。

这可能与《水浒传》的成书过程有一些关系。① 如介词“把”在《水浒传》中表示处所所在处的 10 个用例，有 6 例出现在前 21 回，而后 30 回中只出现了 1 例；再如介词“去”在《水浒传》中表示方向的 17 个用例，有 13 例出现在前 50 回中。这些现象都可以反映出《水浒传》中一些介词的使用频率在不同章回中是不均衡的，这也在某种程度上反映出不同时期同一介词在使用上的差异。

本章参考文献

著作

1. 北京大学中文系 1955、1957 级语言班：《现代汉语虚词例释》，北京：商务印书馆，1982 年。

2. 陈昌来：《介词与介引功能》，合肥：安徽教育出版社，2002 年。

3. 冯春田：《近代汉语语法问题研究》，济南：山东教育出版社，1991 年。

4. 傅雨贤、周小兵、李炜：《现代汉语介词的研究》，广州：中山大学出版社，

① ［日］香坂顺一认为，《水浒传》并非施耐庵一人所写，它是一部把许多故事添补而成的小说。从《水浒传》中可以发现宋代、元代和明代不同时期的语汇。香坂顺一：《水浒词汇研究（虚词部分）·前言》，文津出版社，1992 年。

1997 年。
5. 何乐士：《左传虚词研究》（修订本），北京：商务印书馆，2004 年。
6. 江蓝生：《近代汉语探源》，北京：商务印书馆，2000 年。
7. 蒋冀骋、吴福祥：《近代汉语纲要》，长沙：湖南教育出版社，1997 年。
8. 蒋绍愚：《近代汉语研究概况》，北京：北京大学出版社，1994 年。
9. 刘坚等：《近代汉语虚词研究》，北京：语文出版社，1992 年。
10. 吕叔湘：《现代汉语八百词》，北京：商务印书馆，1984 年。
11. 马贝加：《近代汉语介词》，北京：中华书局，2002 年。
12. 王力：《王力文集·汉语语法史》，济南：山东教育出版社，1990 年。
13. 王锳：《近代汉语词汇语法散论》，北京：商务印书馆，2004 年。
14. ［日］香坂顺一：《水浒词汇研究（虚词部分）》，北京：文津出版社，1992 年。
15. 杨伯峻：《古今汉语词类通解》，北京：北京出版社，1998 年。
16. 俞光中、植田均：《近代汉语语法研究》，上海：学林出版社，1999 年。
17. 张斌主编：《现代汉语虚词词典》，北京：商务印书馆，2001 年。
18. 中国社科院语言研究所古代汉语研究室：《古代汉语虚词词典》，北京：商务印书馆，1999 年。

论文

1. 曹炜：《〈金瓶梅词话〉中的时间、处所、方向类介词初探》，《苏州大学学报》2003 年第 4 期。
2. 陈安平：《介词“问”的产生》，《暨南大学华文学院学报》2001 年第 4 期。
3. 陈昌来：《汉语介词的发展历程和虚化机制》，《柳州职业技术学院学报》2002 年第 3 期。
4. 范干良：《“向、往、朝”及其相关的介词》，《烟台大学学报》1990 年第 4 期。
5. 方平权：《关于介词“于”由先秦到汉发展变化的两种结论》，《古汉语研究》2000 年第 2 期。
6. 郭锡良：《介词“以”的起源和发展》，《古汉语研究》1998 年第 1 期。
7. 刘镜芙：《〈水浒传〉中一组同义介词》，《暨南学报》1991 年第 2 期。
8. 罗庆云：《〈诗经〉的介词“以”》，《武汉大学学报》2005 年第 2 期。
9. 马贝加、徐晓萍：《时处介词“从”的产生及其发展》，《温州师范学院学报》2002 年第 5 期。
10. 马贝加：《处所介词“向”的产生及其发展》，《语文研究》1999 年第 1 期。
11. 马贝加：《对象介词“将”的产生》，《语言研究》2000 年第 4 期。
12. 马贝加：《汉语中“趁着”义介词探析》，《温州师范学院学报》1995 年第 4 期。

13. 马贝加：《介词“方”探源》，《温州师范学院学报》1996 年第 5 期。

14. 马贝加：《介词“就”的产生及其意义》，《语文研究》1997 年第 4 期。

15. 马贝加：《介词“缘”的产生及其意义》，《山西大学学报》1996 年第 2 期。

16. 马贝加：《介词“经”的产生与发展》，《温州师范学院学报》1999 年第 1 期。

17. 尚平：《“介词 + 着”现象考》，《语言文字应用》2005 年第 5 期。

18. 邵宜：《近代汉语介词“望”的形成及与“往”之比较》，《暨南学报》2005 年第 5 期。

19. 唐莉：《近代汉语词语发展的更替现象》，《古汉语研究》2001 年第 4 期。

20. 王锳：《近代汉语词汇研究与中古汉语》，《贵州大学学报》2003 年第 4 期。

21. 吴金花：《处所介词“到”的产生》，《福建师范大学学报》2005 年第 4 期。

22. 周芍、邵敬敏：《试探介词“对”的语法化过程》，《语文研究》2006 年第 1 期。

23. 周小兵：《介词的语法性质和介词研究的系统方法》，《中山大学学报》1997 年第 3 期。

20 世纪中叶，吕叔湘先生的《论底、地之辨及底字的由来》一文揭开了近代汉语助词研究的序幕。此后，日本学者太田辰夫、香坂顺一，美国学者梅祖麟、罗杰瑞，我国学者刘坚、蒋绍愚、江蓝生、曹广顺、余志鸿等也有论著探讨相关问题。在这些论著中，有一部分涉及了元明时期的助词研究。尤其是香坂顺一的《水浒词汇研究（虚词部分）》，对《水浒传》中的助词进行了初步的讨论。《水浒传》是元末明初的一部重要文献，对其助词系统作全面、系统的描写有助于我们了解元末明初这一时段汉语助词运用的基本情况，从而为有明一代汉语助词系统的流变史以及整个近代汉语助词史的建构奠定基础。

第三章 《水浒传》的助词系统

20世纪中叶，吕叔湘先生的《论底、地之辨及底字的由来》一文揭开了近代汉语助词研究的序幕。此后，日本学者太田辰夫、香坂顺一，美国学者梅祖麟、罗杰瑞，我国学者刘坚、蒋绍愚、江蓝生、曹广顺、余志鸿等也有论著探讨相关问题。在这些论著中，有一部分涉及了元明时期的助词研究。尤其是香坂顺一的《水浒词汇研究（虚词部分）》，对《水浒传》中的助词进行了初步的讨论。《水浒传》是元末明初的一部重要文献，对其助词系统作全面、系统的描写有助于我们了解元末明初这一时段汉语助词运用的基本情况，从而为有明一代汉语助词系统的流变史以及整个近代汉语助词史的建构奠定基础。

《水浒传》助词的分布及运用总体情况详见下表：

《水浒传》助词（51个）	动态助词（11个）	得（2 350例）、的（452例）、地（62例）、着（2 239例）、著（2例）、了（10 229例）、过（96例）、来（169例）、将（773例）、取（20例）、却（49例）——共计16 441例
	结构助词（13个）	的（3 298例）、地（404例）、价（20例）、个（155例）、等（850例）、之（1 588例）、所（192例）、者（392例）、来（83例）、乃（31例）、不得（333例）、不的（29例）、见（25例）——共计7 400例
	语气助词（20个）	兀（19例）、兀那（15例）、兮（1例）、时（428例）、呵（2例）、来（18例）、地来（4例）、罢（38例）、休（9例）、也罢（6例）、哩（35例）、也（208例）、耶（2例）、矣（90例）、么（202例）、乎（4例）、焉（3例）、则个（86例）、哉（51例）、了（190例）——共计1 411例
	比况助词（7个）	也似（76例）、一般（65例）、般（32例）、相似（25例）、价（14例）、似（7例）、来（7例）——共计226例

由上表可以看到，《水浒传》中共有助词51个，共计出现25 478个用例，这是一个不小的数字。近代汉语是助词发展的重要时期，汉语在这一时期里不但产生了大量的新兴助词，而且整个助词系统进行了重要的自我完善和调整，分工逐步细化。

第一节　动态助词

一、得（的、地）

动态助词“得”在现代汉语中的用法已经趋于单一了，但在近代汉语中，它却是一个用法复杂、语法意义丰富的助词。已有成果表明，“得”（按：有时也写作

“的”、“地”）的动态助词用法在唐代就已经出现，宋、元时期有了长足的发展。《水浒传》中的“得（的、地）”一共出现了2 864例。其中作“得”的有2 350例，作“的”的有452例，作“地”的有62例。主要用法及分布情况下详述之。

第一，用在动词后面，表示某种动作已经实现或完成，其功能与现代汉语中表示某种动作已经实现或完成的动态助词“了”相近。这种用法十分普遍，共有1 170例，有两种书写形式：“得”和“的”，我们分别记作“$得_1$”、“$的_1$”。其中作“得”的有1 042例，作“的”的有128例。“$得_1$”（“$的_1$”）前的动词，除了“打听”、“聚集”、“央烦”、“生擒”等少数几个双音节动词外，多为单音节动词。否定形式为动词前加“不曾”、“未曾”，否定曾经实现过某种行为。

1. 动词＋“$得_1$（$的_1$）”＋宾语

这种用法最为常见，共有952例。其中作“得”的有850例，作“的”的有102例。如：

①进得汴梁城，闻人所说：天师在东京禁院做了七昼夜好事，普施符箓，禳救灾病，瘟疫尽消，军民安泰。(2回)

②林冲把手床上摸时，只拽的一条絮被。(10回)

③孙二娘道：“只听得叔叔打了蒋门神，又是醉了赢他，那一个来往人不吃惊。……”(31回)

④宋江听的莺声燕语，不是男子之音，便从椅子底下钻将出来看时，却是两个青衣女童，侍立在此床边。(42回)

⑤晁盖听了戴宗说罢，心中大怒道：“……不捉的此辈，誓不回山!”(60回)

以上例子中“得（的）”后所接的宾语，例①为处所词，例②为偏正短语，例③是主谓短语，例④是联合短语，例⑤为代词。我们在统计过程中发现，“得”带处所、时间宾语和带主谓短语的例子是最多的，是这种用法的主要结构形式。

2. $动_1$＋“$得_1$（$的_1$）”＋$动_2$

用在连谓短语的第一个动词后，表示前一个动作已经完成，顺承下一个动作。其中作“得”的有129例，作“的”的有14例，共计143例。如：

⑥武松听得道：“都监相公如此爱我，又把花枝也似个女儿许我，他后堂内里有贼，我如何不去救护?”(30回)

⑦过的桥基看时，两行奇树，中间一座大朱红棂星门。(42回)

⑧没一个更次，煮的肉来，刘二、刘三管待解珍、解宝。(86回)

3. 动词＋“$得_1$（$的_1$）”

后面不跟宾语，置于句尾，多用于“听”这一动词之后。其中作“得”的有63例，作“的”的有12例，共有75例。如：

⑨王进听得，慌忙出房来，见太公施礼，说道：“小人起多时了。夜来多多搅扰，甚是不当。”(2回)

⑩那监门官听得，喝道："既是开封府公文，只管问他怎地！放他入去。"（81 回）

⑪县官闻的，飞报与两个番将，说道："宋朝军马大张旗号，乃是梁山泊新受招安宋江这伙。"（83 回）

第二，用在可持续动词或形容词之后，表示动作或状态的持续进行。"得（的）"的这种用法近似于动态助词"着"，《水浒传》中一共出现了 14 例，我们记作"$得_2$"（"$的_2$"），其中作"得"的有 12 例，作"的"的只有 2 例。如：

⑫话说这清风山离青州不远，只隔得百里来路。（33 回）

⑬左边这个生的白净面皮，三牙掩口髭须，瘦长膀阔，清秀模样，也裹着顶绛红头巾。（32 回）

⑭张顺道："哥哥，我和你只管的些水军，倘或不相救应，枉惹人耻笑。"（64 回）

第三，用在动词或形容词后面，连接表示结果或程度的补语。其基本形式为"动词（形容词）+'得（的）'（+宾语）+补语"。《水浒传》中一共出现了 975 例，我们记作"$得_3$"（"$的_3$"），其中作"得"的有 737 例，作"的"的有 238 例。如：

⑮说犹未了，只觉得那里又一阵风，吹得毒气直冲将来。（1 回）

⑯鲁达大怒，叉开五指，去那小二脸上只一掌，打的那店小二口中吐血，再复一拳，打下当门两个牙齿。（3 回）

⑰宋江见晁盖死了，比似丧考妣一般，哭得发昏。（60 回）

第四，用在动词后面，表示"可能、能够"义。《水浒传》中一共出现了 642 例，我们记作"$得_4$"、"$的_4$"，其中作"得"的有 559 例，作"的"的有 83 例。

1. 动词 +"$得_4$（$的_4$）"（+宾语）

"得（的）"表示可以、能够，在《水浒传》中共有 473 例，其中作"得"的有 402 例，作"的"的有 71 例。如：

⑱心内踌躇，在此不了，开言对朱武等说道："我的师父王教头，在关西经略府勾当，我先要去寻他，只因父亲死了，不曾去得。……"（3 回）

⑲射得硬弓，骑得劣马，使一管长枪，腕上悬一条虎眼竹节钢鞭，海边人见了，望风而降。（49 回）

⑳武松道："我于路不曾害！酒也吃的，肉也吃的，饭也吃得，路也走得。"（28 回）

2. 动词 +"$得_4$（$的_4$）"（+宾语）+补语

"得"（或"的"）表示能够，在《水浒传》中共有 169 例，其中作"得"的有 157 例，作"的"的有 12 例。如：

㉑只得聚集众人，先把石碑放倒，一齐并力掘那石龟，半日方才掘得起。（1 回）

㉒当时下山来与呼延灼交战，李忠如何敌得呼延灼过，斗了十合之上，见不是

头，拔开军器便走。（57回）

㉓众人道："……只是这一伙做客商的，必是他州外府深山旷野强人，遇着，一时劫了。他得财宝，自去山寨里快活，如何拿的着？……"（17回）

在这里，我们觉得有必要讨论一下"坐地"、"坐的"、"立地"等形式。在近代汉语中，常常使用"坐地"，而在一般所能见的注释和词典中，都把"坐地"解释为"坐着"。

既然"地"即"着"，都表示动作的持续和进行，那么应该也有"看地"、"放地"、"睡地"这些组合，而事实上并非如此。"地"对于动词来说，没有像"着"那样的开放性，只限于"坐"、"立"、"卧"等动词。①《水浒传》中"坐地"有80例，其中为动态助词的有58例。如：

㉔众囚徒都笑起来，回说道："好汉，你自不知，我们拨在这里做生活时，便是人间天上了，如何敢指望嫌热坐地！……"（28回）

㉕卢员外正在解库厅前坐地，看着那一班主管收解，只听得街上喧哄，唤当直的问道："如何街上热闹？"（61回）

"地"有时也作"的"，不过仅见1例。如：

㉖恰才饮得三杯，只见女使锦儿慌慌急急，红了脸，在墙缺边叫道："官人，休要坐的！娘子在庙中和人合口！"（7回）

除"坐地"形式外，还有"立地"形式，不过仅见4例。如：

㉗离了僧房，信步踱出山门外立地，看着五台山，喝采一回。猛听山下叮叮当当的响声，顺风吹上山来。（4回）

㉘三人在庙檐下立地看火，数内一个道："这条计好么？"（10回）

㉙风又紧，火又猛，众官兵只得钻去，都奔烂泥里立地。（19回）

㉚武松道："小管营如何却立地？"（29回）

以上63例中的"地（的）"无疑应为动态助词。

而《水浒传》中还有以下的"坐地"。如：

㉛吴用就血泊里拽过头把交椅来，便纳林冲坐地，叫道："如有不伏者，将王伦为例！今日扶林教头为山寨之主。"（19回）

㉜武松看在眼里，暂回房里来坐地了，自存想，只见那个人又搬酒和肉来。（28回）

上例中的"坐地"如果还解释为"坐着"，似有些勉强，从语境来看，应该是"坐下"的意思，"地"充当了趋向动词"下"的角色。尤其是例㉜，"坐地"后还跟

---

① 参见［日］香坂顺一：《水浒词汇研究（虚词部分）》，文津出版社，1992年，第418页。

了表示动作已完成的助词“了”，再把这个“地”解释为表持续态的“着”，显然说不通。这样的“坐地”共有22例。①

《水浒传》中“得（的、地）”的主要用法及分布情况详见下表：

得 / 统计	得$_1$（的$_1$）			得$_2$（的$_2$）	得$_3$（的$_3$）	得$_4$（的$_4$）		地、的
	动＋得$_1$（的$_1$）＋宾	动$_1$＋得$_1$（的$_1$）＋动$_2$	动＋得$_1$（的$_1$）			动＋得$_4$（的$_4$）（＋宾）	动＋得$_4$（的$_4$）（＋宾）＋补	
出现次数	952	143	75	14	975	473	169	63
所占比例（%）	33.24	4.99	2.62	0.49	34.04	16.52	5.90	2.20
总计	2 864							

从上表可以看出，“动词＋‘得$_1$（的$_1$）’＋宾语”这种形式最为常见；绝大部分的动态助词“得（的、地）”均表示“某种动作已经实现或完成”的语法意义，占所有用例的40.85%；“得$_2$（的$_2$、地）”表示“动作或状态的持续进行”的语法意义的用法正逐渐衰落，只占全部用例的2.69%，最终为“着”所覆盖。

二、着（著）

“着（著）”是近代汉语中最为常见的动态助词之一，主要功能是表示动作状态的持续或动作的进行，有时也表示动作的实现和完成。在《水浒传》中，“着（著）”的用例多达2 241例，语法意义和用法极为丰富。如用在连动短语的两个动词之间，表示前一动作为后一动作的方式或状态；用于祈使句句末，表示要求其保持某种状态，等等。

需要说明的是，在《水浒传》中，“着”写作“著”这种形式的情形已极为罕见，仅有2例。

第一，“着”附着在动词或形容词之后，表示动作（状态）的持续或动作的进行。我们记为“着$_1$”，共有1 974例。具体又有以下几种情形：

1. 动词＋“着$_1$”（＋宾语）

这种用法最为常见，用例多达1 466例。如：

①知客僧出来，见了智深生的凶猛，提着铁禅杖，跨着戒刀，背着个大包裹，先

① 香坂顺一先生认为，既然这样，“坐地”中的“地”就不是动态助词，他称之为“强化词”，“地”是强化了“坐”的处所。因为在大多数例子中，“坐地”之前确实也交代了具体的处所。但如：“众囚徒都笑起来，回说道：‘好汉，你自不知，我们拨在这里做生活时，便是人间天上了，如何敢指望嫌热坐地！……’”这一例中，“地”显然没有强化任何处所，明显是“着”的意思。再鉴于《水浒传》“的、地、得”混用的状况和“得”类确实可表动作或状态的持续义，本文还是保留部分“坐地”为“坐着”的意见。

有五分惧他。(6回)

②帐前拨十个厢禁监押着车，每辆车上各插一把黄旗，上写着："献贺太师生辰纲"，每辆车子，再使个军健跟着。(16回)

这种用法的"着"有时也写作"著"，不过仅发现2例。如：

③这五人引领著六十四回队舞优人，百二十名散做乐工，搬演杂剧，装孤打撺。(82回)

④有条水路，港汊最深，唤做潞水，团团绕著城池。(83回)

在《水浒传》中，"动+$着_1$+宾"的形式远远多于"动+$着_1$"的形式，"$着_1$"的主要作用是表示动作状态的持续，且"$着_1$"黏附的动词以单音节词为主。全书仅有1例"动词+宾语+着"的例子。如：

那婆娘只道是张三郎，慌忙起来，把手掠一掠云髻，口里喃喃的骂道："这短命，等得我苦也！老娘先打两个耳刮子着。"(21回)

学术界对这种现象有两种看法：一种认为此格式中的"着"是一种句末语气词，用来助全句的语气；还有一种认为"V+宾+着"和"V+着+宾"是一样的，这个"着"还是动态助词。我们认同后一种看法。①

2. 形容词+"$着_1$"(+宾语)

"$着_1$"表示状态的持续，共有34例。如：

⑤这武松提了梢棒，大着步自过景阳冈来。(23回)

⑥既然你两个要相扑，今年且赛这对献圣。都要小心着，各各在意。(74回)

在这种用法的34例中，同样是"形+$着_1$+宾"的形式要多于"形+$着_1$"的形式，而且在"形+$着_1$+宾"这一格式中，"$着_1$"前的形容词明显已经有了动词的性质。

3. $动词_1$(形容词)+"$着_1$"+$动词_2$(+宾语)

这种用法表示后一动作是在前一动作或状态持续着的状况下进行的，共有474例。如：

⑦道童笑了一声，也不回应，又吹着铁笛转过山坡去了。(1回)

⑧直到中军，并不见一个军将，却是柳树上缚着数只羊，羊蹄上拴着鼓槌打鼓，因此更点不明。(98回)

⑨那妇人已知告状不准，放下心不怕他，大着胆看他怎的。(26回)

第二，用于动词之后，表示动作状态的实现或完成，我们记为"$着_2$"。其基本结构形式为"动词+$着_2$(+宾语)"，"$着_2$"的语法意义与"了"或"过"相似。《水

---

① 乔全生(1998)从方言和汉语史的角度分析这一结构，认为"V着X"结构对"VX着"结构有强大的类化作用，两者其实一样。见乔全生《从洪洞方言看唐宋以来助词"着"的性质》，《方言》1998年第2期。

浒传》中共有190例。如：

⑩却不是一来天罡星合当出世，二来宋朝必显忠良，三来凑巧遇着洪信，岂不是天数！(1回)

⑪那人自道："我开了许多年酒店，不曾遇着这等一个囚徒！(36回)

⑫当日燕青禀宋江道："小乙自幼跟着卢员外，学得这身相扑，江湖上不曾逢着对手。……"(74回)

⑬为这七员正将，都不厮见着，先说了结果。(100回)

这些例子里面"着$_2$"前附着的动词大多有一个特点，就是本身不能持续，也不能造成持续状态性的结果①，如"遇"、"逢"、"厮见"。

第三，用于祈使句，表示要求其保持某种状态。记为"着$_3$"，《水浒传》中共有19例。如：

⑭两个跳将起来，转过身来，拿起水火棍，看着林冲，说道："……你须精细着，明年今日是你周年。我等已限定日期，亦要早回话。"(8回)

⑮武松看着王婆喝道："兀那老猪狗听着！……"(26回)

⑯东北上又一个好汉，高声大叫："留下人着！"(48回)

第四，用在一些单音节动词后，使之双音化。记为"着$_4$"，《水浒传》中共有58例。如：

⑰随着那山路行去，走不得半里，抬头看时，却见一所败落寺院，被风吹得铃铎响。(6回)

⑱宋江只得推开庙门，乘着月光，入进庙里来，寻个躲避处。(42回)

⑲燕青又道："……不是小乙说嘴，帮着主人去走一遭，路上便有些个草寇出来，小人也敢发落的三五十个开去。……"(61回)

综上所述，《水浒传》中动态助词"着（著）"的用法及分布情况详见下表：

着 统计	着$_1$（著）			动+着$_2$（+宾）	着$_3$	着$_4$
	动+着$_1$(著)（+宾）	形+着$_1$(著)（+宾）	动$_1$/形+"着$_1$"+动$_2$（+宾）			
出现次数	1 466	34	474	190	19	58
所占比例（%）	65.42	1.52	21.15	8.48	0.85	2.59
总 计	2 241					

① 参见曹广顺：《近代汉语助词》，语文出版社，1995年，第35页。

从上表中可以看出，“着”在《水浒传》中绝大部分是表示“动作（状态）的持续或动作的进行”，这种用法占“着”全部用例的88.09%；而“着”表示“动作状态的实现或完成”的用例已经很少了，只占8.48%。至于“着”的其他用法则可能是初见端倪，所以用例相对来说更为少见。

三、了

《水浒传》中“了”作为助词的用法已经相当完备，既可用来表示动作的完成，即现代汉语的“$了_1$”，为动态助词，也可用来肯定事态出现（或即将出现）的变化，即现代汉语的“$了_2$”，为语气助词，还可两者兼具——既表动作的完成又表肯定语气的“$了_{1+2}$”。

第一，“$了_1$”用在动词或形容词之后，表示动作的完成或形容词所具状态性质的实现。在《水浒传》中，这种用法的“$了_1$”共有6 647例。

1. “$了_1$”用在动词或动词性词组后的用法

“$了_1$”用在动词或动词性词组之后，表示动作的完成。这种用法共有6 610例，为“$了_1$”最主要的用法。“$了_1$”有时候也表示动作的持续，相当于“$着_1$”的用法，但用例不多。

（1）动词+“$了_1$”+宾语。动词多为单音节形式，有时是不及物的，宾语形式丰富。这种结构形式是“$了_1$”的用法中最常见的，共有5 322例。如：

①当时高俅辞了柳大郎，背上包裹，离了临淮州，迤逦回到东京，竟来金梁桥下董生药家，下了这封书。(2回)

②再说金老得了这一十五两银子，回到店中，安顿了女儿，先去城外远处觅下一辆车儿，回来收拾了行李，还了房宿钱，算清了柴米钱，只等来日天明。(3回)

③宋江谢了宿太尉，回到少华山上，便与四筹好汉商议，收拾山寨钱粮，放火烧了寨栅。(59回)

（2）“$了_1$”前为动补结构的动词或动词性词组，“$了_1$”不但表示动作的完成，而且表示动作结果的实现，它的语义同时指向动作和补语，共有303例。如：

④林冲自肚里寻思道：“这洪教头必是柴大官人师父，不争我一棒打翻了他，须不好看。”(9回)

⑤任原此时，有心恨不得把燕青丢去九霄云外，跌死了他。(74回)

（3）动词为单音节形式，加“$了_1$”后又接补语，形成“动+$了_1$+补语”的格式，共计985例。“$了_1$”的语义仅仅指向单音节动词，补语以数量短语居多。如：

⑥董超、薛霸两两相觑，沉吟了半晌，见了两个大银，如何不起贪心。(62回)

⑦又饮了数杯，柴进便叫燕青：“你自去与我旋一杯热酒来吃。”(72回)

2. “$了_1$”用在形容词后的用法

“$了_1$”用在形容词后，表示一种变化已经（或假设）完成；或接补语，指明程度。在《水浒传》中共有37例。这里的形容词已明显带上了动词的性质。

（1）形容词+“了$_1$”+宾语，“了$_1$”表示某种变化已经（或假设）完成，共有19例。如：

⑧恰才饮得三杯，只见女使锦儿慌慌急急，红了脸，在墙缺边叫道：“……撞见个诈奸不级的，把娘子拦住了，不肯放。”（7回）

⑨那挑酒的汉子道：“我自挑这酒过冈子村里卖，热了在此歇凉。……”（16回）

⑩杨雄、石秀都跟出前厅来看时，只见杜兴下了马，入得庄门，见他模样，气得紫涨了面皮，半晌说不的话。（47回）

（2）形容词+“了$_1$”+补语，指明变化的程度，共有18例。如：

⑪看这杨志打那军健，老都管见了，说道：“提辖，端的热了走不得，休见他罪过。”（16回）

⑫西门庆道：“我问你梅汤，你却说做媒，差了多少！”（24回）

⑬张青道：“只可惜了一个头陀，长七八尺，一条大汉，也把来麻坏了，小人归得迟了些个，已把他卸下四足……”（27回）

第二，“了$_2$”、“了$_{1+2}$”用在句末，表示事态出现了某种变化或即将出现某种变化，同时具有足句的作用。

（1）名词/数量词+“了$_2$”，表示陈述或疑问的语气，共计190例。如：

⑭话休絮繁，被智深监押不离，行了十七八日……再无僻静处了。（9回）

⑮宋江便道：“……他又在江州杀了许多人，那个不认得他是黑旋风？这几时官司如何不行移文书到那里了？必然原藉追捕……”（42回）

⑯李逵道：“兄弟的不是了，哥哥拣大棍打几十罢！”（73回）

《水浒传》中仅有1例用于疑问代词之后。如：

⑰武大回到厨下来问老婆道：“我叫他又不应，只顾望县前这条路走了去，正是不知怎地了？”（24回）

还有1例用于助词之后。如：

⑱那妇人道：“……你还了我一纸休书来，你自留他便是了。”（24回）

（2）“了$_{1+2}$”用在谓词性成分之后，置于句尾，表示动作的完成、状态的实现，兼有语气词的作用，共有3 576例。“了$_{1+2}$”的语义一般指向谓词性成分和整个句子。

A. 动词+“了$_{1+2}$”，表示动作完成（或假设完成），兼表语气。这种结构形式在“了$_{1+2}$”的句子中最为常见，共有3 000例。如：

⑲那妇人道：“叔叔却怎地忘了？夜来已对叔叔说了，害心疼病死了。”（26回）

⑳石秀却在侧边看了，也自冷笑道：“似此有甚功德！正谓之作福不如避罪。”（45回）

㉑柴进道："如何使得！便是应允了，后来也有翻变。"（72回）

B. 动补结构＋"了$_{1+2}$"，"了"的语义指向动词、补语和句子，共有397例。如：

㉒王进见他学得精熟了，自思："在此虽好，……"（2回）

㉓林冲走不到三二里，脚上泡被新草鞋打破了，鲜血淋漓，正走不动，声唤不止。（8回）

㉔只听得背后有人叫一声："押司，那里去来？老身甚处不寻遍了！"（20回）

C. 形容词＋"了$_{1+2}$"，表示状态变化的实现（或即将实现），兼表语气，共有179例。如：

㉕李逵道："条例，条例！若还依得，天下不乱了！……"（52回）

㉖看看天色黑了，时迁挨入班门里面。（56回）

㉗要杀使唤的时，原来厨刀不甚快，砍了一个人，刀口早卷了。（65回）

第三，《水浒传》中出现的一些特殊用例。

（1）形容词（或副词）＋了＋动词，有2例。如：

㉘汤隆道："……我见那厮却是闪肭了腿的，一步步捱着了走……"（56回）

㉙看着婆子小肚上只一头撞将去，争些了跌倒，却得壁子碍住不倒。（25回）

（2）副词＋了＋名词，有1例。如：

㉚寨内一连了三日，每日搦战，曾头市上并不曾见一个。（60回）

（3）疑问代词＋了＋动宾结构，有2例。如：

㉛张青道："……不想浑家不依小人的言语，今日又冲撞了都头，幸喜小人归得早些。却是如何了起这片心？"（27回）

㉜石秀道："此间这等好村坊去处，怎地了大厮杀？"（47回）

（4）时间名词＋了＋动词，有1例。如：

㉝石秀一日早起五更，出外县买猪，三日了方回家来，只见铺店不开。（44回）

综上所述，动态助词"了"在《水浒传》中的用法和分布情况详见下表：

了 统计	了$_1$					了$_2$	了$_{1+2}$			其他
	动＋了$_1$＋宾	动词词组＋了$_1$＋宾	动＋了$_1$＋补	形＋了$_1$＋宾	形＋了$_1$＋补		动＋了$_{1+2}$	动补＋了$_{1+2}$	形＋了$_{1+2}$	
出现次数	5 322	303	985	19	18	190	3 000	397	179	6
所占比例（%）	51.08	2.91	9.45	0.18	0.17	1.82	28.79	3.81	1.72	0.06
总计	10 419									

从上表可以看出，“了”的用法虽然丰富多样，但用例最多的还是“动词＋了”的结构形式，在《水浒传》中一共出现了9 307例，占“了”用例总量的89.33%。其次为“动词短语＋了”的结构形式，共有700例，占“了”用例总量的6.72%。与之相比较，“形容词＋了”结构形式的用例则不多，而且主要集中在“形容词＋了$_{1+2}$”这一块。单纯表语气的“了$_2$”用例数量也不多。总而言之，《水浒传》中“了”的大多数用例均出现在“动词/动词词组＋了$_1$”和“动词/动词词组＋了$_{1+2}$”这两种结构形式中。

四、过

《水浒传》中动态助词“过”的用例不多，只有96例。“过”能进入的基本结构形式为“动词＋过”和“动词＋过＋宾语”两种，其语法意义除了表示动作状态的完成外，还表示“过去曾经有过这样的情况”或“已有的经验”①。

第一，“过”用在动词后，表示动作的完结，我们记为“过$_1$”，共有85例。“过”多强调动作本身的完结而不是动作完结后造成的状态，句子往往不受时态的限制。

（1）动词＋“过$_1$”＋宾语/补语。这是动态助词“过”在《水浒传》中进入最多的结构形式，有61例。如：

①待了六十日限满，当厅推司禀过府尹，将杨志带出厅前，除了长枷，断了二十脊杖，唤个文墨匠人，刺了两行金印，迭配北京大名府留守司充军。（12回）

②只见武松喝叫土兵：“且收拾过了杯盘，少间再吃。”（26回）

③这鲁智深和宝光国师斗过五十余合，不分胜败。（95回）

这些例子里的“过”大致相当于“了$_1$”。有些句子里的“过”后面也跟了

① 参见吕叔湘：《现代汉语八百词（增订本）》，商务印书馆，1999年；孔令达：《关于动态助词“过$_1$”和“过$_2$”》，《中国语文》1986年第4期；孔令达：《从语言单位的同一性看汉语助词“过”的分合》，《安徽师大学报》1995年第3期。

“了”，如例②。这些句子里的“过”完全可以省略且不影响语义。在《水浒传》中，有许多同样结构的例子也确实没有用“过”。如：

④当夜，子母二人收拾了行李衣服，细软银两，做一担儿打挟了；又装两个料袋袱驼，拴在马上。(2回)

同样的还有如“斗了几十合”与“斗过了几十合”、“斗过几十合”等并存。

(2) 动词+“过$_1$”，后面不带宾语，用于句尾。但大部分“过”后面还带了助词“了”，共有21例。如：

⑤便叫押过这一干人犯，就当厅先把阳谷县申文看了，又把各人供状招款看过，将这一干人一一审录一遍。(27回)

⑥石秀一日早起五更，出外县买猪，三日了方回家来，只见铺店不开。却到家里看时，肉案、砧头也都收过了，刀仗家火亦藏过了。(44回)

⑦徐宁谢了汤隆，交收过了，且安排酒来管待。(56回)

这种句式里的“过$_1$”就明显体现了“强调动作本身的完结而不是动作完结后造成的状态”这一点。后面加上“了”，说明某种事态的实现。

(3) 动补词组+“过$_1$”，“过$_1$”均位于句尾。《水浒传》中仅有3例。如：

⑧那一个道：“这早晚烧个八分过了。”(10回)

⑨土兵斟到第四杯酒，前后共吃了七杯酒过。众人却似吃了吕太后一千个筵宴。(26回)

⑩两个正说到心腹相爱之处，才饮得两杯酒过，只听楼下喧闹起来。(38回)

这三句里都有“了”或“得”表示动作的完成，“过”更加强调补语所表示的程度。

第二，“过”用在动词后，表示过去曾经有过这样的事情或经历过某事，一般有时间词语或语境作提示，我们记为“过$_2$”，《水浒传》中共出现了10例。

(1) 动词+“过$_2$”+宾语/补语，有8例。如：

⑪那汉道：“洒家是三代将门之后，五侯杨令公之孙，姓杨名志，流落在此关西。年纪小时，曾应过武举，做到殿司制使官。……”(12回)

⑫当日众人在席上，所说各自经过的许多事务，至晚都留在庄上宿歇。(37回)

⑬燕青起来，推道清早干事，径来客店里，把说过的话，对戴宗一一说知。(81回)

其中7例为“动词+‘过$_2$’+宾语”，仅有1例为“动词+‘过$_2$’+补语”。如：

⑭武松听了，笑道：“我是清河县人氏，这条景阳冈上少也走过了一二十遭。几时见说有大虫！你休说这般鸟话来吓我！便有大虫，我也不怕。”(23回)

（2）动词+“$过_2$”，用于句尾，仅有2例。如：

⑮曾有一首《临江仙》，赞吴用的好处：万卷经书曾读过，平生机巧心灵。六韬三略究来精。……名称吴学究，人号智多星。（14回）

⑯店主人道：“我和你说过，只有这些白酒，那得别的东西卖！”（32回）

有1例“动词+‘过’”并不表示上述语法意义，倒接近于语气助词的用法。如：

⑰燕青答道：“小人颇学的些本事，怎敢在娘子跟前卖弄过！”（81回）

综上所述，动态助词“过”在《水浒传》中的用法及分布情况详见下表：

过／统计	$过_1$			$过_2$		其他
	动+$过_1$+宾/补	动+$过_1$	动补+$过_1$	动+$过_2$+宾/补	动+$过_2$	
出现次数	61	21	3	8	2	1
所占比例（%）	63.54	21.88	3.13	8.33	2.08	1.04
总　计	96					

从表中反映的情况来看，“过”在元明时期主要表示动作的完结，基本句型是“动+过+宾”。

五、来

《水浒传》中“来”作助词用的共有280例，其中用作动态助词的共有169例。作为动态助词的“来”可以跟在动词后表示“动作的完结或状态的形成”（近似于动态助词“了”）、“曾经发生过某事”、“自从某个动作发生以来”等语法意义，也可以跟在时间名词后面表示“从某段时间以来”的语法意义。①

第一，“来”表示动作的完结或状态的形成，我们记作“$来_1$”，近似于“$了_1$”，共有26例。

（1）动词+“$来_1$”，共有11例。其中的动词多为跟心理、情感活动等有关的单音节动词，如“想来”（5例）、“看来”（2例）、“见来”（1例），其他还有如“斗来”、“死来”、“废来”等，各有1例，这些用例大多出现在旧体诗词中。如：

①花荣在马上看见，把手指与宋江道：“哥哥，你看见那树影里这碗烛灯么？

① 吕叔湘先生在《近代汉语指代词》一文中说：“‘来’也是表示过去的助词。”见《吕叔湘论文集》第3卷，商务印书馆，1992年，第324页。另参阅张谊生：《略论时制助词“来着”——兼论“来着”与“的”以及“来着”的区别》，《大理师专学报》2000年第4期；刘义青：《句末助词“来（来着）”的演变研究》，河北师范大学硕士学位论文，2004年4月。

……只那些儿想来便是号令。”（48 回）

②架隔遮拦，却似马超逢翼德；盘旋点搠，浑如敬德战秦琼。斗来半晌没输赢，战到数番无胜败。（12 回）

③那婆子听了这话，堆下笑来，说道：“若得娘子贵手做时，老身便死来也得好处去。久闻得娘子好手针线，只是不敢来相央。”（24 回）

④有诗为证：李逵唬得大痴呆，忽向云端落下来。官吏见来俱丧胆，只疑妖怪降庭阶。（53 回）

（2）形容词 + “来$_1$”，表示状态的形成，共有 15 例。其中的形容词多为形容天色的，如“晚来”（11 例）、“晓来”（1 例），说明“天色已经晚/晓了”。其他的还有如“急来”、“闲来”等，也多出现在诗句中。如：

⑤史进当日分付家中庄客，宰了一腔大羊，杀了百十个鸡鹅，准备下酒食筵宴。看看天色晚来。（2 回）

⑥众人且把林冲高吊起在门楼下。看看天色晓来，林冲酒醒。打一看时，果然好个大庄院。（11 回）

⑦话分两头，有诗为证：别意悠悠去路长，挺身直上景阳冈。醉来打杀山中虎，扬得声名满四方。（23 回）

第二，动词/动宾短语 + “来”。当表完成态的“来$_1$”特指过去曾做某事时，就成了表示曾然态的助词“来”，我们记作“来$_2$”，大体相当于现代汉语中的“来着”。《水浒传》中共有 41 例。如：

⑧那妇人道：“却是拙夫分付奴来。若还干娘见外时，只是将了家去做还干娘。”（24 回）

⑨张青知得，只得对武松说道：“……我却寻个好安身去处与你，在先也曾对你说来，只不知你中心肯去也不？”（31 回）

⑩汤隆道：“哥哥那副甲，兄弟也曾见来，端的无比，先父常常称赞不尽。却是放在何处来，被盗了去？”（56 回）

在现代汉语中，“来”的这种用法已经消失了，只有双音节词“来着”保留了下来。而在《水浒传》中，“来着”还没有出现过。

第三，“来”用在时间名词之后表示“从某个时段以来”的语法意义，或者用在动词后表示“从某个动作发生以来”的语法意义。我们记作“来$_3$”，《水浒传》中共有 102 例。

（1）时间名词 + “来$_3$”，如“今来”、“夜来”、“近日来”等，共有 90 例。如：

⑪酒至数巡，宋江起身把盏陪话道：“夜来甚是冲撞，幸望宽恕！虽然山寨窄小，不堪歇马，员外可看‘忠义’二字之面。宋江情愿让位，休得推却！”（62 回）

⑫原来这妇人往常时只是骂武大，百般地欺负他。近日来也自知无礼，只得窝盘

他些个。(25 回)

⑬古风一首：古来豪杰称三国，西蜀东吴魏之北。卧龙才智谁能如，吕蒙英锐真奇特。……(64 回)

(2) 动词 + “来$_3$”，共有 12 例，其中 8 例为“生来”，3 例为“别来”。如：

⑭吴用道：“员外贵造，一向都行好运。但今年时犯岁君，正交恶限。目今百日之内，尸首异处。此乃生来分定，不可逃也。”(61 回)

⑮转过来打一望，望见红罗销金伞下盖着宋江，左有吴用，右有公孙胜，一行部从二百余人，一齐声喏道：“员外别来无恙！”(62 回)

⑯关胜见了，在马上说道：“二位将军，别来久矣！”(67 回)

综上所述，《水浒传》中动态助词“来”的用法和分布情况详见下表：

来 \ 统计	来$_1$		动/动宾 + 来$_2$	来$_3$	
	动 + 来$_1$	形 + 来$_1$		名 + 来$_3$	动 + 来$_3$
出现次数	11	15	41	90	12
所占比例（%）	6.51	8.88	24.26	53.25	7.10
总　计	169				

从上表可以看出，动态助词“来”在《水浒传》中用得最多的还是表示“以来”的语法意义，且出现的场合比较固定，大多数都用在相同的动词后面。“来”表示“动作的完结或状态的形成”的语法意义的用例已经非常少了，总共只占全部用例的 15.38%。从我们前面讨论的情况来看，不管“来”表示什么语法意义，有相当一部分的“来”都是出现在古体诗里的。由此可以看出，动态助词“来”到了元末明初，已经呈现出逐渐消亡的趋势。

六、将

《水浒传》中动态助词“将”共有 773 例。其中表示动作的趋向、开始、获得的结果等的，我们把它记为完成体助词“将$_1$”，共有 754 例；表示动作的持续的，我们把它记为持续体助词“将$_2$”①，共有 19 例。《水浒传》中的“V 将”结构表现出一些特点：带补语的多，达 679 例；带宾语的少，仅 34 例。

第一，完成体助词“将$_1$”，《水浒传》中共有 754 例。

(1) 动词 + “将$_1$” + 补语，补语多为趋向性动词。这种用法全书共有 661 例。如：

①那一声响亮过处，只见一道黑气，从穴里滚将起来，掀塌了半个殿角。(1 回)

① 参见谢晓晖：《〈西游记〉体助词研究》，湖南师范大学硕士学位论文，2005。

②李逵见他两个赶来，恐怕争功坏了义气，就手把赵能一斧，砍做两半，连胸膛都砍开了，跳将起来，把土兵赶杀四散走了。（42回）

③陈达叫将起来，说道："你两个闭了鸟嘴！长别人志气，灭自己威风。也只是一个人，须不三头六臂，我不信。"（2回）

④杨雄附耳低言道："……因同一个来的伙伴时迁偷了他店里报晓鸡吃，一时与店小二闹将起来，性起把他店屋放火都烧了。……"（47回）

其中例①、例②中的动词"滚"、"跳"等本身就具有一定的趋向性，后面还有趋向动词作补语，"将"用在这两者之间，便成了趋向补语的标志；例③、例④中的动词"叫"、"闹"等本身并不具有趋向性，动词后面所带的补语除"来"、"去"外，以"起来"居多——实际上都已经虚化，只表示动作的开始或完结，这时"将"的作用主要是和补语一起表示动作的开始、完成、获得等动态义。当然，"将"出现在像例①、例②中的动词"滚"、"跳"等后面的用例要大大多于出现在像例③、例④中的动词"叫"、"闹"等后面的用例。

（2）动词＋"将$_1$"＋宾语，共有7例。如：

⑤当时两个换了结束，带将金银，径投太平桥来。（81回）

⑥申将告急文书，去苏州报与三大王方貌求救。（91回）

⑦便请先锋传令："就是你两个弟兄为头，带将炮手凌振，并杜迁、李云、石勇、邹渊、邹润、李立、白胜、穆春、汤隆……"（95回）

7例中的"将"出现在动词"带"后的就有5例，这说明在极少的用例中，动词的选择也极为有限。"将"的功能主要是用在动词之后，表示动作的完成。

（3）动词＋"将$_1$"＋宾语＋补语，共有27例。如：

⑧宋江再与吴用商议道："我等无计破他阵势，不若取将小将军来，就这里解和这阵，两边各自罢战。"（88回）

⑨知县本爱朱仝，有心将就出脱他，被白玉乔要赴上司陈告朱仝故意脱放雷横，知县只得把朱仝所犯情由申将济州去。（51回）

这种格式里面的动词大多数不具有趋向性，后面的补语除了少数几例是复合补语外，其余的都是"来"或"去"。"将"的功能也主要用在动词之后，表示动作的完结。

（4）动$_1$＋"将$_1$"（＋宾语/补语）＋动$_2$，共有57例。如：

⑩当时刘梦龙见满港火飞，战船都烧着了，只得弃了头盔衣甲，跳下水去，又不敢傍岸，拣港深水阔处，赴将开去逃命。（79回）

⑪众僧都笑将起来道："师父错听了，不是战鼓响，乃是钱塘江潮信响。"（99回）

⑫看看午后，只见李俊使人飞报将来说："张顺去涌金门越城，被乱箭射死于水

中。……”（94回）

还有一些结构比较复杂的句子。如：

⑬真人一面教安排筵宴，管待太尉；请将丹诏收藏于御书匣内放了，留在上清宫中，龙香就三清殿上烧了。（1回）

⑭过得数日，施恩再备了酒肉，做了几件衣裳，再央康节级维持，相引将来牢里请众人吃酒，买求看觑武松。（30回）

这些句子里的“将”用在具有连谓关系的两个或两个以上的动词性成分之间，指明前一个动作与后一个动作的发生有逻辑事理联系。

第二，持续体助词“将$_2$”近似于现代汉语助词“着”。其出现的基本框架形式为“动词/形容词＋‘将$_2$’（＋宾语）＋补语”。《水浒传》中共有19例。如：

⑮正在阁里写了，欲付与泰山收时，只见林冲的娘子号天哭地叫将来，女使锦儿抱着一包衣服，一路寻到酒店里。（8回）

⑯石秀看时，却见杨林头带一个破笠子，身穿一领旧法衣，手里擎着法环，于路摇将进来。（47回）

⑰贾氏从屏风后哭将出来，卢俊义说道：“娘子休哭，且说燕小乙怎地来？”（62回）

从表面上看，“将$_2$”的功能与“将$_1$”有所不同，但实际上“持续”本身也正是一种动作的结果，近代汉语表示持续态的助词“着”就是从表示结果的补语“着”发展而来的。[①] 因此，“将$_2$”和“将$_1$”之间仍然有着某种联系。

在《水浒传》中，我们还发现了动态助词“将”如下的特殊用例：

⑱李逵骂道：“打脊老牛！女儿偷了汉子，兀自要留他！你恁地哭时，倒要赖我不谢将。我明日却和你说话。”（73回）

⑲李逵睡到天明，跳将起来，对太公道：“昨夜与你捉了鬼，你如何不谢将？”（73回）

这是唯一的两例，“V＋将”后面没有带任何成分。对于这个“将”字，似乎用表示动作的完成或持续都解释不通，倒是近似于语气助词“了$_2$”。

综上所述，《水浒传》中动态助词“将”的用法和分布情况详见下表：

将 / 统计	将$_1$				将$_2$	其他
	动＋将$_1$＋补	动＋将$_1$＋宾	动＋将$_1$＋宾＋补	动$_1$＋将$_1$（＋宾/补）＋动$_2$		
出现次数	661	7	27	57	19	2

① 参见曹广顺：《近代汉语助词》，语文出版社，1995年，第50页。

（续上表）

<table>
<tr><td rowspan="2">将
统计</td><td colspan="4">将$_1$</td><td rowspan="2">将$_2$</td><td rowspan="2">其他</td></tr>
<tr><td>动+将$_1$+补</td><td>动+将$_1$+宾</td><td>动+将$_1$+宾+补</td><td>动$_1$+将$_1$（+宾/补）+动$_2$</td></tr>
<tr><td>所占比例（%）</td><td>85.51</td><td>0.91</td><td>3.49</td><td>7.37</td><td>2.46</td><td>0.26</td></tr>
<tr><td>总 计</td><td colspan="6">773</td></tr>
</table>

“V+将”的结构形式从晚唐到宋，功能逐渐规范为表示动向的补语和表示动态的体助词，格式逐渐统一为“动词+‘将’+趋向动词（作补语）”的形式。从上表可以看出，这种形式也是《水浒传》中动态助词“将”出现得最多的结构形式，占了全部用例的85.51%，反映了“将”字发展的主要趋势。①

七、取

研究表明，作为动态助词，“取”早在宋代使用频率就已下降，“元明以后，‘取’字用得更少了……”②。《水浒传》中动态助词“取”的用例不多，总共只有20例，分布状况及具体用法如下：

第一，动词+取+宾语，“取”表示动作完成或获得结果，相当于“得”或“了”，我们记作“取$_1$”。《水浒传》中共有13例。如：

①武松道：“可知割不下头来。”便抽身去后门外去拿取朴刀，丢了缺刀，复翻身再入楼下来。(31回)

②费保看见李逵这般相貌，都皆骇然。邀取二百余人，在庄上致备酒食相待。(93回)

③大惠禅师下了火已了，众僧诵经忏悔，焚化龛子，在六和塔山后，收取骨殖，葬入塔院。(99回)

第二，动词+取（+宾语），“取”表示动作状态的持续，相当于“着”，我们记作“取$_2$”。《水浒传》中共有7例。如：

④娘娘法旨道：“……吾有四句天言，汝当记取，终身佩受，勿忘于心，勿泄于世。”(42回)

⑤罗真人道：“我本不教他去，今为汝大义为重，权教他去走一遭。我有片言，汝当记取。”(53回)

① 宋以后“将”字使用、消亡情况及其与“了”的关系，请参阅陈刚：《试论“动-了-趋”式和“动-将-趋”式》，《中国语文》1987年第4期。

② 参见曹广顺：《近代汉语助词》，语文出版社，1995年，第70页。

⑥长老说罢，唤过智深近前道："吾弟子，此去与汝前程永别，正果将临。也与汝四句偈去，收取终身受用。"（90 回）

这 7 个例子中，有 6 例均为"记取"。"取"的这种用法的产生，是由"取"字、带"取"的动词及语境三者共同造成的。对"记"和"收"这些动词来说，"它的实现就是一种持续状态的产生"①。当这类动词带上一个表示动作实现或获得结果的助词时，就必然表达一种动作结果持续的状态。

《水浒传》中动态助词"取"的用法及分布情况详见下表：

取 / 统计	动 + 取 + 宾	动 + 取（+ 宾）
出现次数	13	7
所占比例（%）	65.00	35.00
总　计	20	

从晚唐五代到宋代，是动态助词发展较快的时期。在这个时期内，动态助词系统内部经过了一系列的调整，分工逐渐趋向单一。在调整过程中，"取"表示动作结果、完成，与"得"、"了"功能重复；表示动作持续，与"着"相同，自然就处在被取代的不利位置上了。从《水浒传》中的使用情况来看，动态助词"取"在明初已经很少使用了。

八、却

研究表明，从唐代起，动词"却"开始虚化为表示完成的动态助词，并普遍出现于当时的各类文献中。到了宋代中晚期，"了"取代"却"的迹象越来越明显，虽然一些文献中依然可以见到"却"作助词的影子，但是用例已经很少了。《水浒传》中作为动态助词的"却"一共出现了 49 例，② 其表现出的特点是用在特定的动词后的多，有词汇化倾向，而且有相当一部分是出现在韵文中。

第一，推 + 却（+ 补语），共有 28 例，"推却"有词汇化倾向，但我们认为"却"的意义较虚，还是以看作动态助词为宜。如：

①何清道："银两都是官司信赏出的，如何没三五百贯钱。兄弟，你休推却。我

① 参见曹广顺：《近代汉语助词》，语文出版社，1995 年，第 65 页。

② "却"表示完成貌时，有时可解释为"去"、"掉"。关于这一点，部分学者认为"却"是实词，如卢烈红，见其《〈古尊宿语要〉代词助词研究》，武汉大学出版社，1998 年。部分学者理论上认为是实词，但在处理具体用例时却将其归入了助词，如曹广顺的《近代汉语助词》。还有一些学者就明确指出它是助词，如张相的《诗词曲语辞汇释》，中华书局，1997 年，第 41 页。袁宾更是明确指出："助词'却'跟在动词之后，有时相当于'了'或'掉'。"见其《近代汉语概论》，上海教育出版社，1992 年，第 207 页。本文亦认为，"却"是表示动作完成貌的助词，而不是实词。

且问你：这伙贼却在那里有些来历？”（17 回）

②王伦道：“何故推却？非是敝山不纳众位豪杰，奈缘只为粮少房稀，恐日后误了足下，众位面皮不好，因此不敢相留。”（19 回）

③孙立叹了一口气，说道：“你众人既是如此行了，我怎地推却得开，不成日后倒要替你们吃官司。罢，罢，罢！都做一处商议了行。”（49 回）

第二，其他动词＋“却”＋宾语，“却”相当于“了$_1$”的用法，表示动作的完成。共有 21 例，其中用在韵文中多达 16 例。如：

④戴宗道：“哥哥急使李逵来了，正忘却一件大事，特地差我与凌振赍一百号炮在船里，湖面上寻赶不上，这里又不敢拢来傍岸……”（93 回）

⑤抄写民间被杀死者五千余人，中伤者不计其数。各部军马，总折却三万有余。（67 回）

⑥李逵、燕青吃了便行，狄太公自理家事，除却奸淫，有诗为证：恶性掀腾不自由，房中剁却两人头。痴翁犹自伤情切，独立西风哭未休。（73 回）

《水浒传》中动态助词“却”的用法及分布情况详见下表：

却 统计	推＋“却”＋（补）	动词＋“却”＋宾
出现次数	28	21
所占比例（%）	57.14	42.86
总 计	49	

相当于“了$_1$”用法的动态助词“却”在《水浒传》中已经不占优势了，跟全书中出现了 10 419 次的动态助词“了”相比，“却”作为动态助词的用法显然已无可挽回地被“了”取代了。

九、《水浒传》中动态助词总表

动态助词 计量统计	得、地、的	着（著）	了	过	来	将	取	却
出现次数	2 864	2 241	10 229	96	169	773	20	49
所占比例（%）	17.42	13.63	62.22	0.58	1.03	4.70	0.12	0.30
总 计	16 441							

从上表可以看出，现代汉语使用频率最高的动态助词“了”和“着”，在《水浒传》中也是高频率出现的助词。在《水浒传》中同样使用得很普遍的动态助词是

"得"，其次是"将"。这两个助词在宋元时期正处于发展成熟期，功能已经十分齐全，使用得也非常普遍。其他的五类助词或由于与上述几类助词的用法重复，或由于没有自己独立的使用领域，总的来说，在这一阶段已经显示出逐渐走向消亡的趋势。《水浒传》的语言作为元末明初时期语言的代表，自然就很明显地反映出了这八类动态助词由唐至明发展的趋势和特点。

第二节　结构助词

一、的、地、价

"的"是结构助词"地"和"底"的替代书写形式。作为结构助词，"地"和"底"大约始见于唐代，"地"出现得要比"底"早一些。"地"字结构是谓词性的，"底"字结构是体词性的，在产生之初二者的功能是相辅相成的，但后来出现了混用。[①] 据曹广顺（1995）、吕叔湘（2002）等学者研究，宋代以后，由于语音的变化，"的"字开始替代"地"和"底"，至元代中叶最终取代"底"，明代基本取代"地"。[②] 成书于元末明初的《水浒传》中已经见不到"底"作结构助词的用法了，"的"的用例最多。除去452例作动态助词用法的"的"，只有3 298例用作结构助词。"的"字结构能置于句子的任何位置，充当主语、谓语、宾语、补语、定语、状语等多种成分，其内部的构成成分也非常复杂，有词、词组、小句、单句形式、复句形式等形式。

"地"字在《水浒传》中主要还是出现在"状语+地+中心语"这样的谓词性结构中，共有348例。"地"虽有与"的"混用的情况，但有一个特点："地"仅限于用在形容词之后，共有56例。

结构助词"价"出现于宋代，主要功能是跟在副词之后作状语，近似于结构助词"地"的功能。《水浒传》中的"价"出现得已经不多了，共有20例。

第一，定语+"的（地）"+中心语。其中"的"有2 174例，"地"有30例，

---

① 初唐至《敦煌变文集》，"地"、"底"确有明确的区别，"地"只加在形容词、副词之后，充当状语，……到《祖堂集》，"地"、"底"开始出现混用，"底"侵入"地"的领域，能作状语。北宋，"地"、"底"一度分开，到南宋，二者又趋于混用，……自宋代起，"的"字开始了逐渐取代"地"、"底"的进程。——参阅卢烈红：《〈古尊宿语要〉代词助词研究》，武汉大学出版社，1998年，第253页。

② 参见曹广顺：《近代汉语助词》，语文出版社，1995年，133～136页；吕叔湘：《论底、地之辨兼及底字的由来》，《汉语语法论文集》（增订本），商务印书馆，2002；江蓝生：《处所词的领格用法与结构助词"底"的由来》，《中国语文》1999年第2期；子朗：《"助词"的出处及原指》，《山东师大学报（社科版）》1995年第1期；石毓智、李讷：《汉语发展史上结构助词的兴替——论"的"的语法化历程》，《中国社会科学》1998年第6期；曲凤荣：《汉语结构助词"的"书写形式之演变与分合》，《北方论丛》2002年第5期；徐阳春：《结构助词"得"与"的"的分合》，《南昌大学学报（人社版）》2003年第3期。

共有2 204例。"的"字前面的成分可以是名词、代词、动词、形容词、动宾短语、动补短语、主谓短语、偏正短语、联合短语、数量短语、比况短语等。如：

①那小牢子道："你两个须是孙提辖的兄弟？"（49回）

②时迁道："见鬼了耶耶！我自路上买得这只鸡来吃，何曾见你的鸡？"（46回）

③那时看的人虽然不敢近前，向远远地围住了望。（12回）

④那汉失惊道："这囚徒莫不是黑矮肥胖的人？"（36回）

⑤那三个好汉聚集着七八百小喽啰，打家劫舍，多有做下迷天大罪的人，都投奔那里躲灾避难，他都收留在彼。（11回）

⑥岸上栽种奇花异草，苍松茂竹，翠柳夭桃；桥下翻银滚雪般的水。（42回）

⑦正想酒哩，只见远远地一个汉子，挑着一副担桶，唱上山来，上面盖着桶盖。（4回）

⑧却待要叫，灯影下见明晃晃地一把刀在手里，先自惊得八分软了，口里只叫得一声："饶命！"（31回）

第二，"的（地）"构成名词性的"的"字结构。其中"的"有1 011例，"地"有26例，共计1 037例。"的"字前面的成分可以是名词、代词、动词、形容词、动宾短语、动补短语、主谓短语、偏正短语、联合短语、数量短语、比况短语等。如：

⑨前面的便走，后面的急待要退，石秀赶入去，又搠翻了六七人。（46回）

⑩武松焦燥道："我又不白吃你的，休要引老爹性发，通教你屋里粉碎，把你这鸟店子倒翻转来！"（23回）

⑪酒保道："官人息怒。小人怎敢教人啼哭，打搅官人吃酒。这个哭的，是绰酒座儿唱的父子两人。不知官人们在此吃酒，一时间自苦了啼哭。"（3回）

⑫提起拳头来就眼眶际眉梢只一拳，打得眼睖缝裂，乌珠迸出，也似开了个彩帛铺的，红的、黑的、绛的，都滚将出来。（3回）

⑬智深看那市镇上时，也有卖肉的，也有卖菜的，也有酒店、面店。（4回）

⑭婆惜道："第二件，我头上带的，我身上穿的，家里使用的，虽都是你办的，也委一纸文书，不许你日后来讨。"（21回）

⑮智深大怒，指东打西，指南打北，只饶了两头的。（4回）

⑯柴进道："……这里和他理论不得，须是京师也有大似他的，放着明明的条例，和他打官司。"（52回）

第三，状语＋"地（的、价）"＋中心语，表示动作行为的方式、程度、时间、频度、范围等。其中"的"有113例，"地"有348例，"价"有18例，共计479例。如：

⑰鲁达道："洒家要甚么！你也须认的洒家，却恁地教甚么人在间壁吱吱的哭，搅俺弟兄们吃酒。洒家须不曾少了你酒钱。"（3回）

⑱又赶了三二十里田地，过了一条板桥，远远地望见一簇红霞，树木丛中闪着一

所庄院，庄后重重叠叠都是乱山。(5回)

⑲正在阁里写了，欲付与泰山收时，只见林冲的娘子号天哭地地叫将来，女使锦儿抱着一包衣服，一路寻到酒店里。(8回)

在这一时期，结构助词“地”和“的”虽然还是在混用，但从两者在《水浒传》中的用例数量来看，“地”已占据了状语结构标志的优势，这348例在状语后的“地”占“地”作为结构助词全部用例的86.14%，而出现在状语后的“的”则仅有113例，只占“的”作为结构助词用例的3.43%。两者的分工趋势一目了然。如：

⑳店主人便去打两角酒，大碗价筛来，教武行者吃，将一碟熟菜与他过口。(32回)

㉑张顺攒下水底，拔出腰刀，只顾排头价戳人，都沉下去，血水滚将起来。(77回)

㉒五军比及要退，又值天晚，只听得四下里火炮不住价响，宋江军马不知几路杀将来。(78回)

例⑳、例㉑、例㉒中的“价”均为状语的标志。

当然也有作定语标志的“价”的，仅有1例。如：

㉓说了开话又唱，唱了又说，合棚价众人喝采不绝。(51回)

还有“地”与“价”连用一起作状语标志的，也仅有1例。如：

㉔当晚约有二更时分，孙新、张青在左边船厂里放火，孙二娘、顾大嫂在右边船厂里放火，两势下火起，草屋焰腾腾地价烧起来。(80回)

《水浒传》中结构助词“的”、“地”、“价”的用法和分布情况详见下表：

的或地、价 / 统计	定+“的（地）”+中心语	名词性的“的（地）”字结构	状+“地（的、价）”+中心语	价
出现次数	2 204	1 037	461	20
所占比例（%）	59.22	27.86	12.39	0.54
总　计	3 722			

二、个

结构助词“个”是由量词发展而来的。对于这个“个”，语法学界一直存有不同的认识。① 我们经过考察分析后认为，在《水浒传》中至少有155个“个”已明显不起实指的量词的作用，其意义已十分虚化，尤其是在“V个VP”这种结构中。②

第一，动词+“$个_1$”+补语。“个”的功能近似于现代汉语的“得”，补语多表情态。《水浒传》中共有44例。如：

①智深大喝一声道：“你这厮们，来，来！今番和你斗个你死我活！”(6回)

②那婆子却待揪他，被这小猴子叫声“你打”时，就把王婆腰里带个住，看着婆子小肚上只一头撞将去，争些了跌倒，却得壁子碍住不倒。(25回)

③话说当下李逵从客店里抢将出来，手搦双斧，要奔城边劈门，被燕青抱住腰胯，只一跤，攧个脚朝天。(73回)

第二，动词+“$个_2$”+宾语。这种“个”虽后接宾语，但并不表宾语的数量。它的意义已经虚化，只是起一种表轻松、随便的语气的作用。《水浒传》中共有41例。如：

④那妇人道：“……大哥，你便打点一间房屋，请叔叔来家里过活，休教邻舍街坊道个不是。”(24回)

⑤那西门庆一者冤魂缠定，二乃天理难容，三来怎当武松勇力，只见头在下，脚在上，倒撞落在当街心里去了，跌得个发昏章第十一。(26回)

⑥这伙男女那里顾个冷热好吃不好吃，酒肉到口，只顾吃，正如这风卷残云，落花流水，一齐上来抢着吃了。(43回)

第三，“$个_3$”用在形容词“真”或“好”之后，作定语，可修饰名词或名词性词组。其中“真个”有4例，“好个”有21例，共有25例。如：

⑦西门庆道：“便差一两岁，也不打紧。真个几岁？”(24回)

⑧李逵焦躁来，说道：“你便是真个了得的好汉！我好意来帮你，你道翻成恶意。我却偏鸟要去！”(74回)

⑨众僧出得方丈，都道：“好个囫囵粥的长老！门子，你且休开门，只在里面听。”(4回)

⑩李逵笑道：“却不是耍！若跌下来，好个大疙疸！”(53回)

第四，“$个_4$”用在形容词“真”之后，作状语。这种用法在《水浒传》中很多，共计45例。如：

⑪武大忍气吞声，由他自骂，心里只依着兄弟的言语，真个每日只做一半炊饼出

---

① 归纳起来，主要有四种：赵元任（1979）、朱德熙（1984）、邵敬敏（1984）认为是量词；丁声树（1961），游汝杰（1983），宋玉柱（1993），石毓智、李讷（1998）认为是助词；吕叔湘（1944）认为是连接词；王绍新（1989）、祝克懿（2000）认为大部分还是量词，小部分已经是助词了。

② 参见张谊生：《从量词到助词——量词“个”语法化过程的个案分析》，《当代语言学》2003年第3期；曹广顺：《说助词“个”》，《古汉语研究》1994年第4期。

去卖，未晚便归。(24 回)

⑫李逵道："若真个是宋公明，我便下拜；若是闲人，我却拜甚鸟。节级哥哥不要瞒我拜了，你却笑我。"(38 回)

⑬李逵道："却是苦也！我昨夜不合瞒着哥哥，真个偷买几斤牛肉吃了。正是怎么好！"(53 回)

《水浒传》中结构助词"个"的用法和分布情况详见下表：

个 统计	动＋"$个_1$"＋补	动＋"$个_2$"＋宾	"真"/"好"＋"$个_3$"，作定语	"真"＋"$个_4$"，作状语
出现次数	44	41	25	45
所占比例（%）	28.39	26.45	16.13	29.03
总　计	155			

当"个"前的数词"一"经常省略，并开始频繁用于谓词性词语前面时，"个"从量词到助词的语法化过程就开始了。从上表可以看出，《水浒传》中"个"作结构助词，还是以"V 个 VP"的形式为最多（"$个_1$"和"$个_4$"），共有 89 例，占全部用例的 57.42%。这种结构里的"个"已经完全虚化成了助词。

三、等

"等"是一个很古老的结构助词，从中古出现，经由近代一直沿用到现代。"等"在元明时期的发展已经十分成熟，形成了自己专有的结构形式与语法意义。其"表示列举未尽"和"列举后煞尾"的语法功能至今仍在使用。①《水浒传》中表示复数的词缀"们"也已广泛运用②，多达 921 例，在"用在人称代词或指人的名词后面，表示包括这些对象在内的一部分人"这一用法中与"等"平分秋色——"等"共出现了 748 例。"你等"、"我等"、"你们"、"我们"这些说法在《水浒传》中都很常见，只是跟在第三人称代词后面时有严格的区分："们"仅可用于第三人称代词"他"后面构成"他们"，而"等"仅可用于"彼"后面构成"彼等"。

也有不少学者认为，既然这样，"们"应该也是助词。但我们认为，"等"和"们"还是有区别的："等"表示"包括前者在内的一部分人"，仍可有"列举"之义。如：在"所有一应合属公使衙将，都军禁军，马步人等，尽来参拜，各呈手本，开报花名"(20 回) 中"等"有列举之义，该句意思是："……马军、步军这些人，尽来参拜，各呈手本，开报花名。"若把这个句子里的"等"换成"们"，"们"的语义就只可附着在"人"后面笼统形成复数名词"人们"，前面的限制词语不可列举。

① 参阅董志翘：《关于助词"等"表列举后煞尾用法的时代》，《辞书研究》2003 年第 1 期。

② 参阅吕叔湘："们字之广泛应用，固为明以后事……"《汉语语法论文集》（增订本），2002 年，第 11 页。

所以，“等”是结构助词，“们”只是词缀，这里对“们”不予讨论。

第一，“$等_1$”用在人称代词或指人的名词后面，表示包括这些在内的一部分人。《水浒传》中共有748例。如：

①朱武等三个头领跪下道：“哥哥，你是干净的人，休为我等连累了。……”(3回)

②宋江随后也上了马，分付教把船上一应人等并御香、祭物、金铃吊挂，齐齐收拾上山，只留下李俊、张顺带领一百余人看船。(59回)

③只见九纹龙史进便起身道：“小弟等四个初到大寨，无半米之功，情愿引本部人马，前去收捕这伙强人。”(59回)

第二，“$等_2$”表示列举未尽（可以叠用）。《水浒传》中共有100例。如：

④外人都送些金银、财帛、缎匹等件，武松买个柳藤箱子，把这送的东西都锁在里面，不在话下。(30回)

⑤刘唐道：“小弟打听得北京大名府梁中书，收买十万贯金珠宝贝玩器等物，送上东京与他丈人蔡太师庆生辰。……”(14回)

⑥发库内金珠、宝贝、彩缎、绫罗、纱绢等项，分散各头领并军校人员。(82回)

第三，“$等_3$”列举后煞尾。《水浒传》中仅见2例。

⑦沧州牢城营里管营，首告林冲杀死差拨、陆虞侯、富安等三人，放火延烧大军草料场。(11回)

⑧吴用答道：“……只留下吕方、郭盛、裴宣、蒋敬、蔡福、蔡庆、杜兴、郁保四，并水军头领李俊、阮小五、阮小七、童威、童猛等一十三人，其余都跟吴用到此策应。”(97回)

《水浒传》中结构助词“等”的用法及分布情况详见下表：

等 / 统计	$等_1$	$等_2$	$等_3$
出现次数	748	100	2
所占比例（%）	88.00	11.76	0.24
总　计	850		

从上表可以看出，“等”在这一时期最常见的用法还是用在人称代词或指人的名词后面，表示包括这些在内的一部分人。“等”表“列举后煞尾”的用法虽早在汉代就已出现，但在《水浒传》中依然十分罕见，仅出现了2例。

四、之

在“底”、“的”、“地”作为结构助词出现之前，“之”可以说是汉语中最为活跃的一个结构助词了。[①] 它可以用于修饰语与中心语之间，使之成为偏正短语；可以用在主谓短语之间，取消它的独立性，使其变成偏正结构；还可以用于宾语前置的句式中，起突出、强调宾语的作用；也可以用在单音节方位词之前，使其双音化。《水浒传》作为一本白话小说，仍然完好地保留了“之”以往的这四种基本用法：第一种有1 219例，第二种有24例，第三种有3例，第四种有340例。

第一，定语/状语＋“$之_1$”＋中心语。《水浒传》中共有1 219例。其中“之”前定语的形式多样，可以是名词、代词、动词、形容词、动宾短语、主谓短语、偏正短语、联合短语、数量短语、比况短语等；状语一般由程度副词构成。如：

①吴用便道：“既然王头领有这般之心，我等休要待他发付，自投别处去便了。”(19回)

②赵员外便道：“四海之内，皆兄弟也。如何言报答之事。”(4回)

③自古道：人家女使，谓之奴才，但得了些小便宜，如何不随顺了，天大之事也都做了。(45回)

④原来武松吃断棒之时，却得老管营使钱通了，叶孔目又看觑他，知府亦知他被陷害，不十分来打重，因此断得棒轻。(30回)

⑤王四相别了回庄，一面走着，被山风一吹，酒却涌上来，浪浪跄跄，一步一颠，走不得十里之路，见座林子，奔到里面，望着那绿茸茸莎草地上，扑地倒了。(2回)

⑥王婆笑道：“若得大官人抬举他，十分之好。”(24回)

第二，“$之_2$”用在主谓短语之间，取消句子的独立性，使其变成偏正结构。《水浒传》中共有24例。如：

⑦刘知寨见了，大喜道：“不出吾之所料！且与我囚在后院里，休教一个人得知。”(33回)

⑧荷天地之盖载，感日月之照临，聚弟兄于梁山，结英雄于水泊共一百八人，上符天数，下合人心。(71回)

⑨次日，军师吴学究说道：“可乘此机会，就好取幽州。若得了幽州，辽国之亡，唾手可待。”(86回)

第三，“$之_3$”用于宾语前置的句式中，起突出、强调宾语的作用。《水浒传》中共有3例。如：

---

① “底”、“的”、“地”和“之”的关系，参见石毓智、李讷：《汉语发展史上结构助词的兴替——论“的”的语法化历程》，《中国社会科学》1998年第6期；曲凤荣：《结构助词“的”出现的条件》，《哈尔滨学院学报》2002年第10期；张谊生：《试论结构助词“的”和“之”的前置——兼论现代汉语的骈合结构》，《汉语学习》2000年第5期。

⑩吴用道："若是如此，何难之有。放着有高手弟兄在此，今次却用着鼓上蚤时迁去走一遭。"（56 回）

⑪若段恺者，可谓知宋朝天命之有在矣。（94 回）

⑫天子道："寡人近感微疾，见今神医安道全看治，有数十日不曾来与爱卿相会，思慕之甚。今一见卿，朕怀不胜悦乐。"（100 回）

第四，"之₄"用在单音节方位词之前，使其双音化。如"之前"、"之后"、"之上"、"之下"、"之中"、"之间"、"之外"、"之内"等，《水浒传》中共有 340 例。这些组合逐渐凝固起来，词汇化，并一直沿用至现代。

（1）表方位处所。如：

⑬行了半日，巴过岭头，早看见岭脚边一个酒店，背靠颠崖，门临怪树，前后都是草房，去那树阴之下挑出一个酒旆儿来。（36 回）

⑭不说阮小七被捉，囚在陷车之中，且说水军报上梁山泊来，刘唐便使张顺从水路里直到宋江寨中，报说这个消息。（64 回）

⑮童贯与酆美、毕胜勒马在万军之前，遥望见对岸水面上芦林中一只小船，船上一个人，头戴青箬笠，身披绿蓑衣，斜倚着船，背岸西独自钓鱼。（77 回）

（2）表时间。如：

⑯且说鲁智深自离了五台山文殊院，取路投东京来，行了半月之上。（5 回）

⑰且说新官宗府尹到任之后，请将一员新调来镇守济州的军官来，当下商议招军买马，集草屯粮，招募悍勇民夫，智谋贤士，准备收捕梁山泊好汉。（20 回）

⑱那堪又值晚秋天气，纷纷黄叶坠，对对塞鸿飞，心怀四海三江闷，腹隐千辛万苦愁，忧闷之中，只听的横笛之声。（62 回）

（3）表范围。如：

⑲武松和两个公人上路，行不数里之上，两个公人悄悄地商议道："不见那两个来？"（30 回）

⑳小将军听了，心中自忖道："俺这几个阵势都是秘传来的，不期却被此人识破。宋兵之中，必有人物。"（87 回）

㉑行不到一里之间，但见荆棘为篱，外面都是青松翠柏，篱内尽瑶草琪花。（85 回）

此外，"之"还有一个特例。如：

㉒那众僧都在法坛上看见了这妇人，自不觉都手之舞之，足之蹈之，一时间愚迷了佛性禅心，拴不定心猿意马。（45 回）

这句话里的第二、第四个"之"不是以上四种用法的任何一种，它们只是起一个凑足音节、足句的作用，这种用法在《水浒传》里仅见 1 例。

《水浒传》中结构助词"之"的用法和分布情况详见下表：

之 / 统计	定/状 + 之₁ + 中心语	之₂	之₃	之₄	其他
出现次数	1 219	24	3	340	2
所占比例（%）	76.76	1.51	0.19	21.41	0.13
总　计	1 588				

从上表可以看出，“之”在《水浒传》中最常见的用法还是用于“修饰语 + ‘之’ + 中心语”这一形式中。至于“主谓之间取消独立性”、“宾语前置”、“足句”等在古代汉语中常见的功能，已经很少见了。

五、所

“所”是个古老的结构助词，早在先秦时期，“所”就具有了与动词性成分组合而构成名词性词组以指称事物的功能以及与介词“为”搭配而构成“为……所……”结构表示被动的功能。“为”的上述用法保留在了近代汉语中。《水浒传》中结构助词“所”共有 192 例。具体用法有：

第一，名词/代词 + “所” + 及物动词，用来指称事物，共有 157 例。如：

①所有一应合属公使衙将，都军禁军，马步人等，尽来参拜，各呈手本，开报花名。(2 回)

②王婆又道：“西门大官人，你自不用老身说得，这十分好事已都完了，所许之物，不可失信。你若负心，我也要对武大说。”(24 回)

③慕容知府听了道：“……下官所辖地面多被草寇侵害，将军到此，可先扫清桃花山，夺取那匹御赐的马，却收伏二龙山、白虎山，未为晚矣。……”(57 回)

第二，动词/形容词 + “所” + 动词，“所”与后面的动词构成名词性词组，共有 20 例。如：

④惊得洪太尉目睁痴呆，罔知所措，面色如土，奔到廊下，只见真人向前叫苦不迭。(1 回)

⑤有诗为证：巍巍高寨水中央，列职分头任所长。从此山东遭扰攘，难禁地煞与天罡。(51 回)

⑥燕青细问他来情，刘太公说道：“日平西时来，三更里去了，不知所在，又不敢跟去。那为头的，生的矮小，黑瘦面皮；第二个夹壮身材，短须大眼。”(73 回)

第三，“所”跟“为”、“被”等搭配使用，构成“为（被）……所……”结构，表示被动，共有 7 例。如：

⑦林冲答道：“小可自火并王伦之后，使人回家搬取老小，已知拙妇被高太尉逆子所逼，随即自缢而死；妻父亦为忧疑，染病而亡。”(58 回)

⑧上皇无奈，终被奸臣谗佞所惑，片口张舌，花言巧语，缓里取事，无不纳受，遂降御酒二樽，差天使一人，赍往楚州，限目下便行。(100 回)

⑨蒋门神虽然长大，近因（被）酒色所迷，淘虚了身子，先自吃了那一惊，奔将来，那步不曾停住，怎地及得武松虎一般似健的人，又有心来算他。(29 回)

第四，无 + “所” + 不为/不通，共有 8 例，其中 5 例为“无所不为”，3 例为“无所不通”。如：

⑩更兼琴棋书画，儒释道教，无所不通；踢球打弹，品竹调丝，吹弹歌舞，自不必说。(2 回)

⑪那知府复姓慕容，双名彦达，是今上徽宗天子慕容贵妃之兄，倚托妹子的势要，在青州横行，残害良民，欺罔僚友，无所不为。(33 回)

⑫继室答道：“此间新任知府高廉，兼管本州兵马，是东京高太尉的叔伯兄弟，倚仗他哥哥势要，在这里无所不为。……”(52 回)

《水浒传》中结构助词“所”的用法及分布情况详见下表：

所 / 统计	名/代 + 所 + 及物动词	动/形 + 所 + 动词	为（被）+ 所	无 + 所 + 不为/不通
出现次数	157	20	7	8
所占比例（%）	81.77	10.42	3.65	4.17
总　计	192			

从此统计表可以看出，《水浒传》中的结构助词“所”主要还是与动词一起构成体词性结构，共有 185 例，占总用法的 96.35%。“为……所……”表被动这一格式虽是古汉语被动句的一个基本格式，但是，由于这一时期完成态助词“了”的发展成熟及大量使用，更兼《水浒传》是一部白话小说，所以在书中的用例并不多。

六、者、来、乃

“者”字发展到元末明初时，也已成为一个用法多样、功能稳定的结构助词。它的主要功能是用在谓词后面表示有此属性的人或事物，用于方位词或数词后面指称事物或列举理由，或用于句子中单纯起停顿作用。① 而有“用于数词后面列举理由”这种用法的，《水浒传》中除了“者”之外，还有结构助词“来”和“乃”，而且“来”用在数词后面表示约数这一用法，是“者”和“乃”都不具备的。《水浒传》中结构助词“者”共有 392 例，“来”共有 83 例，“乃”共有 31 例。

第一，“$者_1$”用在形容词性成分或动词性成分后面，表示有此属性或有此动作的

① 参见吕叔湘：《现代汉语八百词》（增订本），商务印书馆，1999 年。

人或事物，共计300例。如：

①众邻舍告道："小人等虽在晁保正邻近住居，远者三二里田地，近者也隔着些村坊。(18回)

②虔婆便骂道："……天下通例，自首者即免本罪。你快去东平府里首告，拿了他去，省得日后负累不好。"(69回)

③侯健道："……这黄文炳虽是罢闲通判，心里只要害人。胜如己者妒之，不如己者害之，只是行歹事……"(41回)

第二，"者$_2$"用在"前"、"向"等后面，回指上文所说的事物，共计28例，其中"前者"有26例，"向者"有2例。如：

④朱贵又问道："前者宋公明断配江州，经过山寨，吴军师曾寄一封书与足下。如今却倒去害宋三郎性命？"(39回)

⑤宋江道："向者晁天王遗言：'但有人捉得史文恭者，不拣是谁，便为梁山泊之主。'……"(68回)

⑥武松谢了，收拾行李铺盖，有那新制的衣服并前者赏赐的物件，叫个士兵挑了，武松引到哥哥家里。(24回)

第三，"者$_3$（来$_4$、乃）"用在"一"、"二"、"三"等数词后面，列举理由。其中"者"有46例，"来"有12例，"乃"有31例，共计89例。在《水浒传》中，同一段列举理由的话经常把"者"、"来"、"乃"轮换着用，以求语言上的活泼多变（最常见的是"一者……二乃……三来……"），很少有从头至尾只用一个词的例子。如：

⑦那西门庆一者冤魂缠定，二乃天理难容，三来怎当武松勇力，只见头在下，脚在上，倒撞落在当街心里去了，跌得个发昏章第十一。(26回)

⑧智深一来肚里无食，二来走了许多路途，三者当不的他两个生力，只得卖个破绽，拖了禅杖便走。(6回)

⑨张顺吃了一碗饭，放倒头便睡。一来连日辛苦，二来十分托大，到初更左侧，不觉睡着。(65回)

第四，"者$_4$"用在词、词组后面表示停顿，共有18例，除1例用于"五戒"之后，1例用于名词"昨"之后，其余16例都用于"今"之后。如：

⑩五戒者：一不要杀生，二不要偷盗，三不要邪淫，四不要贪酒，五不要妄语。(4回)

⑪宋江进前称谢道："宋江昨者西岳得识台颜，多感太尉恩厚，于天子左右力奏，救拔宋江等再见天日之光，铭心刻骨，不敢有忘。"(82回)

⑫施恩看了，寻思道："这张都监是我父亲的上司官，属他调遣；今者武松又是配来的囚徒，亦属他管下，只得教他去。"(30回)

第五，"来$_5$"用在数词或数量词后表示约数，共有 71 例。如：

⑬约莫也吃了十来碗酒，智深问道："有甚肉，把一盘来吃。"（4 回）

⑭西门庆道："我手帕里有五两来碎银子，一发撇在你处，要吃时只顾取来，多的干娘便就收了。"（24 回）

⑮因他脊梁上有花绣，江湖上都呼他做花和尚鲁智深，使一条浑铁禅杖，重六十来斤，也从这里经过。（27 回）

⑯那人生得八尺来长，淡黄骨查脸，一双鲜眼，没根髭髯。（35 回）

《水浒传》中结构助词"者"、"乃"、"来"等用法和分布情况详见下表：

者、来、乃 / 统计	形容词/动词 + 者$_1$	方位词/数词 + 者$_2$	"一、二、三……" + 者$_3$、来$_4$、乃	者$_4$	数词/数量词 + 来$_5$
出现次数	300	28	89	18	71
所占比例（%）	59.29	5.53	17.59	3.56	14.03
总　计	506				

从上表可以看出，助词"者"最常见的用法是与谓词性成分相结合构成体词性结构；结构助词"来"共有 83 例，其主要用法是用在数词后面表示约数，占其全部用例的 85.54%。"者"在句中表停顿的用法多见于古代汉语中，在《水浒传》中明显已经很少见了。

七、不得、不的

结构助词"不得（不的）"可用在谓词性成分后面，表示不可以或者不能够。这是《水浒传》中出现的唯一一种双音节助词。其中"不得"有 333 例，"不的"有 29 例，共计 362 例。

第一，用于动词之后，可位于句中或句末，动词多为单音节形式。其中"不得"有 270 例，"不的"有 25 例，共有 295 例。如：

①只见宋江暴病才可，吃不得酒肉，两个自在房面前吃了，直至日晚，相别去了。（39 回）

②杨林道："只恐小弟是凡胎浊骨的人，比不得兄长神体。"（44 回）

③何清道："他每日起了大钱大物那里去了？有的是钱和米，有甚么过活不的处？"（17 回）

第二，用于动宾短语之后，位于句末。其中"不得"有 59 例，"不的"有 4 例，共有 63 例。如：

④那张三、李四并众火伴一齐跪下说道："小人祖居在这里，都只靠赌博讨钱为生。这片菜园是俺们衣饭碗，大相国寺里几番使钱要奈何我们不得。……"（7回）

⑤毛太公、毛仲义自回庄上商议道："这两个男女却放他不得！不若一发结果了他，免致后患。"（49回）

⑥铁背膊蔡福拿着法刀，一枝花蔡庆扶着枷稍，说道："卢员外，你自精细看。不是我弟兄两个救你不的，事做拙了！……"（62回）

第三，用于形容词或动词之后，位于句中或句末，共有"不得"4例。如：

⑦主人道："胡乱不得，师父别处去吃，休怪休怪。"（4回）

⑧路上少不得饥餐渴饮，夜住晓行。（42回）

⑨说时迟，那时疾，正如空中星移电掣相似，些儿迟慢不得。（74回）

《水浒传》中结构助词"不得（不的）"的用法及分布情况详见下表：

不得、不的 / 统计	动词+不得（不的）	动宾+不得（不的）	形容词/动词+不得
出现次数	295	63	4
所占比例（%）	81.49	17.40	1.11
总 计	362		

从上表可以看出，"不得（不的）"主要用于动词或动词词组之后表示"不可能"或"不能够"义，只有极少数的情况才用于形容词之后。

八、见

"见"作助词，《水浒传》中仅见于"可怜见"这一组合中。在前代的文献中也有这样的用法：如宋（元）·无名氏《宣和遗事》前集："提点淮东刑狱章绎，可怜见商贾受苦，上奏钞法误民。"元·无名氏《陈州粜米》四折："大人可怜见！我不曾与他，我则当的几个烧饼儿吃哩。"元·高明《琵琶记》二十出："公公可怜见，相济则个。"[①]《水浒传》中"可怜见"共出现25次，均出现在人物对话中，主要句式为"（主语）+'可怜见'+（宾语）"。如：

①张教头道："林冲，甚么言语！你是天年不齐，遭了横事，又不是你作将出来的。今日权且去沧州躲灾避难，早晚天可怜见，放你回来时，依旧夫妻完聚。……"（8回）

②宋江道："我不等了，我的书去，并无阻滞。石家贤弟自说备细缘故，可为我

① 参见胡竹安：《水浒词典》，汉语大词典出版社，1989年，第249页。

上覆众兄弟们，可怜见宋江奔丧之急，休怪则个。”（35 回）

③李固跪在地下告道：“主人可怜见众人，留了这条性命回乡去，强似做罗天大醮！”（61 回）

其中有 4 例是“可怜见”后面直接带动词，而实际上是在这两个动词之间省略了宾语，以显示说话人心情的急迫。如：

④又听得高衙内道：“娘子，可怜见（俺）救俺！便是铁石人，也告的回转！”（7 回）

⑤老子告道：“……只见两个死尸，血碌碌的在地上，一时失惊叫起来，倒被邻舍扯住到官。望相公明镜，可怜见（我）辨察（此事）。”（46 回）

⑥卢俊义道：“小人其实挨不动了，可怜见（小人）权歇一歇！”（62 回）

⑦顾大嫂道：“便是一刀一剐，自教他瞑目而受。只可怜见（老身）引老身入去送这口儿饭，也显得旧日之情。”（69 回）

综上所述，《水浒传》中所有结构助词的用法及分布情况详见下表：

结构助词 / 计量统计	地、的、价	个	等	之	所	者、来、乃	不得、不的	见
出现次数	3 722	155	850	1 588	192	506	362	25
所占比例（%）	50.30	2.09	11.49	21.46	2.59	6.84	4.89	0.34
总计	7 400							

第三节　语气助词

语气助词，也叫语气词，可以单独作为一类虚词来加以讨论，也可以作为助词的一个小类来加以讨论，我们这里将它们放在助词中来予以研讨。《水浒传》中的语气助词共有 20 个，它们的基本用法及分布情况详见下表：

语气助词 / 计量统计	句首		句中	句末											
	兀	兀那	兮	时、呵	来、地来	罢、休、也罢	了	哩	也、耶	矣	么	乎	焉	则个	哉
出现次数	19	15	1	430	22	53	190	35	210	90	202	4	3	86	51
所占比例（%）	1.35	1.06	0.07	30.47	1.56	3.76	13.47	2.48	14.88	6.38	14.32	0.28	0.21	6.09	3.61
总　计	1 411														

下面我们将对上述20个语气助词一一加以讨论。

一、时、呵

现代汉语中经常使用的表示假定语气的语气助词为“的话”，如：票不够的话，我就不去了。但是“的话”这个语气助词在《水浒传》所处的时代尚未出现，而表示假定语气的功能则由语气助词“时”来完成。《水浒传》中语气助词“时”共有428例。不仅如此，《水浒传》中的语气助词“时”还可用于表推论的因果复句中（56例）以及少数条件复句中（2例）。只是“时”只出现于复句前一分句的句尾，假定分句后置的现象在《水浒传》中从未出现过。

“呵”是在元曲中经常出现的一个表示假设语气的语气助词，如：“你若把女儿与了我呵，我的四十石粮食，都也饶了。”（元·石君宝《秋胡戏妻》）；“若是没呵，我可不到的饶了他哩。”（元·张国宾《合汗衫》）；“如与解元相见呵，一星星都待说与子个。”（金·董解元《西厢记诸宫调》）[①]。而到了《水浒传》中，语气助词“呵”已经很罕见了，仅有2例。

第一，“$时_1$（呵）”用在假设复句的前一分句句尾，起提顿作用。句中有时会出现假设连词“便是”、“若”、“倘若”、“恐”等。其中“时”有368例，“呵”有2例，共计370例。如：

①那后生那里肯拜，心中越怒，道：“阿爹休听这厮胡说！若吃他赢得我这条棒时，我便拜他为师。”（2回）

②王进笑道：“恐冲撞了令郎时，须不好看。”（2回）

③伺候柴进回庄，林冲便说道：“非是大官人不留小弟，争奈官司追捕甚紧，排家搜捉，倘若寻到大官人庄上时，须负累大官人不好。……”（11回）

④数内一个分说道：“……便是留守相公自来监押时，也容我们说一句。你好不知疼痒，只顾逞办！”（16回）

⑤武松道：“老猪狗，我都知了，你赖那个去！你不说时，我先剐了这个淫妇，后杀你这老狗！”（26回）

⑥只见班部中兀颜都统军出来启奏郎主道：“……放着奴婢手下有二十八宿将军，十一曜大将，有的是强兵猛将，怕不赢他！若是这伙蛮子不退呵，奴婢亲自引兵去剿杀这厮。”（85回）

⑦国主道：“你便是了的好汉，如插翅大虫，再添的这伙呵，你又加生两翅。你且休得阻挡。”（85回）

第二，“$时_2$”用在表推论的因果复句的前一分句句尾，起提顿作用。分句前面一

---

① 参见［日］香坂顺一：《水浒词汇研究（虚词部分）》，文津出版社，1992年，第451页。

般会出现关联词语“既”、“既然”等，共有56例。如：

⑧武松道：“管营恁地时，却是秀才耍，倒教武松鳖破肚皮，闷了怎地过得！你且说正是要我怎地?”（28回）

⑨李逵骂道：“打脊老牛！女儿偷了汉子，兀自要留他！你恁地哭时，倒要赖我不谢将。我明日却和你说话。”（73回）

⑩望了两日，只见欧阳侍郎飞马而来，对宋江道：“……你既然要取老父，不放心时，且请在霸州与国舅作伴，俺却差人去取令大人未迟。”（85回）

其中有2例“时”用于表示溯源的因果复句中。如：

⑪武大道：“我怨你时，当初你在清河县里，要便吃酒醉了，和人相打，如常吃官司，教我要便随衙听候，不曾有一个月净办，常教我受苦，这个便是怨你处。想你时，我近来取得一个老小，清河县人不怯气，都来相欺负……”（24回）

还有2例“时”用于条件复句中。如：

⑫智深道：“但有事时，便来唤洒家与你去。”（7回）

⑬李逵道：“今后但吃时，舌头上生碗来大疔疮。……”（53回）

《水浒传》中语气助词“时”、“呵”的用法及分布情况详见下表：

时、呵 / 统计	时$_1$（呵）	时$_2$	其他
出现次数	370	56	4
所占比例（%）	86.05	13.02	0.93
总　计	430		

总体情况是，语气助词“时”有368例用于假设复句，58例用于因果复句，2例用于条件复句。此外，语气助词“呵”有2例用于假设复句。

二、来$_6$、地来

吴方言里有两个特殊的语气助词“来”、“得来”，《水浒传》少数话语中也出现了这两个语气助词①。究其原因，一是可能作者受自己方言的影响，虽然《水浒传》的作者施耐庵、罗贯中二人的籍贯一直以来颇受争议，但学界普遍的看法是二人大致不出江浙一带；二是与《水浒传》成书过程有关，因为《水浒传》是集合前人故事重新编纂而成的，书中语言可能会受到南方旧白话小说特别是平话的影响。因此，

① 《水浒传》中写为“来”、“地来”。

《水浒传》中出现吴方言词汇也就不足为奇了。①

《水浒传》中语气助词“来”共有18例，“地来”有4例，共计22例。它可以表示疑问、祈使，或舒缓语气的作用，大多用于句尾，只有少数情况用于句中（3例）。

第一，“来”、“地来”用于疑问句中，起加强疑问语气的作用。其中“来”有7例，“地来”有4例，共计11例。如：

①大头领看时，只见二头领红巾也没了，身上绿袍扯得粉碎，下得马，倒在厅前，口里说道：“哥哥救我一救。”大头领问道：“怎么来？”（5回）

②那妇人坐在床边假哭，武大道：“你做甚么来哭？”（25回）

③那梢公在船上问道：“你三个是甚么人，却走在这里来？”（37回）

④武大道：“却怎地来有这疙瘩？”郓哥道：“我对你说：我今日将这一篮雪梨，去寻西门大郎挂一勾子，一地里没寻处。……”（25回）

⑤杨雄听了便道：“你且说怎么地来？”那妇人道：“我说与你，你不要气苦。……”（45回）

这11例中有5例是直接用于疑问代词之后，6例用于动词或动宾短语之后。

第二，“来”用于祈使句中，表示祈使的语气，共有3例。如：

⑥便对真人说道：“你且开门来，我看魔王甚么模样。”（1回）

⑦老儿分付道：“我儿陪侍恩人坐一坐，我去安排来。”（4回）

⑧吴用道：“请三位即便去来。明日起个五更，一齐都去晁天王庄上去。”（15回）

第三，“来”用于一般陈述句中，起舒缓语气的作用，共有8例。如：

⑨赵员外道：“若是留提辖在此，诚恐有些山高水低，教提辖怨怅；若不留提辖来，许多面皮都不好看。……”（4回）

⑩这船梢公回头看了，慌忙应道：“原来却是李大哥，我只道是谁来！大哥又去做买卖？只是不曾带挈兄弟。”（37回）

⑪待不招安来，又连折了两阵，拘刷得许多船只，又被尽行烧毁；待要招安来，恰又羞回京师。心下踌躇数日，主张不定。（79回）

《水浒传》中语气助词“来”、“地来”的用法及分布情况详见下表：

---

① 参见俞光中：《元明白话里的助词“来”》，《中国语文》1985年第4期；江蓝生：《吴语助词“来”“得来”溯源》，见《著名中年语言学家自选集（江蓝生卷）》，安徽教育出版社，2002年，第40页。

统计 \ 来、地来	疑问句中的“来”、“地来”	祈使句中的“来”	陈述句中的“来”
出现次数	11	3	8
所占比例（%）	50.00	13.64	36.36
总　计	22		

从上表可以看出，语气助词“地来”全部用于疑问句中，“来”主要用于疑问句和陈述句中。

三、罢、休、也罢

语气词“罢”和“休”大致相当于现代汉语的语气词“吧”，但在《水浒传》中只用于陈述句与祈使句的句尾，没有表疑问语气的用例。全书共计出现“罢”有38例，“休”有9例，一共47例。另外，“也罢”有6例。

第一，“$罢_1$（$休_1$）”用在祈使句句末，语气变得较为舒缓。其中“罢”有30例，“休”有3例，共计33例。如：

①又一个道：“我们回城里去罢。”一个道：“再看一看，拾得他一两块骨头回京，府里见太尉和衙内时，也道我们也能会干事。”（10回）

②李固道：“主人既到这里，招伏了罢。家中壁上见写下藏头反诗，便是老大的证见，不必多说。”（62回）

③武松笑道：“却才去肚里发一发，我们去休。”两个便离了这座酒肆，出得店来。（29回）

④那两个公人也扯住宋江道：“押司，罢，罢！我们三个一处死休！”（37回）

⑤李逵便解下腰包，取一锭大银放在床上，叫道：“娘，我自背你去休。”（43回）

第二，“$罢_2$（$休_2$）”用在陈述句句末，对两种情况比较后进行选择。其中“罢”有8例，“休”有6例，共计14例。如：

⑥鲁达寻思：“如今便要去时，那里投奔人？不如就了这条路罢。”（4回）

⑦宋江看了，寻思道：“可奈这贱人全不采我些个，他自睡了。我今日吃这婆子言来语去，央了几杯酒，打熬不得夜深，只得睡了罢。”（21回）

⑧李逵见问，自肚里寻思道：“如今沂水县出榜赏三千贯钱捉我，我如何敢说实话？只谎说罢。”（43回）

⑨老都管道：“既是有贼，我们去休。”（16回）

⑩石秀是个精细的人，看在肚里，便省得了，自心中忖道：“……我休等他言语出来，我自先辞了回乡去休。自古道：那得长远心的人。”（44回）

第三，“也罢”用于陈述句句尾，表示对某事容忍，无奈之下只得如此的语气，共有6例。如：

⑪武松见武大眼中垂泪，又说道："哥哥便不做得买卖也罢，只在家里坐地，盘缠兄弟自送将来。"（24回）

⑫宋江仰天叹道："早知如此的苦，悔莫先知，只在梁山泊也罢。……"（37回）

《水浒传》中语气助词"罢"、"休"、"也罢"的用法及分布情况详见下表：

罢、休、也罢 / 统计	罢$_1$（休$_1$）	罢$_2$（休$_2$）	也罢
出现次数	33	14	6
所占比例（%）	62.26	26.41	11.32
总　计	53		

从上表可以看出，语气词"罢"和"休"在《水浒传》中主要用于祈使句句末，起舒缓语气的作用。"也罢"作为一个新兴的双音节助词，用例还不是很多。

四、哩、矣、也、耶

近代汉语中语气助词"哩"曾有过"裹"、"俚"、"里"几种写法，到《水浒传》中，已基本统一为"哩"。"哩"仅用于陈述句句末，可以表示强调、感叹的语气，或者表示行为状态的持续，近似于现代汉语中的"呢"。《水浒传》中"哩"共有35例，具体用法如下：

第一，"哩$_1$"表示确认事实，使对方信服，有强调或夸张的语气，共有24例。如：

①那两个都头答道："大郎，你兀自赖哩。见有原告人李吉在这里。"（3回）

②婆子道："我说早哩，押司却不信，要去。原来早了又回来，且再和姐姐睡一睡，到天明去。"（21回）

③李逵又应道："哥哥不听我说，明朝有的气受哩！"众人都笑，且捧酒与宋江添寿。（90回）

第二，"哩$_2$"表示行为或状态的持续，常与"正"、"正在"、"在"、"着"等词配合使用，共有11例。如：

④婆惜却叫第二声时，宋江左手早按住那婆娘，右手却早刀落，去那婆惜嗓子上只一勒，鲜血飞出，那妇人兀自吼哩。（21回）

⑤宋江见了，心中欢喜，便与公人道："我们肚里正饥渴哩，原来这岭上有个酒店，我们且买碗酒吃去了便走。"（36回）

⑥说犹未了，庄客出来回话道："我主太公正烦恼哩，你两个别处去歇。"

(73 回)

“矣”是个古老的语气助词，从上古汉语一直沿用到了近代汉语中。“矣”用于句尾表示陈述或感叹的语气，近似于“了$_{1+2}$”。《水浒传》中共有 89 例。如：

⑦林冲道：“先生差矣！古人有言：惺惺惜惺惺，好汉惜好汉。量这一个泼男女，腌脏畜生，终作何用！众豪杰且请宽心。”(19 回)

⑧那弟兄两个撇了朴刀，扑翻身便拜道：“闻名久矣！不期今日方得相会。却才甚是冒渎，犯伤了哥哥，望乞怜悯恕罪！”(37 回)

⑨上皇览表，嗟叹不已，乃曰：“卿等一百八人，上应星曜。今止有二十七人见存，又辞去了四个，真乃十去其八矣！”(99 回)

《水浒传》中有 1 例“矣”与“了”连用。如：

⑩众和尚说道：“感承施主虔心，足矣了。”(45 回)

另外，《水浒传》中还出现了 1 例现代汉语常用的语气词“唉”，疑似“矣”字之误。如：

⑪潘公听了，大笑起来道：“叔叔差唉！你且住，听老汉说。”(44 回)

“差矣”这一说法在全书中共出现了 24 次，唯独这一句用的是“唉”，因此有此估断。

“也”也是一个古老的语气助词，可以用在句尾表示疑问、反诘、判断或感叹的语气，也可以用在句中单纯表停顿。《水浒传》作为一部旧白话小说，“也”的用例仍然不少，共有 208 例，且用法也比较完备。

第一，“也$_1$”用于陈述句或感叹句句尾，表示判断、感叹或解释的语气，共有 201 例。如：

⑫知府听说罢大惊，火速差人下来，检验了杀死人数，行凶人出没去处，填画了图样格目，回府里禀复知府道：“……白粉壁上，衣襟蘸血，大写八字道：‘杀人者，打虎武松也！’……”(31 回)

⑬只见回去的人牵着空马，奔到山前，只叫道：“苦也！陈家哥哥不听二位哥哥所说，送了性命。”(2 回)

⑭宋江与卢俊义在马上听了，寻思：“……他把‘柴’字改作‘柯’字，‘柴’即是‘柯’也；‘进’字改作‘引’字，‘引’即是‘进’也。”(99 回)

第二，“也$_2$”用于句尾，表示反诘的语气，仅有 1 例。如：

⑮智深便道：“团鱼大腹，又肥甜了，好吃，那得苦也？”上下肩禅和子都不采他，由他自睡了。(4 回)

第三，“也$_3$”用于小句句尾，表停顿，有 6 例。如：

⑯且说这桃花山大头领坐在寨里，正欲差人下山来探听做女婿的二头领如何，只见数个小喽啰，气急败坏，走到山寨里叫道："苦也，苦也!"(5回)

⑰只见那七个贩枣子的客人，立在松树傍边，指着这一十五人说道："倒也，倒也!"(16回)

⑱吴用又道："乃时也，运也，命也。知生知死，知因知道。若要问前程，先请银一两。"(61回)

"耶"也是古代汉语中常用的一个句末语气助词，表示感叹或反问的语气。但在《水浒传》中只出现了1个用例，而且还是叠用，表示感叹的语气。如：

⑲时迁道："见鬼了耶耶！我自路上买得这只鸡来吃，何曾见你的鸡?"(46回)

《水浒传》中语气助词"哩"、"矣"、"也"、"耶"等的用法和分布情况详见下表：

哩、矣、也、耶 / 统计	哩		矣（唉）	也			耶
	哩$_1$	哩$_2$		也$_1$	也$_2$	也$_3$	
出现次数	24	11	90	201	1	6	2
所占比例（%）	10.45		26.87	62.09			0.59
总　计	335						

五、么、乎、焉

"么"、"乎"、"焉"这三个语气助词均可用于疑问句的句尾表示疑问或反问的语气，有时也可用于陈述句或感叹句后表示确定、感叹的语气。《水浒传》中一共出现"么"有202例，"乎"有5例，"焉"3例。

"么"是近代汉语中新产生的一个语气助词。《水浒传》中的"么"有以下两种用法：

第一，"么$_1$"用于疑问句或反问句的句尾，相当于现代汉语疑问语气词"吗"，共有118例。如：

①那后生听得大怒，喝道："你是甚么人，敢来笑话我的本事！俺经了七八个有名的师父，我不信倒不如你，你敢和我扠一扠么?"(2回)

②王婆道："若是大官人肯使钱时，老身有一条计，便教大官人和这雌儿会一面。只不知官人肯依我么?"(24回)

③转过山径，约行了半个更次，前面撞见三五十个伏路小军，低声问道："来的不是呼将军么？宋公明差我等在此迎接。"(64回)

第二，“么$_2$”用于陈述句或感叹句的句尾，确认事实就是如此，或道理显而易见，相当于现代汉语语气词“嘛”，共有14例。如：

④智深寻思道：“干鸟么！俺早知有这个去处，不夺他那桶酒吃，也自下来买些吃。这几日熬得清水流，且过去看有甚么东西买些吃。”（4回）

⑤林冲道：“你看我命苦么！等了三日，甫能等得一个人来，又吃他走了。”（11回）

⑥宋江道：“我说么！且不要走动，等后面人马到来，好和他厮杀。”（41回）

“乎”是一个古老的语气助词，近代汉语中还在使用，但使用频率已经大大降低了，主要表示反问或感叹的语气，相当于现代汉语中的“呢”。《水浒传》中共有4例，两句表反问，两句表感叹。如：

⑦朱武道：“一死尚然不惧，何况酒肉乎？”（2回）

⑧长老道：“自古天子尚且避醉汉，何况老僧乎？若是打坏了金刚，请他的施主赵员外自来塑新的；倒了亭子，也要他修盖。这个且由他。”（4回）

⑨杨林便道：“四海之内，皆兄弟也，有何伤乎！且请坐。”（44回）

⑩罗真人笑道：“大限到来，岂容汝等留恋乎！”（85回）

“焉”也是一个古老的语气助词，近代汉语中仍在使用，但已经不常见了，主要表示确定或反诘的语气。《水浒传》中共有3例。如：

⑪宋江道：“我日间只在客店里藏身，夜晚入城看灯，有何虑焉。”众人苦谏不住，宋江坚执要行。（71回）

⑫那天使读道：“制曰：人之本心，本无二端；国之恒道，俱是一理。作善则为良民，造恶则为逆党。为恶党者，此非正命，深可悯焉。……”（80回）

⑬赐酒已罢，玉音问道：“卿等休辞道途跋涉，军马驱驰，与寡人征虏破辽，早奏凯歌而回，朕当重加录用。其众将校，量功加爵。卿勿怠焉！”（83回）

综上所述，作为表示反诘的语气助词，“乎”和“焉”在《水浒传》中都已经不常用了，而近代汉语中新出现的语气词“么”却在大量使用，且用法多样。

六、兀、兀那

“兀”在《水浒传》中的用法主要是作代词或语气助词。“兀”作指示代词，相当于“这”、“那”，如：“出来的正是小旋风柴进，问道：‘兀是谁？’”（51回）“兀”作语气助词，仅限于用在指示代词“那”和疑问代词“谁”之前，作发语词。[①]这种作发语词的“兀”在《水浒传》中共有19例，其中用在指示代词“那”之前的有9例，用在疑问代词“谁”之前的有10例。如：

---

① 参见胡竹安：《水浒词典》，汉语大词典出版社，1989年，“兀”字条。

①婆惜一头听了，一面肚里寻思："我只心在张三身上，兀谁奈烦相伴这厮！若不把他灌得醉了，他必来缠我。"（21回）

②宋江指着道："容我再行几步。兀那官道上有个小酒店，我们吃三锺了作别。"（23回）

③左右有认得的，指着说道："城下兀那个带青包巾，见今披着小将军的衣甲，骑着小将军的马，那个便是。"（83回）

除了"兀"之外，"兀那"也可作发语词，但仅限于：①用于对话中；②用于面称称谓语之前。[①]《水浒传》中共有15例。如：

④那后来的后生并庄客却待一发上，只见这汉托地跳出圈子外来，叫道："且都不要动手！兀那使朴刀的大汉，你可通个姓名。"（17回）

⑤那和尚见了杨志，就树根头绰了禅杖，跳将起来，大喝道："兀那撮鸟，你是那里来的？"（17回）

⑥武松看着王婆喝道："兀那老猪狗听着！我的哥哥这个性命都在你的身上，慢慢地却问你！"（26回）

七、则个、哉、兮

"则个"是近代汉语中新出现的一个复音语气助词。《水浒传》中"则个"的使用频率还是较高的，共有86例，多表祈使语气（76例），也有少数单纯表陈述语气（9例）和疑问语气（1例）。如：

①宋江道："却不是神明庇佑！若还得了性命，必当重修庙宇，再建祠堂。阴灵保佑则个！"（42回）

②和尚便道："俺两个出家人，被军马赶的紧，救咱们则个！"（85回）

③武大道："你救得我活无事了，一笔都勾，并不记怀，武二家来亦不提起。快去赎药来救我则个。"（25回）

④兀颜延寿道："量他这个九宫八卦阵，谁不省得！他将此等阵势，瞒人不过，俺却惊他则个。"（87回）

⑤当日便唤武松到衙内商议道："我有一个亲戚在东京城里住，欲要送一担礼物去，就捎封书问安则个。只恐途中不好行，须是得你这等英雄好汉方去得。……"（24回）

"哉"是古代汉语中常用的一个语气助词，近代汉语中仍在使用。《水浒传》中"哉"的用例不少，共有51例，用于句末或句中，表示感叹语气。如：

⑥富安道："有何难哉！衙内怕林冲是个好汉，不敢欺他，这个无伤。他见在帐

① 参见胡竹安：《水浒词典》，汉语大词典出版社，1989年，"兀那"字条。

下听使唤，大请大受，怎敢恶了太尉？……”（7回）

⑦宋江道：“人情，人情，在人情愿。你如何逼取人财，好小哉相！”（38回）

⑧花荣道：“有何难哉！”便拈弓搭箭，纵马向前，望着影中只一箭，不端不正，恰好把那碗红灯射将下来。（48回）

⑨可怜豪杰，等闲来赴鬼门关；惜哉英雄，到此翻为槐国梦。万里黄泉无旅店，三魂今夜落谁家？（8回）

⑩吴用取出一把铁算子来，排在桌上，算了一回，拿起算子桌上一拍，大叫一声：“怪哉！”（61回）

“兮”多用于韵文的句末或句中，表示停顿或感叹，跟现代汉语的“啊”相似。《水浒传》中只出现了1例。如：

⑪虎有伥兮鸟有媒，暗中牵陷恣施为。郓哥指讦西门庆，他日分尸竟莫支。（25回）

综上所述，《水浒传》中的语气助词沿古垫今，种类十分丰富，而且很有自己的特色。古代汉语中的常用语气助词“兮”、“乎”、“焉”等已经很少见了，现代汉语中常用的语气助词“吧”（罢）、“哩”等使用频率也不是太高，反而是“时”这个古代汉语不见、现代汉语也消失了的语气助词使用频率是最高的。由此，我们可以作如下的揣摩：语气助词由于最贴近人们的口语，最能反映一个时代的口语特色，因此它的流动性、不稳定性也是最强的，而不像其他助词，尤其是动态助词那样，有较强的稳固性。每个时代、地区都会有自己使用得最为普遍的语气助词，因而随着时代的发展、人口的迁移、政治中心以及经济中心的更易，语气助词也就难免不发生相应的变化。

第四节 比况助词

《水浒传》中出现的比况助词有七种，按使用频率递减排列分别是：“也似”（76例）、“一般”（65例）、“般”（32例）、“相似”（25例）、“价$_2$”（14例）、“似”（7例）、“来$_7$”（7例）。其中“价”还用作结构助词，共有18例；“来”既用作动态助词，共有169例，也用作结构助词，共有83例。这些比况助词均与名词或动词等构成副词性的比况短语，作状语，同时也表比喻。

一、也似

“也似”是《水浒传》中出现频率最高的比况助词，多达76例。“也似”与名词或动词等构成比况短语，用在动词前作状语，表示事物之间的各种相似点。如：

①只见山凹里起一阵风，风过处，向那松树背后奔雷也似吼一声，扑地跳出一个

吊睛白额锦毛大虫来。(1 回)

②那众船才拨得转头，未曾行动，只见背后那三只船又引着十数只船，都只是这三五个人，把红旗摇着，口里吹着胡哨，飞也似赶来。(20 回)

③这阎婆惜水也似后生，况兼十八九岁，正在妙龄之际，因此宋江不中那婆娘意。(21 回)

④寨里头领晁盖等众人擂鼓吹笛，下山来迎接，把了接风酒，都上到大寨里聚义厅上扇圈也似坐下。(50 回)

⑤世上虔婆爱的是钱财，见了燕青取出那火炭也似金子两块，放在面前，如何不动心。(72 回)

⑥那女孩儿浓妆艳裹，从里面出来，请鲁达居中坐了，插烛也似拜了六拜，说道："若非恩人垂救，怎能勾有今日！"(4 回)

以上 6 例，分别表示声音相似、状态相似、性质相似、形状相似、颜色相似、动作相似。

二、一般

"一般"是《水浒传》中出现频率仅次于"也似"的比况助词，多达 65 例。"一般"常与名词性成分或动词性成分构成比况短语，前面往往与"似"、"如"、"和"等搭配使用，在句中作状语，分别表示事物之间的各种相似点。如：

①弩箭似飞蝗一般射将来。……却待向前看索时，又被他岸上灰瓶石子如雨点一般打将来，众官军只得弃了船只，下水逃命。……"(20 回)

②宋江对公人道："这太公和我父亲一般，件件都要自来照管，这早晚也未曾去睡，一地里亲自点看。"(37 回)

③却待回身，两下里叫声："着！"挠钩似乱麻一般搭来，就马上活捉了去。宋江看见，只叫得苦，止救得欧鹏上马。(48 回)

④武松那里挣扎得脱。被这四个人夺了包裹、朴刀，却似牵羊的一般，脚不点地，拖到村里来。(31 回)

纵观"一般"的 65 个例子，只用于状态相似、性质相似、形状相似、动作相似，而且多用于表现状态和性质相似。

三、般

"般"也是《水浒传》中较为常见的比况助词，有 32 个用例。"般"与名词性成分或动词性成分构成比况短语，作状语，修饰动词性成分，表示事物之间的各种相似点。如：

⑤锣声响处，那白秀英早上戏台，参拜四方，拈起锣棒，如撒豆般点动，拍下一声界方，念了四句七言诗。(51 回)

⑥那独龙冈上，千百把火把一齐点着，那门楼上弩箭如雨点般射将来。(47回)

⑦晁盖道："贤弟如何这般说？当初若不是贤弟担那血海般干系，救得我等七人性命上山，如何有今日之众？你正是山寨之恩主，你不坐，谁坐？"(41回)

⑧宋江阵门开处，分十骑马来雁翅般摆开在两边。(54回)

⑨那匹马头至尾长一丈，蹄至脊高八尺，浑身上下没一根杂毛，纯是火炭般赤，拴一副皮甲，束三条肚带。(64回)

⑩不想傍边恼犯了这个太岁，却是黑旋风李逵看见了，睁圆怪眼，倒竖虎须，面前别无器械，便把杉刺子撅葱般拔断，拿两条杉木在手，直打将来。(74回)

"般"的用例虽然不及"一般"多，但比拟的种类却和"也似"一样齐全。

四、相似

比况助词"相似"在《水浒传》中共有25个用例，其中除1例表示声音相似、1例表示颜色相似外，其余23例全部表示状态相似。如：

①是夜三更时候，只听得天上一声响，如裂帛相似，正是西北乾方天门上。(71回)

②八个马蹄翻盏撒钹相似，约赶过五七里，无人之处，看看赶上，呼延灼勒回马，带转枪，舞起双鞭来迎。(79回)

③杨雄方才脱得身，把出本事来施展动，一对拳头撺梭相似，那几个破落户，都打翻在地。(44回)

④八方摆布的铁桶相似，阵门里马军随马队，步军随步队，各持钢刀大斧，阔剑长枪，旗幡齐整，队伍威严。(76回)

⑤众军回头看时，白茫茫如银海相似，满地只听的水响，不见路径。(87回)

五、价$_2$

比况助词"价$_2$"在《水浒传》中共有14个用例。其中有8例是表示状态的，另有6例是比拟声音的，但即使是比拟声音的，如"震地"、"震天"、"连珠"等也都是以性状比声音，而不是以声音比声音。所以"价$_2$"的基本用法也可以说是用来表示状态的。如：

①正在西山边气忿忿的，又听得东山边锣声震地价响，急带了人马又赶过来东山边看时，又不见有一个贼汉，红旗都不见了。(34回)

②点着那两边柴草堆里一齐火起，火炮震天价响。(98回)

③正犹豫间，只听得梁山泊顶上，号炮连珠价响，只见四分五落，芦苇丛中钻出千百只小船来，水面如飞蝗一般。(80回)

④原来这乐和是个聪明伶俐的人，诸般乐品尽皆晓得，学着便会；作事见头知尾；说起枪棒武艺，如糖似蜜价爱。(49回)

⑤今春去到枪竿岭北边，盗得一匹好马，雪练也似价白，浑身并无一根杂毛，头至尾长一丈，蹄至脊高八尺。(60回)

六、似

比况助词“似”在《水浒传》中用例较少，仅有7例。如：

①那后生就空地当中，把一条棒使得风车儿似转，向王进道：“你来，你来！怕的不算好汉！”(2回)

②原来那座粪窖没底似深，两个一身臭屎，头发上蛆虫盘满，立在粪窖里叫道：“师父，饶恕我们！”(7回)

③那十个厢禁军雨汗通流，都叹气吹嘘，对老都管说道：“……这般火似热的天气，又挑着重担。这两日又不拣早凉行，动不动老大藤条打来，都是一般父母皮肉，我们直恁地苦！”(16回)

④见那妇人如何？眉横杀气，眼露凶光。辘轴般蠢坌腰肢，棒槌似桑皮手脚。……(27回)

⑤蒋门神……怎地及得武松虎一般似健的人，又有心来算他。(29回)

⑥看那人生得如何？但见：黑熊般一身粗肉，铁牛似遍体顽皮。……(38回)

⑦那马浑身墨锭似黑，四蹄雪练价白，因此名为踢雪乌骓马，日行千里。(54回)

这7例中，例①、例②、例③、例⑥表示状态相似，例④表示形状相似，例⑤表示性质相似，例⑦表示颜色相似。

七、来$_7$

同“似”相似，比况助词“来$_7$”在《水浒传》中用例也较少，仅有7例，且都是比况形状大小的。如：

①头戴一顶熟铜狮子盔，脑后斗大来一颗红缨；身披一副铁叶铠成铠甲，腰系一条镀金兽面束带，前后两面青铜护心镜。(13回)

②阿嫂便道：“阿叔，胡乱救你哥哥，也是兄弟情分。如今被太师府钧帖，立等要这一干人。天来大事，你却说小贼。不知甚么去处，只这等无门路了。”(17回)

③武松抢过林子背后，见一个金刚来大汉，披着一领白布衫，撒开一把交椅，拿着蝇拂子，坐在绿槐树下乘凉。(29回)

④花荣……拽满弓，扭过身躯，望秦明盔顶上，只一箭，正中盔上，射落斗来大那颗红缨，却似报个信与他。(34回)

⑤李逵道：“今后但吃时，舌头上生碗来大疔疮。我见哥哥要吃素，铁牛却吃不得，因此上瞒着哥哥。今后并不敢了。”(53回)

⑥头戴范阳遮尘毡笠，拳来大小撒发红缨，斜纹缎子布衫，查开五指梅红线绦，

青白行缠抓住袜口，软绢袜衬多耳麻鞋。(61回)

⑦戴一顶浑铁打就四方铁帽，顶上撒一颗斗来大小黑缨，披一副熊皮砌就嵌缝沿边乌油铠甲，穿一领皂罗绣就点翠团花秃袖征袍。(67回)

此外，在比况助词的各种用法中，我们还发现了3例两个比况助词连用的现象。如：

⑧蒋门神……怎地及得武松虎一般似健的人，又有心来算他。(29回)

⑨燕青歇下担儿，分开人丛，也挨向前看时，只见两条红标柱，恰似坊巷牌额一般相似。(74回)

⑩今春去到枪竿岭北边，盗得一匹好马，雪练也似价白，浑身并无一根杂毛，头至尾长一丈，蹄至脊高八尺。(60回)

《水浒传》中比况助词的用法及分布情况详见下表：

比况助词 / 统计	也似	一般	般	相似	价$_2$	似	来$_7$
出现次数	76	65	32	25	14	7	7
使用频率（%）	33.63	28.76	14.16	11.06	6.19	3.10	3.10
总　计	226						

从上表可以看出，《水浒传》中的比况助词用得最多的是“也似”和“一般”。从上文的分析我们也可以看出，除了“也似”、“一般”、“般”这三个词无论什么性质的比况句都可以用外，其余的四个词语在使用时还是有些小区别的。且“价”和“来”的使用可能受了方言的影响，因为它们虽然在《水浒传》和现代汉语中都使用得不甚广泛，但至今仍存在于某些方言之中。

与中古汉语和现代汉语相比，《水浒传》中的助词系统无疑具有鲜明的特点，主要体现在以下三个方面：

第一，助词系统内部每个小类所包含的单个助词的数量有所消长。

一些存在于中古汉语的助词在《水浒传》中已经消失。如动态助词“定”、“道”、“后”、“底”，结构助词“当”、“可”、“教”、“交”，语气助词“处”、“但”、“复”、“好”、“何”、“即”、“邪”，等等。同样，在《水浒传》中极为常见的一部分助词，如动态助词“将”、“来”、“却”、“取”，结构助词“价”、“见”，语气助词“时”、“兀”、“兀那”、“则个”等，在现代汉语中也已销声匿迹了。其总的趋势是，助词的数量从中古汉语到现代汉语越来越少。

第二，单个助词的功能用法有所变化。

助词系统内成员数量的变化必然引起单个助词功能的重新分配。那些《水浒传》里使用而现代汉语已经消失的助词所担负的语法功能将会由其他助词来承担。如《水浒传》里的动态助词“得”、“的”、“过”、“将”、“来”、“了”、“着”、“取”、“却”

等都有“用在动词之后，表示动作状态的实现或完成”的功能，但在现代汉语普通话里，这一功能只由“了”来承担。“得”和“了”在《水浒传》中都有表示“动作状态的持续”的功能，它的这一用法在现代汉语中也已完全由“着”取代。

第三，一些助词的用法颇为特殊。

（1）“坐”、“立”后加“地”（或“的”），“地”表状态持续义。如：

①卢员外正在解库厅前坐地，看着那一班主管收解，只听得街上喧哄，唤当直的问道：“如何街上热闹?”（61回）

②风又紧，火又猛，众官兵只得钻去，都奔烂泥里立地。（19回）

（2）“了”用于副词、疑问代词之后。如：

①寨内一连了三日，每日搦战，曾头市上并不曾见一个。（60回）

②石秀道：“此间这等好村坊去处，怎地了大厮杀?”（47回）

（3）动词+将，“将”为语气助词，相当于“了$_2$”。如：

①李逵骂道：“打脊老牛！女儿偷了汉子，兀自要留他！你恁地哭时，倒要赖我不谢将。我明日却和你说话。”（73回）

②李逵睡到天明，跳将起来，对太公道：“昨夜与你捉了鬼，你如何不谢将?”（73回）

（4）动词+过，“过”为语气助词。如：

燕青答道：“小人颇学的些本事，怎敢在娘子跟前卖弄过!”（81回）

（5）“价”作定语标记“的”字用。如：

说了开话又唱，唱了又说，合棚价众人喝采不绝。（51回）

（6）语气词“呵”不表感叹，跟“时”一样表示假设语气。如：

①只见班部中兀颜都统军出来启奏郎主道：“……放着奴婢手下有二十八宿将军，十一曜大将，有的是强兵猛将，怕不赢他！若是这伙蛮子不退呵，奴婢亲自引兵去剿杀这厮。”（85回）

②国主道：“你便是了的好汉，如插翅大虫，再添的这伙呵，你又加生两翅。你且休得阻挡。”（85回）

近代汉语上承古代汉语，下系现代汉语，在汉语发展史上起着重要的桥梁和纽带作用。《水浒传》中的助词现象不管是新兴的，还是承沿的，或是偶尔出现的，都反映了元末明初这一特定历史时期语言中助词系统的基本面貌，值得我们深入地考察、研究。

本章参考文献

著作

1. 曹广顺：《近代汉语助词》，北京：语文出版社，1995 年。

2. 董志翘、蔡镜浩：《中古虚词语法例释》，长春：吉林教育出版社，1994 年。

3. 冯春田：《近代汉语语法研究》，济南：山东教育出版社，2000 年。

4. 胡竹安：《水浒词典》，上海：汉语大词典出版社，1989 年。

5. 江蓝生：《近代汉语探源》，北京：商务印书馆，2000 年。

6. 蒋绍愚：《近代汉语研究概况》，北京：北京大学出版社，1994 年。

7. 卢烈红：《<古尊宿语要>代词助词研究》，武汉：武汉大学出版社，1998 年。

8. 陆俭明、马真：《现代汉语虚词散论》，北京：语文出版社，1999 年

9. 吕叔湘：《汉语语法论文集（增订本）》，北京：商务印书馆，2002 年。

10. 吕叔湘：《现代汉语八百词（增订本）》，北京：商务印书馆，1999 年。

11. 孙锡信：《近代汉语语气词》，北京：语文出版社，1999 年。

12. 王力：《汉语史稿（中册）》，北京：中华书局，1980 年。

13. ［日］香坂顺一：《水浒词汇研究（虚词部分）》，北京：文津出版社，1992 年。

14. ［日］香坂顺一：《白话词汇研究》，北京：中华书局，1997 年。

15. 邢福义：《词类辩难》，北京：商务印书馆，2003 年。

16. 袁宾：《近代汉语概论》，上海教育出版社，1992 年。

17. 张谊生：《现代汉语虚词》，上海：华东师范大学出版社，2000 年。

18. 朱德熙：《语法讲义》，北京：商务印书馆，1998 年。

论文

1. 曹广顺：《〈祖堂集〉中的"底（地）""却（了）""著"》，《中国语文》1986 年第 3 期。

2. 曹广顺：《语气词"了"源流浅说》，《语文研究》1987 年第 2 期。

3. 曹广顺：《说助词"个"》，《古汉语研究》1994 年第 4 期。

4. 曹炜：《<金瓶梅词话>中的结构助词和语气助词》，《苏州大学学报》2001 年第 3 期。

5. 曹炜：《<金瓶梅词话>中的动态助词》，《古汉语研究》2002 年第 3 期。

6. 陈刚：《试论"动－了－趋"式和"动－将－趋"式》，《中国语文》1987 年第 4 期。

7. 董志翘：《关于助词"等"表列举后煞尾用法的时代》，《辞书研究》2003 年第 1 期。

8. 冯春田：《〈歧路灯〉结构助词“哩”的用法及形成》，《语言科学》2004年第4期。

9. 江蓝生：《处所词的领格用法与结构助词“底”的由来》，《中国语文》1999年第2期。

10. 江蓝生：《吴语助词“来”“得来”溯源》，见《著名中年语言学家自选集(江蓝生卷)》，合肥：安徽教育出版社，2002年。

11. 孔令达：《关于动态助词“过1”“过2”》，《中国语文》1986年第4期。

12. 孔令达：《从语言单位的同一性看汉语助词“过”的分合》，《安徽师大学报》1995年第3期。

13. 李泰洙：《〈老乞大〉四种版本从句句尾助词研究》，《中国语文》2000年第1期。

14. 李迅：《“形容词+动态助词‘了’”结构的研究》，南京师范大学硕士学位论文，2005年。

15. 刘义青：《句末助词“来（来着）”的演变研究》，河北师范大学硕士学位论文，2004年。

16. 钱乃荣：《体助词“着”不表示“进行”意义》，《汉语学习》2000年第4期。

17. 乔全生：《试论北京话、晋南话对唐以来助词“着”的类化作用》，《语文研究》1995年第2期。

18. 乔全生：《从洪洞方言看唐宋以来助词“着”的性质》，《方言》1998年第2期。

19. 曲凤荣：《汉语结构助词“的”书写形式之演变与分合》，《北方论丛》2002年第5期。

20. 曲凤荣：《结构助词“的”出现的条件》，《哈尔滨学院学报》2002年第10期。

21. 石毓智、李讷：《汉语发展史上结构助词的兴替——论“的”的语法化历程》，《中国社会科学》1998年第6期。

22. 谭春健：《动态助词“了”的使用规律与认知解释》，北京语言大学硕士学位论文，2003年。

23. 王国庆：《动态助词“了1”的时体特点考察》，吉林大学硕士学位论文，2004年。

24. 吴福祥：《重谈“动+了+宾”格式的来源和完成体助词“了”的产生》，《中国语文》1998年第6期。

25. 吴延枚、马强：《近代汉语中的语助词“家”》，《古汉语研究》1997年第3期。

26. 谢晓晖：《〈西游记〉体助词研究》，湖南师范大学硕士学位论文，2005年。

27. 徐阳春：《结构助词“得”与“的”的分合》，《南昌大学学报》2003 年第 3 期。

28. 俞光中：《元明白话里的助词“来”》，《中国语文》1985 年第 4 期。

29. 张谊生：《略论时制助词“来着”——兼论“来着”与“的”以及“来着”的区别》，《大理师专学报》2000 年第 4 期。

30. 张谊生：《试论结构助词“的”和“之”的前置——兼论现代汉语的骈合结构》，《汉语学习》2000 年第 5 期。

31. 张谊生：《从量词到助词——量词“个”语法化过程的个案分析》，《当代语言学》2003 年第 3 期。

32. 赵长才：《结构助词“得”的来源与“V 得 C”述补结构的形成》，《中国语文》2002 年第 2 期。

33. 赵金铭：《敦煌变文中所见的“了”和“着”》，《中国语文》1979 年第 1 期。

34. 子朗：《“助词”的出处及原指》，《山东师大学报》（社科版）1995 年第 1 期。

本章拟对《水浒传》中的连词逐个进行计量考察，试图描述其具体用法和分布情况，以便为近代汉语连词系统的建构提供参照。我们根据前后分句的语义关系把《水浒传》连词分为九大类，即并列连词、递进连词、选择连词、时间连词、转折连词、条件连词、假设连词、因果连词、目的连词。下面我们将就这九类连词分别展开讨论。

第四章 《水浒传》的连词系统

连词用来连接词、短语、分句和句群乃至段落，具有纯连接性，没有修饰作用，也不充当句子成分。上古时代，连词比较少，而且很多连词身兼数职。中古特别是近代以降，连词发生了很大的变化，“变化的方式是同义竞争与同义替代，变化的结果是‘职务分担’，由一个词的多个义位变成多个词”①。这种分化的结果是：各个连词各司其职，有了自己独特的用法和分布空间。当然在这个分化过程中，必然会出现许多同义连词，这些同义连词经历了竞争删汰，就成了呈现在我们面前的现代汉语的连词系统。

本章拟对《水浒传》中的连词逐个进行计量考察，试图描述其具体用法和分布情况，以便为近代汉语连词系统的建构提供参照。我们根据前后分句的语义关系把《水浒传》连词分为九大类，即并列连词、递进连词、选择连词、时间连词、转折连词、条件连词、假设连词、因果连词、目的连词。下面我们将就这九类连词分别展开讨论。

《水浒传》中连词及其用例数量详见下表：

类别		词项（用例数量）
并列连词	连接词语	并（303）、和（317）、与（138）、共（7）、同（10）、及（14）
	连接句子	一面（210）、一边（8）、一头（34）、一壁（5）、一壁厢（5）、且（14）、一边厢（1）、一者（30）、二者（11）、三者（3）、一来（7）、二来（2）、三来（2）、一则（3）、二则（1）、三则（3）、二乃（28）、三乃（2）
递进连词		更兼（46）、况（3）、况是（2）、况且（2）、况兼（8）、何况（9）、且（6）、亦且（15）、抑且（6）、又且（6）、且又（4）、更且（1）、尚然（4）、尚且（14）、不惟（1）、不则（1）
选择连词	未定选择	或（9）、或是（5）、还是（10）
	已定选择	不如（33）、不若（21）、莫如（1）、比及（2）、宁（6）、宁可（5）、宁乃（1）
时间连词	前时	等（45）、待（44）、等到（3）、待到（2）、比及（21）
	后时	次后（41）、然后（31）、续后（7）
转折连词		虽（131）、虽然（90）、虽是（68）、虽系（2）、虽则（1）、然虽（7）、然是（2）、是则是（1）、但（5）、只是（54）
条件连词	有条件	但（47）、但是（30）、但凡（21）、但若（4）、只要（8）
	无条件	不论（5）、不问（4）、不管（1）、不拣（8）、不拘（3）、遮莫（6）
	排除条件	只除（11）、则除（3）、只除是（4）、除是（1）、除非（2）、只除非（14）、则除非（1）

① 参见李英哲、卢卓群：《汉语连词发展过程中的若干特点》，《湖北大学学报》1997年第4期，第49～55页。

（续上表）

类别		词项（用例数量）
假设连词	一致性假设	若（474）、若是（193）、若还（49）、若果（3）、若非（26）、如（45）、如若（21）、如是（9）、如或（2）、倘（26）、倘或（67）、倘若（23）、假如（6）、假设（1）、设使（1）、不争（20）
	非一致性假设	便（92）、便是（50）、便做（1）、便道（1）、就（2）、纵（9）、纵使（6）、总（2）、纵饶（1）、总然（1）、任（2）、由（8）、饶（3）、直饶（8）、遮莫（5）、折莫（1）
因果连词	说明因果	为（24）、因（237）、为是（24）、因是（6）、因为（29）、为因（30）、盖因（6）、盖为（5）、奈缘（19）
		因此（334）、以此（97）、只此（23）、为此（3）、因而（12）、致（15）、以致（24）、以至（1）、故（11）、故是（1）、所以（4）
	推论因果	既（99）、既然（106）、既是（115）、既已（5）
目的连词		好（15）、免得（9）、免的（2）、省得（5）、省的（2）、免致（9）

第一节　并列连词

并列连词所连接的前后成分是一种并列关系，根据其所连接成分的差异，我们把并列连词大致分为两大类：用于连接词语的并列连词和用于连接句子的并列连词。

《水浒传》中的并列连词共有24个，其中连接词语的并列连词有6个，连接句子的并列连词有18个，下试详述之。

一、连接词语的并列连词

近代汉语中连接词语的并列连词作为一个独立的类别、一种语法现象，并不是近代汉语语法研讨中的热点问题，只是在近年来学界讨论所谓的“和”类虚词问题时才被扯了进来，引起了人们的关注。大家所公认的近代汉语并列连词主要有“并”、“和”、“与”、“跟”、“共”、“同”、“及”、“将”、“连”等9个，而在《水浒传》中却只出现了“并”、“和”、“与”、“共”、“同”、“及”等6个，下面拟对这6个并列连词的用法和分布情况作计量考察。

（一）并

无论是作为并列连词的“并”，还是作为“和”类虚词重要成员的“并”，长期以来都被学界所忽视，直到2003年才由曹炜先生首先撰文予以澄清①。曹先生立论所

① 参见曹炜：《近代汉语并列连词“并”的产生、发展及其消亡》，《语文研究》2003年第4期，第37～39页。

依据的明代文献是明万历年间问世的《金瓶梅词话》，属明代中后期的文献，其时，并列连词“并”的使用确乎达到了巅峰。而实际上，早在元末明初的《水浒传》中并列连词“并”就已频繁使用，用例多达303例，使用频率与“和”相当，远远超过了其他并列连词，而且其用法也是多种多样的，详述如下。

1. 连接两个并列成分

《水浒传》中“并”的这种用法的用例多达241例。就其所连接的两个并列成分的语法属性而言，又可细分为以下几种情形：

（1）连接两个体词性词语。这种用法的用例多达235例，是《水浒传》中并列连词“并”最为常见的一种用法。如：

①再拿了银提炉，整顿身上诏敕并衣服巾帻，却待再要上山去。(1回)

②次日早膳已后，真人道众并提点执事人等请太尉游山。(1回)

（2）连接两个谓词性词语。这种用法的“并”在《水浒传》中比较罕见，仅有3例。如：

③杨志把做制使失陷花石纲，并如今又失陷了梁中书的生辰纲一事，从头备细告诉了。(17回)

（3）连接主谓结构和体词性词语。并列连词连接的两个成分一般要求语法属性相同，或者都是体词性词语，或者都是谓词性词语，或者都是主谓结构。而《水浒传》中的“并”则可以连接主谓结构和体词性词语这两种语法属性并不相同的成分。当然，“并”的这种用法在《水浒传》中同样也是比较罕见的，仅有2例。如：

④宋江把李应不肯相见并杜兴说的话对众头领说了。(48回)

⑤俺们也久闻你梁山泊宋公明招集天下好汉，并兄长大名，亦闻有个浪里白条张顺，不想今日得遇哥哥。(93回)

例④、例⑤中的“李应不肯相见”、“你梁山泊宋公明招集天下好汉”是主谓结构，而“杜兴说的话”、“兄长大名”则是体词性成分。

（4）连接两个分句。这种用法的“并”在《水浒传》中仅见1例。如：

⑥宋江又问道：“湖州守御取德清，并调去独松关厮杀，两处分的人将，你且说与我姓名，共是几人去，并几人跟呼延灼来?”(94回)

2. 连接三个或三个以上的并列成分

《水浒传》中这种用法的“并”的用例共有62例。根据“并”在所构成结构中所处的位置，又可分为以下三类：

（1）“并”位于几项并列成分的最后一项之前（即“AB并C”类)，这种用法的“并”在《水浒传》中共有39例。如：

①当下收拾了火刀、火石并引火煤筒，脊梁上用包袱背着火炮，来辞卢先锋便

行。(98 回)

(2)“并”位于几项并列成分的第一项之后(即“A 并 BC”类),这种用法的“并”在《水浒传》中共有 17 例。如:

②宋江传令,先请上定安国舅并欧阳侍郎、金福侍郎、叶清侍郎,并皆分坐,以礼相待。(85 回)

(3)“并”位于几个并列项的中间(即“AB 并 CD”类),这种用法的“并”在《水浒传》中共有 6 例。如:

③只留下吕方、郭盛、裴宣、蒋敬、蔡福、蔡庆、杜兴、郁保四,并水军头领李俊、阮小五、阮小七、童威、童猛等一十三人,其余都跟吴用到此策应。(97 回)

“并”之所以会出现以上三种不同的位置关系,是和“并”的特殊连接作用分不开的。在近代汉语的几个并列连词中,“并”在连接时还具有分类的作用,所连接的并列成分“往往有类别上的差异”,“所连接的前后各项往往有主次之分”①。

“并”在现代汉语中仍作为连词使用,但其所连接的成分之间的关系不是并列关系,而是递进关系,所连接的后项比前项在意义上更进了一层,同现代汉语中的连词“并且”的意义和用法基本相同。而在《水浒传》所处的时代,“并”仅是连接几个并列的成分。

并列连词“并”的用法和分布情况详见下表:

<table>
<tr><th rowspan="3">并</th><th colspan="4">连接两项(A 并 B)</th><th colspan="4">连接三项以上</th></tr>
<tr><th rowspan="2">AB 为体词性成分</th><th rowspan="2">AB 为谓词性成分</th><th rowspan="2">A 谓词性 B 体词性</th><th rowspan="2">分句</th><th colspan="3">体词性</th><th rowspan="2">谓词性</th></tr>
<tr><th>AB 并 C</th><th>A 并 BC</th><th>AB 并 CD</th></tr>
<tr><td>用例</td><td>235</td><td>3</td><td>2</td><td>1</td><td>39</td><td>17</td><td>6</td><td>0</td></tr>
<tr><td>百分比(%)</td><td>77.56</td><td>0.99</td><td>0.66</td><td>0.33</td><td>12.87</td><td>5.61</td><td>1.98</td><td>0</td></tr>
<tr><td>现代汉语中</td><td colspan="8">消失</td></tr>
</table>

(二)和

“和”在《水浒传》中作为连词的用例,多达 317 例,也是并列连词中数量最多的,但是其连接的成分比较单一,都是名词性成分,且连接两个并列成分居多,达 305 例。如:

①次日,小王都太尉取出玉龙笔架和两个镇纸玉狮子,着一个小金盒子盛了,用

① 参见曹炜:《近代汉语并列连词“并”的产生、发展及其消亡》,《语文研究》2003 年第 4 期,第 37 ~ 39 页。

黄罗包袱包了，写了一封书呈，却使高俅送去。(2回)

②相公也有觑兄长之心，只是被张三和这婆子在厅上发言发语，道本县不做主时，定要在州里告状，因此上又差我两个来搜你庄上。(22回)

连接三项以上的比较少，共12例。如：

③看那军人担仗起程，杨志和谢都管、两个虞候监押着，一行共是十五人，离了梁府，出得北京城门，取大路投东京进发。(16回)

例①、例②连接两个并列成分，而例③连接三个并列成分。

“和”的上述连词用法一直延续到了现代汉语中，但两者在用法上还是有所区别的。当连接三项或三项以上的并列成分时，《水浒传》中的“和”位于第一项之后，而在现代汉语中，“和”常常放在最后的两个列举项之间，表示列举完毕，只有当多项列举的事物可以分为两类时，“和”位于两类之间。另外，在现代汉语中，“和”既可以连接体词性成分，也可以连接谓词性成分；而在《水浒传》所处的时代，“和”仅可以连接体词性成分。

《水浒传》中“和”的用法和分布情况详见下表：

和	两个并列成分		三个或三个以上并列成分	
	体词性	谓词性	体词性	谓词性
用例	305	0	12	0
百分比（%）	96.21	0	3.79	0
现代汉语中	存在	存在	存在	存在

（三）与

在《水浒传》中，“与”作为并列连词比较常见，其数量在并列连词中位列第三，共有138例。“与”同“和”一样，连接的成分没有“并”连接的成分复杂多样。连接两个并列成分的有130例，连接三个或三个以上并列成分的仅8例，其中有1例连接的是谓词性成分。如：

①毕竟史进与三个头领怎地脱身，且听下回分解。(2回)

②晁盖留住吴学究与公孙胜、刘唐在庄上，每日议事。(16回)

③善恶到头终有报，只争来早与来迟。(99回)

例①连接两个并列成分，而例②连接三个并列成分，例③中的“来早”、“来迟”是谓词性成分，且这例出现在诗词之中，属于非自然语言。

“与”在现代汉语中也是常见的连词，可以连接名词，也可以连接动词、形容词，甚至可以连接主谓结构、动宾结构等；而在《水浒传》中，“与”连接的成分基本都是体词性的，谓词性成分仅1例。

《水浒传》中“和”的用法和分布情况详见下表：

与	两个并列成分		三个或三个以上并列成分	
	体词性	谓词性	体词性	谓词性
用例	129	1	8	0
百分比（%）	93.48	0.72	5.80	0
现代汉语中	存在	存在	存在	存在

（四）共、及、同

“共”、“及”、“同”是《水浒传》中使用频率较低的三个并列连词，用法也比较单一。“共”、“及”、“同”三个连词连接的都是两个并列成分，未见三个或三个以上的并列成分。

1. 共

“共”基本都是出现在比较工整的句子中，一共有7例。如：

①大家齐入梁山泊，邀取生辰宝共金。（15回）

②好共歹，只要成全大事，太尉留个清名于万古。（75回）

例①中的“共”连接两个名词性成分，例②中的“共”连接的是谓词性成分。

2. 及

“及”既可以连接体词性词语，也可以连接谓词性词语，其中连接体词性词语的有10例，连接谓词性词语的有4例。如：

①父亲可使人暗暗地送些金银去与朱仝处，央他上下使用，及资助阎婆些少，免得他上司去告扰官府。（22回）

②其余时分及单身客人，白日不许过冈，恐被伤害性命不便。各宜知悉。（23回）

其中例①中的“及”所连接的为谓词性成分，例②中的“及”所连接的为名词性成分。

3. 同

在《水浒传》中，“同”作为并列连词的共有10例，而且连接的全部是体词性成分，未见连接谓词性成分的用例。如：

①当时小喽啰把船摇到金沙滩岸边，朱贵同林冲上了岸，小喽啰背了包裹，拿了刀仗，两个好汉上山寨来。（11回）

②背绣僧同青面兽，宝珠夺得更周全。（17回）

在现代汉语中，“共”作为副词，没有作连词的用法；“及”、“同”都可以作连词用，但都连接体词性成分，没有连接谓词性成分的用例。

《水浒传》中“共”、“及”、“同”的用法和分布情况详见下表：

词项	共		及		同	
连接成分的词性	体词性	谓词性	体词性	谓词性	体词性	谓词性
用例	6	1	10	4	10	0
百分比（%）	85.71	14.29	71.43	28.57	100	0
现代汉语中	消失	消失	存在	消失	存在	消失

（五）初步结论

《水浒传》中“并”、“和”、“与”、“共”、“同”、“及”等6个连接词语的并列连词的用法及分布情况详见下表：

词项		并	和	与	共	同	及	总计
用例		303	317	138	7	10	14	789
百分比（%）		38.40	40.18	17.49	0.89	1.27	1.77	100
并列成分数目	两项	241	305	130	7	10	14	707
	三项或三项以上	62	12	8	0	0	0	82
并列成分词性	体词性	297	317	137	6	10	10	777
	谓词性	3	0	1	1	0	4	9
	体词性＋谓词性	2	0	0	0	0	0	2
	分句	1	0	0	0	0	0	1

（六）配合运用

《水浒传》中连接词语的并列连词常常可以在同一个结构中前后配合使用。最为常见的是并列连词“并”与其他并列连词的配合使用，主要用来连接三个或三个以上的成分，构成复杂的联合词组。

1. “并”、“和”的配合使用

与“并”配合使用的并列连词主要是“和”，共有7例，兹列如下：

①史进和朱武、陈达、杨春并庄客人等，都到少华山上寨内坐下，喘息方定。(3回)

②两个收住手中朴刀，看那山顶上时，却是王伦和杜迁、宋万，并许多小喽啰走下山来，将船渡过了河，说道……（12回）

③且说晁盖、公孙胜和阮家三弟兄并十数个打鱼的，一发都驾了五七只小船，离了石碣湖村泊，径投李家道口来。(19回)

④且说武松请到四家邻舍，并王婆和嫂嫂，共是六人。(26回)

⑤东平府尹陈文昭看了来文，随即行移，拘到何九叔、郓哥并四家邻舍和西门庆妻小，一干人等都到厅前听断。(27回)

⑥你和太婆并庄客，都仔细认他。(73回)

⑦当下李俊和童威、童猛并两个水手，驾着一叶小船，径奔太湖，渐近吴江，远远望见一派鱼船，约有四五十只。(93回)

从用例中可以看出，“A和B并C”的用例占5例，而且连接的几个并列成分之间有主次之分，其中C在故事情节中一般都是次要人物，且多数为集体成员，如“庄客”、“小喽啰”、“打鱼的”等。

在例④中，“四家邻舍，并王婆和嫂嫂”是不同的参与者，在事件中相对于武松来说没有主次之分。在例⑤中，“何九叔”、“郓哥”在故事中作为证人是一类，“四家邻舍”是一类，“西门庆妻小”又是一类，这三类人员在故事中没有主次之分。因此，这两例可以用“A并B和C”的形式。

2. “并”、“与”的配合使用

“并”也可以和“与”配合使用，在《水浒传》中仅见1例。“与”、“并”前后连接了三个体词性的并列成分。如：

①戴宗看了，自吃一惊，却把吴学究初寄的书，与宋公明相会的话，并宋江在浔阳楼醉后误题反诗一事，都将备细说了一遍。(39回)

3. 两个“和”的配合使用

“和”在同一个结构中可以配合使用，这种用法在现代汉语中比较常见，但在《水浒传》中仅见1例。如：

①小弟和张横和侯健、段景住带领水手，海边觅得船只，行至海盐等处，指望便使入钱塘江来。(96回)

4. “与”、“同”连用

《水浒传》中还有一种比较特殊的现象，那就是并列连词“与”和“同”的连用。有的学者把“与同”当作一个词来讨论①，问题是类似的虚词连用现象在近代汉语虚词中颇为常见，如介词“到”、“在”经常可以连用成“到在”，而到目前为止，尚未见有人将“到在”当作一个词来讨论。因此，在这里，我们将“与同”作为并列连词的连用来讨论。

需要指出的是，《水浒传》中的26例“与同”并非均为并列连词的连用，其中的13例实际上是伴随介词的连用。如：

①晁盖那里顾他说，与同公孙胜舍命只顾杀出来。(18回)

---

① 李思明：《〈水浒全传〉中的并列连词》，《安庆师范学院学报》1988年第3期，第95～102页。

②且说张顺与同安道全上得北岸，背了药囊，移身便走。(65回)

例①中的“与”、“同”均为介词，例②中的“与”、“同”均为并列连词。

二、连接句子的并列连词

《水浒传》中连接句子的并列连词共有18个。这类连词用于连接句子，叙述和描写有关联的几件事情或同一件事情的几个方面，分句间的关系是并列的或并举的。我们根据分句间的关系把连接句子的并列连词分为两类：并举类并列连词，即表示几个动作行为或几件事情同时进行的连词；列举类并列连词，即表示说话人一一列举自己观点的连词。

（一）并举类并列连词

《水浒传》中并举类并列连词共有“一面”、“一壁（厢）”、“一头”、“一边”等5个。这些并举类并列连词可以只在一个分句中单独使用，即独用；也可以在前后分句中成对使用，即合用。下面我们分别展开讨论。

1. 独用

(1)“一面”的用法：

作为并举类并列连词的“一面”在现代汉语中极为常见，往往两两配合使用，表示几个动作行为同时进行；有时也可独用，一般用在后一分句中。与现代汉语中的“一面”用法有别的是，《水浒传》中的“一面”常常独用，用例多达117例，而且用法比较复杂，主要有以下几种情况：

第一，连接一个句子中同一个主体发出的动作行为。这种用法的“一面”在《水浒传》中共有88例，有两种情形：一种情形是“一面”连接几个分句，表示动作行为先后进行。这种用法的“一面”在《水浒传》中占主体，用例多达66例，占独用的“一面”用例总量的56.41%。如：

①真人一面教安排筵宴，管待太尉；请将丹诏收藏于御书匣内放了，留在上清宫中，龙香就三清殿上烧了。(1回)

②酒保去不多时，将来铺下一大盘牛肉，数般菜蔬，放个大碗，一面筛酒。(11回)

其中例①中独用的“一面”出现在第一个分句中，例②中的“一面”出现在后面的分句中。

另一种情形是“一面”连接几个分句，表示两个动作行为同时进行。“一面”的这种用法并不常见，用例较少，仅有12例。如：

③林冲家里自来送饭，一面使钱。(8回)

第二，连接几个句子之间同一主体发出的动作行为。“一面”均出现在后面的句子中。这种用法的“一面”在《水浒传》中有32例。如：

④太公见天色看看黑了，叫庄客前后点起灯烛荧煌，就打麦场上放下了一条桌子，上面摆着香花灯烛。一面叫庄客大盘盛着肉，大壶温着酒。(5回)

例④中的动作行为都是由同一主体，即太公发出的。

第三，连接句子之间不同的两个或几个主体间的动作行为。“一面”均出现在后面的句子中。这种用法的“一面”在《水浒传》中仅有7例。如：

⑤董超坐在对席。酒保一面铺下酒盏，菜蔬果品案酒，都搬来摆了一桌。(8回)

在现代汉语中，“一面”仅用于连接一个句子中的几个并列成分或几个分句，而且仅表示动作行为同时发生，而不能用于句群中句子之间的连接，更不能表示动作行为的先后顺序。

《水浒传》中独用的“一面”的用法和分布情况详见下表：

类别	连接一个句子中的几个并列成分		连接句子之间的并列成分		总计
	动作有先后顺序	动作同时发生	同一主体	不同主体	
用例	66	12	32	7	117
百分比（%）	56.41	10.26	27.35	5.98	100
现代汉语中	消失	存在	消失	消失	

(2)“一壁（厢）”、“一头”和“一边”的用法：

除了“一面”外，《水浒传》中还有几个独用的并举类并列连词，如“一壁（厢）”、“一头”和“一边”等。它们的用例比较少，用法也比较单一。

其中独用的“一壁”、“一壁厢”各有4例。如：

⑥史进下梯子，来到厅前，先叫王四，带进后园，把来一刀杀了。喝教许多庄客，把庄里有的没的细软等物，即便收拾，尽教打叠起了，一壁点起三四十个火把。(3回)

⑦曹太公道：“真乃是大胆壮士！不恁地胆大，如何杀的四个大虫！”一壁厢叫安排酒食管待，不在话下。(43回)

独用的“一头”有3例。如：

⑧洪教头那里挣侧起来？众庄客一头笑着扶了。(9回)

独用的“一边”有5例。如：

⑨李固便道：“主人且请换了衣报，吃了早膳，那时诉说不迟。”一边安排饭食与卢员外吃。(62回)

这些独用的“一壁（厢）”、“一头”和“一边”等全部用来连接同一句群中的句子，而且全部出现在后面的句子中。其中的“一边”、“一头”沿用到了现代汉语中，

“一壁（厢）”则已经消失了。

《水浒传》中独用的并举类并列连词的分布情况详见下表：

词项	一壁	一壁厢	一头	一边	总计
用例	4	4	3	5	16
百分比（%）	25	25	18.75	31.25	100
现代汉语中	消失	消失	存在	存在	

2. 合用

并举类并列连词可以在前后分句中成对使用，分别连接两个或者两个以上的动作行为，即合用。主要有“一面”、“一壁（厢）”、“一头”和“一边”等的合用，可以细分为同词合用和异词合用两大类。

（1）同词合用，即成对使用的前后两个并举类并列连词为同一个词。

第一，“一面……一面……”的用法：

“一面……一面……”主要用于并列复句的分句之间的连接，用例多达32例，其中绝大部分是两两配合使用，但有时也会出现三个“一面”配合使用的情况。如：

①一面使小喽啰去大寨里摆下筵席；一面叫人抬过了王伦尸首；一面又着人去山前山后，唤众多小头目，都来大寨里聚义。(20回)

“一面……一面……”用于句子之间连接的在《水浒传》中仅见1例，而且是三个“一面”配合使用，即“一面……一面……一面……”。如：

②却说宋江引大队军马入檀州，赶散番军，一面出榜安抚百姓军民，秋毫不许有犯。传令教把战船尽数收入城中。一面赏劳三军，及将在城辽国所用官员，有姓者仍前委用，无姓番官尽行发遣出城，还于沙漠。一面写表申奏朝廷，得了檀州。尽将府库财帛金宝，解赴京师。(84回)

第二，“一头……一头……”的用法：

“一头……一头……”全部用于并列复句的分句之间连接的共有5例，而且都是两两配合使用，没有出现三个“一头”配合使用的情况。如：

③那先生一头打庄客，一头口里说道：“不识好人！”(15回)

④这小猴子打那虔婆不过，一头骂，一头哭，一头走，一头街上拾梨儿，指着那王婆茶坊里骂道：“老咬虫！我教你不要慌，我不去说与他，不做出来不信！”(24回)

需要说明的是，在《水浒传》中并没有出现“一边……一边……”和“一壁……一壁……”这两种同词合用的现象。

第三，“且……且……”的用法：

独用的“且”也是连词，但不是并举类并列连词，而是递进连词。但是，“且”的同词配合使用构成“且……且……”的格式，表示动作行为同时进行，用法同“一面……一面……”。与“一面……一面……”有别的是“且……且……”所连接的成分均为单音节动词，而且动词所表示的动作行为均由同一主体发出。“且……且……”既不连接同一句群内的句子，也不连接复句中的分句。在《水浒传》中，“且……且……”共有7例。如：

⑤史进引着一行人，且杀且走，众官兵不敢赶来，各自散了。(3回)

⑥童贯与众将且战且走，只逃性命。(77回)

《水浒传》中并举类并列同词合用的分布情况详见下表：

词项		用例	百分比（%）	现代汉语中
一面……一面……	连接同一句	32	71.11	存在
	连接句子	1	2.22	消失
一头……一头……		5	11.11	存在
一边……一边……		0	0	存在
一壁……一壁……		0	0	消失
且……且……		7	15.56	存在
总计		45	100	

（2）异词合用，即成对使用的前后两个并举类并列连词为不同的词。

在现代汉语中，表示并举的异词合用现象已经消失，但在近代汉语中却不乏见。《水浒传》中共有28例，可分为6种类型。

第一，“一头……一面……”的用法：

异词合用最为常见的形式为“一头……一面……”，在《水浒传》中共有18例，表示动作行为同时进行，所表示的动作行为均由同一主体发出。“一头……一面……”既不连接同一句群内的句子，也不连接复句中的分句。如：

⑦那大王摸进房中，叫道：“娘子，你如何不出来接我？你休要怕羞，我明日要你做压寨夫人。”一头叫娘子，一面摸来摸去。(5回)

有时“一头……一面……”形式前后项颠倒，从而构成“一面……一头……”形式，这在《水浒传》中比较少见，仅有3例。如：

⑧那婆婆一面自去解索，一头口里骂道：“这个贼贱人直恁的倚势！我且解了这索子，看他如今怎的！”(51回)

第二，“一面……一壁……”等的用法：

除了“一头……一面……”这样的异词合用形式之外，《水浒传》中还有“一面……一壁……”、“一面……一边……”、“一边厢……一壁厢……”等三种形式，它们在《水浒传》中分别仅有1例、3例、1例。它们的用法悉同“一头……一面……”，略有不同的是，它们没有逆序形式。如：

⑨一面叠成文案，一壁差人杖限缉捕凶身。(3回)

⑩一面饮酒，庄内庄客轮流把盏，一边割羊劝酒。(2回)

⑪只见那妇人先叫一个后生来面前筛酒，一面做饭，一边炒肉，都把来杨志吃了。(17回)

⑫一边厢肉案砧头，操刀的家生，一壁厢蒸作馒头，烧柴的厨灶。(29回)

第三，“一面……又……”的用法：

“一面”还可以与副词“又”配合使用，构成“一面……又……”的形式，表示动作行为同时进行，既可以连接复句内的分句，也可以连接同一句群中的句子。“一面……又……”在《水浒传》中有2例。如：

⑬一面铺下菜蔬果品案酒，又问道：“官人吃甚下饭?”(3回)

⑭吕枢密见折了钱振鹏，心下甚忧，连发了三道飞报文书，去苏州三大王方貌处求救，一面写表申奏朝廷。又听得报道：“城下有五百步军打城，认旗上写道，为头的是黑旋风李逵。”(92回)

《水浒传》中并举类连词异词合用的分布情况详见下表：

词项		用例	百分比（%）	现代汉语中
一面、一头	一头……一面……	18	64.29	消失
	一面……一头……	3	10.71	
一面……一边……		3	10.71	
一面……一壁……		1	3.57	
一边厢……一壁厢……		1	3.57	
一面……又……		2	7.14	
总计		28	99.99	

（二）列举类连词

以上讨论的表示并列关系的连词连接的是两个或两个以上的动作行为。在《水浒传》中还有一类比较特殊的连词，这类连词把原因和理由一个一个地列举出来，加以叙述，相当于现代汉语中的“一方面……一方面……”。不过在现代汉语中，表示列举的连词基本上都是同形的，而在《水浒传》中却不是如此，不但有异形配合使用的，而且异形多于同形。下试详述之：

1. 同形呼应形式

这类连词呼应形式与前面所讨论的“一面……一面……”同形呼应形式有不同之处，这种形式往往分列几种原因和理由，按“一、二、三……”对举，数词后面的“者、来、则”等词一致。主要有“一者……二者……（三者……）”、“一来……二来……（三来……）”、“一则……二则……三则……”等三种形式。

（1）“一者……二者……（三者……）”：

《水浒传》中“一者……二者……”这种列举类同形呼应形式共有6例，全部用来连接分句。如：

①洒家一者怕坏了江湖上豪杰，二者恐那厮得了桃花山便小觑了洒家这里。(57回)

有时候列举的原因和理由有三项，便会形成“一者……二者……三者”的形式，这种形式在《水浒传》中共有2例。如：

②我一者去那里烧炷香消灾灭罪，二者躲过这场灾悔，三者做些买卖，观看外方景致。(61回)

（2）“一来……二来……（三来……）”：

《水浒传》中“一来……二来……”这种列举类同形呼应形式仅有1例，用来连接分句。如：

③一来连日辛苦，二来十分托大，到初更左侧，不觉睡着。(65回)

有时候列举的原因和理由有三项，便会形成“一来……二来……三来”的形式，这种形式在《水浒传》中也仅有1例。如：

④却不是一来天罡星合当出世，二来宋朝必显忠良，三来凑巧遇着洪信，岂不是天数！(1回)

（3）“一则……二则……三则……”：

《水浒传》中没有“一则……二则……”的形式，而只有“一则……二则……三则……”的形式，也仅有1例。如：

⑤一则祈保众弟兄身心安乐；二则惟愿朝廷早降恩光，赦免逆天大罪，众当竭力捐躯，尽忠报国，死而后已；三则上荐晁天王早生仙界，世世生生，再得相见。(71回)

现代汉语中有四种同形呼应的形式在使用：“一者……二者……”、“一来……二来……”、“一则……二则……”、“一则……再则……”。其中，前两种在《水浒传》中已经出现，第三种只有三项式，第四种则未见。

《水浒传》中列举类并列连词同形呼应形式的用法分布情况详见下表：

词项	一者……二者……（三者）……	一来……二来……（三来）……	一则……二则……三则……	总计
用例	8	2	1	11
百分比（%）	72.72	18.19	9.09	100
现代汉语中	存在	存在	存在	

2. 异形呼应形式

这类连词呼应形式往往分列几种原因和理由，按"一、二、三……"对举，与同形呼应形式不同的是，异形呼应形式数词后面的"者"、"来"、"则"等词不一致。这种异形呼应形式在现代汉语中已经消失，不过在《水浒传》中却丰富多样，可分为AB、AAB、ABA、ABC和零B（CD）五种形式。

（1）"AB式"：

《水浒传》中AB式异形呼应形式共有22例，共有"一者……二来……"、"一来……二者……"、"一来……二乃……"、"一者……二乃……"等四种形式。其中出现频率最高的是"一者……二乃……"，共有18例，且都是用来连接复句中的分句，没有连接句群中句子的用例。如：

①智深一者得了史进，肚里胆壮，二乃吃得饱了，那精神气力越使得出来。(6回)

②自从梁山泊分别回乡，非是昧心，一者母亲年老无人奉侍，二乃本师罗真人留在座前听教。(53回)

其他形式的异形呼应形式用例均比较少，各见1例，分别举例如下：

③鲁智深一者初做和尚，二来旧性未改，睁起双眼骂道："直娘贼！你两个要打洒家，俺便和你厮打。"(4回)

④柴进一来要看林冲本事，二者要林冲赢他，灭那厮嘴。(9回)

⑤吴军师一来与你相识，二乃知你两个武艺本事，特使戴宗来宅上相请。(39回)

⑥秦明一则软困，二乃吃众好汉劝不过，开怀吃得醉了，扶入帐房睡了。(34回)

（2）"AAB式"：

这种异形呼应形式是指前两项数词后面的词形一致，第三项数词后面的词形与第一、二项不同，有"一者……二者……三乃"、"一来……二来……三者……"两种形式，《水浒传》中分别仅有1例。如：

⑦若将这两个一时杀坏，仍恐寇兵临城，一者无兵解救，二者朝廷见怪，三乃百姓惊慌，城中扰乱，深为未便。(63回)

⑧智深一来肚里无食，二来走了许多路途，三者当不的他两个生力，只得卖个破

绽，拖了禅杖便走。(6回)

(3)“ABC式”：

这种异形呼应形式是指三项中每项数词后面的词形均不一致，有“一者……二乃……三来……”、“一面……二乃……三者……”、“一者……二乃……三来……”等三种形式，《水浒传》中分别仅有1例。如：

⑨小人等因这个人来，一者烧香，二乃为看任原本事，三来也要偷学他几路好棒。(73回)

⑩若论小官愚意，且姑存此二人性命，一面写表申奏朝廷，二乃奉书呈上蔡太师恩相知道，三者可教本处军马出城下寨，提备不虞。(63回)

⑪那西门庆一者冤魂缠定，二乃天理难容，三来怎当武松勇力，只见头在下，脚在上，倒撞落在当街心里去了，跌得个发昏章第十一。(26回)

(4)“ABA式”：

这种异形呼应形式是指第一、三项中数词后面的词形一致，而第二项数词后面的词形与第一、三项不同，这种形式用例很少，《水浒传》中仅有1例。如：

⑫一则是上界星辰契合；二乃被他们软困，以礼待之；三则又怕斗他们不过，因此只得纳了这口气。(34回)

(5)“零B（CD）式”：

“零B（CD）式”有两种情形：一种情形是只有两项，第一项中不出现连词，第二项才用连词，仅有“……二乃……”一种形式，《水浒传》中共有2例。如：

⑬第一赢得官军，收得许多人马船只，捉了黄安；二乃又得了若干财物金银。(20回)

另一种情形是连接三项或四项，第一项不出现连词，且第二、三、四项数词后面的词形不一致，有“……二者……三乃……”、“……二乃……三者……”、“……二乃……三则……四者……”等三种形式，但用例都很少，分别仅见1例。如：

⑭黄信那人亦是治下，二者是秦明教他的武艺，三乃和我过的最好。(34回)

⑮一是沧州横海郡小旋风柴进庄上；二乃是青州清风寨小李广花荣处；三者是白虎山孔太公庄上，他有两个孩儿，长男叫做毛头星孔明，次子叫做独火星孔亮，多曾来县里相会。(22回)

⑯一是与山寨报仇，不折了锐气；二乃免此小辈，被他耻辱；三则得许多粮食，以供山寨之用；四者就请李应上山入伙。(47回)

值得注意的是，在《水浒传》中，“~乃”不会出现在第一列举项的位置之上，即没有“一乃”的用法。

《水浒传》中列举类并列连词异形呼应形式的用法分布情况详见下表：

类比	AB 式	AAB 式	ABC 式	ABA 式	零 B（CD）式	总计
用例	22	2	3	1	5	33
百分比（%）	66.67	6.06	9.09	3.03	15.15	100
现代汉语中	消失					

第二节　递进连词

递进连词连接的复句中，其前后的分句不是简单的并列关系，而是后面的分句比前面的分句意思更进一层。在现代汉语中，递进连词可以单用，也可以前后配合使用。但在《水浒传》中，基本都是单用，配合使用的用例很少。且后一分句使用连词的用例居多，前一分句使用的连词仅有“尚”类、“不惟”类、“不则”等少数几个。《水浒传》中递进连词主要有“更兼”、“况”类、“且”类、“尚”类、“不惟”类等五大类，其连接的后一分句大多表示追加一层意思，补充说明理由。

一、更兼

“更兼”是《水浒传》中用例最多的递进连词，一共出现了46例。“更”单用时是含递进关系的副词，“兼”有“并”的含义，“更”、“兼”在一起，会让人误解是一个词组，但在近代汉语中，许多学者把它看作是一个表示递进关系的连词[①]，我们对此表示认同。就以它在《水浒传》中的高频率用例这一点来说，“更兼”也符合词的复呈性特点。“更兼”前后一般不出现呼应词，即均独用。如：

①江湖上人称他第一手裁缝，端的是飞针走线；更兼惯习枪棒，曾拜薛永为师。(41回)

“更兼”有时与表示递进的“又”、“亦”连用，其中与“又”连用的有2例，与“亦”连用的仅有1例。如：

②惟此北京是河北第一个去处，更兼又是梁中书统领大军镇守，如何不摆得整齐。(61回)

③如今升转太师丞相，如何肯把翰林图书使出来？更兼亦是父寄书与子，须不当用讳字图书。(40回)

“更兼”在现代汉语中已经消失，不再使用。

---

① 参见［日］香坂顺一：《水浒词汇研究》，植田均译，李思明校，文津出版社，1992年，第349页。参见俞光中、植田均：《近代汉语语法研究》，学林出版社，1999年，第403页。

二、"况"类

《水浒传》中"况"类递进连词的成员有"况"、"况是"、"况且"、"况兼"等，它们连接的分句都是表示更进一层的意思，补充说明理由。下面分别展开讨论。

1. 况

"况"在古汉语中用作递进连词，意为"何况"、"况且"。如：

①且夫臧获婢妾犹能引决，况若仆之不得已乎！（《汉书·司马迁传》）

《水浒传》中"况"一共有3例，均用在后一分句句首，表递进。如：

②今为卢员外，打破北京，杀损人民，劫掠府库，赶得梁中书等离城逃奔，他岂不写表申奏朝廷？况他丈人是当朝太师，怎肯干罢？（67回）

"况"在现代汉语中仍然使用，不过属于书面语。

2. 况是

"况是"从字面看很容易被误解为连词"况"加判断动词"是"，然而"况是"是一个词，香坂顺一先生把"是"看作是词尾①，我们赞同这种观点。我们在考察《水浒传》连词的时候也发现，由"是"作词尾构成的连词很多，如下文提到的"虽是"、"若是"、"便是"、"但是"等，而且《汉语大词典》也收录了这些词。这恐怕与汉语词的双音化趋势不无关系，关于这个问题这里不予展开讨论。

《水浒传》中"况是"共有2例。如：

①卢俊义忍气吞声，只得走动。行出东门，董超、薛霸把衣包雨伞，都挂在卢员外枷头上。况是囚人，无计奈何。（62回）

②况是柴大官人有书，必须要看顾他。（9回）

需要指出的是，"况是"在《水浒传》中都用在同一句群的上下句之间。

3. 况且

"况且"在现代汉语中是常见的连词，但在《水浒传》中极少，仅见2例。如：

①李家兄弟生性不好，回乡去必然有失。若是教人和他去，亦是不好。况且他性如烈火，到路上必有冲撞。（42回）

②况且夜深了，我只得权睡一睡。（21回）

"况且"的用法同"况是"，都用在同一句群的上下句之间。

4. 况兼

"况"还可以与"兼"复合成"况兼"，"况兼"用例多一点，有8例，全部用于陈述句中。如：

---

① 参见香坂顺一：《水浒词汇研究》，植田均译，李思明校，文津出版社，第351页。

①娘子在家，小人心去不稳，诚恐高衙内威逼这头亲事；况兼青春年少，休为林冲误了前程。(8 回)

②久闻梁山泊行仁义之道，所过之处，并不扰民，因此特来拜投，如何故来啜赚将军？况兼曾家未必赢得头领大军，何故相疑？(60 回)

“况兼”与“更兼”一样，易被误认为是两个词，即“况”和“兼”的连用。其实，这也是一个复音词，因为“随着复音词的增加，宋元明产生了一批由以上连词或副词（况、兼、又、且等）复合成的复音连词，只是它们在现代汉语里都未能继承下来。”① 这样的复音连词还有“亦且”、“又且”、“且又”、“更且”、“更兼”等，它们大多已经消亡了，在现代汉语中还使用的仅有“况且”一词。

5. 何况

“何况”在《水浒传》中共有 9 例，其中疑问句、感叹句和陈述句各 3 例。“何况”除了表示递进之外，还有衬托的意思，前后分句是一深一浅的对比和衬托，用浅的衬托深的。如：

①一死尚然不惧，何况酒肉乎？(2 回)

②梁山泊这一伙，朝廷几次尚且收捕他不得，何况我这里孤城小处。(63 回)

③我去年害了三个月疟疾，景阳冈上酒醉里打翻了一只大虫，也只三拳两脚便自打死了，何况今日！(28 回)

“何况”的这种衬托用法在现代汉语中仍使用，但通常要使用疑问语气，这一点跟《水浒传》不一样，《水浒传》时代可以不是疑问语气。“何况”在现代汉语中还有一种用法，先举一层理由，然后再举一层理由，说话人认为后一层理由更充分、更重要，通常不使用疑问语气。

《水浒传》中“况”类递进连词的用法分布情况详见下表：

词项	况		况是	况且	况兼	何况			总计
句子语气	陈述	疑问	陈述	陈述	陈述	疑问	陈述	感叹	
用例	2	1	2	2	8	3	3	3	24
百分比（%）	12.5		8.33	8.33	33.33	37.5			99.99

三、“且”类

《水浒传》中“且”类递进连词的成员有“且是”、“亦且”、“抑且”、“又且”、“且又”等，它们连接的分句都是表示更进一层的意思。“且”类递进连词在《水浒传》中共有 38 例，用法分布详见表三。

---

① 参见俞光中、植田均：《近代汉语语法研究》，学林出版社，1999 年，第 403 页。

1. 且是

“且”在《水浒传》中多作副词，有“暂且”、“暂时”的意思，表示在一个短时间内，先进行某事，别的都不管。“且”可以与词尾“是”构成连词“且是”，表示递进关系，但用例很少，都是用来连接复句内的分句，共有6例。如：

①小人只认的大郎是个养家经纪人，且是在街上做些买卖，大大小小不曾恶了一个人。(24回)

②我想他日前教我的恩义，且是为人忠直，等他赶来，就请他一发上山入伙，也是我的恩义，免得教回县去吃苦。(43回)

2. 亦且（抑且）

“亦且”也作“抑且”，两者意义用法一样，其中“亦且”用得较多，有15例，“抑且”仅有6例。如：

①他却是个帮闲的破落户，没信行的人，亦且当初有过犯来，被开封府断配出境的人。(2回)

②为这江州是个钱粮浩大的去处，抑且人广物盛，因此太师特地教他来做个知府。(37回)

3. 又且、且又

“且”和“又”可以构成“且又”，也可以构成“又且”，两者都表示递进关系，意义用法相同。其中，“又且”在《水浒传》中共有6例，“且又”有4例，两者均用于连接复句内的分句。如：

①为他面黑身矮，人都唤他做黑宋江；又且于家大孝，为人仗义疏财，人皆称他做孝义黑三郎。(18回)

②张顺再钻向城边去，料是水里入不得城，扒上岸来看时，那城上不见一个人在上面，便欲要扒上城去，且又寻思道：“倘或城上有人，却不干折了性命。(94回)

4. 更且

“更”在文言中是副词，表示“又、再”之意，可以与“且”构成连词“更且”，表示递进关系，但在《水浒传》中仅见1例，用来连接同一句群中的句子。如：

①亦是说的诸路乡谈，省的诸行百艺的市语。更且一身本事，无人比得。(61回)

在现代汉语中“且”仍可作连词，其意义有两种：并列和递进。而《水浒传》中的“且”类连词均表递进，没有并列的用法；同时，《水浒传》中的“亦且”、“抑且”、“又且”、“且又”、“更且”等词已经消亡，在现代汉语中已难觅踪影。

四、“尚”类

“尚”类递进连词有“尚然”和“尚且”两个，在《水浒传》中共有18例。它们通常用于前一分句，提出程度更深的事例作为衬托，后一分句可以有“何况”作呼应。

1. 尚且

“尚且”是《水浒传》中“尚”类连词用例最多的一个，共有14例，但凡有主语的句子，“尚且”均位于主语和谓语之间。“尚且”一般独用，跟“何况”配合使用的仅有3例。如：

①自古天子尚且避醉汉，何况老僧乎？（4回）

②匹夫，死在眼前尚且不知，怎敢与吾决战！（77回）

“尚且”的上述用法一直保留到了现代汉语中。

2. 尚然

“尚然”的意义用法同“尚且”，在《水浒传》中用例不多，共有4例。同“尚且”一样，但凡有主语的句子，“尚然”均位于主语和谓语之间。“尚然”多独用，跟“何况”配合使用的仅有1例。如：

①一死尚然不惧，何况酒肉乎？（2回）

②天兵到此，尚然抗拒，巧言令色，怎敢瞒吾！（64回）

“尚然”在现代汉语中已经消失了。

五、“不惟”类

“不惟”类递进连词的成员有“不惟”和“不则”两个。“不惟”和“不则”的意义和用法相当于现代汉语中的“不但”，但《水浒传》中没有“不但”的用例。全句一方面指出并承认前一分句表述的意思，但这并不是说话人的全部意思；后一分句比前一分句更进一层，却是说话人重点需要表述的意思。《水浒传》中“不惟”和“不则”的用例都很少，各见1例，其中“不则”的后一分句有“更兼”作呼应。如：

①好个精细的娘子，不惟做得好针线，诸子百家皆通。（24回）

②不则一身好花绣，那人更兼吹的、弹的、唱的、舞的，拆白道字，顶真续麻，无有不能，无有不会。（61回）

“不惟”和“不则”在现代汉语中都已消失。“不止”在现代汉语中是表示递进关系的连词，《水浒传》中出现9例“不止”，但都用作动词，没有连词的用例。

六、初步结论

《水浒传》中递进连词的用法分布情况详见下表：

词项	用例	百分比（%）	现代汉语中
更兼	46	35.94	消失
况	3	2.34	存在
况是	2	1.56	消失
况且	2	1.56	存在
况兼	8	6.25	消失
何况	9	7.03	存在
且	6	4.69	存在
亦且	15	11.72	消失
抑且	6	4.69	消失
又且	6	4.69	消失
且又	4	3.13	消失
更且	1	0.78	消失
尚然	4	3.13	消失
尚且	14	10.94	存在
不惟	1	0.78	消失
不则	1	0.78	消失
总计	128	100.01	

第三节 选择连词

在现代汉语中，我们把选择连词分为两类：未定选择和已定选择。《水浒传》中的选择连词没有现代汉语中的选择连词丰富，不过，也已存在这两类连词的明确分工了。

一、未定选择连词

未定选择就是说话人说出几种情况，以供选择。《水浒传》中未定选择连词的成员有“或”、“或是”、“还是”3个，共有24例。

（一）或、或是

1. 或

“或”在《水浒传》中共有9例，连接两个并列的成分，主要有两种用法：

一是表示两种情况同时存在，这种用法的“或”在《水浒传》中共有8例。如：

①原来泊子里好汉，但闲便下山，或带人马，或只是数个头领，各自取路去。(71回)

二是表示包孕关系，即前项与后项在概念上有一种属种关系，“或”的这种用法在《水浒传》中仅有1例。如：

②戴宗坐下，只见个酒保来问道：“上下，打几角酒？要什么肉食下酒，或鹅猪羊牛肉？”(39回)

例②中“或”连接的“肉食”与“鹅猪羊牛肉”两个成分存在着包孕关系，“鹅猪羊牛肉”是“肉食”的下位概念，这里的“或”起列举作用，相当于“比如”。

《水浒传》中“或”的用法远没有现代汉语中的用法复杂，现代汉语中“或”还可以用来提出两种或多种可能性，结果必居其一，而《水浒传》中还没有这种用法。

2. 或是

“或是”在《水浒传》中共有5例，也有两种用法：

一是跟“或”的第一种用法一样，表示两种情况同时存在，这种用法的“或是”有3例。如：

①或是马上，或是步行，都有法则，端的使动神出鬼没。(56回)

②只有一件，须得圣旨任便起军，并随造船只，或是拘刷原用官船、民船，或备官价收买木料，打造战船，水陆并进，船骑同行，方可指日成功。(78回)

例①中两个“或是”表示两种情况同时存在；例②中“或是”与“或”配合使用，连接三项并列成分，也表示几种情况同时存在。

二是表示两者必居其一，即提出两种可能性，但只能是其中的一种可能性，这种用法的“或是”有2例。如：

③或是六六之年，或是六六之数，“播乱在山东”，今郓城县正是山东地方。(39回)

④你见我府里那个门子，却是多少年纪？或是黑瘦也白净肥胖？长大也是矮小？有须的也是无须的？(40回)

例③中两个“或是”配合使用，表示两者必居其一；例④中“或是”和“也”配合使用，构成必居其一的选择，此例中的“也是”也表示选择。

“或是”的这两种用法在现代汉语中都还存在。

《水浒传》中选择连词“或”和“或是”的用法分布情况详见下表：

词项	或			或是	
连接的并列成分	同时存在	两者必居其一	包孕	同时存在	两者必居其一
用例	8	0	1	3	2
百分比（%）	88.89	0	11.11	60	40
现代汉语中	存在	存在	消失	存在	存在

（二）还是

“还是”所连接的并列成分两者必选其一，在《水浒传》中共有10例，主要有以下几种用法：

（1）“还是”独用。表示说话人经过考虑，认为“还是”后的意见是最为合适的。这种用法共有6例。如：

①继室道：“皇城干事全不济事，还是大官人理论得是。”（52回）

（2）“还是”与“却是”、“只是”配合使用。“还是……还是……”在现代汉语中是常见的表示选择关系的形式，但在《水浒传》中我们没有看到“还是……还是……”的用例，但有与其功能一样的形式：

一种形式是“还是”与“却是”配合使用，构成“还是……却是……”的形式，这里的“却是”意义用法同“还是”，这种用法在《水浒传》中仅见1例。如：

②晁盖道：“吴先生，我等还是软取，却是硬取？”（16回）

另一种形式是“还是”与“只是”配合使用，构成“还是……只是……”的形式，“只是”的意义用法也同“还是”，这种用法在《水浒传》中有3例。如：

③官人还是要待客，只是自消遣？（39回）

《水浒传》中选择连词“还是”的用法分布情况详见下表。

词项	还是			总计
用法	独用	与“却是”配合使用	与“只是”配合使用	
用例	6	1	3	10
百分比（%）	60	10	30	100
现代汉语中	存在	消失	消失	

二、已定选择连词

已定选择就是说话人已经选定其中的一种情况，舍弃另外一种情况。《水浒传》中已定选择连词的成员有“不如”、“不若”、“莫如”、“比及”、“宁”、“宁可”、“宁乃”等7个，共有69例，分为先舍后取和先取后舍两大类。

（一）不如、不若、莫如、比及

这几个选择连词都属于先舍后取类。《水浒传》中共有57例。“不如”、“不若”、“莫如”均用在后一分句中，表示经过考虑选择了比较恰当的意见，它们的用法均比较单一。

1. 不如

“不如”是《水浒传》中用例最多的先舍后取类选择连词，用例多达33例，占先舍后取类选择连词总量的58%。“不如”可以连接复句中的分句，也可以连接同一句群中的句子。如：

①亦且高俅那厮见掌军权，他如何肯容你？不如只就小寨歇马，大秤分金银，大碗吃酒肉，同做好汉。（12回）

②比及今日寻个死处，不如日后等他拿得着时，却再理会。（17回）

例①连接的是同一句群内的句子，例②连接的是同一复句内的分句。

2. 不若

“不若”是《水浒传》中用例数量仅次于“不如”的先舍后取类选择连词，共有21例。“不若”和“不如”一样，既可以连接复句中的分句，也可以连接同一句群中的句子。如：

①如此豪杰，留落在此卖柴，怎能勾发迹？不若挺身江湖上去，做个下半世快乐也好。（44回）

②兄弟既然有心上梁山泊入伙，不若将引本部人马，就同去凌州，并力攻打，此为上策。

例①连接的是同一句群内的句子，例②连接的是同一复句内的分句。

3. 莫如

“莫如”在《水浒传》中用例极少，仅1例。如：

①事在危急，莫如归降大宋，此为上计。（89回）

4. 比及

“比及”在《水浒传》中一共出现23例，绝大多数都是时间连词，用法见第四章（时间连词“比及”条），用作选择连词的仅2例。如：

①比及今日寻个死处，不如日后等他拿得着时，却再理会。（17回）

②不是小人心歹，比及都头去牢城营里受苦，不若就这里把两个公人做翻，且只在小人家里过几时。（28回）

从用例中可以看出，“比及”都用于前一分句中，是说话人要舍弃的内容，相当于现代汉语中“与其……不如……”中的“与其”，后面的分句有“不如”、“不若”

与之呼应。

先舍后取类选择连词的用法分布情况详见下表：

词项	不如	不若	莫如	比及
用例	33	21	1	2
百分比（%）	57.89	36.84	1.75	3.51
位置	后一分句	后一分句	后一分句	前一分句
现代汉语中	存在	消失	消失	消失

（二）宁、宁可、宁乃

“宁”、“宁可”、“宁乃”都属于先取后舍类的选择连词，这类选择连词表示从两件都不希望的事情中选择一个在说话人看来勉强较好的情况，所连接的事情往往是假设的，并含有夸张的意味，表示更不愿意做另外的事情。《水浒传》中共有12例。

1. 宁

“宁”作为选择连词的历史比较悠久，在古代汉语中就比较常见。如：

①必报仇，吾宁事齐楚。(《国语·晋语三》)

《水浒传》中，“宁”共出现6例，其中独用的有3例，而与“（而）不”配合使用构成“宁……（而）不……”形式的也有3例。如：

②卢俊义回说：“宁就死亡，实难从命。”(62回)

③此人是一勇之夫，攻击得紧，他宁死而不辱。(67回)

2. 宁可

“宁可”在《水浒传》中有5例，其中独用的有2例，而与“不”配合使用构成“宁可……不……”形式的有3例。如：

①我和你两个明日早起些，只拣小路里过去，宁可多走几里不妨。(36回)

②要他两个放心，宁可我死，不可害他。(36回)

3. 宁乃

“宁乃”在《水浒传》中仅见1例，且与“不”配合使用。如：

①戴宗便道：“宁乃斩了小弟，不可绝了贤路。”(47回)

“宁”和“宁可”在现代汉语中依然使用，“宁乃”则已经消失。

先取后舍类选择连词的用法分布情况详见下表：

词项	宁		宁可		宁乃
格式	宁……不……	无	宁可……不……	无	宁乃……不……
用例	3	3	3	2	1
百分比（%）	50	50	60	40	100
现代汉语中	存在	存在	存在	存在	消失

三、初步结论

《水浒传》中选择连词的用法分布情况详见下表：

词项	用例	百分比（%）
或	9	9.68
或是	5	5.38
还是	10	10.75
不如	33	35.48
不若	21	22.58
莫如	1	1.08
比及	2	2.15
宁	6	6.45
宁可	5	5.38
宁乃	1	1.08
总计	93	100.01

第四节 时间连词

时间连词连接的分句或句子之间发生的事件有先后顺序，表明主句所述情况的时间起点，《水浒传》中时间连词有“等”、“待”、“等到”、“待到”、“比及”、“次后”、“然后”、“续后”等8个，共有194例，可分为前时连词和后时连词两大类。

一、前时连词

前时连词连接的分句所发生的事情先发生或存在，它所连接的分句或句子一般位于前一部分。从句句尾助词“时”是近代汉语的一个热点问题，许多学者就“时”的语法意义做过讨论，通常认为在近代汉语中它可以用在时间、假设、因果、转折连词引导的从句中[①]。我们在统计《水浒传》中的“～时”形式时发现，它可以用在四种连词——前时连词、假设连词、推论因果连词和条件连词连接的从句之中。条件连词中“～时”形式很少[②]。用在时间连词从句中的“～时”相当于现代汉语中的“～的时候”。前时连词连接的分句中，一般还有“便”、“却”等词作呼应。

（一）等

“等”的用法比较多，大致有以下几种：等$_1$，助词；等$_2$，名词，量词；等$_3$，动词，连词。这些用法都沿用到现代汉语之中。用作连词的“等”同“等到”，这种“等”与用作动词的“等”意义相近。在《水浒传》中用作连词的“等”共有45例。如：

①等这厮引将大军来到，教他着些毒手，杀得他人亡马倒，梦里也怕，那时方受招安，才有些气度。(75回)

1. “等～时”

有些“等”与“时”连用，构成“等～时”的形式，这种形式共有8例。如：

①四个人等城门开时，随即出城，径赶回梁山泊来，报知上项事务。(82回)

②等他来时，诱他去粪窖边，只做恭贺他，双手抢住脚，翻筋斗掀那厮下粪窖去，只是小耍他。(6回)

2. 呼应词

有些“等”连接的句子中，后续的分句往往有“便”、“却”等副词与之呼应，其中用“便”呼应的有8例。如：

①教侍者去僧堂内客房里，等他吃罢饭，便唤将他来。(6回)

用“却”呼应的有11例。如：

②等我打倒了，你们却来。(29回)

用“便”、“却”一起呼应的有2例，这种情况属于呼应词连用，在近代汉语中虚词连用比较常见，如在第一章中提到的“与”、“同”连用。如：

③等他船厂里火发，我便却去城门边伺候，必然有救军出来，乘势闪将入去，就城楼上放起火来。(80回)

用作呼应的“却”在语义上与现代汉语中的副词“却”意义有差别，现代汉语中的“却”表示某个动作或者行为和前面的动作、行为相反或者对立，有转折的作用，而这里用作呼应的“却”表示“又、再、便”之意，没有转折的意义。其中例③是“便”和“却”连用一起呼应，即是最好的例证，“便”是没有转折意义的连词。

---

① 参见艾皓德：《近代汉语以“时”煞尾的从句》，《中国语文》1991年第6期，第451页。

② 参见第二章助词“时”、“呵”部分。

（二）待

“待”的用法与“等”相同，其用例也跟“等”平分秋色，共出现了44例。如：

①待小子卖了膏药，讨了回钱，一同和提辖去。(3回)

1. “待~时”

“待”也可以与“时”构成“待~时”的形式，这种形式的“待”共有5例。如：

①待父亲来时，瓮中捉鳖，一鼓扫清宋兵。(86回)

2. 呼应词

“待”也可以有“便”、“却”等副词与之呼应，其中与“却”配合使用的有11例。如：

①待那人来得较近，却把朴刀杆剪了一下，蓦地跳将出来。(11回)

与“便”配合使用的有2例。如：

②待俺打透阵势，便来策应。(87回)

③待那四人明早回来，便见分晓。(31回)

（三）等到、待到

“等到”、“待到”的意义用法与作为连词的“等”一样，不过它们的用例比“等”、“待”的少得多，其中“等到”仅有3例。如：

①等到五更天色未明，王进叫起李牌，分付道：“你与我将这些银两去岳庙里，和张牌买个三牲煮熟，在那里等候。我买些纸烛，随后便来。”(2回)

“待到”仅有2例。如：

②待到天气微凉，再作计议。(84回)

（四）比及

上一章我们提到“比及”可以作选择连词，但在《水浒传》中，“比及”主要作时间连词，共有21例。如：

①比及起程，不想林冲染患风病瘫了，杨雄发背疮而死，时迁又感搅肠沙而死。(99回)

“比及”也可以有“比及~（之）时/日”的形式，这种形式在《水浒传》中有9例。如：

②太尉但请放心，既然祖师法旨道是去了，比及太尉回京之日，这场醮事祖师都已完了。(1回)

③比及兄长卧病之时，小生累累使人去北京探听消息，梁中书昼夜忧惊，只恐俺军马临城。(66 回)

“比及”与“等”的不同之处在于，“比及”没有副词与它配合使用的用例。

在现代汉语中，“等”、“等到”仍作时间连词，“待”、“待到”、“比及”作时间连词的用法已经消失。

前时连词与“时”连用的用法分布情况详见下表：

词项	是否与“时”连用	用例	百分比（%）
等	是	8	17.78
	否	37	82.22
待	是	5	11.36
	否	39	88.64
等到	是	0	0
	否	3	100
待到	是	0	0
	否	2	100
比及	是	9	42.86
	否	12	57.14

前时连词呼应词的用法分布情况详见下表：

词项	呼应词	用例	百分比（%）
等	便	8	17.78
	却	11	24.44
	便却	2	4.44
	无呼应词	24	53.33
待	便	2	4.55
	却	11	25.00
	无呼应词	30	70.45
等到	却	1	33.33
	无呼应词	2	66.67
待到	无呼应词	2	100
比及	无呼应词	21	100

二、后时连词

后时连词连接的分句或者句子所表述的事情在时间上晚一些，《水浒传》中后时连词有“次后”、“然后”、“续后”等三个，后时连词都用于后一分句中。香坂顺一先生把“自此”、“从此”也看作后时连词，但《现代汉语词典》和《现代汉语虚词例释》都把它们看作副词，我们也认为这两个词在语法功能上归为副词更为可取，所以这里就不展开讨论了。

1. 次后

“次后”是《水浒传》中用例最多的后时连词，用例多达41例。其中连接同一复句中分句的有17例，连接同一句群中前后句子的共有24例。如：

①史进初时推却，次后寻思道：“既然送来，回礼可酬。”(2回)

②为是前月二十八日，林冲与妻到岳庙还香愿，正迎见高太尉的小衙内把妻子调戏，被小人喝散了。次后，又使陆虞侯赚小人吃酒，却使富安来骗林冲妻子到陆虞侯家楼上调戏，亦被小人赶去，是把陆虞侯家打了一场。(8回)

2. 然后

《现代汉语虚词例释》把“然后”看作副词[①]，但《现代汉语词典》看作连词[②]，我们采用《现代汉语词典》中的说法。“然后”用例数量仅次于“次后”，多达31例。其中连接同一复句中分句的有27例，连接同一句群中前后句子的有4例。如：

①但有过路妓女之人，到那里来时，先要来参见小弟，然后许他去趁食。(29回)

②宿太尉饮毕，再斟酒来，先劝宋江，宋江举杯跪饮。然后卢俊义、吴用、公孙胜陆续饮酒，遍劝一百单八名头领，俱饮一杯。(82回)

3. 续后

“续后”在《水浒传》中共有7例。其中连接复句中分句的有5例，连接句群内前后句子的有2例。如：

①听得你在庄后敲门，此时已有八九个土兵在前面草厅上，续后不见了，不知怎地赶出去了。(42回)

②那人祖贯是河南人氏，姓杨名雄，因跟一个叔伯哥哥来蓟州做知府，一向流落在此。续后一个新任知府却认得他，因此就参他做两院押狱兼充市曹行刑刽子。(44回)

《水浒传》中后时连词的用法分布情况详见下表：

---

① 参见北大中文系1955级、1957级语言班编：《现代汉语虚词例释》，商务印书馆，1982年，第371页。

② 参见中国社会科学院语言研究所词典编辑室编：《现代汉语词典》，商务印书馆，2005年，第1138页。

词项	次后		然后		续后	
连接成分	分句	句子	分句	句子	分句	句子
用例	17	24	27	4	5	2
百分比（%）	41.46	58.54	87.10	12.91	71.43	28.57

从上面的数据可以看出，“次后”的用例最多，“然后”次之，“续后”最少。这三个连词中，“然后”在现代汉语中还在使用，“次后”、“续后”都已经消失了。

三、初步结论

《水浒传》中时间连词的用法分布情况详见下表：

词项	等	待	等到	待到	比及	次后	然后	续后	总计
用例	45	44	3	2	21	41	31	7	194
百分比（%）	23.20	22.68	1.55	1.03	10.82	21.13	15.98	3.6	99.99
现代汉语中	存在	消失	存在	消失	消失	消失	存在	消失	

第五节 转折连词

转折连词连接的前后分句意义相转、意思不一，后面的分句不是沿着前面分句的意思往下说，而是突然转成与前面分句意思相反或相对的意思。转折连词连接的前一分句一般是偏句，后一分句才是主句，是说话人的主要意思之所在。主句中一般有“则是”、“却”、“倒”、“其实”等副词与转折连词呼应。《水浒传》中转折连词的成员有“虽”、“虽然”、“虽是”、“虽系”、“虽则”、“然虽”、“然是”、“是则是”、“但”、“只是”等10个，共有361个用例。

一、虽、虽然、虽是

“虽”、“虽然”、“虽是”这三个词出现的频率相对较高，共有用例286例，是《水浒传》中使用频率最高的一组转折连词。与它们呼应的词语也比较多，有“则是”、“却”、“倒”、“其实”、“也”、“亦”、“并”等。

1. 虽

“虽”是《水浒传》中用例最多的转折连词，共有131例。主句中可以出现呼应词，也可以没有呼应词。与“虽”呼应的词主要有“只是”、“却”、“也”、“亦”、

“并”、“倒”、“其实”等。如：

①这鲁达虽好武艺，只是性格粗卤，今番做出人命事，俺如何护得短？(3回)

②此间要去梁山泊，虽只数里，却是水路，全无旱路。(11回)

③两个虞候虽只背些包裹行李，也气喘了行不上。(16回)

④你虽费用了些钱财，却也安排得那厮好。(31回)

⑤我虽不曾受这般重爵，亦不曾有此等罪过。(99回)

⑥臣等虽曾抗拒天兵，素秉忠义，并无分毫异心。(100回)

⑦你虽年纪幼小，倒有养家孝顺之心。(26回)

⑧太尉，这代祖师虽在山顶，其实道行非常，清高自在，倦惹凡尘，能驾雾兴云，踪迹不定，未尝下山。(1回)

⑨吴某村中学究，胸次又无经纶济世之才，虽只读些孙吴兵法，未曾有半粒微功，怎敢占上。(20回)

例④是“却”、“也”连用，和“虽”呼应。

2. 虽然

在古代汉语中，“然”意为“如此”、“这样”。“虽然”原是一个词组，后来演变成一个转折连词。在《水浒传》中，“虽然”的用例少于“虽”，共有90例，但其意义和用法与“虽”差不多，不同的是呼应词语略有差异，少了个“并”，多了个“则是”。如：

①柴进虽然不赶他，只是相待得他慢了。(23回)

②武松酒却涌上来，把布衫摊开，虽然带着五七分酒，却装做十分醉的，前颠后偃，东倒西歪，来到林子前。(29回)

③真人不知，这李逵虽然愚蠢，不省理法，也有些小好处。(53回)

④虽然寨小，亦堪歇马。(3回)

⑤这阳谷县虽然是个小县分，倒有仗义的人。(27回)

⑥这代天师非同小可，虽然年幼，其实道行非常。(1回)

⑦虽然见的姐姐，则是不敢上街行走。(81回)

⑧虽然与我们只隔得百十里路程，缘分浅薄，闻名不曾相会。(15回)

例⑦是“则是”与之呼应的用例。

“虽然”延续到了现代汉语中，是使用频率很高的转折连词，但它常与“但是”、“可是”、“然而”等连词或者跟“却”、“也”、“仍然”等副词配合使用。《水浒传》时代与“虽然”配合使用的“却”、“亦”、“并”、“倒”、“其实”等词在现代汉语中已经罕见或消失了。

3. 虽是

“然”也可以和词尾“是”复合成转折连词“虽是”，在《水浒传》中共有68例，与其呼应的词语有“只是”、“却”、“也”、“亦”等四个。如：

①你们弟兄虽是好意要留秦明，只是害得我忒毒些个，断送了我妻小一家人口！(34回)

②江州府众多节级牢子，虽是和戴宗、宋江过得好，却没做道理救得他，众人只替他两个叫苦。(40回)

③小人们虽是在此居住，也不知道这里有许多去处。(19回)

④我虽是犯罪远流到此，却也看了些真山真水。(39回)

⑤虽是将军折了许多人马，此非慢功之罪，中了贼人奸计，亦无奈何。(57回)

⑥次后因兄长说出了许多官兵捕盗巡检，放了何涛，阮氏三雄如此豪杰，他便有些颜色变了，虽是口中应答，动静规模，心里好生不然。(19回)

例④是“却”、“也”连用作呼应的例子，例⑥是没有呼应词语的用例。

“虽是”引导的偏句还可以后置，但仅见1例。如：

⑦那人把这话却回复董平，董平虽是口里应道：“说得是。”(69回)

《水浒传》中与“虽”、“虽然”、“虽是”呼应的词语的用法分布情况详见下表：

呼应词	虽		虽然		虽是	
	用例	百分比（%）	用例	百分比（%）	用例	百分比（%）
只是	4	3.05	3	3.45	4	5.88
却	13	9.92	12	13.79	18	26.47
也	11	8.40	12	13.79	6	8.82
却也	1	0.76	0	0	3	4.41
亦	9	6.87	2	2.30	1	1.47
并	3	2.29	0	0	0	0
其实	1	0.76	1	1.15	0	0
则是	0	0	1	1.15	0	0
倒	4	3.05	1	1.15	0	0
无呼应词	85	64.89	55	63.22	36	52.94
总计	131	99.99	87	100	68	99.99

“也”、“亦”都是表示类同的副词，两者意义一样，但产生的时代不一样，“亦”源于古代汉语中，“也”产生于六朝。不过，到了近代汉语，“也”更能适应汉语新

的语法系统，于是，从元代开始“也”就开始逐渐代替“亦”了[①]。从上表可以看出，与“虽”、“虽然”、“虽是”呼应的“也”有29例，“亦”有12例，“也”的用例数量明显比“亦”多。

4. “虽”、“虽然”、“虽是”与主语的位置关系

“虽”、“虽然”、“虽是”连接的分句中，有的省略主语，有的出现主语。出现主语时，主语可以在连词的前面，也可以在连词的后面。

主语省略的用例。如：

①虽要如此行时，也待我归家去收拾包裹行李，看个虚实，方可行事。(49回)

②没奈何，虽然不在正路上，明日多行三二里，却打甚么不紧！(37回)

③虽是被人逼迫，事非得已，于法度上却饶不得。(20回)

主语在连词前的用例。如：

④这鲁达虽好武艺，只是性格粗卤，今番做出人命事，俺如何护得短？(3回)

⑤柴进虽然不赶他，只是相待得他慢了。(23回)

⑥俺家的酒，虽是村酒，却比老酒的滋味。(23回)

主语在连词后的用例。如：

⑦虽你原是清河县人氏，与我这阳谷县只在咫尺。(23回)

⑧虽然别人叫小人们这等混名，实不曾陷害良善。(49回)

⑨虽是朝廷诏旨不明，你们众人也忒性躁。(75回)

《水浒传》中“虽”、“虽然”、“虽是”与主语的位置关系详见下表：

词项	分句主语	用例	百分比（%）
虽	省略	39	29.77
	在连词前	89	67.94
	在连词后	3	2.29
虽然	省略	46	52.87
	在连词前	37	42.53
	在连词后	4	4.60
虽是	省略	21	30.88
	在连词前	37	54.41
	在连词后	10	14.71

① 参见杨荣祥：《近代汉语中类同副词“亦”的衰落与“也”的兴起》，《中国语文》2000年第1期，第57页。

从上面的用例和表格可以看出，主语和连词的位置关系是不确定的，其实，“考察近代汉语起转句里的连词，发现位置上通通是任意的”①。不过，主语在连词前面的用例居多。而在现代汉语中，转折连词与主语的位置关系取决于连词，“比如‘虽’只能用于主语后，而‘虽然’却是任意的”②。

二、虽系、虽则、然虽、然是、是则是、但、只是、却

“虽系”、“虽则”、“然虽”、“然是”、“是则是”、“但”、“却”这七个词在《水浒传》中是使用频率相对较低的转折连词，总共才有21例，不到“虽”、“虽然”、“虽是”这一组的十分之一，且它们的呼应词很少。

（一）虽系、虽则

1. 虽系

“虽系”在《水浒传》中共有2例。如：

①据武松虽系报兄之仇，斗杀西门庆奸夫人命，亦则自首，难以释免：脊杖四十，刺配二千里外。(27回)

②据林冲虽系禁军，遭配到此，今日为众豪杰至此相聚，争奈王伦心胸狭隘，嫉贤妒能，推故不纳，因此火并了这厮，非林冲要图此位。(20回)

例①用于公文之中，不是口语词。

2. 虽则

“虽则”在《水浒传》中仅见1例，且这例出现于宋江的一篇表中，属于非自然语言。如：

①虽则微功上达，奈缘良将下沉。(99回)

（二）然虽、然是、但、只是、是则是

1. 然虽

“虽然”在《水浒传》中是常见的转折连词，“虽”和“然”还可以复合成“然虽”，但使用频率无法和“虽然”相比，仅有7例。如：

①然虽道上不得凌烟阁，端的好计！(24回)

②然虽遗言如此，哥哥权且尊临此位坐一坐，待日后别有计较。(60回)

2. 然是

“然”还可以与词尾“是”构成复合连词“然是”，用例也很少，在《水浒传》中仅有2例。如：

① 参见俞光中、植田均：《近代汉语语法研究》，学林出版社，1999年，第399页。

② 参见俞光中、植田均：《近代汉语语法研究》，学林出版社，1999年，第399页。

①然是如此，还请朱贵仍复掌管山东酒店，替回石勇、侯健。(44 回)

②然是如此，不可独自去，可烦武松兄弟相伴走一遭。(58 回)

3. 但

“但”在现代汉语中是常见的转折连词，在《水浒传》中作为转折连词的用例却很少，相当于现代汉语中的“不过”。这种用法仅有 5 例。如：

①员外贵造，一向都行好运。但今年时犯岁君，正交恶限。目今百日之内，尸首异处。(61 回)

②王班直到晚起来，见了服色花帽都有，但不知是何意。(72 回)

4. 只是

“只是”是起轻微转折作用的连词，在《水浒传》中共有 54 例，常用在后一分句中。“只是”可以单独使用，也可以和其他的转折连词配合使用。如：

①重蒙众头领如此带携，只是洒家有个亲眷，见在东京居住。(12 回)

②这鲁达虽好武艺，只是性格粗卤，今番做出人命事，俺如何护得短？(3 回)

③柴进虽然不赶他，只是相待得他慢了。(23 回)

④你们弟兄虽是好意要留秦明，只是害得我忒毒些个，断送了我妻小一家人口！(34 回)

例①中“只是”独用，而例②、例③、例④中“只是”分别与“虽”、“虽然”、“虽是”配合使用。

5. 是则是

“是则是”用于句子的开头，其用法和“虽然”一样，仅见 1 例，后面分句有“只是”与其呼应。如：

①是则是你们弟兄好情意，只是忒毒些个！(51 回)

（三）相关格式及呼应词

《水浒传》中除了转折连词外，还有表示转折意味的固定格式“A 却 A”。其实 A 指的是同一词语，有“好”、“是好”、“甚好”等形式。这种用例也不是很多，共有 5 例。如：

①李逵道：“好却好，只是有些惶恐，不如割了头去干净。”(73 回)

②太公道：“好却甚好，只是不要捋虎须。”(5 回)

③那妇人道：“好却是好，只是奴手软了，临时安排不得尸首。”(25 回)

“好却好”相当于现代汉语中的“好倒是好”，后面的分句往往语意相转，说出不妥的一面。

《水浒传》中副词“如此”经常与转折连词“虽然”、“虽是”、“然虽”、“然是”等配合使用，从而构成“～如此”的准固定格式。其中“虽然如此”在《水浒传》

中共有7例。如：

④虽然如此，见有刀子是宋江的压衣刀，可以去拿宋江来对问，便有下落。(22回)

“虽是如此”在《水浒传》中共有2例。如：

⑤虽是如此，全靠众弟兄维持。(41回)

“然虽如此”在《水浒传》中共有4例。如：

⑥然虽如此，我们凭书请客，奉帖勾人，难凭你说不在庄上。(22回)

“然是”在《水浒传》中总共只有2例，却都出现在“然是如此”这样的准固定格式中。如：

⑦然是如此，还请朱贵仍复掌管山东酒店，替回石勇、侯健。(44回)

⑧然是如此，不可独自去，可烦武松兄弟相伴走一遭。(58回)

在“虽系”、“虽则”、“然是”、“但”连接的句子中，主句都没有呼应的词语。“然虽”有1例有呼应词语“只是”。如：

⑨然虽如此，只是无人识得路径，不知他地理如何。(41回)

“好却好”有4例有呼应词“只是”。如：

⑩李逵道：“好却好，只是有些惶恐，不如割了头去干净。”(73回)

三、初步结论

《水浒传》中转折连词的用法分布情况详见下表：

词项	用例	百分比（%）	现代汉语中
虽	131	36.29	存在
虽然	90	24.93	存在
虽是	68	18.84	存在
虽系	2	0.55	消失
虽则	1	0.28	存在
然虽	7	1.94	消失
然是	2	0.55	消失

（续上表）

词项	用例	百分比（%）	现代汉语中
是则是	1	0.28	消失
但	5	1.39	存在
只是	54	14.96	存在
总计	361	100.01	

第六节　条件连词

条件连词连接条件与结果关系的分句，前一分句提出一定的条件，后一分句提出在条件满足的情况下产生的结果。条件关系共有有条件、无条件和排除条件三种类型，因此，条件连词分“有条件连词”、“无条件连词”和“排除连词”三种类型。

一、有条件连词

有条件连词连接的分句表示产生某种结果的条件以及具备了这个条件就能产生相应的结果。《水浒传》中有条件连词有“但”、“但是”、“但凡”、“但若”、“只要”等5个，共有用例110个。

1. 但

在转折连词中，我们提到“但”是表示轻转的转折连词，其实在《水浒传》中，“但”有多种用法，可以是副词，表示“只”、“只管”、“尽管”。如：

①但愿共存忠义于心，同著功勋于国，替天行道，保境安民。（71回）

例①的这种表示“只”的“但”在现代汉语中还存在。我们这节讨论的是作条件连词的“但”。条件连词“但”常与“便”呼应，意义和用法与现代汉语中的“只要”相当。《水浒传》中条件连词“但”共有47例，是有条件连词中用例最多的一个连词。没有呼应词的有27例。如：

②自古道：蛇无头而不行，鸟无翅而不飞。但没了宋江，其余的做得甚用！（79回）

其中与“便”呼应的有20例。如：

③你往常酒性好，但吃醉了便睡。（45回）

2. 但是

“但是”是现代汉语中常见的转折连词，在《水浒传》中都是作为条件连词，其意义用法与“但”一样。“但是”在《水浒传》中共有30例，是用例数量仅次于“但”的有条件连词。没有呼应词的有22例。如：

①但是下口肉食，只顾将来，摆一桌子。(3回)

“但是”与“便”呼应的有7例。如：

②原来这厮但是江中寻得些财，便来他家使。(65回)

“但”、“但是”作为条件连词的用法在现代汉语中都已消失。

3. 但凡

“但凡”的意义用法同“只要”，在《水浒传》中共有21例，用例数量居有条件连词第三位。“但凡”多独用，独用的“但凡”共有20例。如：

①但凡开客店的，须要置立文簿，一面上用勘合印信。(18回)

“但凡”与“便”配合使用的用例极为罕见，仅有1例。如

②但凡客人来我店中吃了三碗的，便醉了，过不得前面的山冈去。(23回)

“但凡”这个词保留到了现代汉语中，常见于北方话中。

4. 但若

“但若”在《水浒传》中的用例很少，仅有4例，且全部没有呼应词。如：

①宋江但若来时，只把言语伤他，全不兜揽他些个。(21回)

②但若交锋，分将三面冲将过去。(55回)

5. 只要

在现代汉语中，用“只要”连接条件关系的复句，但在《水浒传》中，“只要”用作条件连词的用例不多，出现“只要”的98例中，多为副词“只”和动词“要”的组合。如：

①曾长官中心只要讲和，不听史文恭之言，便叫置酒相待，请去法华寺寨中安歇，拨五百军人前后围住，却使曾升带同郁保四来宋江大寨讲和。(68回)

用作条件连词的“只要”用例仅有8例，有两种用法：

一是表示充足条件，这种用法与现代汉语中的“只要”的意义相同，在《水浒传》中共有7例。如：

②李小二道：“只要提防他便了。岂不闻古人言：‘吃饭防噎，走路防跌’。”(10回)

二是表示必要条件，相当于现代汉语中的“只有”，在《水浒传》中仅有1例。如：

③我的这法第一不许吃荤并吃牛肉，若还吃了一块牛肉，只要走十万里方才得

住。(53 回)

在“只要”连接的复句中，其后面的分句大多用“便”作呼应词。在《水浒传》中，用“便”作呼应词的“只要”共有 7 例。

《水浒传》中有条件连词的用法分布情况详见下表：

词项	但	但是	但凡	但若	只要	总计
用例	47	30	21	4	8	110
百分比 1%①	42.73	27.27	19.09	3.64	7.27	100
与“便”配合使用	20	7	1	0	7	35
百分比 2%	42.55	23.33	4.76	0	87.5	31.82
现代汉语中	消失	消失	存在	消失	存在	

二、无条件连词

无条件连词在句子中起排出作用，表示某一情况在任何条件下都成立。无条件连词有“不论”、“不问”、“不管”、“不拣”、“不拘”、“遮莫”等 6 个，共有用例 27 个。连词后面连接的分句往往是含有疑问代词的词组或者是一个并列结构。

(一) 不论、不问、不管、不拣、不拘

1. 不论

“不论”在《水浒传》中共有 5 例，其中 4 例的偏句由并列结构充当，且这个并列词组的两个成分是一对反义词组，另 1 例的偏句是带有疑问词的词组。如：

①不论归迟归早，那妇人顿羹顿饭，欢天喜地伏侍武松，武松倒安身不得。(24 回)

②再差人赍公文去催，不论是何船只，堪中的尽数拘拿，解赴济州，整顿征进。(79 回)

例①中的“归迟”与“归早”是相反的词组，例②中含有疑问词“何”。

2. 不问

“不问”在《水浒传》中共出现了 14 例，其中 10 例是由副词“不”与动词“问”构成的词组。如：

---

① 在同一表格中出现几个百分比时，百分比 1 指的是这一列词语在占此表格中所列词项所有用例的百分比，百分比 2 指的是连词用法占这个词语用例的百分比。如在这个表格中百分比 1 是“但”等词占条件连词的百分比，而百分比 2 是“但”与“便”呼应的用例占“但”所有用例的百分比。下面出现的表格同此标示。

①不想被他们不问事由，将我拿了。(14 回)

“不问”在《水浒传》中作为条件连词的只有 4 例，且其后连接的大多是并列词组，两个并列成分之间意义相反、相对或相近。如：

②当下去十字街口，不问军官百姓，杀得尸横遍野，血流成渠，推倒撷翻的，不极其数。(40 回)

③不问金枝玉叶，皇亲国戚，不拣是何军马，并听爱卿调遣。(86 回)

例②中的“军官”、“百姓”相对，例③中的“金枝玉叶”、“皇亲国戚”相近。

3. 不管

“不管”在现代汉语中是常见的无条件连词，但在《水浒传》中仅有 1 例，其后连接的是意义相反的两项。如：

①我如今不管他埋伏不埋伏，但是于路遇着琳琅树木稠密去处，便放火烧将去，任他埋伏不妨。(98 回)

4. 不拣

“不拣”在《水浒传》中有 8 例，且偏句都是带有疑问词的词组，其中 5 例都是与代词“怎的/地”组合构成“不拣怎的/地”的准固定格式，相当于现代汉语中的“不管怎么样”。如：

①老汉家中也颇有些过活，明日便取了我女家去，并锦儿，不拣怎的，三年五载，养赡得他。(8 回)

②前头有的是大松林猛恶去处，不拣怎的与他结果了罢。(8 回)

③西门庆道：“不拣怎地，我都依你。干娘有甚妙计?”(24 回)

④但有人捉得史文恭者，不拣是谁，便为梁山泊之主。(68 回)

5. 不拘

“不拘”在《水浒传》中共有 3 例：其连接的成分 1 例是带有疑问词语的，1 例是反义词构成的词组，还有 1 例是名词，名词后面实际上省略了代词“多少”。

①既是如此说时，你三人可就京师甲仗库内，不拘数目，任意选拣衣甲盔刀，关领前去，务要军马整齐，好与对敌。(55 回)

②待日后报仇雪恨已了，拿住史文恭的，不拘何人，须当此位。(60 回)

③但有下山的兄弟们，不拘远近，都要招回寨来赴筵。(71 回)

《水浒传》中“不论”、“不问”、“不管”、“不拣”、“不拘”的用法分布情况详见下表：

词项	不论		不问		不管		不拣		不拘	
分句	并列成分	疑问格式	并列成分	疑问格式	并列成分	疑问格式	并列成分	疑问格式	并列成分	疑问格式
用例	4	1	4	0	1	0	0	8	1	1
百分比（%）	80	20	100	0	100	0	0	100	33	33

（二）遮莫

“遮莫”在《水浒传》中共出现11次，有两种用法：

一为无条件连词，在《水浒传》中共有6例。其中有2例连接的偏句是由相对的成分构成的并列结构，4例是含有疑问词的词组。如：

①洒家不忌荤酒，遮莫甚么浑清白酒，都不拣选；牛肉狗肉，但有便吃。(5回)

②遮莫酸咸苦涩，问甚滑辣清香，是酒还须饮三碗。(29回)

二为假设连词，表示假设让步关系，在《水浒传》中共有5例，“遮莫”连接的成分既不是并列成分，也未含疑问词。如：

③遮莫做下十恶大罪，既到弊庄，但不用忧心。(22回)

例③中“遮莫”的意义相当于“就算”，表示一种假定让步的关系。

“折莫”在《水浒传》中仅1例，与表示假定让步关系的连词“便是”连用，也表示假定让步的关系，两者连用加强了语气。如：

④折莫便是百十里、三二百里，若有钱粮广积，害民的大户，便引人去，公然搬取上山，谁敢阻当！(71回)

（三）初步结论

《水浒传》中无条件连词的用法分布情况详见下表：

词项	不论	不问	不管	不拣	不拘	遮莫	总计
用例	5	4	1	8	3	6	27
百分比（%）	18.52	14.82	3.70	29.63	11.11	22.22	100
现代汉语中	存在	存在	存在	消失	消失	消失	

三、排除连词

排除连词的成员有“只除”、“则除”、“除是”、“则除是”、“除非”、“只除非”、

"则除非"等7个，共有36个用例。排除连词连接的复句中，前面的分句常有"要"与其呼应，后面的分句有副词"便"、"才"、"方才"等与之呼应。

(一) 只除、则除

1. 只除

"只除"犹"除非"，在《水浒传》中共有11例，是排除连词中用例数目最多的连词之一。其中前面的分句用"要"作呼应的有2例：

①二人道："衙内且宽心，只在小人两个身上，好歹要共那妇人完聚，只除他自缢死了便罢。"(7回)

②若要衙内病好，只除教太尉得知，害了林冲性命，方能勾得他老婆和衙内在一处，这病便得好。若不如此，已定送了衙内性命。(7回)

连接的后面分句中常有"便"、"方"、"方才"等词与之呼应。其中与"便"呼应的共2例。如：

③刘唐道："你不还，只除问得我手里朴刀肯便罢。"(14回)

④阮小二道："实不瞒教授说，这般大鱼只除梁山泊里便有。我这石碣湖中狭小，存不得这等大鱼。"(15回)

与"方"、"方才"呼应的用例都很少，各1例。如：

⑤若要衙内病好，只除教太尉得知，害了林冲性命，方能勾得他老婆和衙内在一处，这病便得好。若不如此，已定送了衙内性命。(7回)

⑥贤弟只除去那里安身立命，方才免得这罪犯。(31回)

2. 则除

"则除"意为"唯有"、"只有"，这在近代汉语中比较常见。如：

①则除那里，可以君子游玩。(元·王实甫《西厢记》第一本第一折)

在《水浒传》中用例很少，仅有3例，且没有呼应词语。如：

②今特来报你：贤弟有百日血光之灾，则除江南地灵星可治。(65回)

③花荣看见，便向宋江耳边低低道："此人则除如此如此可获。"(97回)

(二) 除是、只除是

"除是"、"只除是"两词的用例都比较少，《水浒传》中没有"则除是"的用例。

1. 除是

"除是"在《水浒传》中有1例。如：

①小子不材，愿献一计。除是得这般军器，和我一个哥哥，可以破得连环甲马。(55回)

2. 只除是

"只除是"即"除非是","只"用来加强语气，共有4例，前面分句有"要"呼应的仅1例。如：

①朝廷天子要救万民，只除是太尉办一点志诚心，斋戒沐浴，更换布衣，休带从人，自背诏书，焚烧御香，步行上山礼拜，叩请天师，方许得见。(1回)

后面分句有"便"呼应的有1例。如：

②雷横道："只除是保正自来取，便还他，却不还你。"(14回)

用"方"作呼应词的也有2例。如：

③只除是恁的般方好，不然直走到明年正月初一日，也不能住。(53回)

(三) 除非、只除非、则除非

1. 除非

"除非"的用例比较少，在《水浒传》中仅2例，都有"若要"与之呼应。如：

①若要知他端的，除非问他庄客。(18回)

2. 只除非

"只除非"即"除非"，"只"用以加强语气，在《水浒传》中共有14例，4例有"要"与其呼应。如：

①叔叔既要逃难，只除非把头发剪了，做个行者，须遮得额上金印，又且得这本度牒做护身符，年甲貌相又和叔叔相等，却不是前缘前世。(31回)

"只除非"用"便"作呼应词的有1例。如：

②要破此法，只除非快教人去蓟州寻取公孙胜来，便可破得高廉。(53回)

用"方"、"方才"作呼应词的各有1例。如：

③朱武说道："华州城郭广阔，濠沟深远，急切难打。只除非得里应外合，方可取得。"(59回)

④只除非得这三个人，方才完得这件事。(15回)

3. 则除非

"则除非"在《水浒传》中仅见1例，且有"方"作呼应词。如：

①则除非去东南方巽地上一千里之外，方可免此大难。(61回)

(四) 初步结论

《水浒传》中排除连词呼应词语的用法分布情况详见下表：

呼应词	要	便	方	方才
只除	2	2	1	1
则除	0	0	0	0
只除是	1	1	2	0
除是	1	0	0	0
除非	2	0	0	0
只除非	4	1	1	1
则除非	0	0	1	0

《水浒传》中排除连词的用法分布情况详见下表：

词项	用例	百分比（%）	现代汉语中
只除	11	30.56	消失
则除	3	8.33	消失
只除是	4	11.11	消失
除是	1	2.78	消失
除非	2	5.56	存在
只除非	14	38.89	消失
则除非	1	2.78	消失
总计	36	100.01	

第七节 假设连词

假设连词连接的分句中，前一分句提出某种假设，后一分句是前一分句实现后所产生的结果，分为一致性和非一致性两类。在近代汉语中，"呵"用作语气助词，至明代"时"便替代"呵"而流行起来，"更多的用法是表示假设关系，总是出现在假设条件之后，相当于现代汉语中的‘的话’”①。我们考察《水浒传》时发现，假设连词有时可以与“时”、“呵”等助词连用，其中“～时”的用例较多，而“～呵”仅在“若是”的用例中见到1例。

一、一致性假设连词

一致性假设连词连接的句子中，前一分句提出假设，后一分句表示结果，假设和结果一致，也就是说，假设如果成立，结果就能出现。此类连词有的是单音节的，如“若”、“但”、“倘”等；有时这些单音节的连词跟其他语素相结合，构成复合假设连词，如“若是”、“若果”、“若还”、“但若”、“如若”、“如是”、“如或”、“倘或”、“倘若”、“假如”、“假使”、“设使”等。

（一）“若”类

“若”类是假设连词中最大的一个类，其成员有“若”、“若是”、“若果”、“若还”、“若非”等5个连词，用例数量也是一致性假设连词中最多的，共有745例，可分为肯定和否定两类。

（1）表示肯定的连词有“若”、“若是”、“若果”、“若还”等4个。

“若”在古代汉语中是身兼数职的连词，可以表示假设、并列、选择等多种关系。在《水浒传》中其身份已单一化，只作假设连词，共有474例，是“若”类假设连词中用例最多的连词。如：

①若回去庄上，说脱了回书，大郎必然焦燥，定是赶我出去。（2回）

“若是”在“若”类假设连词中用例数量位居第二，在《水浒传》中共有193例。如：

②若是叫兄弟得知，赚得几贯钱使，量这伙小贼有甚难处。（17回）

“若还”在《水浒传》中有49例。如：

③若还不去，定连累众人，小人也有罪犯。（2回）

“若果”在《水浒传》中用例极少，仅有3例。如：

④二将若果应口，吾当奏知天子前，必当重用。（80回）

其中，“若”、“若是”、“若还”可以与“时”构成“若/若是/若还～时”的格式，三者各有118例、65例和17例，没有“若果～时”的用例。

⑤若结果了他时，以下的人不敢不伏。（17回）
⑥若还今年不放灯时，这厮们细作探知，必然被他耻笑。（66回）
⑦若是大官人肯使钱时，老身有一条计，便教大官人和这雌儿会一面。（24回）

① 参见蒋绍愚、江蓝生：《近代汉语研究》，商务印书馆，1999年，第299页。

与“呵”连用构成“~呵”格式的仅有1例。如：

⑧若是这伙蛮子不退呵，奴婢亲自引兵去剿杀这厮。(85回)

(2) 表示否定的连词是“若非”，在《水浒传》中共有26例。与表示肯定的假设连词不一样的是，“若非”常用于非自然语言中，它经常出现在韵文之中。“若非”在《水浒传》中有13例用于非自然语言中，正好占到了一半。如：

①若非雨病云愁，定是怀忧积恨。(3回)

②昨日若非小生救护，松树已被包道乙作起邪法，松树化人，擒获足下矣。(97回)

同样，“若非”也可以与“时”连用构成“若非~时”的格式，不过用例很少，仅1例。如：

③若非兄弟宋清寄书来孔太公庄上时，在下也特地要来贤弟这里走一遭。(33回)

假设分句中除了用“若非”表示否定外，还可以用“若”与表示反义的“不”、“不是”构成反义词组，以提出反面的假设。其中“若不”85例，“若不是”10例。如：

④若不生个道理，如何能勾酒吃。(4回)

⑤若不是俺福分大，如何得性命回京。(1回)

在现代汉语中，“若”类连词“若还”、“若果”已经消失，其他几个连词还在使用，但都是文言色彩很浓的词语，“若是”比起“若”的文言色彩轻点，“若非”仅用于书面语中。

《水浒传》中“若”类假设连词的用法分布情况详见下表：

词项	若		若是		若还		若果		若非	
与“时”连用	是	否	是	否	是	否	是	否	是	否
用例	118	356	65	128	17	32	0	3	1	25
百分比（%）	25.19	74.81	34.43	65.57	34.69	65.31	0	100	3.85	96.15

(二)“如”类

“如”类假设连词的成员有“如”、“如若”、“如是”、“如或”等4个连词，共有77例。

1. 如

“如”在古代汉语中和“若”一样是可以表示多种关系的连词，如假设、转折、并列、选择等，在《水浒传》中共有45例，是“如”类连词中用例最多的一个，但其数量远无法与“若”相比。如：

①酒店里如有流配来的犯人，可叫他投我庄上来，我自资助他。(9回)

②如到了二龙山，便可写封回信寄来。(31回)

2. 如若

“如”、“若”都是表示假设关系的连词，两者连用可以构成复合词“如若”，意义同“如”，在《水浒传》中共有21例。如：

①如若心不志诚，空走一遭，亦难得见。(1回)

②胡乱教师父在外面耳房中歇一宵，夜间如若外面热闹，不可出来窥望。(5回)

3. 如是、如或

“如”类连词中的复合连词还有“如是”和“如或”，其中“如是”在《水浒传》中仅有9例，“如或”的用例更少，仅见2例。如：

①如是哥哥不愿落草时，待平静了，小弟们与哥哥重整庄院，再作良民。(3回)

②如或更变，别有定夺。(68回)

4. “~时”格式

可以构成“~时”格式的“如”类假设连词有“如”、“如若”、“如是”，三个词各有3例这样的格式。如：

①通判如不信时，就教观看家书，显得下官不谬。(40回)

②如若得闲时，再来相会几时。(23回)

③如是将军肯时，便送那个头目来还。(88回)

“如或”不可以和“时”连用，没有“如或~时”的用例。

“如果”在现代汉语中是常见的假设连词，但《水浒传》中还没有出现“如果”的用例。这四个连词在现代汉语中，“如”、“如若”还使用，“如若”属于文言词，“如是”、“如或”已消失。

“如”类假设连词的用法分布情况详见下表：

词项	如		如若		如是		如或	
与“时”连用	是	否	是	否	是	否	是	否
用例	3	42	3	18	3	6	0	2
百分比（%）	6.67	93.33	14.29	85.71	33.33	66.67	0	100

（三）“倘”类

“倘”类假设连词的成员有“倘”、“倘或”、“倘若”等3个连词，共有116例。

1. 倘

“倘”在《水浒传》中共有26例，其后面引导的句子都省略了主语，大多是动宾结构的组合，动词通常为“蒙”、“有”等。如：

①倘有些风吹草动，武二眼里认的是嫂嫂，拳头却不认的是嫂嫂。（24回）

②倘蒙哥哥不弃时，献此一套富贵，不知哥哥心内如何？（14回）

2. 倘或、倘若

“倘”类假设连词还有“倘或”、“倘若”，这两个连词连接的句子可以出现主语。其中，“倘或”在《水浒传》中有67例，“倘或”是“倘”类假设连词中用例最多的一个。如：

①倘或有人知得，来这里搜着，如之奈何？（22回）

“倘若”在《水浒传》中有23例。如：

②我今特请你众人来商议，倘若那厮们来时，各家准备。（2回）

3. “～时”格式

这一类词语都可以组成“～时”的格式。其中“倘～时”在《水浒传》中有3例。如：

①倘有些刀兵动时，他是文官，做得何用。（33回）

“倘或～时”在《水浒传》中有10例。如：

②倘或这厮门来城里借粮时，却怎生奈何？（20回）

“倘若～时”在《水浒传》中有6例。如：

③非是大官人不留小弟，争奈官司追捕甚紧，排家搜捉，倘若寻到大官人庄上时，须负累大官人不好。（11回）

在现代汉语中，“倘”类三个假设连词均还在使用。

“倘”类假设连词的用法分布情况详见下表：

词项	倘		倘或		倘若	
与“时”连用	是	否	是	否	是	否
用例	3	23	10	57	6	17
百分比（%）	11.54	88.46	14.93	85.07	26.09	73.91

（四）“假”、“设”类

《水浒传》中没有“假”和“设”单音节作为假定连词的用例。“假”、“设”类假设连词的主要成员有“假如”、“假使”、“设使”等3个。这两类连词的用例也比较少，共有9例。

1. 假如

“假如”在《水浒传》中共有7例，有两种用法：

一是表示假设，在《水浒传》中共有6例。如：

①假如我去那里行事，你这里如何到得关边？（98回）

二是表示列举，这种用法比较特别，在现代汉语中已经消失。这种用法在《水浒传》中仅见1例。如：

②假如维那、侍者、书记、首座，这都是清职，不容易得做。（6回）

2. 假使

“假使”在现代汉语中比较常见，但在《水浒传》中仅1例，这例出现于一篇赋中，属于非自然语言。如：

①假使官军万队，穆弘出阵没遮拦；纵饶铁骑千层，万马怎当董一撞。（78回）

3. 设使

“设使”在《水浒传》中用例很少，仅1例。如：

①设使日后纵有功成，必无升赏。（85回）

“假如”、“假使”、“设使”都没有“～时”的用例，在现代汉语中，这几个连词都在使用，其中“设使”文言色彩较重。

（五）不争

“不争”在近代汉语中是一个比较有争议的词语。一些近代汉语的释词著作对其有不同的解释。香坂顺一、俞光中和植田均等学者认为它是一个假设连词，我们认同这一说法。用作假设连词的“不争”共有20例，其后续的分句中没有与之呼应的词语。“不争”没有“不争～时”的格式，“不争”作为假设连词有两种用法：

一是相当于现代汉语中的“如果”，这种用法在《水浒传》中共有17例。如：

①不争被你把了去，教他老人家失所。（5回）

二是表示“不错”、“没关系”之意，在连接的分句中后置，“表面上看是转折，实已属假设”[①]，这种用法在《水浒传》中共有4例。如：

②卖一桶与你不争，只是被他们说的不好。（16回）

---

① 参见俞光中、植田均：《近代汉语语法研究》，学林出版社，1999年，第391页。

（六）初步结论

《水浒传》中一致性假设连词的用法分布情况详见下表：

词项	用例	百分比1%	“~时”格式	百分比2%	现代汉语中
若	474	49.07	118	24.89	存在
若是	193	19.98	65	33.68	存在
若还	49	5.07	17	34.69	消失
若果	3	0.31	0	0	消失
若非	26	2.69	1	3.85	存在
如	45	4.66	3	6.67	存在
如若	21	2.17	3	14.29	存在
如是	9	0.93	3	33.33	消失
如或	2	0.21	0	0	消失
倘	26	2.69	3	11.54	存在
倘或	67	6.94	10	14.92	存在
倘若	23	2.38	6	26.09	存在
假如	6	0.62	0	0	存在
假设	1	0.10	0	0	存在
设使	1	0.10	0	0	存在
不争	20	2.07	0	0	消失
总计	966	99.99	229	23.68	

二、非一致性假设连词

非一致性假设连词的前后语意是相反的，假设与结果不一致，前一分句先退一步说，把这个假设当作成立的事实，后一分句再说出一个不因假设而改变的结论。由于前后语意相转，有些学者把这类连词归为转折连词①，香坂顺一先生把这类连词划分

① 参见北京大学中文系现代汉语教研室编：《现代汉语》，商务印书馆，2000年，第363页。

为“假定让步连词”，现代汉语中也有学者把这类连词单独讨论，看作是“让步连词”①。这类连词在《水浒传》中的用法与一致性假设连词更接近，因此，我们把它归入假设连词来讨论。非一致性假设连词连接的复句中，前一分句常有“休言”、“休道”、“休说”、“莫说”等词来加强语气，后一分句常有“也”、“兀自”等词与之呼应。在第五章中我们提到，在近代汉语中，“也”已逐步替代了“亦”，在对假设连词的统计中，我们发现没有“亦”作呼应词的用例。与一致性假设连词一样，这类连词也可以与“时”连用构成“~时”的格式，进一步加强假设的语气。

（一）“便”类

“便”类假设连词的成员有“便”、“便是”、“便做”、“便道”、“就”等5个，共有146例，是非一致性假设连词用例数量最多的一类。

1. 便

“便”是近代汉语中使用频率较高的词，主要作副词和连词，作副词的频率高于连词。“便”在《水浒传》中一共出现了4 122次，其中作为假设连词的共有92例。如：

①便有誓书铁券，我也不怕！（52回）

（1）“便~时”格式。

“若”可以与“时”构成“若~时”的格式，“便”也可以与“时”构成“便~时”的格式，以加强假定的语气。这种用法在《水浒传》中共出现了25例，占连词“便”全部用例的27%；“若~时”出现了95例，占假定连词“若”用例的26%。可见，这两种格式的用法比例相近。如：

②我因不送得常例钱便该死时，结识梁山泊吴学究的却该怎地？（38回）

值得注意的是，“便~时”这种格式并不一定都表示假设。如：

③却说庄客王四一觉直睡到二更，方醒觉来。看见月光微微照在身上，王四吃了一惊，跳将起来，却见四边都是松树。便去腰里摸时，搭膊和书都不见了。（2回）

例③中的“便”从上下文看是副词，而不是假设连词，并不表示假设。

（2）呼应词。

除了用“便~时”来加强假定的语气外，《水浒传》中还常用“休说”、“休道”等词语来加强假定的语气。其中用“休说”与“便”呼应的有5例，且都出现在前面的分句中。如：

④休说拆开了太师府书札，便有利害，俺这里兀自要和大宋皇帝做个对头的！（39回）

---

① 参见周刚：《连词与相关问题》，安徽教育出版社，2002年，第37页。

"莫说"在《水浒传》中仅有1例，且其连接的分句后置。如：

⑤高太尉便叫你我死，也只得依他，莫说使这官人又送金子与俺。(8回)

"便"没有用"休道"作呼应的用例，可以与"便"呼应的副词有"也"、"兀自"等。其中"便"与"也"呼应的用例有54例。如：

⑥若是他有心恋你时，身上便有刀剑水火也拦他不住，他也不怕；若是他无心恋你时，你便身坐在金银堆里，他也不采你。(21回)

"兀自"是一个方言词，与"兀自"呼应的只出现1例。如：

⑦休说拆开了太师府书札，便有利害，俺这里兀自要和大宋皇帝做个对头的！(39回)

2. 便是

"便是"在《水浒传》中共出现了50例，是用例数量仅次于"便"的非一致性假设连词。如：

①便是一刀一剐，自教他瞑目而受。(69回)

(1)"便是~时"格式。

"便是~时"格式在《水浒传》中仅有3例，占"便"用例数量的6%，比例远低于"若"、"便"。如：

②倘或正眼儿觑着，休道你是一个小小州尹，也莫说蔡太师差干人来要拿我们，便是蔡京亲自来时，我也搠他三二十个透明的窟窿。(19回)

(2)呼应词。

"便是"前面的分句中可以有"休说"、"休道"、"莫说"、"休言"等词与之呼应。其中"休说"5例。如：

③休说你这三二十个人直什么，便是千军万马队中，俺敢直杀的入去出来！(7回)

"休道"4例。如：

④休道这两个鸟人，便是一二千军马来，洒家也不怕他。(5回)

"莫说"3例。如：

⑤莫说你是上司一个都监，便是赵官家驾过，也要三千贯买路钱。(34回)

另出现1例"休言"。如：

⑥休言将军比小李广，便是养由基也不及神手，真乃是山寨有幸。(35回)

"便是"没有出现与"兀自"呼应的用例，与"也"呼应的用例共有39例。如：

⑦常言酒能成事，酒能败事，便是小胆的吃了，也胡乱做了大胆，何况性高的人。(4 回)

“便”、“便是”呼应词的用法分布情况详见下表。

呼应词		前分句				后分句	
		休言	休道	休说	莫说	也	兀自
便	用例	0	0	5	1	54	1
	百分比（%）	0	0	5.43	1.09	58.70	1.09
便是	用例	1	4	5	3	39	0
	百分比（%）	2	8	10	6	78	0

3. 便做、便道

在《水浒传》中表示假定让步关系的连词还有“便做”、“便道”，但用例都很少，各见 1 例。如：

①便做你输了被擒，如何五百军人没一个逃得回来报信？(34 回)

②呼延灼说道：“我有万夫不当之勇，便道那厮们全伙都来，也待怎生！只与我好生喂养这匹马。”(57 回)

4. 就

“就”在《水浒传》中可作副词和连词，连词用例极少，意义和用法同“便”，不过，其使用频率远低于“便”，仅见 2 例。如：

①你若要奈何我时，我到官司，只是拼着命，就打死我也不招，休想我指出别人来。(56 回)

在现代汉语中，“便”、“便是”、“就”仍作为假设连词使用，表示让步；但“便”作为副词的用例更常见，“便做”消失了，“便道”是名词，与假设连词没有联系。

(二)“纵”类

“纵”类假设连词的成员有“纵”、“纵使”、“总”、“纵饶”、“总然”等 5 个，用例都不是很多，总计 19 例。

1. 纵

“纵”在古代汉语中是常见的假设连词，意为“纵令”、“即使”。如：

①纵我不往，子宁不嗣音？(《诗·郑风·子衿》)

“纵”在《水浒传》中仍属于非一致性假设连词，用例不多，共有 9 例。如：

②更兼水性，无定准之意，纵有恩情，也难出虔婆之手。(69 回)

2. 纵使

“纵使”意义用法同“纵”，在《水浒传》中共有6例。如：

①若还不肯如此行事，将军纵使赤心报国，建大功勋，回到朝廷，反坐罪犯。(85回)

3. 总

“总”是“纵”的通假字，这种通假在诗词中比较常见。如：

①总把千山眉黛扫，未抵别愁多少。(宋·晏殊《清平乐》)

例①中的“总”即为“纵然”、“即使”之意，在《水浒传》中假设连词“总”有2例。如：

②你这般瘦小身材，总有本事，怎地近傍得他。(74回)

③今日宋朝奸臣们闭塞贤路，有金帛投于门下者，便得高官重用，无贿赂投于门下者，总有大功于国，空被沉埋，不得升赏。(85回)

4. 纵饶

“纵饶”在《水浒传》中仅有1例。如：

①纵饶铁骑千层，万马怎当董一撞。(78回)

5. 总然

“总然”意义和用法同“纵然”，仅1例。如：

①总然妻子有些颜色，也无些什么意兴。(45回)

在现代汉语中，“纵”、“纵使”仍使用，“纵饶”、“总”、“总然”不再作为假设连词。在《水浒传》中没有“纵然”的用例，仅有1例“总然”，“总”其实是“纵”在特定时期的通假字，在近代汉语中，这种通假很常见，意义和用法一样。

6. 呼应词

“纵”类假设连词有些也可以用“也”、“亦”作呼应，用“也”呼应的连词有“纵”、“纵使”、“总然”三个词。

其中，“纵”2例。如：

①更兼水性，无定准之意，纵有恩情，也难出虔婆之手。(69回)

“纵使”1例。如：

②纵使招安，也看得俺们如草芥。(75回)

“总然”1例。如：

③总然妻子有些颜色，也无些什么意兴。(45回)

用“亦”呼应的仅有“纵使”的共2例。如：

④贫道僻居野叟，寄形宇内，纵使受此金珠，亦无用处。(85 回)

（三）任、由、饶、直饶

“任”、“由”、“饶”、“直饶”这四个连词的用例比较少，共有 21 例。

1. 任

“任”在古代汉语中有“放纵，不加约束”之意。如：

①上舍法，任民之所善，故奸多。(《商君书·弱民》)

“任”作为连词是由“此类实义转用作连词的”①。下文讨论的“由”、“饶”也属于实义转用。

“任”在《水浒传》中用例不多，仅 2 例。如：

②不是柴进夸口，任他捕盗官军，不敢正眼儿觑着小庄。(22 回)

③我如今不管他埋伏不埋伏，但是于路遇着琳琅树木稠密去处，便放火烧将去，任他埋伏不妨。(98 回)

2. 由

“由”在古代汉语中有“听凭”、“听任”之意。如：

①为人由己，而由人乎哉？(《论语·颜渊》)

“由”在《水浒传》中有 8 例。如：

②看官听说，但凡世上妇人，由你十八分精细，被人小意儿过纵，十个九个着了道儿。(24 回)

3. 饶

“饶”在《水浒传》中有 3 例。如：

①饶你奸似鬼，吃了洗脚水。(16 回)

②饶君便有张良计，到底难逃白虎危。(87 回)

4. 直饶

“直饶”在《汉语大词典》中释为“犹纵使，即使”，在《水浒传》中有 8 例。如：

①直饶揭帝也难当，便是金刚须拱手。(4 回)

“饶”、“直饶”的用例都出现在非自然语言中，“饶”有 1 例用于引用的俗语中，“饶”的另外 2 例和“直饶”的所有用例都出现在韵文中。

在现代汉语中，“任”、“饶”还在使用，“饶”的口语色彩较浓。“由”不再作为

---

① 参见香坂顺一：《水浒词汇研究》，植田均译，李思明校，文津出版社，1992 年，第 385 页。

假设连词。“直饶”消失，不再使用。

（四）初步结论

《水浒传》中非一致性假设连词的用法与分布情况详见下表：

词项	用例	百分比 1%	“~时”格式	百分比 2%	现代汉语中
便	92	47.92	25	27	存在
便是	50	26.04	3	6	存在
便做	1	0.52	0	0	消失
便道	1	0.52	0	0	消失
就	2	1.04	1	50	存在
纵	9	4.69	0	0	存在
纵使	6	3.13	0	0	存在
总	2	1.04	0	0	消失
纵饶	1	0.52	0	0	消失
总然	1	0.52	0	0	消失
任	2	1.04	0	0	存在
由	8	4.17	0	0	消失
饶	3	1.56	0	0	存在
直饶	8	4.17	0	0	消失
遮莫（折莫）①	6	3.13	0	0	消失
总计	192	100.01	29	15.59	

第八节 因果、目的连词

因果连词用来表示事件的前因后果，因果关系分为说明因果和推论因果两种，所以因果连词也可分为说明因果连词和推论因果连词两大类。

在目的连词连接的复句中，前一分句说明一定的情况，后一分句是情况的目的，这种目的可以是积极的，也可以是消极的，据此我们把目的连词分为积极目的连词和消极目的连词。目的连词的主要成员有“好”、“免得”、“免的”、“省得”、“省的”、“免致”等6个，它们用于后一分句中。目的连词的用例都不是很多，用法也比较简

① 详见本章条件连词一节。

单，因此，我们归到原因这一章一并讨论，不再另列章节。

一、说明因果连词

说明因果连词可分为引导原因和引导结果两大类。引导原因的连词，我们称为因连词，有“因”、“为”、“因为”、“为因”等；引导结果的连词，我们称为果连词，有“故”、“故是”、“因此”、“以致”等。关于因果连词，李思明先生在《〈水浒全传〉的因果句》一文中详细讨论了因果连词和因果句的一些特点。与《水浒全传》相比，《水浒传》中的因果连词有一些不同之处，如从词条上看，在《水浒传》中没有果连词“故此”、“由此”等。下面我们就主语和连词的位置关系及连词配合使用的情况来了解《水浒传》中因果连词的一些分布特点。

因果连词可以单用，也可以配合使用。单用因连词侧重于原因的表述，单用果连词则侧重于结果的阐述。因果连词连接的分句一般先说原因，后说结果。如果先说结果，后说原因，我们就把这种清况看作是原因后置，这样的用例比较少。因果连词常省略主语，在出现主语的用例中，主语可以位于连词的前面，也可以位于主语的后面。不过，各个连词和主语的位置关系差异很大。

（一）因连词

因连词的主要成员有“为”、“因”、“为是”、“因是”、“因为”、“为因”、“盖因”、“盖为”、“奈缘”等9个，用例总计380例。

1. 为、因

“为”、“因”可以作为介词，也可以作为表示原因的连词，引导情况产生的原因。在这两个词引导的句子中，都是先说原因，后说结果，没有原因后置的用例。

（1）为

在《水浒传》中“为”作为连词的用例共有24例。如：

①宋江原是郓城县小吏，为被官司所逼，不得已啸聚山林，权借梁山水泊避难，专等朝廷招安，与国家出力。(59回)

（2）因

“因”作为连词的用例比较多，在《水浒传》中共有237例，是“因”连词中用例最多的一个。如：

②因他两个好习枪棒，却是我点拨他些个，以此叫我做师父。(32回)

（3）“为”、“因”与主语的位置关系。

“为”、“因”连接的分句中，主语可以省略，其中“为”连接的分句中有8例主语省略，而“因”连接的分句中有116例主语省略。如：

③小生旧日在那里住了数年，与他相交时，他虽是个不通文墨的人，为见他人结交，真有义气，是个好男子，因此和他来往。(15回)

④因见小人勤谨，安排的好菜蔬，调和的好汁水，来吃的人都喝彩，以此买卖顺当。(10 回)

“为”连接的分句中，如果出现主语，主语都位于连词之后，共有 16 例。如：

⑤为他面黑身矮，人都唤他做黑宋江；又且于家大孝，为人仗义疏财，人皆称他做孝义黑三郎。(18 回)

“因”连接的分句中，在出现主语的 121 例中，主语可以在连词前，也可以在连词后，其中有 74 例主语在连词的前面。如：

⑥因他性格急燥，声若雷霆，以此人都呼他做霹雳火秦明。(34 回)

在出现主语的用例中，有 47 例主语在连词的后面。如：

⑦武松因祭献亡兄武大，有嫂不容祭祀，因而相争。(27 回)

《水浒传》中“为”、“因”与主语的位置关系情况详见下表：

词项	为			因		
主语	省略	在连词前	在连词后	省略	在连词前	在连词后
用例	8	0	16	116	74	47
百分比（%）	33.33	0	66.67	48.95	31.22	19.83

2. 为是、因是

“为”、“因”可以与词尾“是”构成复合词“为是”、“因是”，作为因果连词。

（1）为是

“为是”在《水浒传》中有 24 例，“为是”引导的句子中，原因前置的共有 19 例，2 例用于询问缘由的对话之中，另有 3 例原因后置。如：

①天汉州桥下众人，为是杨志除了街上害人之物，都敛些盘缠，凑些银两，来与他送饭，上下又替他使用。(12 回)

②得蒙施管营儿子唤做金眼彪施恩，一见如故，每日好酒好肉管顾我。为是他有一座酒肉店，在城东快活林内，甚是趁钱，却被一个张团练带来的蒋门神那厮，倚势豪强，公然白白地夺了。(31 回)

③黄信下马，花荣请至厅上，叙礼罢，便问道：“都监相公有何公干到此?”黄信道：“下官蒙知府呼唤，发落道：‘为是你清风寨内文武官僚不和，未知为甚缘由。’”(33 回)

例②是原因后置的用例，例③出现在前后的对话之中。

（2）因是

“因是”在《水浒传》中有 6 例，共两种用法：

一是因连词，这种用法共有 5 例。如：

④因是连日厮杀，知府不闲，却差人下来看视。小人恐见罪责，昨日引柴进去后面枯井边，开了枷锁，推放里面躲避，如今不知存亡。(54 回)

二是果连词，相当于“因此”，这种用法在《水浒传》中仅有 1 例。如：

⑤小弟又去无为军打听，正撞见侯健这个兄弟出来食饭，因是得知备细。(41 回)

例④中的“因是”是因连词，例⑤中的“因是”是果连词。

(3)“为是”、“因是”与主语的位置关系：

“为是”、“因是”引导的分句中多出现主语，两者各有 1 例省略主语。如：

⑥为是连日厮杀，未曾取问发落，只是没寻柴大官人处。(54 回)

⑦小弟又去无为军打听，正撞见侯健这个兄弟出来食饭，因是得知备细。(41 回)

3. 因为、为因

“为”、“因”两者之间也可以复合成因果连词，但语素的顺序还不固定，《水浒传》中“为因”、“因为”同时使用，且用例数目相当。

(1) 为因

“为因”在《水浒传》中有 30 例。如：

①为因新任一个高太尉，原被先父打翻，今做殿帅府太尉，怀挟旧仇，要奈何王进。(2 回)

(2) 因为

“因为”在《水浒传》中有 29 例。如：

②因为打死了人，逃走出来，虽遇赦宥，流落在此江州，不曾还乡。(38 回)

(3)“因为”、“为因”与主语的位置关系

“因为”、“为因”引导的分句中也可以省略主语，其中“因为”有 8 例省略主语，而“为因”有 18 例省略主语。如：

③因为打死了人，逃走出来，虽遇赦宥，流落在此江州，不曾还乡。(38 回)

④为因学得一家道术，亦能呼风唤雨，驾雾腾云，江湖上都称贫道做入云龙。(15 回)

在出现主语的用例中，“因为”引导的分句中有 3 例主语位于连词之前，有 18 例位于主语之后。如：

⑤玉帝因为星主魔心未断，道行未完，暂罚下方，不久重登紫府，切不可分毫失忘。(42 回)

⑥因为他手段高强，人呼他为铁臂膊。（62回）

而“为因”连接的分句中主语的位置情况是：2例主语位于连词之前，10例主语位于连词之后。如：

⑦知府为因听得你文武二官同僚不和，好生忧心。（33回）

⑧为因俺这里无人帮护，拨他来做提辖。（3回）

《水浒传》中“因为”、“为因”与主语的位置关系情况详见下表：

词项	因为			为因		
主语	省略	在连词前	在连词后	省略	在连词前	在连词后
用例	8	3	18	18	2	10
百分比（%）	27.59	10.34	62.07	60	6.67	33.33

4. 盖因、盖为、奈缘

“因”、“为”可以与带有副词性的“盖”构成复合因果连词“盖因”、“盖为”，阐述事件产生的原因。这两个词的用例都不多见，且都没有原因后置的用例。

（1）盖因

“盖因”在《水浒传》中有6例。如：

①小可宋江久闻三位壮士大名，欲来礼请上山，同聚大义，盖因不得其便，因此错过。（60回）

②朝廷颁诏敕来招安，已是二次，盖因不得其人，误了国家大事。（82回）

（2）盖为

“盖为”在《水浒传》中有5例。如：

③盖为官吏污滥，威逼得紧，误犯大罪，因此权借水泊里随时避难，只待朝廷赦罪招安。（58回）

（3）奈缘

在近代汉语中，“缘”是表示“因为”意义且构词能力强的语素，它可单用作因果连词，也可复合成“缘设”、“缘甚”等因果连词。但在《水浒传》中，没有单用作因果连词的用例，仅见复合词“奈缘”，在《水浒传》中共有19例。如：

④只是奈缘我职役在身，不能勾自在闲步同往。（33回）

《水浒传》中“盖为”、“盖为”、“奈缘”与主语的位置关系情况详见下表：

词项	盖因			盖为			奈缘		
主语	省略	在连词前	在连词后	省略	在连词前	在连词后	省略	在连词前	在连词后
用例	5	0	1	1	0	4	11	0	8
百分比（%）	83. 33	0	16. 67	20	0	80	57. 89	0	42. 11

（二）果连词

果连词连接的分句是某些情况产生的后果，主要成员有“因此”、“以此”、“只此”、“为此”、“因而”、“致”、“以致”、“以至”、“故”、“故是”、“所以”等11个，共有用例525例。这类连词中往往含有语素“此”，结果连词都用于后一分句中。

1. 因此、以此、只此、为此

这四个连词都含有语素“此”，在古代汉语中“此”是指示代词。“因”、“为”本是表示原因的连词，和“此”复合就成为引导结果的连词。这四个词的用例数量极不平衡。

（1）“因此”在现代汉语中是很常见的果连词，同时也是《水浒传》果连词中用例数量最多的连词，多达334例。如：

①这代祖师号曰“虚靖天师”，性好清高，倦于迎送，自向龙虎山顶结一茅庵，修真养性，因此不住本宫。(1回)

②子父们想起这苦楚来，无处告诉，因此啼哭。(3回)

（2）“以此”的用例数量仅次于“因此”，在《水浒传》中有97例。如：

③原来这人是京师有名的破落户泼皮，叫做没毛大虫牛二，专在街上撒泼行凶撞闹，连为几头官司，开封府也治他不下，以此满城人见那厮来都躲了。(12回)

④如常散施棺材药饵，济人贫苦，周人之急，扶人之困。以此山东、河北闻名，都称他做及时雨，却把他比做天上下的及时雨一般，能救万物。(18回)

（3）“只此”在《汉语大词典》中释义是：“仅此；就此；唯有这样”。它也是表示因果关系的连词，共有23例，其连接的所有分句均未出现主语。如：

⑤径来要请你们三位，若还不依小生时，只此告退。(15回)

⑥我更不远送，只此相别。(20回)

（4）“为此”在《水浒传》中用例很少，仅有3例。如：

⑦我又听得人说，白虎山地面多有强人，又怕你一时被人撺掇落草去了，做个不忠不孝的人，为此急急寄书去唤你归家。(35回)

（5）“因此”、“以此”与主语的位置关系。

“因此”、“以此”连接的分句可以省略主语，其中“因此”264例，“以此”75

例。如：

⑧洒家是关西延安府老种经略相公帐前提辖官，只为杀的人多，因此情愿出家，五台山来到这里。(7回)

⑨林冲答道："今日并无一个过往，以此不曾取得。"(11回)

主语可以在"因此"、"以此"前面，其中"因此"2例，"以此"1例。如：

⑩我便问他："那里来？认得俺么？"他道："已都知了。"说天师分付，早晨乘鹤驾云望东京去了。下官因此回来。(1回)

⑪这李巧奴生的十分美丽，安道全以此眷顾他。(65回)

"因此"、"以此"连接的分句中，出现主语时，主语多在连词后面。如：

⑫我却不提防，揭起帐子摸一摸，吃那厮揪住，一顿拳头脚尖，打得一身伤损。那厮见众人入来救应，放了手，提起禅杖，打将出来。因此我得脱了身，拾得性命。(5回)

⑬这先生见这条岭好风水，以此他便自号飞天蜈蚣王道人。(32回)

《水浒传》中"因此"、"以此"与主语的位置关系情况详见下表：

主语		省略	在连词前	在连词后
因此	用例	264	2	68
	百分比（%）	79.04	0.60	21.36
以此	用例	75	1	21
	百分比（%）	77.32	1.03	21.65

从上表可以看出两点：一是主语常省略，二是主语在连词前的频率很低。这是大多数因果连词的共性。(仅因连词"因"除外，主语位于连词前的用例多于在连词后的用例。

之所以省略主语，是因为前后分句的主语一致或省略之后读者不会产生误解。下面我们以70例出现主语的"因此"用例为例来分析分句中主语的情况。

一种情形是前后主语人物一致，为表达需要，后一主语会换种说法，使语句更连贯、生动，共有14例，其中有9例是表示自谦的主语如"小弟"、"小将"等，如不换个称呼就不符合人物的身份。如：

⑭因何认得他？我比先曾跟一个闲汉去投奔他，因此我认得。(18回)

⑮我只怕雷横执着，不会周全人，倘或见了兄长，没个做圆活处。因此小弟赚他在庄前，一径自来和兄长说话。(22回)

另一种情形是前后分句转换人物，共有56例，省略主语会使句意不明，这类主语中有些是表示泛指的主语，如“人”、“众将”等。如：

⑯原是落科举子出身，科举不第，弃文就武，颇有谋略，精通书算，积万累千，纤毫不差，亦能刺枪使棒，布阵排兵，因此人都唤他做神算子。(41回)

在出现主语的用例中，主语常常位于连词之后，这一点与现代汉语有很大的不同：在现代汉语中，引导原因的连词和引导结果的连词主语不同时，因果连词在主语前；而引导原因和结果的连词主语一致时，因连词一般在主语后，或者省略，主语出现在果连词连接的分句之中。

(6) 因此上、以此上

“上”在近代汉语中是“可充当表目的或原因的后置词”①，它可以与“因此”、“以此”构成表示结果的固定格式。在《水浒传》中，“因此上”有18例，而“以此上”仅有1例。如：

⑰洒家不瞒你说，因为你上，就那日回到状元桥下，正迎着郑屠那厮，被洒家三拳打死了。因此上在逃，一到处撞了四五十日，不想来到这里。(4回)

⑱那众僧都在法坛上看见了这妇人，自不觉都手之舞之，足之蹈之，一时间愚迷了佛性禅心，拴不定心猿意马。以此上德行高僧，世间难得。(45回)

2. 因而、致、以致、以至

《水浒传》中“因而”、“致”连接的分句都未出现主语。

(1) 因而

“因而”在现代汉语中和“因此”一样是比较常见的因果连词，但在《水浒传》中其用例数量远远少于“因此”，仅见12例。如：

①即目山寨人马数多，钱粮缺少，非是我等要去寻他，那厮倒来吹毛求疵，因而正好乘势去拿那厮。(47回)

(2) 致

“致”在《水浒传》中有15例，其连接的分句中，产生的结果一般都是不太好的，句式以被动句为主，共有9例。如：

②小生旧日久闻头领在东京时，十分豪杰，不知缘何与高俅不睦，致被陷害？(19回)

(3) 以致

“以致”也是连接结果的连词，但与“致”不同的是，“以致”的结果不一定都是不好的结果。在《水浒传》中共有24例“以致”，其连接的分句有2例是比较好的结果。如：

---

① 参见蒋绍愚、江蓝生：《近代汉语研究》，商务印书馆，1999年，第304页。

③你是个缉捕使臣，倒不用心，以致祸及于我。(17 回)

④这篇词章，说不尽西湖佳景，以致后人吟咏颇多。(94 回)

例④的结果就比较好。

(4) 以至

《水浒传》中仅有1例“以至”。如：

⑤往往调兵征发，皆折兵将，盖因失其地利，以至如此。(67 回)

3. 故、故是、所以

(1) 故

“故”在古代汉语中是常见的果连词，在《水浒传》中有11例。如：

①想是这汉子多管害热病了，不曾得汗，故出狂言。(28 回)

(2) 故是

“故”也可以和词尾“是”构成复合词“故是”，但仅有1例。如：

②虽然是刘知寨如此说了，想必是闲人妄传，故是如此。(33 回)

(3) 所以

“所以”在现代汉语中是常见的引导结果的连词，在《水浒传》中也有“所以”的用例，但是很少，仅有4例。如：

③想公孙胜先生江湖上仗义之士，所以得知这件事，来投保正。(16 回)

(三) 初步结论

《水浒传》中因连词的用法分布情况详见下表：

词项	用例	百分比（%）	现代汉语中
为	24	6.32	消失
因	237	62.37	存在
为是	24	6.32	消失
因是	6	1.58	消失
因为	29	7.63	存在
为因	30	7.89	消失
盖因	6	1.58	消失
盖为	5	1.32	消失
奈缘	19	5.00	消失
总计	380	100.01	

《水浒传》中果连词的用法分布情况详见下表：

词项	用例	百分比（%）	现代汉语中
因此	334	63.61	存在
以此	97	18.48	消失
只此	23	4.38	消失
为此	3	0.57	消失
因而	12	2.29	存在
致	15	2.86	存在
以致	24	4.57	存在
以至	1	0.19	存在
故	11	2.10	存在
故是	1	0.19	消失
所以	4	0.76	存在
总计	525	100	

虽然《水浒传》与《水浒全传》的因果连词词项和用例数量有差别，但李思明先生概括的因果连词的一些特点在《水浒传》中也有体现，具体如下：

果连词在数量和用例上都比因连词多；因连词和果连词各个词项的使用频率都不一样；从音节上看，因连词单音节词使用次数超过双音节词，单音节的“为”、“因”两词就占了68.69%，而果连词恰恰相反，单音节词仅占4.95%，远远低于双音节词。

（四）配合使用

因果连词可以单用，也可以配合使用，不过这种配合使用没有现代汉语中那么频繁。配合使用有两种情况：一是因连词和果连词可以配合使用，二是果连词之间配合使用。

1. 因连词和果连词配合使用

李思明先生在统计《水浒全传》因果连词配合使用时发现“共有二十一个具体的格式”①，我们在统计《水浒传》时发现，因连词和果连词配合使用共有二十四种格式，但各种格式的用例都不是很多。举例如下：

① 参见李思明：《〈水浒全传〉的因果句》，《中国语文》1987年第2期，第120页。

（1）为……因此/以此/因而……

①他虽是个不通文墨的人，为见他人结交，真有义气，是个好男子，因此和他来往。(15回)

②原是幽州人氏，为他碧眼黄须，貌若番人，以此人称为紫髯伯。(70回)

③为你生性不善，面貌丑恶，不争带你入城，只恐因而惹祸。(72回)

（2）因……致/为此/因此/以此/因而……

④今次宋公明哥哥因去高唐州救柴大官人，致被知府高廉两三阵用妖法赢了，无计奈何，只得叫小可和李逵径来寻请足下。(53回)

⑤因来此间做些买卖，不想正撞着军马热闹，连连厮杀，以此消折了本钱，无甚生理，弟兄两个只得来山中寻讨些野味养口。(86回)

⑥此人原是歙州山中樵夫，因去溪连净手，水中照见自己头戴平天冠，身穿衮龙袍，以此向人道他有天子福分，因而造反。(90回)

⑦因被高太尉陷害，刺配沧州，那里又被火烧了大军草料场。争奈杀死三人，逃走在柴大官人家。好生相敬，因此特写书来，举荐入伙。(11回)

⑧武松因祭献亡兄武大，有嫂不容祭祀，因而相争。(27回)

（3）为是……因此/以此/故/所以……

⑨为是爷爷江湖上有名目，提起好汗大名，神鬼也怕，因此小人盗学爷爷名目，胡乱在此剪径。(43回)

⑩为是他性急，撮盐入火，为国家面上只要争气，当先厮杀，以此人都叫他做急先锋。(13回)

⑪贫道已知这人是上界天杀星之数，为是下土众生作业太重，故罚他下来杀戮。(53回)

⑫为是无人可以当抵，又不怕你叫起撞天屈来，因此不曾显露。所以无有说话。(71回)

（4）因为……因此/以此……

⑬因为这三岔路上通三处恶山，因此特设这清风寨在这清风镇上。(33回)

⑭因为那个大户要缠他，这女使只是去告主人婆，意下不肯依从。那个大户以此恨记于心，却倒赔些房奁，不要武大一文钱，白白地嫁与他。(24回)

（5）为因……致/因此/以此……

⑮为因不良，一时恃酒，争论斗殴，致被误杀身死，一向避罪在逃。(36回)

⑯这个来的僧人，原来是经略府军官，为因打死了人，落发为僧，二次在彼闹了僧堂，因此难着他。(6回)

⑰一个是金眼彪施恩，原是孟州牢城施管营的儿子，为因武松杀了张都监一家人

口，官司着落他家追捉凶身，以此连夜挈家逃走在江湖上。(57 回)

(6) 盖因……因此/以至/以致……

⑱小可宋江久闻三位壮士大名，欲来礼请上山，同聚大义，盖因不得其便，因此错过。(60 回)

⑲往往调兵征发，皆折兵将，盖因失其地利，以至如此。(67 回)

⑳寡人待不委你省院来，事却该你这衙门！盖因委用不得其人，以致惹起事端。(83 回)

(7) 盖为……因此/致……

㉑盖为官吏污滥，威逼得紧，误犯大罪，因此权借水泊里随时避难，只待朝廷赦罪招安。(58 回)

㉒往往剿捕，盖为不得其人，致容滋蔓。(76 回)

(8) 奈缘……因此/以此……

㉓非是敝山不纳众位豪杰，奈缘只为粮少房稀，恐日后误了足下，众位面皮不好，因此不敢相留。(19 回)

㉔本是太守便来，奈缘少华山贼人纠合梁山泊草寇要打城池，每日在彼提防，以此不敢擅离，特差小官先来贡献酒礼。(59 回)

因果连词配合使用的数量详见下表，从中我们可以发现很多因果连词不配合使用，即使配合使用，它们的用例也不是很多。

	以此	只此	为此	因此	因而	致	以致	以至	故	故是	所以
为			1	7	1						
因	8		1	11	2	1					
为是	1			3					1		1
因是											
盖因				1			1	1			
盖为				1		1					
因为	6			1							
为因	1			2		2					
奈缘	1			2							

从上表可以看出，因连词中配合使用最多的是“因”，果连词中配合使用最频繁

的是“因此”，其他用例很少。

2. 果连词配合使用

这种配合使用的用例比较少。如：

（1）“……因此……以此……”和“……以此……因此……”在《水浒传》中各有2例：

①王伦见了俺两个本事一般，因此都留在山寨里相会，以此认得你师父林冲。（17回）

②原来那大江里渔船，船尾开半截大孔，放江水出入，养着活鱼，却把竹笆拦住，以此船舱里活水往来，养放活鱼，因此江州有好鲜鱼。（38回）

（2）“……因此……以致……”在《水浒传》中仅见1例：

③元景虽知义士等忠义凛然，替天行道，奈缘不知就里委曲之事，因此天子左右，未敢题奏，以致担误了许多时。（82回）

（3）“……因而……因此……”在《水浒传》中仅有1例：

④当初他母亲梦井木犴投胎，因而有孕，后生此人，因此人唤他做井木犴郝思文。（63回）

从以上用例中我们可以看出，这种果连词的配合使用有个特别之处，即前一个果连词具有双重性质，它连接的分句既表前一分句的结果，又表后一个果连词所连接分句的原因。

二、推论因果连词

推论因果连词连接的分句提出理由或根据，后面的分句从理由或根据推出结果，香坂顺一先生把这类连词归为“条件连词”。这类假定连词比较少，用法也比较简单，其成员共有“既”、“既然”、“既是”和“既已”4个，前三个出现的频率相对较高，“既已”用例不多。

1. 既

“既”在《水浒传》中共出现了99例。如：

①哥既有包裹在寺内，我和你讨去。（6回）

②既有柴大官人的书，烦恼做甚！（9回）

2. 既然

“既然”在《水浒传》中有106例。如：

①既然天师在山顶庵中，何不着人请将下来相见，开宣丹诏？（1回）

②既然如此，客人休要烦恼，教你老母且在老夫庄上住几日。（2回）

3. 既是

“既是”在《水浒传》中有115例，是推论因果连词中用例数量最多的一个连词。如：

①既是史大郎的师父，同和俺去吃三杯。(3回)

②既是真大师长老有书札，合当同到方丈里去。(6回)

4. 既已

香坂顺一先生认为“既已”是“一个复合词”[①]，也连接表示一个既定的条件。我们同意“既已”是一个复合词的说法，不过，我们把它归为推论因果连词。“既已”在《水浒传》共出现了5例。如：

①小人是个好汉，官司既已吃了，一世也不走。(8回)

②哥哥，太公既已殁了，便到家时，也不得见了。(35回)

5. “~时”格式

与假设连词相似，推论因果连词也可以与“时”构成“~时”的格式，以加强语气。其中，“既~时”4例，“既然~时”11例，“既是~时”16例，没有“既已~时”的用例。如：

①今既如此说时，难以阻当，只是不忍分别。(42回)

②既然如此行时，权且由你写下，我只不把女儿嫁人便了。(8回)

③既是如此说时，你三人可就京师甲仗库内，不拘数目，任意选拣衣甲盔刀，关领前去，务要军马整齐，好与对敌。(55回)

6. 呼应词

此类连词有些还可以有副词“就”、“便”与它们呼应。其中用“就”作呼应的各个推论因果连词的用例数量为：“既”1例，“既然”2例，“既是”3例。如：

①殿下既用此人，就留在宫中伏侍殿下。(2回)

②兄弟既然有心上梁山泊入伙，不若将引本部人马，就同去凌州，并力攻打，此为上策。(67回)

③既是恁的，就与他众人做将息钱。(38回)

与“便”作呼应的各个连词的用例数量为：“既”12例，“既然”10例，“既是”5例。如：

④既来到此，便忙也坐一坐。(26回)

⑤既然如此，便叫庄客拣两头肥水牛来杀了，庄内自有造下的好酒，先烧了一陌顺溜纸，便叫庄客去请这当村里三四百史家庄户，都到家中草堂上，序齿坐下。

① 参见香坂顺一：《水浒词汇研究》，植田均译，李思明校，文津出版社，1992年，第376页。

(2回)

⑥既是龙君如此显灵，来日便可进兵攻打睦州。(97回)

“既已”不与“就”、“便”配合使用。从上面的数量可以看出，用“就”作呼应的共有6例，用“便”作呼应的共有27例，“便”的用例数量远多于“就”，而不是“就”更多。[1] 这是因为“‘就’用于现代书面语和口语，‘便’多见于早期白话文和现代书面语。”[2] 而《水浒传》是早期白话文著作，因而，副词“便”的数量多于“就”。

《水浒传》中推论因果连词的用法和分布情况详见下表：

词项	既		既然		既是		既已		总计	
总计	99		106		115		5		325	
百分比1%	30.46		32.62		35.38		1.54		100	
“~时”格式	4		11		16		0		31	
百分比2%	4.04		10.38		13.91		0		9.54	
呼应词	便	就	便	就	便	就	便	就	便	就
用例	12	1	10	2	5	3	0	0	27	6
百分比2%	12.12	1.01	9.43	1.89	4.35	2.61	0	0	8.30	1.85
现代汉语中	存在		存在		消失		消失			

三、表示积极的目的连词

积极目的，就是希望达到什么样的目的。在《水浒传》中，用“好”来连接积极目的的共有15例，是目的连词中用例数量最多的连词。如：

①只是山寨钱粮欠少，如何不去劫掳些来，以供山寨之用。聚积些粮食在寨里，防备官军来时，好和他打熬。(2回)

②安排大小船只，教演人兵水手，上船厮杀，好做提备，不在话下。(20回)

四、表示消极的目的连词

消极目的指的是避免某种不希望的事情发生。表示消极的目的连词有“省得

① 参见香坂顺一：《水浒词汇研究》，植田均译，李思明校，文津出版社，1992年，第377页。

② 参见北大中文系1955级、1957级语言班编：《现代汉语虚词例释》，商务印书馆，1980年，第85页。

（的）”、“免得（的）”、“免致”。它们的用例都不是很多。

1. 免得

“免得”在《水浒传》中有9例。如：

①大郎可把索来绑缚我三个出去请赏，免得负累了你不好看。(3回)

②凡事先难后易，免得后患。(46回)

2. 免的

“免的”在《水浒传》中有2例，意义和用法同“免得”。如：

①因此小人只得又将好酒请他，灌得醉了，一条索子绑缚这厮，来献与大王，表我等村邻孝顺之心，免的村中后患。(17回)

3. 省得

“省得”在《水浒传》中有5例。如：

①我那爷！你何不早通个大名，省得着我做出歹事来，争些儿伤了仁兄！(37回)

②你快去东平府里首告，拿了他去，省得日后负累不好。(37回)

4. 省的

“省的”在《水浒传》中有2例，意义和用法同“省得”。如：

①这十两原银虽是李大哥两博输与小人，如今小人情愿不要他的，省的记了冤仇。(38回)

5. 免致

“免致”在《水浒传》中有9例。如：

①斩了宋江、戴宗，免致后患。(40回)

②回军自保，免致久围。(65回)

《水浒传》中目的连词的用法分布情况详见下表：

词项	好	免得	免的	省得	省的	免致	总计
用例	15	9	2	5	2	9	42
百分比（%）	35.71	21.43	4.76	11.90	4.76	21.44	100
现代汉语中	存在	存在	消失	存在	消失	消失	

上面我们用八个小节描述了《水浒传》中连词的用法分布情况，下面我们对《水浒传》中的连词作个简单的总结。

从词项来看，《水浒传》中共有 148 个连词，分九类。九类连词按连词数目多少排列为：假设连词（32 个）、并列连词（24 个）、因果连词（24 个）、条件连词（18 个）、递进连词（16 个）、选择连词（10 个）、转折连词（10 个）、时间连词（8 个）、目的连词（6 个）。

从连词的用例数量来看，所有连词的用例共有 4 537 例，九大类连词按使用频率高低排序为：因果连词（1 230 例）、假设连词（1 158 例）、并列连词（1 158 例）、转折连词（361 例）、时间连词（194 例）、条件连词（173 例）、递进连词（128 例）、选择连词（93 例）、目的连词（42 例）。

从音节特征来看，《水浒传》中的连词可分为单音节和多音节两种形式。其中单音节连词有 32 个，占总数的 21.62%，使用频率有 2 163 次，占所有连词用例数量的 47.67%；多音节连词有 116 个，占总数的 78.38%，使用频率有 2 374 次，占所有连词用例数量的 52.33%。可以看出，多音节连词的数量远多于单音节，而多音节连词的用例数量仅比单音节略多一点。

连词既可以只在一个分句中单独使用（独用）也可以在前后分句中配合使用（合用）。连词除了相互之间配合使用外，还可以与副词配合使用。有些连词还可以连用，如“与”、“同”连用，“折莫”、“便是”连用，这种虚词的连用在近代汉语中很常见，不过，没有保留到现代汉语中。

本章参考文献

著作

1. 北京大学中文系 1955 级、1957 级语言班：《现代汉语虚词例释》，北京：商务印书馆，1982 年。

2. 北京大学中文系现代汉语教研室编：《现代汉语》，北京：商务印书馆，2000 年。

3. 冯春田：《近代汉语语法研究》，济南：山东教育出版社，2000 年。

4. 胡竹安：《水浒词典》，上海：汉语大词典出版社，1989 年。

5. 黄伯荣、廖序东：《现代汉语》（增订二版），北京：高等教育出版社，1997 年。

6. 蒋绍愚、江蓝生：《近代汉语研究》，北京：商务印书馆，1999 年。

7. 蒋绍愚：《近代汉语研究概况》，北京：北京大学出版社，1994 年。

8. 景士俊：《现代汉语虚词》，呼和浩特：内蒙古人民出版社，1980 年。

9. 刘坚、江蓝生：《近代汉语虚词研究》，北京：语文出版社，1992 年。

10. 陆俭明、马真：《现代汉语虚词散论》，北京：北京大学出版社，1985 年。

11. 吕叔湘：《现代汉语八百词》，北京：商务印书馆，2004 年。

12. 罗竹风主编：《汉语大词典》，北京：汉语大词典出版社，1989 年。

13. 王力：《汉语史稿》，北京：中华书局，1980 年。

14. 香坂顺一：《水浒词汇研究》，植田均译，李思明校，北京：文津出版社，1992 年。

15. 杨伯峻、何乐士：《古汉语语法及其发展》，北京：语文出版社，1992 年。

16. 俞光中、植田均：《近代汉语语法研究》，上海：学林出版社，1999 年。

17. 中国社会科学院语言研究所词典编辑室：《现代汉语词典》（第 5 版），北京：商务印书馆，2005 年。

18. 周刚：《连词与相关问题》，合肥：安徽教育出版社，2002 年。

19. 朱德熙：《语法讲义》，北京：商务印书馆，1982 年。

论文

1. 艾皓德：《近代汉语以“时”煞尾的从句》，《中国语文》1991 年第 6 期。

2. 蔡久林：《谈谈“以”作介词和连词的辨别问题》，《西南民族学院学报》1993 年第 5 期。

3. 曹炜：《近代汉语并列连词“并”的产生、发展及其消亡》，《语文研究》2003 年第 4 期。

4. 曹炜：《近代汉语中被忽视的“和”类虚词成员“并”》，《古汉语研究》2006 年第 4 期。

5. 邓福南：《汉语连词的语法特点及几组词的归类问题》，《求索》1982 年第 2 期。

6. 刁晏斌：《试论近代汉语语法的特点》，《辽宁师范大学学报》1991 年第 1 期。

7. 高育花：《近代汉语“和”类虚词研究述评》，《古汉语研究》1998 年第 3 期。

8. 黄盛璋：《论连词跟副词的划分》，《语文教学》1957 年第 8 期。

9. 李法白，刘镜芙：《〈水浒传〉“却”的词义初探》，《中国语文》1981 年第 1 期。

10. 李谱英：《现代汉语连词选释（二）》，《广西教育》1977 年第 5 期。

11. 李谱英：《现代汉语连词选释（三）》，《广西教育》1977 年第 6 期。

12. 李谱英：《现代汉语连词选释（一）》，《广西教育》1977 年第 4 期。

13. 李思明：《〈水浒全传〉的因果句》，《中国语文》1987 年第 2 期。

14. 李思明：《〈水浒全传〉中的并列连词》，《安庆师范学院学报》1988 年第 3 期。

15. 李思明：《〈水浒全传〉中的虚词“便”与“就”》，《安庆师范学院学报》1991 年第 1 期。

16. 李思明：《〈水浒全传〉中的选择问句》，《中国语文通讯》1982 年第 5 期。

17. 李英哲、卢卓群：《汉语连词发展过程中的若干特点》，《湖北大学学报》1997 年第 4 期。

18. 师进通:《介词兼连词“和、跟、与、同”的区别方法》,《语文知识》1987年第12期。
19. 向若:《介词跟动词、连词的关系》,《语文学习》1957年第5期。
20. 薛儒章:《连词“与”和介词“与”教学辩难》,《天津教育》1986年第6期。
21. 杨荣祥:《近代汉语中类同副词“亦”的衰落与“也”的兴起》,《中国语文》2000年第1期。
22. 于江:《近代汉语“和”类虚词的历史考察》,《中国语文》1996年第6期。
23. 余志鸿:《元代汉语的后置词系统》,《民族语文》1992年第3期。
24. 张万起:《连词“所以”产生的时代》,《语文研究》1984年第4期。

《水浒传》中的人称代词多达 37 个，可以分为六大类：第一人称代词、第二人称代词、第三人称代词、反身代词、旁称代词、统称代词。

第五章 《水浒传》的代词系统

第一节　人称代词

《水浒传》中的人称代词多达37个，可以分为六大类：第一人称代词、第二人称代词、第三人称代词、反身代词、旁称代词、统称代词。

一、第一人称代词

《水浒传》中的第一人称代词共有“我”、“我们”、“我等”、“俺”、“俺们”、“俺等”、“俺家”、“洒家”、“洒家等”、“洒家们”、“吾”、“朕”、“咱”、“咱家”、“咱们”、“某”、“某等”17个，其数量之多，远远超出了现代汉语中的第一人称代词。但是，这些代词在书中的分布情况是不尽相同的。有的出现频率高些，如“我”、“我们”、“我等”、“俺”；有的出现频率低些，如“吾”、“洒家”、“某”、“俺们”、“朕”、“某等”；有的甚至出现频率极低，只在少数几回中出现，如“俺家”、“俺等”、“咱”、“咱家”、“咱们”、“洒家们”。它们在《水浒传》中的分布情况详见下表：

词项	我	我们	我等	俺 俺家	俺们 俺等	洒家 洒家等 洒家们	吾	朕	咱 咱家 咱们	某	某等
次数	3 822	365	151	329	43	213	101	21	6	58	12
百分比（%）	74.63	7.13	2.95	6.42	0.84	4.16	1.97	0.41	0.12	1.13	0.23

（一）我

《水浒传》中“我”共有3 822个用例，占全部第一人称代词的74.63%。主要作主语、宾语、定语，也有作兼语的。

（1）作主语，数量最多，分布最广，用法也最为复杂。共有1 996个用例，占其全部用法的52.22%。

第一，绝大多数单独用作主语。如：

①陆谦道：“我同兄长去吃三杯解闷。”(7回)

②我这几日没道路，又赌输了，没一文。(37回)

第二，通过连词“和”等跟其他人称代词或名词组成联合结构，作主语。如：

③不成我和你受用快乐，倒教家中老父吃苦！(42回)

④既是如此说时，我和燕青上山寨报知哥哥，别做个道理。(62回)

第三，作句中主谓短语的主语。如：

⑤你道我晦鸟气么！(43 回)

⑥你可回他话道，只说我卧病在床，动止不得，难以相见，改日却得拜会。(48 回)

(2) 作宾语，共有 696 个用例，占其全部用法的 18.21%。

第一，单独作宾语，最为普遍。如：

⑦休要撞着我，只教他骨肉为泥！(10 回)

⑧武松道："且随我来，正要你们与我证一证。"(26 回)

第二，作双宾语中的间接宾语。如：

⑨小人素不认得尊官，何故与我金子？(9 回)

⑩你若是如此，便强似送我金帛。(50 回)

第三，通过连词"和"与第二人称代词"你"组成联合结构，作宾语。但这样的用例远远少于作主语的"我"在相同情况下的用例，仅有 2 例。如：

⑪做出事来，须连累了我和你。(10 回)

⑫这胡敲正比着我和你，空有冲天的本事，无人提挈，何能振响。(90 回)

(3) 作定语，共有 774 个用例，占其全部用法的 20.25%。如：

⑬今夜天色晚了，请教授权在我家宿一宵，明日却再计较。(15 回)

⑭这两个是我的兄弟，不知因甚罪犯下在牢里？(49 回)

(4) 作兼语，共有 323 个用例，占其全部用法的 8.45%。如：

⑮你只做个小主人，请我吃三杯，我便说与你。(25 回)

⑯敢是把这些点心与我吃了，却来对付我？(28 回)

在考察中，我们发现《水浒传》中有 7 例"我"出现在句子后面，前面没有任何给予意义的动词。但根据具体语境，这里的"我"仍然应该看作兼语。如：

⑰自把头上拔下一把头发，递与杨志："你且吹我看。"(12 回)

⑱生受大嫂，今夜醒睡些个，半夜里调来我吃。(25 回)

(5) 在由"被"、"吃"组成的介词结构中充当施事宾语，共有 33 个用例，占其全部用法的 0.86%。如：

⑲宋江道："你女儿忒无礼，被我杀了！"(21 回)

⑳二年前，有个头陀打从这里过，吃我放翻了，把来做了几日馒头馅。(31 回)

(6) 与数量短语或其他名词性短语连用，构成同位短语不再表示单数意义，而是表示复数意义。既可作主语（例 21）、宾语（例 22）、定语（例 24），也可作兼语（例 23）；且作主语的用例比较多，作宾语的用例较少，作兼语有 15 例，作定语更少，只有 6 例。如：

㉑今日上元佳节，我母子们却待家筵数杯。(72回)
㉒樊瑞那人，无我两个，如何行得？(60回)
㉓你倒将去请功，教我兄弟两个吃限棒！(49回)
㉔若就那里城下厮并，不见了我弟兄们日前的义气。(85回)

“我”的这种用法的用例还是很多的。可见，上古汉语中人称代词没有单复数之分，在元末明初的近代汉语中还存在这种情况。而在现代汉语中，人称代词的单复数则区别明确，分工精细。

此外，“我”有时也与第二人称代词“你”对指，没有特定的指向对象，只是表示一种虚指，多出现在主谓短语中。如：

㉕只见两个公人瞪了双眼，口角边流下涎水来，你揪我扯，望后便倒。(36回)
㉖既是伯伯不肯，我们今日先和伯伯拼个你死我活！(49回)

在《水浒传》中，“我”还与结构助词“的”构成“的”字短语，可作主语和宾语。如：

㉗我的是报晓鸡，店内少他不得。(46回)
㉘李逵道：“这两条腿方才是我的了。”(53回)

《水浒传》中第一人称代词“我”的主要用法及其分布情况详见下表：

用法	作主语	作宾语	作定语	作兼语	介词结构中作施事成分
次数	1 996	696	774	323	33
百分比（%）	52.22	18.21	20.25	8.45	0.86

（二）我们

“我们”作为第一人称代词“我”的复数形式，在宋元时期就已出现，如《京本通俗小说》里就有这样一例：“这里也不是人去处，我们去休”①。

在《水浒传》中，“我们”共有365个用例，占全部第一人称代词的7.13%。其主要用法基本上与“我”一致。

（1）作主语，使用频率最高，共有219个用例，占其全部用法的60.00%。绝大多数单独作主语，仅有7例与表示复数的名词性成分连用，5例作句中主谓短语的主语。如：

①隔湖有几处酒店，我们就在船里荡将过去。(15回)
②我们大家吃块新鲜肉。(32回)

① 参见吕叔湘著、江蓝生补：《近代汉语指代词》，学林出版社，1985年，第65页。

③倘或只道我们来收捕他，不是耍处。(35 回)

(2) 作宾语，共有 80 个用例，占其全部用法的 21.92%。一般都是单独作宾语，仅有 6 例与数量短语或别的名词性短语连用作宾语。如：

④虽然救了一人，却也难得史进为义气上放了我们。(2 回)

⑤呼延灼见宋江说誓，便道："兄长此言，要我们弟兄何用!"(70 回)

此外，另有 1 例"我们"与结构助词"的"组成"的"字结构短语，作宾语。如：

⑥我等端的三日没饭吃，却才去村里抄化得这些粟米，胡乱熬些粥吃，你又吃我们的。(6 回)

(3) 作定语，共有 20 个用例，占其全部用法的 5.48%。一般单独作定语，且不加"的"，仅有 1 例与表示复数的名词连用作定语。如：

⑦只这个白胜家，便是我们安身处，亦还要用了白胜。(16 回)

⑧他那时又打了你，又得了我们许多金银酒器去，如何倒有见怪之心?(57 回)

(4) 作兼语，共有 46 个用例，占其全部用法的 12.60%。一般单独作兼语，仅 2 例与表示复数的名词性短语连用作兼语。如：

⑨大娘子，你家这酒好生淡薄，别有甚好的，请我们吃几碗。(27 回)

⑩宋江问道："缘何不卖与我们吃?"(37 回)

在《水浒传》中，有 2 例"我们"前面没有任何给予意义的动词，但是根据具体语境，这里的"我们"也应该作为兼语处理。如：

⑪太公既有执凭，把将来我们看，抄去县里回话。(22 回)

⑫李逵道："你庄里有饭，讨些我们吃。"(73 回)

《水浒传》中第一人称代词"我们"的主要用法及其分布情况详见下表：

用法	作主语	作宾语	作定语	作兼语
次数	219	80	20	46
百分比（%）	60.00	21.92	5.48	12.60

(三) 我等

在《水浒传》中除了上面的"我们"外，还有"我等"。有的研究者认为，"第一、二人称代词 + 等"表示复数的形式早在战国以后就逐渐出现了，但严格地说，它们并不是真正意义上的代词复数形式，"我等"、"你等"就相当于"我们这些

(人)”、“你们这些(人)”,“等”并非表示复数的词尾①。香坂顺一先生则认为,“等”是端母字表复数的代表之一②,其他学者,如卢烈红等也认同“我等”为复数形式③。我们这里亦将“我等”作为第一人称代词的复数形式来加以讨论。

在《水浒传》中,“我等”在总量上远不及“我们”多,共有151个用例,只相当于“我们”的一半还不到,占全部第一人称代词的2.95%。其主要用法跟“我们”基本上是一致的。

(1)作主语,共有112个用例,占其全部用法的74.17%。一般单独作主语,只有22例与其他表示复数意义的名词性短语连用作主语。如:

①我等就英雄手内请死,并无怨心。(2回)

②我等众军围许多时,如何杳无救军来到?(64回)

相对于“我们”的6例此类用法,“我等”就占了优势了,这说明“我等”的独立应用能力要比“我们”差些,更具文言化,这也正是现代汉语里“我们”仍然存在,而“我等”已经不再被大众所使用的原因。

(2)作宾语,共有10个用例,占其全部用法的6.62%。其中7例后面紧跟表示复数的名词性短语,3例“我等”单独用作宾语。如:

③原来白胜已自捉在济州大牢里了,供出我等七人。(18回)

④省院官甚是不喜我等,今又做出这件事来,正中了他的机会。(83回)

(3)作定语,后面都不加结构助词“的”,个别加“之”,体现了文言性质。共有14个用例,占其全部用法的9.27%。其中7例单独作定语,另外7例是与其他名词性成分连用作定语。如:

⑤我等山寨如何及得!(35回)

⑥被擒捉者,俱得天佑,非我等众人之能也。(71回)

(4)作兼语,共有15个用例,占其全部用法的9.93%。一般单独作兼语,仅有1例与其他集体名词连用作兼语。如:

⑦这厮两个把梁山泊好汉的名目去偷鸡吃,因此连累我等受辱。(47回)

⑧宋公明差我等在此迎接。(64回)

《水浒传》中第一人称代词“我等”的主要用法及其分布情况详见下表:

---

① 参见沈文君:《〈二刻拍案惊奇〉代词研究》,西北大学硕士学位论文,2005年,第9页。

② 参见[日]香坂顺一:《水浒词汇研究(虚词部分)》,文津出版社,1992年,第8页。

③ 参见卢烈红:《〈古尊宿语要〉代词助词研究》,武汉大学出版社,1998年,第14页。

用法	作主语	作宾语	作定语	作兼语
次数	112	10	14	15
百分比（%）	74.17	6.62	9.27	9.93

（四）俺、俺家、俺们、俺等

吕叔湘先生认为，“俺”初见于宋人词和金人的两种诸宫调，“是‘我们’的合音”，用于复数，也可用于单数，而且“领格比非领格更多”①。《水浒传》中“俺”的使用情况基本同此。

在《水浒传》中，“俺”共有325个用例，“俺”有时也作“俺家”，全书共有4个用例，两者加起来共有329个用例，占全部第一人称代词的6.42%。“俺们”、“俺等”是“俺”的复数形式，分别有38个用例、5个用例，两者加起来共有43个用例，占全部第一人称代词的0.84%。

“俺”的主要用法有：

（1）作主语，共有121个用例，占其全部用法的37.23%。一般单独作主语，少数与数量短语或其他名词性短语连用作主语，另有3例作句中主谓短语的主语。如：

①俺去林子里且歇一夜，明日却上山去。(17回)

②你们自回去，说与那蔡九知府贼驴知道，俺梁山泊好汉们权寄下他那颗驴头，早晚便要来取！(41回)

在《水浒传》中，“俺家”共有4个用例，作主语3例，作定语1例。如：

③俺家见当里正，正要来拿你这伙贼。(2回)

④俺家的酒，虽是村酒，却比老酒的滋味。但凡客人来我店中吃了三碗的，便醉了，过不得前面的山冈去。(23回)

（2）作宾语，共有37个用例，占其全部用法的11.38%。基本上都是单独作宾语，仅有3例与数量短语或其他名词性短语连用作宾语，1例用作双宾语中的间接宾语。如：

⑤老人家，如何恁地下礼？折杀俺也。(4回)

⑥山寨里原有杜迁、宋万、朱贵，和俺弟兄七个，共是十一个头领。(20回)

在《水浒传》中，有1例“俺”与结构助词“的”构成“的”字结构作宾语。如：

⑦这干系须是俺的！(16回)

（3）单独作定语，共有132个用例，占其全部用法的40.62%。这是“俺”的最

① 参见吕叔湘著、江蓝生补：《近代汉语指代词》，学林出版社，1985年，第78页。

主要用法。如：

⑧庄客道："来俺庄上有甚事?"（2 回）

⑨休说拆开了太师府书札，便有利害，俺这里兀自要和大宋皇帝做个对头的！（39 回）

（4）作兼语，共有 32 个用例，占其全部用法的 9.85%。一般单独作兼语，仅有 2 例与表示复数的名词性成分连用作兼语。如：

⑩董超道："这位官人请俺说话。"（8 回）

⑪因此衙内病患看看重了，太尉特使俺两个央浼二位干这件事，不想而今完备了。（10 回）

（5）在"被"字结构短语中充当施事成分，共有 3 个用例，占其全部用法的 0.92%。如：

⑫俺见这厮们悭吝，被俺卷了若干金银器撇开他。（57 回）

⑬天山勇道："这个蛮子已被俺一弩箭射中脖子，多是死了也！"（84 回）

《水浒传》中第一人称代词"俺"的主要用法及其分布情况详见下表：

用法	作主语	作宾语	作定语	作兼语	介词结构中作施事成分
次数	121	37	132	32	3
百分比（%）	37.23	11.38	40.62	9.85	0.92

在《水浒传》中，"俺们"的主要用法有：

（1）作主语，共有 26 个用例，占其全部用法的 68.42%。一般单独作主语，仅有 2 例后面跟表示复数的名词，2 例作句中主谓短语的主语。如：

①俺们再饮两杯，却去城外闲玩一遭。（38 回）

②俺们各守山寨，保护山头，本不去救应的是。（57 回）

（2）作宾语，共有 4 个用例，占其全部用法的 10.53%。如：

③他和强人做一路，把蒙汗药将俺们麻翻了，缚了手脚，将金宝都掳去了。（17 回）

④今因祝家庄要和俺们做对头，经过此间，特献采段名马羊酒薄礼，只求一见，别无他意。（48 回）

（3）作定语，共有 4 个用例，占其全部用法的 10.53%。如：

⑤这片菜园是俺们衣饭碗，大相国寺里几番使钱要奈何我们不得。（7 回）

⑥这黑大汉是俺们兄弟，你且饶了他，上岸来说话。（38 回）

（4）作兼语，共有4个用例，占其全部用法的10.53%。如：

⑦把水酒做御酒来哄俺们吃！（75回）

《水浒传》中第一人称代词“俺们”的主要用法及其分布情况详见下表：

用法	作主语	作宾语	作定语	作兼语
次数	26	4	4	4
百分比（%）	68.42	10.53	10.53	10.53

同样，作为“俺”复数形式的“俺等”就更少见了，共有5个用例，其用法也简单得多，主要用作主语，有4个用例，且有2例是与表示复数的名词性词语连用的。如：

①我哥哥敬员外十分，俺等众人当敬员外十二分。（62回）

②俺等按兵不动，待汝速去快来。（89回）

还有1例“俺等”单独用作宾语。如：

③你既有这个活佛罗汉在彼，何不早说，与俺等同去参礼，求问前程。（89回）

（五）洒家、洒家们、洒家等

“洒家”在《水浒传》中只有鲁智深、杨志使用。这种情况出现的原因正如杨志所说的，他们俩均为关西人，“洒家”应是他们家乡的方言。“洒家们”、“洒家等”是“洒家”的复数形式，在全书中只出现个别用例。

在《水浒传》中，“洒家”（包括“洒家们”、“洒家”等）共有213个用例，占全部第一人称代词的4.16%。其主要用法有：

（1）作主语，共有131个用例，占其全部用法的61.50%。一般单独作主语，有12例作句中主谓短语的主语，2例与结构助词“的”构成“的”字结构。如：

①洒家是经略府提辖，姓鲁，讳个达字。（3回）

②杨志道：“你怎地知道洒家是杨制使？”（17回）

在《水浒传》中，“洒家等”、“洒家们”只作主语。如：

③洒家等先在这里和那撮鸟们厮杀。（58回）

④若兄长还推让别人，洒家们各自都散！（68回）

（2）单独作宾语，共有51个用例，占其全部用法的23.94%。如：

⑤好汉既然认得洒家，便还了俺行李，更强似请吃酒。（12回）

⑥叵耐那撮鸟，连输与洒家两遍。（17回）

（3）作定语，共有16个用例，占其全部用法的7.51%。如：

⑦你们不得洒家言语，胡乱便要买酒吃，好大胆！(16回)

⑧洒家心已成灰，不愿为官，只图寻个净了去处，安身立命足矣。(99回)

(4) 作兼语，共有15个用例，占其全部用法的7.04%。如：

⑨俺是五台山来的僧人，粥也胡乱请洒家吃半碗。(6回)

⑩相国寺里着洒家看守菜园。(89回)

在《水浒传》中，“洒家”除了以上的主要用法外，还有2例作“被”字结构中的施事成分。如：

⑪洒家不瞒你说，因为你上，就那日回到状元桥下，正迎着郑屠那厮，被洒家三拳打死了。(4回)

⑫洒家自从在乌龙岭上万松林里厮杀，追赶夏侯成入深山里去，被洒家杀了。(99回)

《水浒传》中第一人称代词“洒家”（包括“洒家们”、“洒家”等）的主要用法及其分布情况详见下表：

用法	作主语	作宾语	作定语	作兼语
次数	131	51	16	15
百分比（%）	61.50	23.94	7.51	7.04

（六）吾

“吾”作为第一人称代词，从先秦到魏晋时期曾被大量使用，到了近代汉语则并不多见。虽然都是“我”字系列的人称代词，但在《水浒传》中，“我”和“吾”却不是随便通用的，一般情况下都使用“我”，以“吾”代“我”是为了表达一定的语感而特意为之的。我们发现，《水浒传》中的九天玄女娘娘、得道高僧（智真长老）以及法术高强的道长（公孙胜）、真人（罗真人）全部使用“吾”，其他主要使用者还有宋江、吴用、柴进等，他们均非凡夫俗子，或为神道，或有地位，或有才智，或出身显赫，用“吾”是地位、智慧的表现，是一种高贵身份的象征。其他人，如雷横、高俅等使用“吾”则是故意要向对方显示自己高人一等，含有鄙视对方的语义色彩。由此可知，“吾”在佛道世界、知识阶层或官宦之间的使用频率还是比较高的，只是在寻常百姓交往中间已经不用了。

在《水浒传》中，“吾”共有101个用例，占全部第一人称代词的1.97%。其主要用法有：

(1) 作主语，共有30个用例，占其全部用法的29.70%。如：

①吾有四句天言，汝当记取，终身佩受，勿忘于心，勿泄于世。(42回)

②宋江道：“吾看关胜义气凛然，始终如一，军师不必见疑。”(67回)

(2) 作宾语,共有 19 个用例,占其全部用法的 18.81%。如:

③雷横在马上大笑,喝道: "匹夫,死在眼前尚且不知,怎敢与吾决战!"(77 回)

④王文德听了大怒,骂道:"反国草寇,怎敢辱吾!"(78 回)

(3) 作定语,直接修饰名词,中间偶尔出现助词"之",但不出现助词"的",体现了文言色彩。共有 51 个用例,占其全部用法的 50.50%。如:

⑤吾弟子既脱火坑,学炼长生,何得再慕此境?(53 回)

⑥吾弟子记取其言,休忘了本来面目。(90 回)

除了以上的主要用法外,《水浒传》中还有 1 处用例,"吾"在由"被"组成的介词结构中充当施事成分。如:

⑦兀颜小将已被吾生擒在此。(87 回)

《水浒传》中第一人称代词"吾"的主要用法及其分布情况详见下表:

用法	作主语	作宾语	作定语
次数	30	20	51
百分比(%)	29.70	19.80	50.50

(七) 朕

"朕"在秦以前指"我的"或"我",只是一个普通的第一人称代词,使用者并不分贵贱高低。自秦始皇起就专用作皇帝自称了,《水浒传》中"朕"也只有宋徽宗一人使用。可见,在元末明初时期,"朕"在民间口语中就已经不存在了。全书共有 21 个用例,占全部第一人称代词的 0.41%。其主要用法如下:

(1) 作主语,最常见,共 11 个用例,占其全部用法的 52.38%。如:

①朕承祖宗之大业,开日月之光辉,普天率土,罔不臣伏。(75 回)

②朕自即位以来,任贤之心,夙夜靡怠。(83 回)

(2) 作宾语,仅 2 个用例,占其全部用法的 9.52%。如:

③爱卿近前,与朕攀话。(72 回)

④寡人已自差人暗行体察,深知备细,尔等尚自巧言令色,对朕支吾!(83 回)

(3) 作定语,共 8 个用例,占其全部用法的 38.10%。如:

⑤天子云:"卿言甚当,正合朕意。"(74 回)

⑥赦书到日,莫负朕心,早早归降,必当重用。(82 回)

《水浒传》中第一人称代词"朕"的主要用法及其分布情况详见下表:

用法	作主语	作宾语	作定语
次数	11	2	8
百分比（%）	52.38	9.52	38.10

（八）咱、咱家、咱们

“咱”、“咱家”作为第一人称代词在《水浒传》中分别出现过3次、2次，而且分布相当不均匀：“咱”除了第17回中出现过1次外，其余2例分别出现在第87和第88回中；“咱家”只出现在第36回薛永的话语里；“咱们”也只在第85回中出现过1次。

在《水浒传》中，“咱”（包括“咱家”、“咱们”）共有6个用例，占全部第一人称代词的0.12%。它们的用法也很简单，基本用作宾语，个别用作句中主谓短语的主语。如：

①杨志道：“待俺回来还你，权赊咱一赊。”（17回）

②恁地一个有名的揭阳镇上，没一个晓事的好汉抬举咱家！（36回）

③俺两个出家人，被军马赶的紧，救咱们则个！（85回）

④你军中休放冷箭，看咱打你这个小阵。（87回）

其中，前三例中的“咱”、“咱家”、“咱们”作宾语，例④中的“咱”作句中主谓短语的主语。

值得指出的是，《水浒传》中的这一例“咱们”并不是我们通常意义上的“包括式第一人称代词复数”，它是复指前面的“俺两个出家人”，实际意义上相当于“我们”。

（九）某、某等

“某”在先秦文献中就已被较多地使用，用于代替人名。从最初的代替第三身姓名，到后来的代替第一身姓名，这种称代功能的转变，使得“某”从表面上看很像第一人称代词，而事实上这只是一种“文字上的替代”，“这种文字上的替代被后人误会了，以为古人有自称某的办法”，这样“某”就被误用为第一人称代词了。[①]“当然，误用也是一种客观存在，如果这种误用扩散为一种普遍现象，那么我们就应该承认，‘某’在后来已成为第一人称代词。”[②]

《水浒传》中，“某”共有58个用例，占全部第一人称代词的1.13%。其主要用法如下：

（1）作主语，共有40个用例，占其全部用法的68.97%。如：

---

① 参见吕叔湘著、江蓝生补：《近代汉语指代词》，学林出版社，1985年，第46页。

② 参见卢烈红：《〈古尊宿语要〉代词助词研究》，武汉大学出版社，1998年，第21页。

①某与宋公明哥哥面前，多曾举你。(67 回)

②柴进道："某乃姓柯名引，一主一仆，投上国而来，别无他故。"(96 回)

(2) 作宾语，仅 1 个用例，占其全部用法的 1.72%。如：

③义士可叫一个精细之人，跟随某去。(80 回)

(3) 作定语，共有 8 个用例，占其全部用法的 13.79%。如：

④论某愚意，招安一事最好。(75 回)

⑤据某愚意，相留恩相游玩数日。(82 回)

在《水浒传》中，"某"作定语可以直接修饰双音节词，修饰单音节词时则需加结构助词"的"或"之"。

(4) 作兼语，共有 9 个用例，占其全部用法的 15.52%。如：

⑥朝廷因此就差某来催并军士前向，早要取胜。(88 回)

《水浒传》中第一人称代词"某"的主要用法及其分布情况详见下表：

用法	作主语	作宾语	作定语	作兼语
次数	40	1	8	9
百分比（%）	68.97	1.72	13.79	15.52

《水浒传》中，"某等"作为第一人称代词"某"的复数形式，共有 12 个用例，主要用作主语和兼语。

(1) 单独作主语或与复数名词连用作主语，共有 10 个用例。如：

①某等怎敢邀截太尉，只欲求请太尉上岸，别有禀复。(59 回)

②某等众人，正欲如此与国家出力，立功立业，以为忠臣。(83 回)

(2) 作兼语，仅 2 个用例。如：

③沧州大尹行移文书，画影图形，捉拿犯人林冲，特差某等在此守把。(11 回)

④父亲陈观特遣某等弟兄，献纳白米五万石，船三百只，精兵五千，来谢枢密恩相保奏之恩。(91 回)

通过以上对《水浒传》中第一人称代词的具体分布情况初步的整理和考察，我们注意到，在第一人称代词系统中，"我"共有 3 822 个用例，占第一人称代词总量的 74.63%，而"吾"仅 101 个用例，只占了第一人称代词总量的 1.97%。这也有力地印证了："上古汉语里第一人称代词主要是'吾'、'我'，到魏晋南北朝时期'我'占了压倒性的优势，之后'我'就一直是汉语最常用和最重要的第一人称代词，这种情况直到现代汉语中仍是如此。”[①]

二、第二人称代词

《水浒传》中的第二人称代词主要有“你”、“你家”、“你们”、“你等”、“汝”、“汝等”、“尔”、“尔等”、“恁”、“恁们”等10个。这10个第二人称代词的使用情况是极不均衡的，“你”的数量最多，其次是“你们”、“你等”，“汝”、“汝等”的使用频率则很低，至于“尔”、“尔等”、“恁”、“恁们”等4个就只是在个别场合才出现了。它们的整体分布情况详见下表：

词项	你	你家	你们	你等	汝	汝等	尔 尔等	恁 恁们
次数	3 585	20	205	46	69	36	8	5
百分比（%）	90.21	0.50	5.16	1.16	1.74	0.91	0.20	0.13

（一）你

吕叔湘先生认为，“你”无论是从语音上还是字形上都是古代“爾”的演化结果。[②] 唐时还有一些“阿你”的用例[③]，至宋时已经不多见了，如《古尊宿语要》中仅出现1例“阿你”[④]。《水浒传》中则没出现“阿你”。

《水浒传》中，“你”作为第二人称代词使用频率相当高，共有3 585个用例，占全部第二人称代词的90.21%。其主要用法如下：

（1）作主语，使用频率最高，共有2 075个用例，占其全部用法的57.88%。一般单独作主语，有时通过连词“和”、“与”跟其他人称代词或名词组成联合结构或同位结构作主语，有时作句中主谓短语的主语。如：

①智深问道：“史大郎，自渭洲别后，你一向在何处？”（6回）

②刘唐兄弟，你和学究先生且把财赋老小装载船里，径撑去李家道口左侧相等。（19回）

③我却有个去处，我也有心要去多时，只不知你夫妇二人肯去么？（49回）

（2）作宾语，共有771个用例，占其全部用法的21.51%。

第一，大多数单独作宾语。如：

④亦且高俅那厮见掌军权，他如何肯容你？（12回）

⑤哥哥不知，兄弟是心腹弟兄，我舍着条性命来救你。（18回）

① 参见蒋绍愚、曹广顺主编：《近代汉语语法史研究综述》，商务印书馆，2005年，第32页。
② 参见吕叔湘著、江蓝生补：《近代汉语指代词》，学林出版社，1985年，第3～4页。
③ 参见吕叔湘著、江蓝生补：《近代汉语指代词》，学林出版社，1985年，第5页。
④ 参见卢烈红：《〈古尊宿语要〉代词助词研究》，武汉大学出版社，1998年，第24页。

第二，作双宾语中的间接宾语。如：

⑥我赏你三五两银子也不打紧，却恨今日忘记带来。(51 回)

⑦我教你一个法则，唤做负荆请罪。(73 回)

第三，与结构助词“的”组成“的”字结构作宾语，有 11 个用例。如：

⑧洒家又不白吃你的，管俺怎地！(4 回)

⑨武行者喝道：“怎是老爷蛮法？我白吃你的？”(32 回)

另外，还有 2 例“你”与“我”通过连词“和”组成联合短语作宾语。如：

⑩做出事来，须连累了我和你。(10 回)

⑪这胡敲正比着我和你，空有冲天的本事，无人提挈，何能振响。(90 回)

(3) 作定语，共有 398 个用例，占其全部用法的 11.10%。如：

⑫李俊说道：“最好，最好。便到你庄上去。”(37 回)

⑬虽是军师严令，论齿序，他也是你哥哥。(52 回)

(4) 作兼语，共有 331 个用例，占其全部用法的 9.23%。如：

⑭宋江日后好歹要与兄弟完娶一个，教你欢喜便了。(32 回)

⑮戴宗道：“谁着你夜来私买酒肉吃！”(54 回)

《水浒传》中有 1 例“你”出现在句子后面，前面未出现给予意义的动词。我们认为这个“你”也应该看成是兼语。如：

⑯耐心坐一坐，我去寻水来你吃。(43 回)

(5) 在由介词“被”、“吃”组成的介词结构中作施事成分，共有 10 例，占其全部用法的 0.28%。如：

⑰他被你公然夺了人来，急使人来抢，又被你一吓，尽都散了。(33 回)

⑱我自好几日接得这个主顾，却是不摇拢来，倒吃你接了去。(37 回)

(6) 与名词性词语或短语连用，一起作主语、宾语、定语、兼语。有两种情况：

第一，与表单数的名词性词语连用。如：

⑲你这个贼配军，见我如何不下拜，却来唱喏？(9 回)

⑳我正要和张三两个做夫妻，单单只多你这厮，今日也撞在我手里。(21 回)

在对众多的用例进行分析时，我们发现“你”后面紧跟的都是由指示代词“这”与“那”构成的名词性短语，而且这种用法常常带有明显轻视对方的感情色彩。

第二，与表示复数的数量短语或其他名词性短语连用，“你”不再表示单数，而具有了复数意义。如：

㉑你两个撮鸟的头，硬似这松树么？(9 回)

㉒如今配去沙门岛，路途遥远，他又没一文，教你两个空费了盘缠，急待回来，也得三四个月。(62 回)

除了以上的主要用法外，“你”也可以表虚指。关于这一点在上文“我”的用法分析中已经涉及，这里就不再重复了。

《水浒传》中第二人称代词“你”的主要用法及其分布情况详见下表：

用法	作主语	作宾语	作定语	作兼语
次数	2 075	771	398	331
百分比（%）	57. 88	21. 51	11. 10	9. 23

（二）你家

吕叔湘先生认为，这里的“家”字是代词的词尾。作领格用时，里面的“家”字作实字解，保持其原意；不作领格用时，里面的“家”字似是一个“赘疣”。[①]

在《水浒传》中，“你家”作为第二人称代词出现的频率并不高，共有 20 个用例，占全部第二人称代词的 0. 50%。主要用作主语、宾语和定语。

（1）作主语，共有 6 例，占其全部用法的 30%。如：

①李逵道：“你家在哪里住?”(54 回)

②史进便问道：“你家莫不有甚事，这般失惊打怪?”(69 回)

（2）作宾语，共有 4 例，占其全部用法的 20%。如：

③胡乱卖些与洒家吃，俺须不说是你家便了。(4 回)

④如今哥哥要来打城借粮，我把你家备细说了。(69 回)

（3）作定语，共有 10 例，占其全部用法的 50%。如：

⑤武松又问道：“娘子，你家丈夫却怎地不见?”(27 回)

⑥和尚又道：“你家这个叔叔，好生利害!”(45 回)

《水浒传》中第二人称代词“你家”的主要用法及其分布情况详见下表：

用法	作主语	作宾语	作定语
次数	6	4	10
百分比（%）	30	20	50

（三）你们

在《水浒传》中，“你们”共有 205 个用例，占全部第二人称代词的 5. 16%。其

① 参见吕叔湘著、江蓝生补：《近代汉语指代词》，学林出版社，1985 年，第 87 ~89 页。

主要用法如下：

（1）作主语，共有123个用例，占其全部用法的60.00%。一般都是单独作主语，有18例与表示复数的数量短语或其他名词性短语连用作主语，仅有2例作句中主谓短语的主语。如：

①你们众人不听杨提辖的好言语，今日送了我也！（17回）

②你们若要长做夫妻，每日同一处不担惊受怕，我却有一条妙计。（25回）

（2）作宾语，共有40个用例，占其全部用法的19.51%。一般都是单独作宾语，仅有4例与表示复数的数量短语或其他名词性短语连用作宾语。如：

③山寨上有几个好汉，闻我的名字，怕他下山来夺我，枉惊了你们。（36回）

④我不杀你们，只要捉黄文炳这厮！（41回）

（3）作定语，共有9个用例，占其全部用法的4.39%。几乎都是单独作定语，而且一般直接修饰名词性词组，仅有1例与表示复数的数量短语或其他名词性短语连用作定语。如：

⑤你们船上活鱼，把两尾来与我。（38回）

⑥如今朝廷赦你们罪犯，特来招安，如何披甲前来？（80回）

（4）作兼语，共有33个用例，占其全部用法的16.10%。绝大多数都是单独作兼语，仅有3例与表示复数的数量短语或其他名词性短语连用作兼语。如：

⑦如今欲要请你们去商议，聚几个好汉，向山凹僻静去处，取此一套富贵，不义之财，大家图个一世快活。（15回）

⑧李逵道："若还缺了我酒食，我便飞了去，教你们受苦！"（53回）

此外，"你们"还可在由"被"构成的介词结构中充当施事成分，不过全书中只有1个用例。如：

⑨打从这里经过，雇倩庄家挑那担儿，不想被你们夺了。（12回）

《水浒传》中第二人称代词"你们"的主要用法及其分布情况详见下表：

用法	作主语	作宾语	作定语	作兼语
次数	123	40	9	33
百分比（%）	60.00	19.51	4.39	16.10

（四）你等

在《水浒传》中，"你等"共有46个用例，占全部第二人称代词的1.16%。其主要用法有：

（1）作主语，共有35个用例，占其全部用法的76.09%。一般是单独作主语，有时与表示复数的名词性词组连用作主语。如：

①你等休慌，洒家但打翻的，你们只顾缚了，解去官司请赏。（5回）

②武松与众人入到店里坐下，喝道："你等快收拾起身！"（30回）

（2）与表示复数的名词性词组连用，一起作宾语，共有2个用例，占其全部用法的4.35%。如：

③白胜已自拿在济州大牢里了，供出你等六人。（18回）

④济州府差一个何缉捕，带领若干人，奉着太师府钧帖并本州文字来捉你等七人，道你为首。（18回）

（3）作定语，共有2个用例，占其全部用法的4.35%。1例是单独作定语，另1例与表示复数的名词性词组连用作主语。如：

⑤须用你等身边将带火炮、火刀、火石，直要去他寨背后放起号炮火来，便是你干大事了。（98回）

⑥愿求你等四位大名。（93回）

（4）作兼语，共有7个用例，占其全部用法的15.22%。其中3例单独作兼语，4例与表示复数的名词性词组连用作兼语。如：

⑦量你等只是梁山泊一伙打家劫舍的草贼，宋朝合败，封你为先锋，领兵侵入吴地，我今直把你诛尽杀绝，方才罢兵！（93回）

⑧如此如此，教你等众将行计。（98回）

《水浒传》中第二人称代词"你等"的主要用法及其分布情况详见下表：

用法	作主语	作宾语	作定语	作兼语
次数	35	2	2	7
百分比（%）	76.09	4.35	4.35	15.22

（五）汝、汝等

在《水浒传》中，"汝"、"汝等"的主要使用者与第一人称代词中"吾"的主要使用者一样，都是上界神仙（九天玄女娘娘）、得道高僧（智真长老）、法术高强的道士（罗真人），以及皇帝、宋江或其他官僚。可见，在近代汉语中，"汝"、"汝等"已经不在普通百姓中使用了。

在《水浒传》中，"汝"共有67个用例，占全部第二人称代词的1.69%。其主要用法有：

（1）作主语，共有26个用例，占其全部用法的38.81%。一般单独作主语，仅有2例与名词性词语连用作主语。如：

①我有片言，汝当记取。(53 回)

②玄女娘娘曰："汝知混天象阵法否?"(88 回)

(2) 作宾语，共有 17 个用例，占其全部用法的 25.37%。一般单独作宾语，有时作双宾语中的间接宾语，仅有 1 例与表示复数的名词连用作宾语。如：

③若是他日罪下酆都，吾亦不能救汝。(42 回)

④吾今传授与汝五雷天罡正法，依此而行，可救宋江，保国安民，替天行道。(54 回)

(3) 作定语，共有 15 个用例，占其全部用法的 22.39%。一般单独作定语，仅有 2 例与表示复数的名词连用作定语。如：

⑤只要取汝霸州，特地乘此机会。(85 回)

⑥吾虽不敢负汝前言，中心岂忍分别!(90 回)

(4) 单独作兼语，共有 9 个用例，占其全部用法的 13.43%。如：

⑦兀颜小将军道："你识吾阵，看俺变法，教汝不识。"(87 回)

⑧今宋天子令汝破辽，胜负如何?(88 回)

《水浒传》中第二人称代词"汝"的主要用法及其分布情况详见下表：

用法	作主语	作宾语	作定语	作兼语
次数	26	17	15	9
百分比 (%)	39.13	25.37	22.39	13.43

在《水浒传》中，"汝等"共有 38 个用例，占全部第二人称代词的 0.96%。其主要用法有：

(1) 作主语，共有 31 个用例，占其全部用法的 81.58%。有的单独作主语，有的与表示复数的名词性词语连用作主语。如：

①罗真人道："二位不知，此非出家人闲管之事，汝等自下山去商议。"(53 回)

②天子曰："似此讲和，休兵罢战，仍存本国。汝等众卿如何计议?"(89 回)

(2) 单独作定语，只有 1 例，占其全部用法的 2.63%。如：

③但是汝等部下之人，并各家老小，俱各还本国。(85 回)

(3) 单独作兼语，共有 6 个用例，占其全部用法的 15.79%。如：

④你们众人采几片来县里呈纳，方表你们曾巡到那里；各人如无红叶，便是汝等虚妄，官府定行责罚不恕。(13 回)

⑤罗真人笑道："大限到来，岂容汝等留恋乎!"(85 回)

《水浒传》中第二人称代词“汝等”的主要用法及其分布情况详见下表：

用法	作主语	作定语	作兼语
次数	29	1	6
百分比（%）	80.56	2.78	16.67

（六）尔、尔等

“尔”、“尔等”作为第二人称代词，在《水浒传》中很少使用，只有宋徽宗和宋江使用过。宋徽宗是皇帝，所以在他看来，普天之下均是他的臣民；而宋江是在面对辽国或是统领大军与敌作战时使用的，显示了对敌方的蔑视。

在《水浒传》中，“尔”共有5个用例，2例用作主语，2例用作宾语，1例用作定语；“尔等”共有3个用例，只作主语。两者共占全部第二人称代词的0.20%。

“尔”、“尔等”的主要用法如下：

（1）作主语。如：

①奈缘尔将行一时之恶，惹数载之冤。（68回）

②寡人已自差人暗行体察，深知备细，尔等尚自巧言令色，对朕支吾！（83回）

（2）作宾语。如：

③最怜率尔图曾市，遽使英雄一命亡。（60回）

④吾待朝京，汝等勿以宋江等辈不能胜尔，休生反复，年年进贡，不可有缺。（89回）

（七）恁、恁们

吕叔湘先生认为，“恁”字是“您”字的借用，“恁”字是谐“你们”的合音。①

“恁”、“恁们”作为第二人称代词在《水浒传》中是极少使用的，分别有3个用例、2个用例，占全部第二人称代词的0.13%，都用来表示主语，且都表示复数意义。如：

①吴用传令：“恁们尽依我行。不如此，行不得。”（75回）

②宋江道：“军师此论，允合吾心。恁弟兄中不知那个敢去？”（77回）

以上我们对《水浒传》中第二人称代词的具体分布情况作了初步的整理、考察。我们注意到，在第二人称代词系统中，“你”共有3 585个用例，占总量的90.21%，在使用频率上已经远远超过了“汝”（69个用例，占总量的1.74%）、“尔”（5个用例，占总量的0.13%），显示出了绝对的优势。

---

① 参见吕叔湘著、江蓝生补：《近代汉语指代词》，学林出版社，1985年，第81页。

三、第三人称代词

《水浒传》中的第三人称代词主要有“他”、“他们”、“他家”、“其”4个。其中“他”的用例最多，其次是“其”、“他们”，“他家”最少。其整体分布情况详见下表：

词项	他	他们	他家	其
次数	2 928	65	19	186
百分比（%）	91.56	2.03	0.59	5.82

（一）他

《水浒传》中，作为第三人称代词出现的“他”共有2 928个用例，使用频率相当高，占全部第三人称代词的91.56%。其主要用法如下：

（1）作主语，共有769个用例，占其全部用法的26.26%。其中单独作主语最为普遍，作句中主谓短语的主语也较多，只有少数与表示复数的名词性成分连用作主语。如：

①这人叫做白日鼠白胜，他是个赌客。(18回)

②我想他如何肯干罢，必然要和你动文书。(34回)

（2）作宾语，使用频率最高，共有1 097个用例，占其全部用法的37.47%。一般单独作宾语，有时与名词性成分连用作宾语，有时作双宾语中的间接宾语，另有9例与结构助词“的”组成“的”字结构作宾语。如：

③那打铁的看见鲁智深腮边新剃暴长短须，戗戗地好渗濑人，先有五分怕他。(4回)

④就叫军政司将两个都升做管军提辖使，便叫贴了文案，从今日便参了他两个。(13回)

⑤石秀道：“我与他些银两，回与我一把朴刀用，如何?”(46回)

⑥若赛锦标社，那里利物管取都是他的。(61回)

（3）作定语，共有496个用例，占其全部用法的16.94%。大多数直接修饰中心语，有时与表示复数的名词性成分连用修饰中心语。如：

⑦那妇人见头势不好，却待要叫，被武松脑揪倒来，两只脚踏住他两只胳膊，扯开胸脯衣裳。(26回)

⑧这解珍、解宝被登云山下毛太公与同王孔目设计陷害，早晚要谋他两个性命。(49回)

（4）作兼语，共有483个用例，占其全部用法的16.50%。一般单独作兼语，少数情况下与表示复数的名词性成分连用作兼语。如：

⑨你可去大块肉切二斤来与他吃，少刻一发算钱还你。(38回)

⑩里面太公张时，看见李逵生得凶恶，暗地教人出来接纳，请去厅外侧首，有间耳房，叫他两个安歇。(73回)

(5) 在由"被"、"吃"组成的介词结构中充当施事成分，共有76个用例，占其全部用法的2.60%。如：

⑪小张乙道："讨头的，拾钱的，和那把门的，都被他打倒在里面。"(38回)

⑫鲁智深看了寻思道："不好打那撮鸟。若打不着，倒吃他笑！"(58回)

(6) 表虚指，共有7个用例。如：

⑬昨日孩儿们走得辛苦了，今日歇他一日，明日早下山去也未迟。(34回)

⑭杨林道："不要管他路径曲直，只顾拣大路走便了。"(47回)

《水浒传》中第三人称代词"他"的主要用法及其分布情况详见下表：

他	作主语	作宾语	作定语	作兼语	介词结构中作施事	虚指
次数	769	1 097	496	483	76	7
百分比（%）	26.26	37.47	16.94	16.50	2.60	0.24

这里值得指出的是，与其他人称代词多作主语不同，"他"在《水浒传》中使用最广泛的是作宾语，而且"他"在书写上没有其他形式，之前的文献中曾出现"它"字的形式①。

（二）他们

在《水浒传》中，"他们"共有65个用例，占全部第三人称代词的2.03%。其主要用法如下：

(1) 作主语，共有21个用例，占其全部用法的32.31%。一般单独作主语，仅有2例与表示复数的名词性成分连用作主语，1例作句中主谓短语的主语。如：

①他们吃酒吃肉，我们粥也没的吃，恰才只怕师兄吃了。(6回)

②武松道："既然如此，他们没钱去赌，我赏你些。"(31回)

(2) 作宾语，共有22个用例，占其全部用法的33.85%。其中仅有1例与表示复数的名词性成分连用作宾语。如：

③便捉的他们，那里去请赏？(15回)

④宋江身边有的是金银财帛，自落的结识他们。(37回)

---

① 参见卢烈红：《〈古尊宿语要〉代词助词研究》，武汉大学出版社，1998年，第30页。

（3）单独作定语，共有4个用例，占其全部用法的6.15%。如：

⑤每日吃他们酒食多矣，洒家今日也安排些还席。(7回)

⑥恩相放心，呼延灼已见他们本事了，只在早晚，一个个活捉了解官。(57回)

（4）作兼语，共有14个用例，占其全部用法的21.54%。其中有3例与表示复数的名词性成分连用作兼语。如：

⑦石碣村离这里只有百十里以下路程，何不使人请他们来商议？(15回)

⑧那贩枣子客人已买了他一桶酒吃，只有这一桶，胡乱教他们买了避暑气。(16回)

（5）在由“被”组成的介词结构中充当施事成分，共有4个用例，占其全部用法的6.15%。如：

⑨不想被他们不问事由，将我拿了。(14回)

⑩这厮村人不省事，我父亲必是被他们瞒过了。(49回)

《水浒传》中第三人称代词“他们”的主要用法及其分布情况详见下表：

他们	作主语	作宾语	作定语	作兼语	介词结构中作施事成分
次数	21	22	4	14	4
百分比（%）	32.31	33.85	6.15	21.54	6.15

（三）他家

在《水浒传》中，“他家”共有19个用例，占全部第三人称代词的0.59%。主要用作主语、定语和兼语。

（1）作主语，共有10个用例，占其全部用法的52.63%。其中有1例作句中主谓短语的主语。如：

①他家只在狮子街巷内住。(26回)

②不想这一场大闹，他家已自猜了八分。(81回)

（2）作定语，共有6个用例，占其全部用法的31.58%。如：

③他家庄上被我杀得一个也没了。(50回)

④那殷天锡在马上问道：“你是他家甚么人？”(52回)

（3）作兼语，共有3个用例，占其全部用法的15.79%。如：

⑤施恩叫他家着人去牢里说知。(30回)

⑥我前日分付道，教他家搬出屋去，如何不依我言语？(52回)

《水浒传》中第三人称代词“他家”的主要用法及其分布情况详见下表：

他家	作主语	作定语	作兼语
次数	10	6	3
百分比（%）	52.63	31.58	15.79

（四）其

在《水浒传》中，“其”作为第三人称代词，共有186个用例，占全部第三人称代词的5.82%。主要用作定语，也有少量作兼语、宾语。

（1）作定语，共有158个用例，是“其”最常见的用法，占其全部用法的84.95%。如：

①今有晁兄，仗义疏财，智勇足备，方今天下，人闻其名，无有不伏。(20回)

②宋江望见，便起身喝退军士，亲解其缚，扶入帐中，分宾而坐。(55回)

（2）作兼语，共有13个用例，占其全部用法的6.99%。如：

③一面令其住兵停战，免的攻城；一面收拾礼物，径往东京，投买省院诸官，令其于天子之前，善言启奏，别作宛转。(89回)

④柴进见了，就连宫苑烧化，以下细人，放其各自逃生。(99回)

（3）作间接宾语，共有12个用例，占其全部用法的6.45%。如：

⑤周通解了小喽啰，问其备细：“鲁智深那里去了？”(5回)

⑥高俅认得是自家军校，问其缘故，说被放火烧尽船只，俱各不知所在。(79回)

此外，在《水浒传》中，有2例“其”作句中主谓短语的主语，1例“其”在由“被”构成的介词结构中作施事成分。如：

⑦宁可信其有，不可信其无。(61回)

⑧亦要知方腊去向下落，不致被其走失。(98回)

《水浒传》中第三人称代词“其”的主要用法及其分布情况详见下表：

其	作定语	作兼语	作宾语
次数	158	13	12
百分比（%）	84.95	6.99	6.45

值得指出的是，《水浒传》中人称代词“其”的186例中，有120例出现在第70回以后，占其总量的64.52%。

通过以上考察，我们注意到，在《水浒传》的第三人称代词系统中，“他”共有2 928个用例，占总量的91.56%，远远超过“其”（186个用例，占总量的5.82%）

的使用量。

四、反身代词

《水浒传》中反身代词主要有“自”、“自家”、“自己”3个。它们在《水浒传》中的整体分布情况详见下表：

词项	自	自己	自家
次数	930	46	27
百分比（%）	92.72	4.59	2.69

（一）自

在《水浒传》中，“自”作反身代词共有930个用例，占全部反身代词的92.72%。其主要用法有：

（1）作主语，所指代的人物在前面已经出现过，共有436个用例，占其全部用法的46.88%。如：

①李小二应了，自来门首叫老婆道：“大姐，这两个人来的不尴尬。”（10回）

②（武松）自把雪来拂了，挂在壁上。（24回）

（2）作定语，直接修饰中心语，共有11个用例，占其全部用法的1.18%。如：

③林冲当下写了一封书，叫两个自身边心腹小喽啰下山去了。（20回）

④王定六却和张顺并自父亲，一同起身投梁山泊来。（65回）

（3）作状语，共有483个用例，占其全部用法的51.94%。如：

⑤那里要教授坏钱，我们弟兄自去整理，不烦恼没对付处。（15回）

⑥他自有银子赏那卖药的，却干你甚事！（37回）

《水浒传》中反身代词“自”的主要用法及其分布情况详见下表：

自	作主语	作定语	作状语
次数	436	11	483
百分比（%）	46.88	1.18	51.94

（二）自己

在《水浒传》中，“自己”共有46个用例，占全部反身代词的4.59%。其主要用法有：

（1）作主语，共有10个用例，占其全部用法的21.74%。如：

①武松坐在房里寻思，自己冷笑道："看他怎地来对付我！"（28 回）

②李逵在外面听得堂里哭泣，自己磨拳擦掌价气，问从人，都不肯说。（52 回）

（2）作宾语，共有 2 个用例，占其全部用法的 4.35%。如：

③休得要怨我弟兄两个，只是上司差遣，不由自己。（8 回）

④小人只拿了自己的；这十两原银虽是李大哥两博输与小人，如今小人情愿不要他的，省的记了冤仇。（38 回）

例③中的"自己"单独作宾语，例④中的"自己"与结构助词"的"组成"的"字短语作宾语。

（3）作定语，共有 28 个用例，占其全部用法的 60.87%。如：

⑤武行者看了自己面前，只是一碟儿熟菜，不由的不气。（32 回）

⑥李俊、张顺拿了黄文炳过自己的船上，放那官船去了。（41 回）

（4）作状语，共有 6 个用例，占其全部用法的 13.04%。如：

⑦宋江自己焚香祈祷，占卜一课。（68 回）

⑧不想王文斌自己不识，且图诈人要誉，便叫前军擂鼓搦战。（88 回）

《水浒传》中反身代词"自己"的主要用法及其分布情况详见下表：

自己	作主语	作宾语	作定语	作状语
次数	10	2	28	6
百分比（%）	21.74	4.35	60.87	13.04

"自己"在晚唐至南宋禅家语录中，语法功能就已比较完备，使用频率也相对较高，确立了优势地位，但是"自己"作状语在《古尊宿语要》这样的禅宗语录中还未见有用例。[①]

（三）自家

《水浒传》中，"自家"共有 27 个用例，占全部反身代词的 2.69%。其主要用法有：

（1）作主语，共有 11 个用例，占其全部用法的 40.74%。如：

①武松也知了八九分，自家只把头来低了，却不来兜揽他。（24 回）

②自家拜揖，愿求恩官高姓大名，使小人天下传扬。（36 回）

（2）作定语，共有 15 个用例，占其全部用法的 55.56%。如：

③这早晚正是未末申初时分，我见你走都不问人，枉送了自家性命。（23 回）

① 参见卢烈红：《〈古尊宿语要〉代词助词研究》，武汉大学出版社，1998 年，第 50 页。

④李应看时，却见是自家的庄客并老小人等。(50回)

(3) 作宾语，仅有1例，占其全部用法的3.70%。如：

⑤差了，我敬你是个义士，特地请将你来一处饮酒，如自家一般，何故却要回避？(30回)

《水浒传》中反身代词“自家”的主要用法及其分布情况详见下表：

自家	作主语	作定语	作宾语
次数	11	15	1
百分比（%）	40.74	55.56	3.70

五、旁称代词

在《水浒传》中，作为旁称代词的有“别人”和“人家”2个，并且数量也很少。

(一) 别人

在《水浒传》中，“别人”共有64个用例。其主要用法如下：

(1) 作主语，共有9个用例，占其全部用法的14.06%。如：

①解珍道：“虽然别人叫小人们这等混名，实不曾陷害良善。”(49回)

②董平道：“别人中你石子，怎近得我！”(70回)

(2) 作宾语，最多见，共有36个用例，占其全部用法的56.25%。如：

③我弟兄三个的本事，又不是不如别人，谁是识我们的？(15回)

④李逵道：“我这银子是别人的。”(38回)

例④中的“别人”与“的”构成“的”字短语作宾语。

(3) 作定语，直接修饰中心语，共有9个用例，占其全部用法的14.06%。如：

⑤我儿，爷娘手里从小儿惯了你性儿，别人面上须使不得。(21回)

⑥哥哥这般长别人志气，灭自己威风！(63回)

(4) 作兼语，共有6个用例，占其全部用法的9.38%。如：

⑦这都是别人与我做好看的，怎么是诈得百姓的？(44回)

⑧哥哥若让别人做山寨之主，我便杀将起来。(67回)

(5) 在由介词“吃”构成的介词结构中作施事成分，共有4个用例，占其全部用法的6.25%。如：

⑨若是叔叔不搬来时，教我两口儿也吃别人笑话。(24回)

⑩我倒不曾见日头在半天里，便把着丧门关了，也须吃别人道我家怎地禁鬼。(25 回)

《水浒传》中旁称代词“别人”的主要用法及其分布情况详见下表：

别人	作主语	作宾语	作定语	作兼语	介词结构中作施事成分
次数	9	36	9	6	4
百分比（%）	14.06	56.25	14.06	9.38	6.25

可见，《水浒传》中“别人”作为旁称代词的数量虽不多，但用法还是比较全面的。

（二）人家

《水浒传》中“人家”作为旁称代词出现的频率极低，全书仅有 4 例，且都作定语。如：

①那厮在东京倚势豪强，专一爱淫垢人家妻女。(7 回)

②那婆子一把揪住道：“小猴子，那里去？人家屋里，各有内外。”(24 回)

六、统称代词

在《水浒传》中，统称代词“大家”共有 8 个用例，且都作主语。如：

①如今欲要请你们去商议，聚几个好汉，向山凹僻静去处，取此一套富贵，不义之财，大家图个一世快活。(15 回)

②大家正在那里商议投奔梁山泊，只见几个打鱼的来报道：“官军人马飞奔村里来也!”(19 回)

综上所述，在元末明初汉语第一人称代词系统中，“我”共有 3 822 个用例，占总量的 74.63%，而“吾”仅 101 个用例，只占了总量的 1.97%；第二人称代词系统中，“你”共有 3 585 个用例，占总量的 90.21%，也已经远远超过了“汝”（69 个用例，占总量的 1.74%）和“尔”（5 个用例，占总量的 0.13%），表现出绝对的优势；第三人称代词系统中，“他”共有 2 928 个用例，占总量的 91.56%，也远比“其”（186 个用例，占总量的 5.82%）多。这些数据告诉我们，以“吾”、“尔”、“其”等为代表的古代汉语人称代词已经逐渐从元末明初的口语中消退了，并且人称代词的单复数形式也渐趋完备。

第二节　指示代词

《水浒传》中的指示代词数量比较多，种类也比较复杂，我们这里将它们分为近指代词、远指代词、兼指代词、旁指代词、括指代词、特指代词、逐指代词，下面逐类分别加以考察。

一、近指代词

《水浒传》中的近指代词主要有“这”、“这里”、“这个”、“这厮”、“这厮们”、“这般”、“这等”、“这些”、“这边”、“这样”、“这番”、“此”、“如此”、“此等”、“是”15个，此外，还有“这壁厢”、“这班”、“这们”各1个。它们的整体分布情况详见下面的表1、表2：

表1

词项	这	这里	这个	这厮	这厮们	这般	这等	这些
次数	2 264	538	484	252	52	174	121	31
百分比（%）	39.00	9.27	8.34	4.34	0.90	3.00	2.08	0.53

表2

词项	这边	这番	这样	此	如此	此等	是
次数	23	8	5	1 459	329	15	50
百分比（%）	0.40	0.14	0.09	25.13	5.67	0.26	0.86

（一）这

“指示代词‘这’最早出现在唐代，在早期又常写作‘遮、者’。”① 据吕叔湘的考察，早期文献中近指代词最常见的写法是“者、這、遮”，在《敦煌变文集》和《祖堂集》里多写作“這”或“者”。②《古尊宿语要》中还有“这、者、遮”三者并存的现象③，《水浒传》中则只出现“这”一种写法。

在《水浒传》中，单用的“这”共有2 264个用例，占全部近指代词的39%。其主要用法如下：

（1）作主语，共有66个用例，占其全部用法的2.92%。如：

①这是太师府特差一个干办，在本府立等要这件公事，望押司早早维持。(18回)

②你看这是开封府公文不是？(81回)

（2）作宾语，仅有1个用例，占其全部用法的0.04%。如：

---

① 参见蒋绍愚、曹广顺主编：《近代汉语语法史研究综述》，商务印书馆，2005年，第46页。

② 参见吕叔湘著、江蓝生补：《近代汉语指代词》，学林出版社，1985年，第184页。

③ 参见卢烈红：《〈古尊宿语要〉代词助词研究》，武汉大学出版社，1998年，第58页。

③若得他来这时，十分是好。(32回)

(3) 作定语，共有2 197个用例，占其全部用法的97.04%，使用频率最高。

第一，大部分直接修饰中心语。如：

④我认得这山是毛太公庄后园里，我和你下去他家取讨大虫。(49回)

⑤原来这安道全却和建康府一个烟花娼妓，唤做李巧奴，如常往来。(65回)

第二，"这+量词"或"这+数量短语"修饰中心语。如：

⑥晁盖道："这位秀士先生，便是智多星吴学究。"(16回)

⑦我今日将这一篮雪梨，去寻西门大郎挂一小勾子，一地里没寻处。(25回)

《水浒传》中近指代词"这"的主要用法及其分布情况详见下表：

用法	作主语	作宾语	作定语
次数	66	1	2 197
百分比（%）	2.92	0.04	97.04

(二) 这里

在《水浒传》中，"这里"共有538个用例，占全部近指代词的9.27%。其主要用法如下：

(1) 作主语，共有112个用例，占其全部用法的20.82%。最常见的是与前面的人称代词"我"、"你"等或名词结合一起作主语，单独作主语的较少。如：

①壮士放心，我这里有的是好刀，相送一把与壮士悬带。(43回)

②这里不是说话处，谨请太尉到山寨告禀，并无损害之心。(59回)

(2) 作宾语，共有369个用例，占其全部用法的68.59%。单独作宾语，最为常见；与前面的人称代词"我"、"你"等结合一起作宾语，相对较少。如：

③林冲大叫道："甚么人敢吊我在这里？"(11回)

④我今晚就你这里宿歇，明日早和这兄弟去山东地面走一遭。(65回)

(3) 作定语，共有31个用例，占其全部用法的5.76%。大多数都是单独作定语，有时与前面的人称代词一起作定语。如：

⑤今日便和戴院长并李大哥来这里琵琶亭吃三杯，就观江景。(38回)

⑥客人，你是江湖上走的人，如何不知我这里的名字？(46回)

(4) 单独作状语，共有26个用例，占其全部用法的4.83%。如：

⑦哥哥，你在江州做了的事，如今这里都知道了。(42回)

⑧这里朱仝也叫引军退十里下寨，使人去报捷宋先锋知会。(95回)

《水浒传》中近指代词“这里”的主要用法及其分布情况详见下表：

用法	作主语	作宾语	作定语	作状语
次数	112	369	31	26
百分比（%）	20.82	68.59	5.76	4.83

《水浒传》第八十三回中还有这样一例：“俺这壁厢措手不及，以此输与他了。”例中的“这壁厢”也是一个表示处所的代词，相当于“这里”，和前面的“俺”结合，一起作主语。

（三）这个

“这个”的用例唐代就已出现，“那个”的出现稍晚，在五代文献里可见。[①] 吕叔湘先生推测“这个”、“那个”的“个”可能是个词尾。[②]

在《水浒传》中，“这个”共有484个用例，占全部近指代词的8.34%。其主要用法如下：

（1）作主语，共有148个用例，占其全部用法的30.58%。如：

①这个值得甚么，相国寺一株柳树，连根也拔将起来。(9回)

②这个正是好生酒，只宜热吃最好。(27回)

其中作句中主谓短语的主语的仅1例。如：

③量你这个值得甚的！(30回)

（2）作定语，最多见，共有335个用例，占其全部用法的69.21%。如：

④宋江见了这个大汉走得跷蹊，慌忙起身赶出茶房来，跟着那汉走。(20回)

⑤被这个畜生正不知害了多少人性命，连累猎户吃了几顿限棒。(23回)

（3）作宾语，仅有1个用例，占其全部用法的0.21%。如：

⑥秀才，你不省得这个。(14回)

《水浒传》中近指代词“这个”的主要用法及其分布情况详见下表：

用法	作主语	作定语	作宾语
次数	148	335	1
百分比（%）	30.58	69.21	0.21

① 参见蒋绍愚、曹广顺主编：《近代汉语语法史研究综述》，商务印书馆，2005年，第49页。

② 参见吕叔湘著、江蓝生补：《近代汉语指代词》，学林出版社，1985年，第199页。

（四）这厮

在《水浒传》中，“这厮”共有252个用例，占全部近指代词的4.34%。其主要用法如下：

（1）作主语，共有162个用例，占其全部用法的64.29%。一般是单独作主语或与前面的人称代词“你”和人名构成同位短语，一起作主语；其中有3例，“你”与后面表示复数的名词性成分连用，表示复数意义，一起作主语。如：

①你这厮村人，好没道理。（5回）

②这厮倒来我面前又说海阇黎许多事，说得个没巴鼻。（45回）

（2）作宾语，共有62个用例，占其全部用法的24.60%。一般单独作宾语，有时与前面的人称代词“你”结合作宾语，其中有3例与后面表示复数的名词性成分连用作宾语。如：

③这个不必问了。连夜合个囚车，把这厮盛在里面。（33回）

④正待擒捉这厮，兄长何故收军罢战？（64回）

（3）作定语，共有15个用例，占其全部用法的5.95%。如：

⑤且取这厮的心肝来做下酒，消我这点冤仇之恨。（17回）

⑥他又和孩儿没人情，空自求他，不如出官，免得受这厮腌臜气。（36回）

（4）作兼语，共有7个用例，占其全部用法的2.78%。如：

⑦洒家且教这厮吃俺一惊。（5回）

⑧我自引三百人去，打开鸟庄，脑揪这厮出来拜见哥哥。（48回）

（5）在由“被”构成的介词结构中充当施事成分，共有6个用例，占其全部用法的2.38%。如：

⑨林冲上的楼上，寻不见高衙内，问娘子道：“不曾被这厮点污了？”（7回）

⑩我昨日一时间仓卒，被你这厮瞒过了。（40回）

例⑩中的“这厮”与其前面的人称代词“你”结合，一起充当施事成分。

《水浒传》中近指代词“这厮”的主要用法及其分布情况详见下表：

用法	作主语	作宾语	作定语	作兼语	介词结构中的施事成分
次数	162	62	15	7	6
百分比（%）	64.29	24.60	5.95	2.78	2.38

（五）这厮们

“这厮们”在《水浒传》中是作为“这厮”的复数形式出现的，共有52个用例，占全部近指代词的0.90%。其主要用法如下：

（1）作主语，共有35个用例，占其全部用法的67.31%。如：

①这厮们挟着屁眼撒开，不去的洒家便打。（3回）

②宋江是个郓城小吏，你这厮们如何伏他？（64回）

例①中的“这厮们”单独作主语，例②中的“这厮们”与前面的人称代词“你”结合，一起作主语。

（2）作宾语，共有5个用例，占其全部用法的9.62%。如：

③洒家正要捉你这厮们，倒来拔虎须！（11回）

④孙立笑道：“小弟不才，且看相助捉拿这厮们，成全兄长之功。”（50回）

例③中的“这厮们”是与前面的人称代词“你”结合，一起作宾语的。

（3）单独作定语，共有3个用例，占其全部用法的5.77%。如：

⑤那时我独自霸着这清风寨，省得受这厮们的气。（33回）

⑥这厮们伙里有个甚么小李广花荣，枪法好生了得。（50回）

（4）作兼语，共有5个用例，占其全部用法的9.62%。如：

⑦杨志道：“既然老都管说了，教这厮们买吃了便起身。”（16回）

⑧兀颜统军道：“怎生便得这厮们来？（86回）

（5）单独作由“被”组成的介词结构中的施事成分，共有4个用例，占其全部用法的7.69%。如：

⑨昨夜晚了，因醉倒在庙里，不想被这厮们捉住，绑缚了来。（14回）

⑩虽不被这厮们拿了，却怎能勾出村口去？（42回）

《水浒传》中近指代词“这厮们”的主要用法及其分布情况详见下表：

用法	作主语	作宾语	作定语	作兼语	介词结构中作施事成分
次数	35	5	3	5	4
百分比（%）	67.31	9.62	5.77	9.62	7.69

由此可见，作为复数形式的“这厮们”的主要用法与“这厮”是基本一致的。我们注意到，《水浒传》中的人物，上至高官将相（知府、枢密使、节度使），下至绿林好汉、市井平民，且不分男女（如杨志或潘金莲）都在使用“这厮”，足见它流行之广泛。从它的使用语境来看，“这厮”是带有很强的贬义性的。

（六）这般

在《水浒传》中，“这般”共有174个用例，占全部近指代词的3%。其主要用法如下：

（1）作定语，共有98个用例，占其全部用法的56.32%。如：

①我道这般时节，那里有这等恰好，又没借换处。（21回）
②师父似这般的黄巾力士有一千余员，都是本师真人的伴当。（53回）

（2）作状语，共有67个用例，占其全部用法的38.51%。如：

③阮小七道："既是教授这般说时，且顺情吃了，却再理会。"（15回）
④既是好意请我们吃酒，如何却这般相待，不许人动身？（26回）

（3）作谓语，共有8个用例，占其全部用法的4.60%。如：

⑤林冲寻思道："这般怎的好？"（11回）
⑥（阮氏三雄）又唤林冲、刘唐受计道，你两个便这般这般。（20回）

（4）作宾语，仅见1个用例，占其全部用法的0.57%。如：

⑦耶律大王道："既是这般，你且在这里帮俺杀那蛮子。"（84回）

《水浒传》中近指代词"这般"的主要用法及其分布情况详见下表：

用法	作定语	作状语	作谓语	作宾语
次数	98	67	8	1
百分比（%）	56.32	38.51	4.60	0.57

（七）这等

在《水浒传》中，"这等"共有121个用例，占全部近指代词的2.08%。其主要用法如下：

（1）作定语，共有73个用例，占其全部用法的60.33%。全部直接修饰名词性成分，相当于"这样的"。如：

①这等一片锦城池，却那得大虫来？（12回）
②今日晁兄与众豪杰到此山寨，你又发出这等言语来。（19回）

（2）作状语，相当于"这么"，共有43个用例，占其全部用法的35.54%。如：

③故意这等大惊小怪，声东击西，要催逼晁盖走了。（18回）
④他这等破耗钱粮，损折兵将，如何敢奏！（81回）

（3）作主语，相当于"这样"，共有4个用例，占其全部用法的3.30%。如：

⑤这等不是抬举宋江，明明的是苦我。（36回）
⑥这等却不好看。既然兄弟还了，改日却另置杯复礼。（38回）

（4）作谓语，相当于"这样"，只有1个用例，占其全部用法的0.83%。如：

⑦宋江道："直恁地这等！"（21 回）

《水浒传》中近指代词"这等"的主要用法及其分布情况详见下表：

用法	作定语	作状语	作主语	作谓语
次数	73	43	4	1
百分比（%）	60.33	35.54	3.30	0.83

《水浒传》中还出现了"这们"的 1 个用例。如：

⑧李逵道："这们睡，闷死我也。"（74 回）

例⑦中的"这们"用在动词前，作状语，相当于"这么"。

（八）这些

"这些"在《水浒传》中的使用频率并不高，共有 31 个用例，占全部近指代词的 0.53%，其中有 3 个是以"这些儿"、"这些个"的形式出现的。其主要用法有：

（1）单用的 28 个"这些"全部作定语。如：

①店主人道："我和你说过，只有这些白酒，那得别的东西卖！"（32 回）

②先父临终之日，留下这些东西，教寄与哥哥做遗念。（56 回）

（2）"这些儿"（2 个用例）和"这些个"（1 个用例）作宾语。如：

③留了这些儿还洒家也好。（4 回）

④胡乱容小弟这些个。（32 回）

《水浒传》中还出现了"这班"的 1 个用例。如：

⑤这班贼人甚是胆大！（17 回）

例⑤中的"这班"用在名词性成分之前，作定语，相当于"这些"。

（九）这边

在《水浒传》中，"这边"共有 23 个用例，占全部近指代词的 0.40%。主要用作状语和定语。

（1）作状语，共有 12 个用例，占其全部用法的 52.17%。如：

①这边雷横便指手画脚，也赶拢来。（14 回）

②这边秦明、孙立自引一支军马去捉宣赞，当路正逢此人。（64 回）

（2）作定语，共有 5 个用例，占其全部用法的 21.74%。如：

③武松又请这边下邻开银铺的姚二郎姚文卿。（26 回）

④秦明急回到山下看时，只见这边山上，火炮、火箭一发烧将下来。（34 回）

（3）作宾语，仅有3个用例，占其全部用法的13.04%。如：

⑤又去这边摸时，底下湿漉漉的，没下脚处。（54回）

⑥卢俊义赶过林子这边，一个人也不见了。（61回）

例⑤中的“这边”单独作宾语，例⑥中的“这边”与前面的处所名词一起作宾语。

除了上面的主要用法外，“这边”还有1个用作主语的用例。如：

⑦侧首放个衣架，搭着手巾，这边放着个洗手盆。（21回）

此外，“这边”还有与“那边”对举表虚指的用法，不过仅见1例。如：

⑧却难这边说一句，那边说一回，因此权记下这两打祝家庄的话头，却先说那一回来投入伙的人乘机会的话，下来接着关目。（48回）

“这边”与“那边”连用表“到处”，也仅见1例。如：

⑨这边那边，漫山遍野，都是步军追赶着。（57回）

《水浒传》中近指代词“这边”的主要用法及其分布情况详见下表：

这边	作状语	作定语	作宾语
用法	12	5	3
百分比（%）	52.17	21.74	13.04

（十）这番

在《水浒传》中，“这番”共有8个用例，占全部近指代词的0.14%，且全部用作状语。如：

①宋江道：“我这番端的受缚！”（42回）

②单廷圭、魏定国听得大怒，便道：“这番拿着，便在这里施刑。”（67回）

（十一）这样

在《水浒传》中，“这样”有5个用例，占全部近指代词的0.09%。其中，4例用作定语，1例用作状语，且作状语时是以“这样般”的形式出现的。

（1）作定语，一般要加结构助词“的”。如：

①人都唤他做“小王都太尉”，便喜欢这样的人。（2回）

②小弟每每见蔡太师书缄，并他的文章，都是这样图书。（40回）

（2）作状语。如：

③此去沧州二千里有余的路，你这样般走，几时得到。（8回）

（十二）此

“此”是早在先秦时就已出现的近指代词。在《水浒传》中，近指代词“此”共有1 459个用例，占全部近指代词的25.13%，其中有3例与“彼”构成联合词组。其主要用法如下：

（1）单独作主语，共有151个用例，占其全部用法的10.35%。如：

①真人答道：“此乃是前代老祖天师锁镇魔王之殿。”（1回）

②酒保取过两樽玉壶春酒，此是江州有名的上色好酒，开了泥头。（38回）

（2）单独作宾语，共有383个用例，占其全部用法的26.25%。如：

③有两个承局望堂里去了，故赚林冲到此。（8回）

④再说一行人来到金沙滩上岸，便留老小船只并打鱼的人在此等候。（19回）

（3）作定语，共有922个用例，占其全部用法的63.19%。这种用法最多见，大多数直接修饰名词性成分；另外，与数词、量词或数量短语结合，一起修饰名词性成分；仅有3例“此+之”修饰名词。如：

⑤若说高俅这贼陷害一节，但提起，毛发直立，又不能报得此仇！（19回）

⑥此一件事，不可力敌，只可智取。（39回）

此外，“此”与“彼”构成的3例联合词组中，2例作主语，1例作宾语。如：

⑦在京师时，多与我相会，较量武艺，彼此相敬相爱。（56回）

⑧欲辨是非分彼此，刘家庄上问来由。（73回）

《水浒传》中近指代词“此”的主要用法及其分布情况详见下表：

用法	作主语	作宾语	作定语
次数	153	384	922
百分比（%）	10.49	26.32	63.19

（十三）如此

“‘如此’在先秦宜看作动宾词组，但作为一个凝固结构，经过长期使用，后来应凝固为词。”① 在《水浒传》中，“如此”无疑应该看作一个词。

“如此”在《水浒传》中共有329个用例，占全部近指代词的5.67%。其主要用法如下：

（1）作谓语，共有102个，占其全部用法的31%。如：

①宋江道：“贤弟若如此，见常也显你的好处。”（33回）

---

① 参见卢烈红：《〈古尊宿语要〉代词助词研究》，武汉大学出版社，1998年，第59页。

②然虽遗言如此，哥哥权且尊临此位坐一坐，待日后别有计较。(60 回)

《水浒传》中共出现了 19 个“如此如此”的用例，这可能与《水浒传》的成书过程有关——是说话人讲说痕迹的遗留。

(2) 作宾语，共有 17 个用例，占其全部用法的 5. 17%。如：

③正要将息人强马壮，用兵正是如此，不在促忙。(34 回)

④早知如此，却不来这里躲避，不受那许多惊恐！(42 回)

(3) 作定语，共有 6 个用例，占其全部用法的 1. 82%。如：

⑤可教此四人带了如此行头，连夜下山来，我自有用他处。(50 回)

⑥今见兄长如此病症，此去东途路远，急速不能便到。(65 回)

(4) 作状语，共有 199 个用例，占其全部用法的 60. 49%。如：

⑦若得大官人如此周济，教小人安身立命，只不知投何处去？(11 回)

⑧央及张顺、李俊驾两只小船，在江面上与他如此行。(41 回)

(5) 作补语，共有 5 个用例，占其全部用法的 1. 52%。如：

⑨你来寻晁保正，无非是投斋化缘，他已与了你米，何故嗔怪如此？(15 回)

⑩我也是朝廷命官之子，无可奈何，被逼迫的如此。(34 回)

《水浒传》中近指代词“如此”的主要用法及其分布情况详见下表：

用法	作谓语	作宾语	作定语	作状语	作补语
次数	102	17	6	199	5
百分比 (%)	31	5. 17	1. 82	60. 49	1. 52

(十四) 此等

“此等”作为近指代词就相当于“这等”。《水浒传》中“此等”共有 15 个用例，占全部近指代词的 0. 26%。

在《水浒传》中，“此等”主要用作定语，相当于“这样的”，有 14 个用例。如：

①我那里虽有几座名山古迹，却无此等景致。(39 回)

②汝小将年幼学浅，如井底之蛙，只知此等阵法以为绝高。(87 回)

《水浒传》中仅有 1 例“此等”用作介词宾语。如：

③不因此等，有分教：大闹中原，纵横海内。(7 回)

(十五) 是

“是”是先秦时就已出现的近指代词。在《水浒传》中，“是”作为近指代词，共有50个用例，占全部近指代词的0.86%。全部用作定语，且主要用来修饰“日”、“夜”等时间名词。如：

①是日，村中有几家街坊亲戚都来相探，又有几个门下人亦来谒见。(32回)

②宋江分拨已定，是夜三更，先载使钩镰枪军士过渡，四面去分头埋伏已定。(57回)

从上述对《水浒传》中近指代词的考察中我们可以看到，近指代词“这”（2 264个用例，占总量的39%）及其派生代词的使用频率已经在全部近指代词中展现出领先优势，但“此”（1 459个用例，占总量的25.13%）及其派生代词也仍然保持着比较高的使用率。

从《水浒传》自身的“这”与“此”的对比，我们还注意到，“此”作主语较多，而“这”作主语较少。这种现象不仅说明了“这”作主语的功能还处在“初级发育阶段”①，同时也显示了“此”极强的功能和生命力。这也是现代汉语中，先秦时期的近指代词“是”、“斯”已消亡，而“此”仍然存在的重要原因。

二、远指代词

《水浒传》中的远指代词在数量上要比近指代词少得多，主要有“那”、“那里”、“那厮”、“那厮们”、“那个”、“那边”、“那壁”、“那等”、“那些儿”、“彼”10个。其整体分布情况详见下表：

词项	那	那里	那厮	那厮们	那个	那边	那壁	那等	那些儿	彼
次数	3 574	285	221	18	207	20	3	9	1	65
百分比(%)	81.17	6.47	5.02	0.41	4.70	0.45	0.07	0.20	0.02	1.48

（一）那

“那”用于远指始于初唐，且在中唐以前用例一直不多见，“那”较多出现发生在晚唐五代。② 但在《敦煌变文集》和《祖堂集》中仍是“彼”多于“那”，《敦煌变文集》中“那”12例，“彼”43例，《祖堂集》中“那”57例，“彼”120例。③《古尊宿语要》中则“那”（48例）多于“彼”（2例）。④

在《水浒传》中，“那”共有3 574个用例，占全部远指代词的81.17%。虽然数量很多，但是《水浒传》中“那”的用法是单一的，全部用作定语，具体情况如下：

（1）单独修饰名词性成分最普遍。如：

---

① 参见卢烈红：《〈古尊宿语要〉代词助词研究》，武汉大学出版社，1998年，第72页。

② 参见卢烈红：《〈古尊宿语要〉代词助词研究》，武汉大学出版社，1998年，第78~79页。

③ 数据采自吴福祥：《敦煌变文语法研究》，岳麓书社，1996年。

④ 数据采自卢烈红：《〈古尊宿语要〉代词助词研究》，武汉大学出版社，1998年，78页。

①那崔道成心慌，只道着他禅杖，托地跳出圈子外去。(6回)

②那时正是初更左右，星光满天，众人都在船上歇凉。(19回)

在这里需要特别指出的是，在《水浒传》中，直接修饰名词性成分的“那”有18个用例，是以“兀那”的形式出现的。如：

③兀那林子里的撮鸟，快出来！(6回)

④前面兀那高山里常常有大伙在内，近日不知如何。(44回)

(2) 修饰复数名词性成分，表复数意义。如：

⑤那夫妻两口儿便拜谢道：“怎敢指望许多！但得三五两也十分足矣。”(39回)

⑥他虽是三十六星之末，果然机巧心灵，多见广识，了身达命，都强似那三十五个。(74回)

(3) 与量词结合构成指量短语或与数量短语结合，修饰名词性成分。如：

⑦那条大江周接三江，浔阳江、扬子江从四川只到大海，一派本计九千三百里，作呼为万里长江。(41回)

⑧草寇不来，别作商议；如若那伙强寇年衰命尽，擅离巢穴，领众前来，不是小将夸其大言，定令此贼片甲不回。(63回)

(二) 那里

《水浒传》中作为远指代词的“那里”共有285个用例，占全部远指代词的6.47%。其主要用法如下：

(1) 作主语，共有34个用例，占其全部用法的11.93%。如：

①那里是强人山寨，你待要去做甚么？(11回)

②且说呼延灼道：“那里正是何处？”(57回)

在《水浒传》中，还有3个“兀那里”，全部作主语。如：

③兀那里不有个酒店！(27回)

④那渔人呵呵大笑，说道：“兀那里有军马到了！”(77回)

(2) 作宾语，最多见，共有223个用例，占其全部用法的78.25%。如：

⑤弟兄们无事，也不曾到那里，因此不能够与他相见。(15回)

⑥守门的左右约有四五十军士，簇捧着一个把门的官人在那里坐定。(61回)

(3) 作定语，共有28个用例，占其全部用法的9.82%。如：

⑦此间离梁山泊不远，地方较近，只恐他那里贼人来借粮，因此准备下。(46回)

⑧天子便问：“汝在梁山泊，必知那里备细。”(81回)

除了上面的主要用法外，我们还发现，《水浒传》中有1处“那里”与人称代词“他”连用，出现在由“被”组成的介词结构中。如：

⑨三个来到市梢尽头，见了几家打火小客店，正待要去投宿，却被他那里不肯相容。(37回)

《水浒传》中远指代词“那里”的主要用法及其分布情况详见下表：

用法	作主语	作宾语	作定语
次数	34	223	28
百分比（%）	11.93	78.25	9.82

（三）那厮、那厮们

《水浒传》中“那厮”、“那厮们”与“这厮”、“这厮们”一样，也是当时普遍流行于各阶层人们日常口语中的，相当于现代汉语的“那家伙”，语气上带有贬义。

在《水浒传》中，“那厮”共有221个用例，占全部远指代词的5.02%。其主要用法如下：

(1) 作主语，这是最常见的用法，共有151个用例，占其全部用法的68.33%。如：

①那厮姓蒋名忠，有九尺来长身材，因此，江湖上起他一个诨名，叫做蒋门神。(29回)

②黄文炳道：“那厮也是个不依本分的人。”(39回)

在《水浒传》中，还有1处是以“兀那厮”的形式出现，作主语。如：

③兀那厮是甚么鸟汉！(36回)

(2) 作宾语，共有39个用例，占其全部用法的17.65%。如：

④还你今朝打倒那厮，教众人大笑一场。(29回)

⑤今日我在先锋哥哥面前砍了大嘴，明日要捉石宝那厮，你三个不要心懒。(95回)

(3) 作定语，共有12个用例，占其全部用法的5.43%。如：

⑥柴进一来要看林冲本事，二者要林冲赢他，灭那厮嘴。(9回)

⑦鲁智深想道：“只俺两个拳头也打碎了那厮脑袋！”(58回)

(4) 作兼语，共有9个用例，占其全部用法的4.07%。如：

⑧我们趁他新来，寻一场闹，一顿打下头来，教那厮伏我们。(6回)

⑨若是他时，你去寻些麻药来，放在菜内，教那厮吃了，麻翻在地。(43回)

（5）在由“被”、“吃”组成的介词结构中充当施事成分，共有10个用例，占其全部用法的4.52%。如：

⑩我却不提防，揭起帐子摸一摸，吃那厮揪住，一顿拳头脚尖，打得一身伤损。（5回）

⑪我一时被那厮封住了手，施展不得，多蒙足下气力救了我这场便宜。（44回）

从上面的用例中我们可以看出，“那厮”单用是最常见的；其次是用于复指前面的人名；还有就是与前面的人称代词“你”连用。

《水浒传》中远指代词“那厮”的主要用法及其分布情况详见下表：

用法	作主语	作宾语	作定语	作兼语	介词结构中的施事成分
次数	151	39	12	9	10
百分比（%）	68.33	17.65	5.43	4.07	4.52

在《水浒传》中，“那厮们”共有18个用例，占全部远指代词的0.41%。主要作主语，有17个用例。如：

⑫那厮们慢仗些的，趁活捉了；敌他不过的，必致杀害。（31回）

⑬那厮们惧怕真人，却与我洗浴，换了一身衣裳。（53回）

在《水浒传》中，只有1处“那厮们”在由“吃”组成的介词结构中作施事成分。如：

⑭洒家从前山去时，一定吃那厮们撞见。（5回）

（四）那个

在《水浒传》中，“那个”共有207个用例，占全部远指代词的4.70%。其主要用法如下：

（1）作主语，共有34个用例，占其全部用法的16.43%。

第一，表实指。如：

①船上有两个人，前面一个赤条条地拿着一条水篙，后面那个摇着橹。（61回）

②那个便是梁山泊锦豹子杨林。（80回）

第二，与“这个”对举，表虚指，但全部出现在对仗的非自然语言中，并不能反映当时口语的情况。如：

③那个没些须破绽高低，这个有千般威风勇猛。（12回）

④那个如三冬瑞雪重铺，这个似半夜阴云轻罩。（38回）

（2）作宾语，仅有1个用例，占其全部用法的0.48%。如：

⑤郓哥道："干娘情知是那个，便只是他那个。"(24 回)

(3) 作定语，这是最主要的用法，共有 172 个用例，占其全部用法的 83.09%。最常见的用法是用于指人。如：

⑥伏在黑影里张时，却好交五更时候，只见那个头陀挟着木鱼，来巷口探头探脑。(45 回)

⑦搭上箭，拽满弓，望着那个开诏使臣道："看花荣神箭！"(80 回)

"那个"在《水浒传》中有 2 处是以"兀那个"的形式出现。如：

⑧兀那个黄矮汉子，便是前日清风山抢掳下我的贼头！(33 回)

⑨城下兀那个带青包巾，见今披着小将军的衣甲，骑着小将军的马，那个便是。(83 回)

《水浒传》中远指代词"那个"的主要用法及其分布情况详见下表：

用法	作主语	作宾语	作定语
次数	34	1	172
百分比（%）	16.43	0.48	83.09

(五) 那边、那壁

在《水浒传》中，"那边"共有 20 个用例，占全部远指代词的 0.45%。其主要用法如下：

(1) 作主语，仅有 2 个用例。如：

①如若那边擂鼓摇旗，虚张声势，切不可进。(68 回)

②将军，关已望见，石叠墙壁那边便是。(98 回)

(2) 作宾语，共有 10 个用例。如：

③李逵却自认得这条岭唤做沂岭，过那边去，方才有人家。(43 回)

④送将军到于那边，便教行者即回，休教人知觉了。(98 回)

(3) 作定语，共有 4 个用例。如：

⑤李逵又跳过那边船上，去拔那竹篾。(38 回)

⑥那边阵内鼓声响处，圣水将军出马。(67 回)

(4) 作状语，仅有 1 个用例。如：

⑦那边番将耶律宗云，舞刀拍马来迎关胜。(84 回)

除了上面的用法外，"那边"还有 2 处与"这边"对举表虚指，1 处与"这边"连用表到处（见前面"这边"的用法分析）。

在《水浒传》中，“那壁”仅有3个用例，占全部远指代词的0.07%。1个用作主语，2个用作定语，相当于“那边”。如：

⑧这一边都是素白旗号，那壁都是绛红旗号。(35回)

⑨足下是那壁恩相差来的人，又与小官赍诰敕，怎敢轻慢！(91回)

（六）那等

在《水浒传》中，“那等”共有9个用例，占全部远指代词的0.20%。全部用作定语。如：

①那等人伏侍叔叔，怎地顾管得到。(24回)

②有那等献勤的卖科，对他说我家宅后有个花园水亭，盖造的好。(52回)

（七）那些儿

在《水浒传》中，“那些儿”仅有1个用例，占全部远指代词的0.02%。尽管如此，我们还是认为这是一个很重要的现象，且前面分析“这些”时，我们也发现有“这些儿”的用例。这说明近代汉语的远指代词系统在不断地丰富，不断地产生新的代词。

《水浒传》中“那些儿”的用例。如

花荣在马上看见，把手指与宋江道：“哥哥，你看见那树影里这碗烛灯么？只看我等投东，他便把那烛灯望东扯；若是我们投西，他便把那烛灯望西扯。只那些儿想来便是号令。”(48回)

（八）彼

“彼”是先秦时就出现的远指代词，在近代汉语中已经逐步被“那”所取代。在《水浒传》中，远指代词“彼”共有65个用例，有3例与“此”构成联合词组（见近指代词“此”），占全部远指代词的1.48%。其主要用法如下：

（1）作主语，共有7个用例，占其全部用法的10.77%。如：

①且说呼延灼借副衣甲穿了，彼各上马，都到阵前。(64回)

②枢相，彼必有计，不可亲临险地。(77回)

（2）作宾语，最常见，共有47个用例，占其全部用法的72.31%。如：

③夜来小生修下一封书在此，与兄长去，到彼时可和本人做个相识。(36回)

④庄门上杜兴看见有杨雄、石秀在彼，慌忙开了庄门，放只小船过来，与宋江声喏。(48回)

（3）作定语，共有11个用例，占其全部用法的16.92%。如：

⑤兄弟曾到彼处，可和杨林走一遭。(47回)

⑥托赖圣上洪福齐天，彼处军民亦皆安泰。(100回)

《水浒传》中远指代词“彼”的主要用法及其分布情况详见下表：

用法	作主语	作宾语	作定语
次数	7	47	11
百分比（%）	10.77	72.31	16.92

从以上的考察中我们可以看到，近代汉语中新产生的远指代词“那”及其派生代词已经占据了远指代词系统的绝对优势，正在逐步取代“彼”这样的古代汉语远指代词。

三、兼指代词

《水浒传》中兼指代词主要有“恁”、“恁地”、“恁的”、“恁么”、“恁（的）般”、“恁般”等6个。其整体分布情况详见下表：

词项	恁	恁地	恁的	恁么	恁（的）般	恁般
次数	11	120	18	8	1	3
百分比（%）	6.83	85.71		4.97	2.48	

（一）恁

在《水浒传》中，兼指代词“恁”单用的共有11个用例，占全部兼指代词的6.83%，且全部用作状语。如：

①日前多曾亏了他，今日荐个人来，便恁推却，发付他去。（11回）

②你是那个梢公，直恁大胆不摇拢来？（37回）

（二）恁地（恁的）

在《水浒传》中，“恁地（恁的）”共有138个用例，占全部兼指代词的85.71%。其主要用法如下：

（1）作谓语，共有69个用例，占其全部用法的50.00%。如：

①武松道：“兄长，若是恁地，你且放出那两个公人则个。”（27回）

②你写他姓刘，是和我同姓，恁地我便放了他？（33回）

（2）作宾语，共有5个用例，占其全部用法的3.62%。如：

③却不知哥哥是恁地。（29回）

④他生性是恁的，如何教他改得！（38回）

（3）作定语，共有8个用例，占其全部用法的5.80%。如：

⑤我帐前见缺恁地一个人，不知你肯与我做亲随梯已人么？(30回)
⑥北京有名恁地一个卢员外，只值得这一百两金子？(62回)

(4) 作状语，共有55个用例，占其全部用法的39.86%。如：

⑦我儿放心，虽是林冲恁的主张，我终不成下得将你来再嫁人。(8回)
⑧谁不知恩人大名，休恁地说。(10回)

(5) 作补语，仅有1个用例，占其全部用法的0.72%。如：

⑨智深寻思道："这个大寺，如何败落的恁地？"(6回)

《水浒传》中兼指代词"恁地（恁的）"的主要用法及其分布情况详见下表：

用法	作谓语	作宾语	作定语	作状语	作补语
次数	69	5	8	55	1
百分比（%）	50.00	3.62	5.80	39.86	0.72

(三) 恁么

在《水浒传》中，"恁么"共有8个用例，占全部兼指代词的4.97%，主要用作状语和谓语。

(1) 作谓语，仅2例。如：

①恁么却才中我意。(29回)
②李逵道："恁么，便和你两折过了。"(38回)

(2) 作定语，仅1例。如：

③此间店里恁么好酒，我们又吃不多，便恁醉了！(36回)

(3) 作状语，共有5例。如：

④武松吃他看不过，只低了头不恁么理会。(24回)
⑤戴宗对宋江笑："押司，你看这厮恁么粗卤，全不识些体面！"(38回)

(四) 恁(的)般

在《水浒传》中，"恁(的)般"共有4个用例，占全部兼指代词的2.48%，用作定语和状语。如：

①只除是恁的般方好，不然直走到明年正月初一日，也不能住。(53回)
②量李固有几颗头，敢做恁般勾当！(62回)

四、旁指代词

《水浒传》中旁指代词主要有"他"、"其他"、"其余"、"别"、"别的"等5个。

其整体分布情况详见下表：

词项	他	其他	其余	别	别的
次数	53	3	80	129	17
百分比（%）	18.79	1.06	28.37	45.74	6.03

（一）他

“他”在先秦时就是表示旁指的专用代词，根据郭锡良先生对“他”在《尚书》、《左传》等十部先秦古籍中出现次数所做的统计，可以说明“他”的发展已相当成熟。①

《水浒传》中旁指代词“他”共有53个用例，占全部旁指代词的18.79%，且全部用作定语。如：

①却是林冲自行主张，非他人逼迫，小人今日就高邻在此，明白立纸休书，任从改嫁，并无争执。（8回）

②他时归顺朝廷，建功立业，官爵升迁，能使弟兄们尽生光彩。（68回）

（二）其他、其余

《水浒传》中旁指代词“其他”共有3个用例，占全部旁指代词的1.06%，用作主语和宾语。

（1）作主语，仅1例。如：

①只可与天机星同观，其他皆不可见。（42回）

（2）作宾语，仅2例。如：

②这位非比其他的，乃是八十万禁军教头。（9回）

③二位教头比试，非比其他，这锭银子权为利物。（9回）

例②中的“其他”与结构助词“的”构成“的”字短语作宾语。

《水浒传》中旁指代词“其余”共有80个用例，占全部旁指代词的28.37%。主要用作主语和定语，指代剩下的人或事物，且多用于指人。

（1）作主语，共有25个用例，占其全部用法的31.25%。如：

④老爷天下只让得两个人，其余的都把来做脚底下的泥！（35回）

⑤明日是个吉辰，请兄长分一半头领，把守山寨，其余尽随我等去打城池。（63回）

---

① 参见郭锡良：《汉语第三人称代词的起源和发展》，《语言学论丛》（第6辑），商务印书馆，1980年。

“其余”一般是单独作主语的，有时与结构助词“的”组成“的”字短语作主语，如例④。

(2) 作定语，共有55个用例，占其全部用法的68.75%。如：

⑥其余时分及单身客人，白日不许过冈。(23回)

⑦其余军马，都逃回城中去了，报说索超被擒。(65回)

《水浒传》中旁指代词“其余”的主要用法及其分布情况详见下表：

用法	作主语	作定语
次数	25	55
百分比（%）	31.25	68.75

（三）别、别的

《水浒传》中旁指代词“别”单用的共有129个用例，占全部旁指代词的45.74%。其主要用法如下：

(1) 作定语，共有47个用例，占其全部用法的36.43%。如：

①你不可投别处去，只除梁山泊可以安身。(18回)

②武大只顾上下筛酒盪酒，那里来管别事。(24回)

(2) 作状语，共有82个用例，占其全部用法的63.57%。如：

③宋江日后别娶一个好的，教贤弟满意。(35回)

④晁盖道：“快使人去赶唤他回来，别写如何？”(40回)

《水浒传》中旁指代词“别”的主要用法及其分布情况详见下表：

用法	作定语	作状语
次数	47	82
百分比（%）	36.43	63.57

《水浒传》中旁指代词“别的”共有17个用例，占全部旁指代词的6.03%，主要用作主语和定语。

(1) 作主语，共有7例。如：

①宋江喝道：“祝龙曾有人见你杀了，别的怎地是你杀了?”(50回)

②若只打得那个寨子时，别的都不打紧，这三个寨便罢了。(60回)

(2) 作定语，共有10例。如：

③你看别的囚徒，从早起直做到晚，尚不饶他。(9回)

④如有别的树木转湾，也不是活路。(47回)

五、括指代词和特指代词

《水浒传》中括指代词有“诸般”和“一应”两个，特指代词有“其”一个。其整体分布情况详见下表：

词项	诸般	一应	其
次数	15	61	67
百分比（%）	10.49	42.66	46.85

（一）诸般

在《水浒传》中，“诸般”共有15个用例，主要用作定语，个别用作状语。

（1）作定语，指代各种事物，共有14个用例。如：

①我这女儿长得好模样，又会唱曲儿，省得诸般耍笑。(21回)

②李师师道：“久闻的哥哥诸般乐艺，酒边闲听，愿闻也好。”(81回)

（2）作状语，指代各个方面，仅1个用例。如：

③燕顺道：“这个兄弟诸般都肯向前，只是有这些毛病。”(32回)

（二）一应

在《水浒传》中，“一应”共有61个用例，主要用作定语，指代所有一切。如：

①烦令金大坚刊造雕刻一应兵符、印信、牌面等项。(44回)

②宋江着人引朱仝直到宋太公歇所，见了一家老小并一应细软行李。(52回)

（三）其

在《水浒传》中，“其”除了作第三人称代词外，也作特指代词，共有67个用例，全部用作定语。如：

①其时西溪村的鬼，都赶过东溪村来。(14回)

②宋江其夜在帐中纳闷，一夜不睡，坐而待旦。(48回)

六、逐指代词

《水浒传》中主要有逐指代词“每”、“各”、“各自”等3个。其整体分布情况详见下表：

词项	每	各	各自
次数	202	678	131
百分比（%）	19.98	67.06	12.96

（一）每

在《水浒传》中，“每”共有202个用例，占全部逐指代词的19.98%，主要用作定语和状语。

（1）作定语，共有174个用例，占其全部用法的86.14%。最常见的是“每”直接修饰名词，共有152个用例，其中“每日”最常见；其次有22个用例是“每+量词”或“每+数量短语”修饰名词。如：

①宋江自到清风山住了五七日，每日好酒好食管待，不在话下。(32回)

②每只船上，只三五个人，船舱中竟不知有何物。(80回)

（2）作状语，共有28个用例，占其全部用法的13.86%。如：

③每怀恻隐之心，常有仁慈之念。(13回)

④且好做方便，每每排难解纷，只是周全人性命。(18回)

值得指出的是，《水浒传》中“每”作状语有8处是以“每每”的形式出现的，如例④，这在《祖堂集》、《古尊宿语要》、《五灯会元》中未见用例。①

另外，与上面三部文献中的情况不同的是，《水浒传》中“每”单用作状语的只出现在古典诗词中，这属于非自然语言，不能代表当时的实际口语情况。

《水浒传》中逐指代词“每”的主要用法及其分布情况详见下表：

每	作定语	作状语
次数	174	28
百分比（%）	86.14	13.86

（二）各

在《水浒传》中，“各”共有678个用例，占全部逐指代词的67.06%，主要用作主语、定语和状语。其中，有41处是以“各各”的重叠形式出现的，语意有所加强。

（1）作主语，共有337个用例，占“各”全部用法的49.71%。如：

①当下和史进吃得饱了，各拿了器械，同回瓦罐寺来。(6回)

②何涛把手一招，众人并力向前，各执器械，挺着迎将去。(19回)

① 参见卢烈红：《〈古尊宿语要〉代词助词研究》，武汉大学出版社，1998年，第113~114页。

（2）作定语，共有154个用例，占“各”全部用法的22.71%。如：

③各人都拿了条朴刀，又带几根藤条。（16回）

④见今杖限各乡里正并猎户人等，打捕未获。（23回）

（3）作状语，共有187个用例，占“各”全部用法的27.58%。如：

⑤两个各领了遮箭防牌，绾在臂上。（13回）

⑥弟兄两个各跨了一口腰刀，都拿了一条朴刀，径出离了宋家村。（22回）

《水浒传》中逐指代词“各”的主要用法及其分布情况详见下表：

用法	作主语	作定语	作状语
次数	337	154	187
百分比（%）	49.71	22.71	27.58

值得指出的是，《祖堂集》、《古尊宿语要》、《五灯会元》中“各”的使用情况到了《水浒传》中发生了一个很重要的变化，前两书“各”未见定语用例，《五灯会元》中也仅有3例“各”作定语的，[1] 但在《水浒传》中“各”已经较多地被用作定语。这说明，晚唐至宋“各”的用法并没有发生太大的变化，而到了元末明初则已经发生了很大的变化。

（三）各自

在《水浒传》中，“各自”共有131个用例，占全部逐指代词的12.96%。主要用法如下：

（1）作主语，共有87个用例，占其全部用法的66.41%。如：

①史进引着一行人，且杀且走，众官兵不敢赶来，各自散了。（3回）

②梁山泊人马都收回山寨，各自献功请赏。（77回）

（2）作状语，共有42个用例，占其全部用法的32.06%。如：

③当时宋江、花荣先定了计策，便叫小喽啰各自去准备。（34回）

④戴宗分付了，众人各自归家去。（39回）

（3）作兼语，共有2例，占其全部用法的1.53%。如：

⑤比及邻近取军追赶梁山泊人马时，已自去得远了，且教各自收军。（67回）

⑥回至寨中，所有部下正偏将佐阵亡之人，收得尸骸者，俱令各自安葬已了。（99回）

《水浒传》中逐指代词“各自”的主要用法及其分布情况详见下表：

---

① 参见卢烈红：《〈古尊宿语要〉代词助词研究》，武汉大学出版社，1998年，第114页。

各自	作主语	作状语	作兼语
次数	87	42	2
百分比（%）	66.41	32.06	1.53

从上面的考察中我们可以看出，《水浒传》中的近指代词“这”和远指代词“那”及其派生代词的使用频率在指示代词中已经占有绝对优势，远远超过了“此”、“彼”。完全可以这么说，到了元末明初，以先秦时期就已出现的以“此”、“彼”为代表的指示代词系统已经发生了根本性的变化。

第三节　疑问代词

《水浒传》中的疑问代词有“那”、“那里”、“那个”、“怎”、“怎生”、“怎地”、“怎的”、“怎么”、“甚”、“甚的”、“甚样”、“甚等样”、“甚么”、“什么”、“甚么样”、“谁”、“兀谁”、“谁家”、“何”、“何等”、“何等样”、“如何”、“何如”、“若何”、“几”、“几时”、“几多”、“多少”、“安”、“焉”等30个。其整体分布情况详见下面的表1、表2、表3、表4：

表1

<table>
<tr><td>词项</td><td>那</td><td>那里</td><td>那个</td><td>怎</td><td>怎生</td><td>怎地</td><td>怎的</td><td>怎么</td><td>甚</td></tr>
<tr><td>次数</td><td>78</td><td>486</td><td>41</td><td>202</td><td>159</td><td>254</td><td>25</td><td>13</td><td>262</td></tr>
<tr><td>百分比（%）</td><td>1.79</td><td>11.14</td><td>0.94</td><td>4.63</td><td>3.65</td><td colspan="2">6.40</td><td>0.30</td><td>6.01</td></tr>
</table>

表2

<table>
<tr><td>词项</td><td>甚的</td><td>甚样</td><td>甚等样</td><td>什么</td><td>甚么</td><td>甚么样</td><td>谁</td></tr>
<tr><td>次数</td><td>8</td><td>1</td><td>1</td><td>9</td><td>352</td><td>9</td><td>391</td></tr>
<tr><td>百分比（%）</td><td>0.18</td><td colspan="2">0.05</td><td colspan="2">8.28</td><td>0.21</td><td>8.97</td></tr>
</table>

表3

<table>
<tr><td>词项</td><td>兀谁</td><td>谁家</td><td>何</td><td>何等</td><td>何等样</td><td>如何</td><td>何如</td></tr>
<tr><td>次数</td><td>10</td><td>7</td><td>565</td><td>4</td><td>4</td><td>872</td><td>9</td></tr>
<tr><td>百分比（%）</td><td>0.23</td><td>0.16</td><td>12.96</td><td colspan="2">0.18</td><td colspan="2">20.20</td></tr>
</table>

表4

词项	若何	几	几多	几时	多少	安	焉
次数	24	394	8	42	85	31	15
百分比（%）	0.55	9.03	0.18	0.96	1.95	0.71	0.34

（一）那

疑问代词的“那”产生的时代早于指示代词的“那”。汉魏六朝至中唐，“那”主要用于反诘，晚唐五代时期“那”获得了较大的发展，“那”系疑问代词用于询问的比例大幅度上升，《祖堂集》就充分体现了这一发展，《古尊宿语要》也保持了相同的走向。①

在《水浒传》中，疑问代词“那”单用的共有78个用例，占全部疑问代词的1.79%，主要用作定语和状语。

（1）作定语，表询问，后面多跟数量短语，表示要求在同类事物中加以确指。共有43个用例，占其全部用法的55.13%。如：

①我且请问你，你天下只让的那两个人？（35回）

②请问军师，不知那一处脱卯？（39回）

（2）作状语，表反诘。共有35个用例，占其全部用法的44.87%。如：

③我们每夜轮流看米囤，如今四更，天气正冷，我们这几个吃尚且不勾，那得回与你。（10回）

④王婆道：“含鸟猢狲！我屋里那得甚么西门大官人！”（24回）

《水浒传》中疑问代词“那”的主要用法及其分布情况详见下表：

用法	作定语	作状语
次数	43	35
百分比（%）	55.13	44.87

（二）那里

在《水浒传》中，“那里”共有486个用例，占全部疑问代词的11.14%。其主要用法如下：

（1）作主语，共有4个用例，占其全部用法的0.82%。如：

①黄文炳便钻出来，问道：“那里失火？”（41回）

① 参见卢烈红：《〈古尊宿语要〉代词助词研究》，武汉大学出版社，1998年，第185页。

②张顺道："我有四个人，要渡江过去，那里有船觅一只？"（91 回）

（2）作宾语，共有 116 个用例，占其全部用法的 23.87%。如：

③丈人，我的夫人在那里？（5 回）
④这相扑任教师在那里歇？（74 回）

（3）作定语，共有 17 个用例，占其全部用法的 3.50%。如：

⑤晁盖便问道："汉子，你是那里人？我村中不曾见有你。"（14 回）
⑥燕顺走近跟前又问道："你是那里的宋江？"（32 回）

（4）作状语，这是最主要的用法，共有 349 个用例，占其全部用法的 71.81%。如：

⑦庄家看了一看道："和尚，你那里来？"（4 回）
⑧武大入屋里来，看见老婆面色微红，便问道："你那里吃酒来？"（24 回）

特别值得提出的是，《水浒传》中"那里"作状语时有 227 个用例是用来表反问的，意在否定，没有处所意义，可换用"怎么"，但不及"那里"语气坚决。如：

⑨这两个汉子扛抬武松，那里扛得动，直挺挺在地下，却似有千百斤重的。（27 回）

⑩那指挥使回到朝廷，那里敢隐蔽，只得把上项所言，奏闻天子。（82 回）

《水浒传》中疑问代词"那里"的主要用法及其分布情况详见下表：

用法	作主语	作宾语	作定语	作状语
次数	4	116	17	349
百分比（%）	0.82	23.87	3.50	71.81

（三）那个

在《水浒传》中，作疑问代词的"那个"共有 41 个用例，占全部疑问代词的 0.94%。主要用作主语、宾语和定语，作主语、宾语时全部用于指人，作定语时最常见的是用于指人，还有少数用例指处所和时间。

（1）作主语，共有 22 个用例，占其全部用法的 53.66%。如：

①那个是新配来的武都头？（28 回）
②知府又问道："那个是杜主管杜兴？"（50 回）

（2）作宾语，仅有 2 个用例，占其全部用法的 4.88%。如：

③郓哥道："干娘情知是那个，便只是他那个。"（24 回）
④老猪狗，我都知了，你赖那个去！（26 回）

（3）作定语，共有17个用例，占其全部用法的41.46%。其中，用于指人的有12例，指处所的有3例，指时间的有1例。如：

⑤你是那个府里来的人？（2回）

⑥何涛又问道："今日县里不知是那个押司直日？"（18回）

⑦晁盖道："那个时分可去？"（60回）

例⑤指处所，例⑥指人，例⑦指时间。

《水浒传》中疑问代词"那个"的主要用法及其分布情况详见下表：

用法	作主语	作宾语	作定语
次数	22	2	17
百分比（%）	53.66	4.88	41.46

除了上面提到的"那"、"那里"、"那个"以外，《水浒传》中还有1个"那般"，作定语。如：

⑧毕竟汤隆对众说出那般军器，甚么人来，且听下回分解。（55回）

（四）怎、怎生

在《水浒传》中，"怎"单用共有202个用例，占全部疑问代词的4.63%。全部用作状语，带有反诘语气。如：

①若是那上司官员差他们缉捕人来，都吓得尿屎齐流，怎敢正眼儿看他。（15回）

②指望到此势如劈竹，便拿了这伙草寇，怎知却又逢着这般对手。（57回）

在《水浒传》中，"怎生"共有159个用例，占全部疑问代词的3.65%。主要用作定语和状语。

（1）作定语，共有14个用例，占其全部用法的8.81%。如：

③宋江看这汉子时，怎生模样？（36回）

④看那来人怎生模样？（61回）

（2）作状语，有时也带有反问语气，这是最主要的用法。共有145个用例，占其全部用法的91.19%。如：

⑤又没打火处，怎生安排？（10回）

⑥戴宗道："上告我师，却是怎生教我们便能够到高唐州？"（53回）

《水浒传》中疑问代词"怎生"的主要用法及其分布情况详见下表：

用法	作定语	作状语
次数	14	145
百分比（%）	8.81	91.19

（五）怎地（的）

在《水浒传》中，“怎地（的）”共有279个用例，占全部疑问代词的6.40%。其主要用法如下：

（1）作谓语，共有64个用例，占其全部用法的22.94%。如：

①两个都心里道：“看他怎地！”（26回）

②李逵见那人看他，便道：“你那厮看老爷怎地?”（67回）

（2）作定语，共有3个用例，占其全部用法的1.07%。如：

③闲言不道，你只直说，我哥哥死的尸首是怎地模样?（26回）

④洞仙侍郎道：“那个打石子的蛮子怎地模样?”（83回）

（3）作状语，最多见，共有212个用例，占其全部用法的75.99%。如：

⑤晁盖赶得气喘，问道：“怎的赶来这里斗朴刀?”（14回）

⑥武大道：“兄弟，你都说得是。却怎地出得这口气?”（25回）

《水浒传》中疑问代词“怎地（的）”的主要用法及其分布情况详见下表：

用法	作谓语	作定语	作状语
次数	64	3	212
百分比（%）	22.94	1.07	75.99

（六）怎么

在《水浒传》中，“怎么”共有13个用例，占全部疑问代词的0.30%。全部用作状语。如：

①嫂嫂，你怎么说这般闲话！（46回）

②宋江疑忌，便唤石秀问道：“兄弟，怎么前面贼兵众广?”（48回）

（七）甚、甚的、甚样、甚等样

在《水浒传》中，疑问代词“甚”单用的共有262个用例，占全部疑问代词的6.01%。其主要用法如下：

（1）作宾语，共有52个用例，占其全部用法的19.85%。

第一，表虚指。如：

①那军汉开了桶盖，无甚舀吃，陪个小心，问客人借这椰瓢用一用。(16 回)
②至晚回家，并不提起，亦不说甚，只和每日一般。(46 回)

第二，表实指，相对较多见。如：

③官人，吃甚下饭？(3 回)
④宋江慌忙下马扶住，问道："足下姓甚名谁？何处人氏？"(60 回)

第三，表反诘。如：

⑤差拨道："既有柴大官人的书，烦恼做甚！"(9 回)
⑥师父，你是个精细的人，有甚不省得？(44 回)

(2) 作定语，这是最常见的用法。共有 199 个用例，占其全部用法的 75.95%。

第一，表虚指，这种情形最为多见。如：

⑦那时阎婆已自身故了半年，这张三又没了粉头，不来做甚冤家。(36 回)
⑧兄弟，你心中有些不乐，莫不家里有甚言语伤触你处？(45 回)

第二，表实指，相对较多见。如：

⑨西门庆大郎和甚人吃酒？(26 回)
⑩燕青便向前与他施礼，那虞候道："你是甚人？"(81 回)

第三，表反诘。如：

⑪高衙内说道："林冲，干你甚事，你来多管？"(7 回)
⑫俺自和他有账讨钱，干你甚事？(90 回)

(3) 作状语，相当于现代汉语的"怎么"。共有 11 个用例，占其全部用法的 4.20%。如：

⑬李逵虽然也识得水，却不甚高，当时慌了手脚。(38 回)
⑭要杀使唤的时，原来厨刀不甚快，砍了一个人，刀口早卷了。(65 回)

《水浒传》中疑问代词"甚"的主要用法及其分布情况详见下表：

用法	作宾语	作定语	作状语
次数	52	199	11
百分比（%）	19.85	75.95	4.20

"甚的"在现代汉语中已不再使用。在宋金时代有"甚底"，在《董西厢》中能找到"甚的"、"甚底"并用的例子，这说明金代是从"底"到"的"的过渡时期。[①]

① 参见［日］香坂顺一：《水浒词汇研究（虚词部分）》，文津出版社，1992 年，第 47 页。

《水浒传》中只有“甚的”一种形式。

《水浒传》中，“甚的”共有8个用例，占全部疑问代词的0.18%，且只作宾语。如：

①庄客道：“和尚，日晚来我庄上做甚的？”（5回）

②我没甚的相送，两锭大银，权为压手。（62回）

《水浒传》中，“甚样”、“甚等样”各有1个用例，占全部疑问代词的0.05%，用作定语。如：

③那大汉慌忙问道：“三个甚样人？”（36回）

④汤隆问道：“却是甚等样皮匣子盛着？”（56回）

（八）甚么（什么）、甚么样

“什么”、“甚么”产生于唐宋时期，在《古尊宿语要》中，“什么”有大量用例，出现了1 066次，而“甚么”则只有5个用例。[①]《水浒传》中两者的使用情况发生了巨大的变化：“什么”仅出现9例，“甚么”则有352个用例。

《水浒传》中，疑问代词“甚么（什么）”共有361个用例，占全部疑问代词的8.27%。其主要用法如下：

（1）作宾语，共有145个用例，占其全部用法的40.17%。

第一，表实指。如：

①知县见了，问道：“都头告甚么？”（26回）

②老丈道：“汉子，你姓甚么？山东人来这里干何事？”（65回）

第二，表反诘。如：

③牛二喝道：“你说我打你，便打杀直甚么！”（12回）

④刘唐道：“哥哥！不杀了这两个男女，等甚么！”（36回）

第三，表虚指。如：

⑤酒保道：“小人又不曾说甚么。”（35回）

⑥那假太尉只把手指，并不听得说甚么。（59回）

（2）作定语，共有215个用例，占其全部用法的59.56%。

第一，表实指。如：

⑦宋江转身来问道：“有什么话说？”（21回）

⑧恰才解拆得开，李虞候喝道：“这厮是甚么人？敢如此大胆！”（75回）

第二，表虚指。如：

---

① 参见卢烈红：《〈古尊宿语要〉代词助词研究》，武汉大学出版社，1998年，第124页。

⑨打听得他近日占了二龙山宝珠寺，和一个甚么青面兽杨志霸在那方落草。(27 回)

⑩我听得你这厮伙里有个甚么小李广花荣，着他出来，和我比箭。(98 回)

第三，表反问。如：

⑪董超道："说甚么闲话！救你不得。"(8 回)

⑫郓哥道："便骂你这马泊六，做牵头的老狗，直甚么屁！"(25 回)

（3）作状语，相当于现代汉语中的"怎么"。仅 1 个用例，占其全部用法的 0.27%：

⑬只觉不甚么长，中等身材，敢是有些髭须。(40 回)

《水浒传》中疑问代词"甚么（什么）"的主要用法及其分布情况详见下表：

用法	作宾语	作定语	作状语
次数	145	215	1
百分比（%）	40.17	59.56	0.27

《水浒传》中，"甚么样"共有 9 个用例，占全部疑问代词的 0.21%，并且全部用作定语。如：

①黄文炳道："约莫甚么样人？"(39 回)

②石秀道："你家主人是甚么样人？"(46 回)

（九）谁、兀谁、谁家

《水浒传》中，"谁"字系列的疑问代词存在三种形式：谁、兀谁、谁家。

《水浒传》中，"谁"单用的共有 391 个用例，占全部疑问代词的 8.97%。其主要用法如下：

（1）作主语，是最主要的用法，共有 204 个用例，占其全部用法的 52.17%。如：

①宋江道："晁保正弟兄们近日如何？兄弟，谁教你来？"(20 回)

②话犹未了，闻达大怒，便问首将："谁与我力擒此贼？"(63 回)

（2）作宾语，也比较多见，共有 136 个用例，占其全部用法的 34.78%。基本上单独作宾语，仅 2 例与结构助词"的"构成"的"字短语作宾语。如：

③智深道："这妇人是谁？却在这里吃酒。"(6 回)

④我杀的这厮是谁？(73 回)

（3）作定语，共有 39 个用例，占其全部用法的 9.97%。如：

⑤你托谁的势要，推病在家安闲快乐！(2 回)

⑥便是神道如今在房中，砖石乱打出来，谁人敢去！（73 回）

（4）作兼语，共有 12 个用例，占其全部用法的 3.07%。如：

⑦燕青大叫道："好汉！我死不妨，着谁上梁山泊报信?"（62 回）

⑧宋江道："叫谁去好?"（78 回）

《水浒传》中疑问代词"谁"的主要用法及其分布情况详见下表：

用法	作主语	作宾语	作定语	作兼语
次数	204	136	39	12
百分比（%）	52.17	34.78	9.97	3.07

《水浒传》中，"兀谁"共有 10 个用例，占全部疑问代词的 0.23%。主要用作主语和宾语。

（1）作主语，仅有 3 个用例。如：

①我只心在张三身上，兀谁奈烦相伴这厮！（21 回）

②兀谁教大官人打这屋檐边过，打得正好！（24 回）

（2）作宾语，共有 7 个用例。如：

③我猜不是晁保正却是兀谁！（18 回）

④我们却投奔兀谁的是?（22 回）

《水浒传》中"兀谁"的用例只出现在 40 回之前。

《水浒传》中，"谁家"共有 7 个用例，占全部疑问代词的 0.16%。其主要用法分为：

（1）作主语，共有 2 个用例：

①谁家没个亲眷，你却甚么意思?（33 回）

②谁家玉笛弄秋清，撩乱无端恼客情。（62 回）

（2）作宾语，共有 2 个用例：

③乾坤生杀气，成败属谁家。（34 回）

④问茶博士道："前面角妓是谁家?"（72 回）

（3）作定语，共有 3 个用例。如：

⑤干娘，不敢问这位是谁家宅上娘子?（24 回）

⑥娘子，你是谁家宅眷?（32 回）

（十）何、何等、何等样

《水浒传》中，疑问代词"何"单用的共有 565 个用例，占全部疑问代词的

12.96%。其主要用法如下：

（1）作主语，仅有2个用例，占其全部用法的0.35%。如：

①知府又问道："何为'纵横三十六，播乱在山东'?"（39回）
②卢俊义道："何为鲲化为鹏?"（84回）

（2）作宾语，表疑问，主要用来询问原因、地点、事物。共有117个用例，占其全部用法的20.71%。如：

③不知仁兄独自何来，今却到此?（32回）
④他如今都把白杨树木砍伐去了，将何为记?（48回）

（3）作定语，共有326个用例，占其全部用法的57.70%。

第一，表疑问，用来询问地点、时间、事物、人、原因等。如：

⑤宋江道："从何处落路去?"（22回）
⑥花荣一片声叫道："我得何罪?"（33回）

第二，表反问。如：

⑦两个都头尚兀自不济事，近他不得，我们有何用。（18回）
⑧老管营道："他是为你吃官司，你不去救他，更待何时。"（30回）

（4）作状语，共有120个用例，占其全部用法的21.24%。

第一，表疑问，不多见，主要用来询问地点、原因。如：

⑨吾弟子既脱火坑，学炼长生，何得再慕此境?（53回）
⑩上皇曰："轻屈寡人车驾何往?"（100回）

第二，表反问，最常见。如：

⑪吴用道："量小生何足道哉！如今山东、河北多少英雄豪杰的好汉。"（15回）
⑫山僻村野，绝无罕物，但送些小微物，表情而已，何劳花魁娘子致谢。（72回）

第三，表感叹，很少见，多出现在诗句中，不能代表当时的口语情况。如：

⑬砖儿何厚，瓦儿何薄！（62回）
⑭吴国要离刺庆忌，赤心赴刃亦何丑。（67回）

《水浒传》中疑问代词"何"的主要用法及其分布情况详见下表：

用法	作主语	作宾语	作定语	作状语
次数	2	117	326	120
百分比（%）	0.35	20.71	57.70	21.24

《水浒传》中，“何等”和“何等样”分别均有4个用例，两者共占全部疑问代词的0.18%，作定语。如：

①贤弟，你且说用何等军器？(55回)

②你三个正是何等样人？(93回)

（十一）如何（何如）、若何

《水浒传》中，“如何（何如）”共有881个用例，占全部疑问代词的20.20%。其主要用法如下：

（1）作主语，共有7个用例，占其全部用法的0.79%。如：

①这野猫今日醉得不好，把半山亭子、山门下金刚都打坏了，如何是好？(4回)

②两次招安，都伤犯了天使，越增的罪恶重了，如何是好？(80回)

（2）作谓语，共有197个用例，占其全部用法的22.36%。如：

③这高俅踢得两脚好气球，孤欲索此人做亲随，如何？(2回)

④程万里看罢来书，对董都监说道：“要借本府钱粮，此事如何？”(69回)

（3）作定语，仅2例，占其全部用法的0.23%。如：

⑤杨春问道：“如何苦计？”(2回)

⑥如何世禄英雄士，握手同归聚义厅？(58回)

（4）作状语，最常见。共有675个用例，占其全部用法的76.62%。如：

⑦如今只有保正、刘兄、小生三人，这件事如何团弄？(14回)

⑧倘或大军到来，四面围住，又无退步，何如迎敌？(35回)

《水浒传》中“如何（何如）”的主要用法及其分布情况详见下表：

用法	作主语	作谓语	作定语	作状语
次数	7	197	2	675
百分比（%）	0.79	22.36	0.23	76.62

《水浒传》中，“若何”共有24个用例，占全部疑问代词的0.55%，全部用作谓语，置于句末，相当于“如何”、“怎么样”。如：

①我等大小人员，未蒙恩泽，不知诏意若何，未敢去其介胄。(79回)

②未知圣意若何，伏候我王诏旨。(98回)

从用例中可以看出：“若何”具有文言色彩，在语气上要比“如何”显得尊重些。

（十二）几、几时、几多、多少

《水浒传》中，疑问代词“几”共有394个用例，占全部疑问代词的9.03%，全部用作定语。其主要用法如下：

（1）询问数量，共有18个用例。如：

①当时林冲看了，吃了一惊，失口道：“好刀！你要卖几钱?”（7回）

②宋江道：“黄文炳家多少人口？有几房头?”（41回）

值得指出的是，《水浒传》中的“几”询问数目时，其范围和现代汉语有所不同，并不只是询问十以下的数目，还经常用来询问较大的数目。如例①中林冲询问“几钱”时得到的回答是“索价三千贯，实价二千贯”。

（2）表反问，仅3例。如：

③那妇人道：“奴有几颗头，敢赚得师父！”（32回）

④石秀道：“不要争，值几钱，赔了你便罢。”（46回）

（3）表虚指，最常见。共有373个用例。如：

⑤这几个贼男女聚集了五七百人，打家劫舍，抢掳来往客人。（15回）

⑥小可情愿请几位弟兄同走一遭。（58回）

《水浒传》中，疑问代词“几时”是用来询问时间的，相当于现代汉语的“什么时候”，共有42个用例，占全部疑问代词的0.96%。主要用作状语，少数用作宾语。

（1）作宾语，共有6个用例。如：

⑦你两个斗了半日，又没输赢，只管斗到几时是了？（14回）

⑧今朝是几时？（69回）

（2）作状语，最多见。共有36个用例。如：

⑨相公，生辰纲几时起程？（16回）

⑩太公道：“却是苦也！这鬼几时捉得?”（73回）

《水浒传》中，疑问代词“几多”共有8个用例，占全部疑问代词的0.18%，且几乎都出现在诗词里，不能代表当时的口语情况，是一个文言色彩很浓的疑问代词，用来询问数量，相当于现代汉语中的“多少”，主要作定语。如：

⑪几多伶俐遭他陷，死后应知拔舌根。（21回）

⑫几多老树映残霞，数片采云飘远岫。（44回）

《水浒传》中，疑问代词“多少”共有85个用例，占全部疑问代词的1.95%。其主要用法如下：

（1）作谓语，询问年龄。共有4个用例，占其全部用法的4.71%。如：

⑬妇人又问道：“叔叔青春多少?”（24回）

⑭太师大喜，便问："将军青春多少？"（63 回）

（2）作宾语，共有 9 个用例，占其全部用法的 10.59%。如：

⑮林冲道："众兄长如此指教，且如要使钱，把多少与他？"（9 回）
⑯西门庆道："王干娘，你这梅汤做得好，有多少在屋里？"（24 回）

（3）作定语，最常见。共有 68 个用例，占其全部用法的 80.00%。
第一，询问数量，表实指。如：

⑰晁盖见庄客报说宋押司在门前，晁盖问道："有多少人随从着？"（18 回）
⑱既是如此说时，我昨日看见天王堂前那个石墩，约有多少斤重？（28 回）

第二，表虚指，带有夸张的色彩。如：

⑲老汉只得随他性子，不知使了多少钱财，投师父教他。（2 回）
⑳被这个畜生正不知害了多少人性命，连累猎户吃了几顿限棒。（23 回）

（4）作补语，仅有 1 个用例，占"多少"全部用法的 1.18%。如：

㉑李逵道："这大户人家，却不强似客店多少！"（73 回）

（5）表感叹，共有 3 个用例。如：

㉒你快写书，便教人下山去，星夜搬取上山来，以绝心念，多少是好。（20 回）
㉓哥哥不要焦躁，一发和你同上山去快活，多少是好。（43 回）

《水浒传》中疑问代词"多少"的主要用法及其分布情况详见下表：

用法	作谓语	作宾语	作定语	作补语
次数	4	9	68	1
百分比（%）	4.71	10.59	80.00	1.18

（十三）安、焉

《水浒传》中，疑问代词"安"共有 31 个用例，占全部疑问代词的 0.71%。其主要用法有：

（1）询问处所，相当于现代汉语中的"哪里"，仅有 2 个用例。如：

①卢俊义便问："燕青安在？"（62 回）
②天子喝问："正犯安在？"（83 回）

（2）表反诘，相当于现代汉语中的"怎么"、"哪里"，共有 29 个用例。如：

③林冲，你又无呼唤，安敢辄入白虎节堂！（7 回）
④晁盖强杀，只是个远来新到的人，安敢便来占上。（20 回）

《水浒传》中，疑问代词“焉”共有15个用例，占全部疑问代词的0.34%。很多都是出现在古诗句以及少数人（宋江、索超、宋帝等）的话语中，且都用来表反诘。如：

⑤智深不救林冲死，柴进焉能擅大名。（9回）

⑥索超笑道：“割鸡焉用牛刀。自有战将建功，不必主将挂念。”（63回）

从上面的考察中，我们可以看出，近代汉语疑问代词系统中，古代汉语疑问代词（“何”除外）正在迅速消退。除了“安”、“焉”尚有一定数量的用例之外，其他一些先秦常用的疑问代词，如“曷”、“奚”、“胡”等已经见不到了。“孰”也只是在个别古诗句中出现。如：

①梁山大举鹰扬旅，水陆横行孰敢当。（36回）

②玺书招抚是良谋，赵鼎名言孰与俦。（67回）

可见，元末明初时期，古汉语中常用的一些疑问代词已经渐渐淡出人们的日常交往，很少被使用了。

与此同时，“那”、“甚”等由俗语词发展而来的疑问代词双音节化的现象则比较普遍。

上面我们讨论了《水浒传》中代词的主要用法及其分布情况，下面我们对《水浒传》中的代词作个简要的总结。

从词项来看，《水浒传》中共有112个代词，分为三大类：人称代词、指示代词以及疑问代词。

《水浒传》中人称代词共有37个，分为六小类：第一人称代词17个；第二人称代词10个；第三人称代词4个；反身代词3个；旁称代词2个；统称代词1个。通过对《水浒传》中这些人称代词的考察，我们注意到，第一人称代词系统中，“我”共有3 822个用例，占第一人称代词总量的74.63%，而“吾”仅101个用例，只占了第一人称代词总量的1.97%；第二人称代词系统中，“你”共有3 585个用例，占第二人称代词总量的90.21%，也已经远远超过了“汝”（69个用例，占第二人称代词总量的1.74%）和“尔”（5个用例，占第二人称代词总量的0.13%），呈现出了绝对优势；第三人称代词系统中，“他”共有2 928个用例，占第三人称代词总量的91.56%，也远比“其”（186个用例，占第三人称代词总量的5.82%）多。这说明以“吾”、“尔”、“其”等为代表的古代汉语人称代词已经逐渐从元末明初的口语中消退了。

《水浒传》中指示代词共有45个，其中近指代词有18个，远指代词有10个，兼指代词有6个，旁指代词有5个，括指代词2个，特指代词1个，逐指代词3个。通过对《水浒传》中这些指示代词的考察，我们看到，近指代词“这”（2 264个用例，占近指代词总量的39%）及其派生代词已经在全部近指代词中展露出领先优势，但“此”（1 459个用例，占近指代词总量的25.13%）及其派生代词也保持着比较高的使用率；《水浒传》中的远指代词“那”（3 574 个用例，占远指代词总量的 81.17%）及其派生代词在远指代词中已经占有绝对优势，远远超过了“彼”（65 个用例，占远指代词总量的 1.48%）的使用量。因此，我们可以这么说，到了元末明初，先秦时期以“此”、“彼”为代表的指示代词系统已经发生了巨大的变化，尤其是远指代词系统已经发生了根本性的变化。

《水浒传》中疑问代词共有 30 个。通过对《水浒传》中这些疑问代词的考察，我们看到，近代汉语的疑问代词系统中，大部分古代汉语中常用的疑问代词正在迅速消退，如“曷”、“奚”、“胡”等已经见不到了，“孰”也只是出现在个别古诗句中。只留下一个“何”还在较多地使用，“安”、“焉”也有一定量的用例。可见，元末明初时期，古代汉语中常用的疑问代词已经渐渐脱离人们的日常生活，很少被使用了。与此同时，“那”、“甚”等由俗语词发展而来的疑问代词双音节化的现象则比较普遍。

本章参考文献

专著

1. 北京大学中文系 1955、1957 级语言班编：《现代汉语虚词例释》，北京：商务印书馆，1982 年。
2. 董志翘、蔡镜浩：《中古虚词语法例释》，长春：吉林教育出版社，1994 年。
3. 冯春田：《近代汉语语法研究》，济南：山东教育出版社，2000 年。
4. 何乐士、蔡镜浩、王克仲等：《古代汉语虚词通释》，北京：北京出版社，1985 年。
5. 侯学超：《现代汉语虚词词典》，北京：北京大学出版社，1998 年。
6. 胡竹安编：《水浒词典》，北京：汉语大词典出版社，1989 年。
7. 黄伯荣、廖序东主编：《现代汉语》（增订二版），北京：高等教育出版社，1997 年。
8. 蒋绍愚、曹广顺主编：《近代汉语语法史研究综述》，北京：商务印书馆，2005 年。
9. 蒋绍愚、江蓝生编：《近代汉语研究》（二），北京：商务印书馆，1999 年。
10. 蒋绍愚：《近代汉语研究概况》，北京：北京大学出版社，1994 年。
11. 景士俊：《现代汉语虚词》，呼和浩特：内蒙古人民出版社，1980 年。
12. 刘坚、江蓝生：《近代汉语虚词研究》，北京：语文出版社，1992 年。
13. 刘月华等：《实用现代汉语语法》，北京：商务印书馆，2001 年。
14. 卢烈红：《〈尊宿语要〉代词助词研究》，武汉：武汉大学出版社，1998 年。
15. 陆俭明、马真：《现代汉语虚词散论》，北京：北京大学出版社，1985 年。
16. 吕叔湘主编：《现代汉语八百词》（增订本），北京：商务印书馆，1999 年。

17. 吕叔湘著、江蓝生补：《近代汉语指代词》，上海：学林出版社，1985 年。

18. 吴福祥：《敦煌变文语法研究》，长沙：岳麓书社，1996 年。

19. ［日］香坂顺一：《水浒词汇研究（虚词部分）》，植田均译，北京：文津出版社，1992 年。

20. 杨伯峻、何乐士：《古汉语语法及其发展》，北京：语文出版社，1992 年。

21. 俞光中、植田均：《近代汉语语法研究》，上海：学林出版社，1999 年。

22. 张斌主编：《现代汉语虚词词典》，北京：商务印书馆，2001 年。

23. 中国社会科学院语言研究所词典编辑室编：《现代汉语词典》（第 5 版），北京：商务印书馆，2005 年。

24. 中国社会科学院语言研究所古代汉语研究室编：《古代汉语虚词词典》，北京：商务印书馆，1999 年。

25. 朱德熙：《现代汉语语法研究》，北京：商务印书馆，2001 年。

26. 朱德熙：《语法讲义》，北京：商务印书馆，1998 年。

论文

1. 曹炜：《〈金瓶梅词话〉语法研究》，上海师范大学博士学位论文，2002 年。

2. 刁晏斌：《试论近代汉语语法的特点》，《辽宁师范大学学报》1991 年第 1 期。

3. 郭锡良：《汉语第三人称代词的起源和发展》，《语言学论丛》1980 年第 6 辑，商务印书馆。

4. 何乐士：《专书语法研究的几点体会》，《镇江师专学报》1999 年第 1 期。

5. 蒋绍愚：《近十年间近代汉语研究的回顾与前瞻》，《古汉语研究》1998 年第 4 期。

6. 卢烈红：《“这”单独作主语问题补证》，《古汉语研究》2001 年第 4 期。

7. 沈文君：《〈二刻拍案惊奇〉代词研究》，西北大学硕士学位论文，2005 年。

8. 吴福祥：《敦煌变文的近指代词》，《古汉语研究》1996 年第 3 期。

9. 吴福祥：《敦煌变文的人称代词“自己”“自家”》，《古汉语研究》1994 年第 4 期。

10. 吴福祥：《敦煌变文的疑问代词“那”（“那个”“那里”）》，《古汉语研究》1995 年第 2 期。

目前，学术界对《水浒传》中副词的研究尚不够深入，只在一些近代汉语虚词的专著和论文中有所涉及，但总体上缺乏系统性和完整性。而程度副词是副词中较为重要而又相当复杂的一类，它在近代汉语中的使用频率比较高。基于此，本章选取《水浒传》中的程度副词作为研究对象，通过对《水浒传》中程度副词详尽、全面、系统的计量研究来反映《水浒传》中程度副词的主要面貌和特色，希望为近代汉语乃至现代汉语程度副词的研究提供一些参考和依据。

第六章 《水浒传》的程度副词系统

目前，学术界对《水浒传》中副词的研究尚不够深入，只在一些近代汉语虚词的专著和论文中有所涉及，但总体上缺乏系统性和完整性。而程度副词是副词中较为重要而又相当复杂的一类，它在近代汉语中的使用频率比较高。基于此，本章选取《水浒传》中的程度副词作为研究对象，通过对《水浒传》中程度副词详尽、全面、系统的计量研究来反映《水浒传》中程度副词的主要面貌和特色，希望为近代汉语乃至现代汉语程度副词的研究提供一些参考和依据。

关于研究方法与内容的说明如下：

第一，本章将运用数理统计方法，采用计算机检索加核对原书的方式对《水浒传》中的程度副词进行穷尽性的调查，对每一个程度副词的使用频率及具体用法的数量、比例都进行详尽的计量统计，力求呈现《水浒传》程度副词系统中每个成员用法上的特点，做到定量统计与定性分析相结合。在计算比例时采用四舍五入的方法，精确至小数点后一位。同时，对于用法丰富的程度副词我们都采用列表分析法直观地加以说明、比较。

第二，本章试图对《水浒传》中程度副词的使用情况进行多角度的考察、描述与分析，讨论的内容包括程度副词的句法功能、组合能力、适用的句式等，力求全面总结每一个程度副词的用法。

（1）关于句法功能的考察。这个层面主要着眼于：

①程度副词的句法功能。

②程度副词和所修饰成分构成的短语所具有的句法功能。

（2）关于组合能力的考察。这个层面主要着眼于：

① 句法组合能力，即被修饰成分的语法属性，可分为形容词性结构、动词性结构、名词性结构、数量（名）结构、主谓结构，分别记作 AP、VP、NP、NumP、S。每一种结构又可细分为若干小类，如 VP 可细分为 V（动词）、动宾短语、动补短语、兼语短语、偏正短语、并列短语等，而且动词 V 还可根据其意义分为心理动词、动作动词等。为了便于行文，我们还使用了以下一些符号：A 代表形容词，N 代表名词，O 代表宾语，F 代表程度副词。

② 音节组合能力，即被修饰成分的音节特征，不同音节的程度副词对所修饰成分的音节要求也不同。因为句法结构除了受句法规则的制约外，还要受到韵律规则的制约。我们运用了冯胜利等学者有关韵律词、韵律短语的理论加以分析、解释：音步是语言节律中最基本的角色，轻重拍每交替一次就是一个音步。汉语中的标准音步是由两个音节构成的，它是汉语中最基本、最小的音步。标准音步形成标准韵律词，它的节奏最好。运用到句法结构中，单音程度副词选择一个单音节的被修饰成分，两者可以构成一个临时的标准音步，给人以韵律单位感，当然，单音程度副词也可以修饰双音节成分，形成［1+2］单双式结构的韵律短语；但双音程度副词如果选择一个单音节的被修饰成分，就有可能构成［2+1］式节奏不好的韵律短语，因为根据冯胜利的理论，音步组向“左起构词”、“右起为语”，［2+1］是构词形式，［1+2］才是造句

形式，所以，双音程度副词总是倾向于选择双音节或多音节的被修饰成分。当然，这一问题还有待于进一步研究。

③ 意义组合能力，主要着眼于被修饰成分的语义色彩，包括积极意义、中性意义和消极意义三种。

（3）关于适用句式的考察。这个层面主要着眼于：被修饰成分的肯定形式与否定形式。程度副词一般既能修饰肯定形式，也能修饰否定形式，但它们在《水浒传》中的用法仍需要具体加以研究。同时，我们还要注意考察程度副词与否定词的连用以及连用时的次序问题。

（4）关于副词连用与并用的考察。所谓副词连用，是指不同次类的副词连续出现的情况，而副词并用是指同一副词次类中的副词并列使用的情况。连用的副词处在不同的结构层次上，前一副词修饰后面副词所在的整个短语，比如，程度副词与否定副词的连用情况就是本文研究的内容之一；并用的副词则处在同一结构层次上，是并列关系。本文对副词并用情况的考察只限于程度副词。

此外，本章还运用比较的方法对程度副词的不同构成形式（独用、重叠式、附加式）进行语义、语用、句法方面的横向比较，总结其差异和发展规律。

副词是一个很复杂的词类，历来是汉语语法研究的重点和难点，至今我们对副词的性质、范围、分类，甚至副词的定义都还没有形成一致的认识，这些问题均有待于作进一步的研究。而对于副词内部的分类，正如吕叔湘先生所说："副词的内部需要分类，可是不容易分得干净利索，因为副词本身就是个大杂烩"①。目前，副词内部的分类主要是按照意义标准进行划分的，因此分类的结果往往相差甚远，但各家所分次类中大多都有程度副词这一项，可见，对于程度副词的分类，学术界的认识还是基本一致的。

程度副词是表示性质状态或动作行为所达到的各种程度的副词。现代汉语中程度副词最明显的特点是：大都可以比较自由地修饰形容词，而修饰动词时要受到很多限制，一般只能修饰助动词、部分心理动词和某些特定的动词性结构。此外，还可修饰一些具有特定语义特征的名词。但是，近代汉语中程度副词在组合能力上有很多不同于现代汉语的特点，比如，可以修饰不少普通的动作性动词及其构成的动宾短语，可以比较自由地修饰动补短语，可以有"（副＋形）＋名"的组合形式，等等②。这些特点在《水浒传》的程度副词中有很明显的体现。

对于程度副词这一类别中具体包含哪些成员，各家意见很不一致。结合前人的研究，我们认为程度副词的语法特征是"主要修饰谓词性成分（包括动词性成分、形容词性成分以及主谓结构），有时还能修饰名词性成分［其中包括数量（名）成分］，对谓语起修饰限制或补充说明的作用，主要作句中的状语，有时也可作补语"，其意

---

① 参见吕叔湘：《汉语语法分析问题》，商务印书馆，1979年，第42页。

② 参见杨荣祥：《近代汉语副词研究》，商务印书馆，2005年，第219页。

义特征是“表示动作行为或性质状态所达到的程度”。根据上述形式和意义相结合的标准来考察《水浒传》中的程度副词，我们便获得了《水浒传》中程度副词的基本范围——大、好、最、甚、十分、好生、少、极、有些（儿）、越等58个程度副词，这58个程度副词便是本文所要考察分析的全部对象。

汉语的程度副词虽然是一个相对封闭的类，但其内部成员在语义、功能上的差别也是比较大的，正如朱德熙先生（1982）所指出的那样，“不同的程度副词，除了语义上表示的程度有差别外，语法功能也不完全一样”①。因此，有必要对程度副词进行再分类，逐个进行研究。程度副词的分类可以有很多种，标准不同，分类的结果也不同，目前通行的分类主要是按语义标准所进行的分类，如：①根据有无明确的比较对象，程度副词可分为绝对程度副词和相对程度副词两大类。王力先生（1985）最早提出了这种分类方法，他指出，“凡无所比较，但泛言程度者，叫做绝对的程度副词”，“凡有所比较者，叫做相对的程度副词”。② 马真在《程度副词在表示程度比较的句式中的分布情况考察》③ 一文中从形式上证实了王力分类的合理性。因此，这种分类方法虽然是以意义为依据的，但能够得到形式上的验证，因而也包含了句法的标准。而绝对程度副词也并非一定不表示比较，从广义上来说，绝对程度副词也含有比较意味，只是这种比较是泛而言之的，所依据的是一般的心理认同标准，因此可以说是一种“泛较”；而相对程度副词所依据的则是某一确定的标准，因此可以说是一种“定较”④。②根据程度副词所表程度深浅的不同，各家的分类也各不相同，比如，韩陈其的《古汉语单音程度副词之间的音义关系》⑤ 把程度副词细分为表极度、表甚度、表微度、表递度、表实度、表近度、表全度、表限度、表渐度和表适度十类，分类十分细致，但有些类别我们并不将其归入程度副词。

本章将以上两种分类标准相结合，参照张桂宾先生（1997）在《相对程度副词与绝对程度副词》一文中的分类方法，先根据有无比较对象将《水浒传》中的58个程度副词分为绝对程度副词和相对程度副词两大类，再根据其程度量级的差别分别进行下位划分，可分为两大类四个量级，共八小类。详见下表：

---

① 参见朱德熙：《语法讲义》，商务印书馆，1982年，第196页。

② 参见王力：《中国现代语法》，商务印书馆，1985年，第131~132页。

③ 参见马真：《程度副词在表示程度比较的句式中的分布情况考察》，《世界汉语教学》1988年第2期。

④ 参见黄盛璋：《谈程度副词》，《语文学习》1957年第4期，第27页。

⑤ 参见韩陈其：《古汉语单音程度副词之间的音义关系》，《徐州师范学院学报》（哲学社会科学版）1988年第4期。

《水浒传》的程度副词分类总表

程度副词			词数	频率
绝对程度副词	超高级	太（19）、过（2）、忒（17）、忒杀（3）	4	41
	极高级	极（61）、极是（5）、至（29）、绝（9）	4	104
	次高级	多少（3）、非常（2）、好（188）、好生（69）、老（14）、颇$_1$（13）、十分（82）、生（4）、酷（2）、良（9）、深（46）、深为（4）、深深（6）、重（21）、重重（16）、厚（8）、偏（15）、盛（1）、雅（1）、大（1 048）、大大（1）、甚（92）、甚是（45）、甚为（2）、杀（煞）（38）、分外（2）	26	1 732
	较低级	有些（儿）（53）、少（68）、颇$_2$（21）、小（5）	4	147
相对程度副词	最高级	最（150）、最是（5）、最为（1）	3	156
	更高级	更（41）、更是（1）、越（49）、越是（1）、如法（1）、转（10）、倍（2）、愈（2）、益（1）、一发（2）	10	110
	比较级	较（觉）（9）	1	9
	较低级	稍（5）、稍稍（1）、略（46）、略略（1）、微（40）、微微（5）	6	98

（注：括号中的数字表示该程度副词在《水浒传》中的使用频率）

第一节 绝对程度副词

一、超高级绝对程度副词

所谓超高级绝对程度副词指的是所表程度极高，超越一般、正常的标准的程度副词。这种超高级程度，如果符合主体主观上的需要，就表示超出一般的优越，体现说话人肯定的态度，如果不符合主体主观上的需要，则表示过犹不及的不足，体现说话人否定的态度。《水浒传》中此类程度副词共有太、过、忒、忒杀 4 个。下面分别加以讨论。

（一）太

“太”表示程度超出正常的情况或某种标准，程度过分。“太”作程度副词的用法在先秦时已经出现，只是先秦两汉多用“泰”，后世多用“太”。“太”沿用至今，一直是比较常用的表示程度过量的程度副词。《水浒传》中程度副词“太”共有 19 例，在句法功能上只能作状语。在句法组合能力上，“太”以修饰形容词性成分为主，共有 12 例，其中 11 例为形容词，占总数的 57.9%；“太”也修饰一定量的动词，共有 7 例，占总数的 36.8%。在音节组合能力上，“太”以修饰双音节成分为主，共有

12 例，占总数的 63.2%；也修饰单音节成分，共有 7 例。在意义组合能力上，因为“太”本身具有否定性的倾向，因此主要修饰具有消极意义的成分，共有 18 例，占总数的 94.7%；极少数修饰具有积极意义的成分，仅 1 例。在适用的句式上，“太”主要出现于肯定句中，共有 14 例，占总数的 73.7%；出现在否定句中的只有 5 例。

现代汉语中程度副词“太”则有三种意义和用法：一是表示程度过分，可用于肯定句与否定句中；二是表示程度极高，用于赞叹，只限于肯定句，比如“太好了”；三是表示程度相当高，用于“不太”这种副词连用的句式中，整个结构表示适度否定，含有委婉语气。《水浒传》中的程度副词“太”只具有第一种意义和用法。

《水浒传》中程度副词“太”的用法具体表现为：

(1) 组合能力方面，“太”所修饰的成分有：

第一，太 + AP，共 12 例，分为以下几种情况：

A. 太 + A，共 11 例。如：

①奴家也正待要去看一看，不想去得太迟了，赶不上，不曾看见。(24 回)

②这个太莽了些，望乞恕罪。(53 回)

③泼贱操心太不良，贪淫无耻坏纲常。(24 回)

B. 太 + 并列短语，仅 1 例。如：

④天性由来太恶粗，江州人号李凶徒。(38 回)

此例中的形容词“恶”、“粗”构成并列短语，一起受程度副词“太”修饰。

从被修饰 AP 的音节特征上看，以双音节形式的 AP 略占优势，共 7 例，占此类总数的 58.3%，如例③、例④；单音节形容词共 5 例，如例①、例②。

从“太”出现的句式看，包括肯定句和否定句两种。首先，在肯定句中，包含两种格式：一种是“太 A”格式，如例④，共 8 例；另一种是“太 A 了”格式，见例①、例②，仅此 2 例。这里的“太”都表示程度过分，用于这两种格式都表示不如意的事，而且前者比后者用得多。例②“太莽了些”中的“太”虽然表示程度过分，但有量词“些”放在形容词后作补语，又使过量的程度有所减弱，语气上也显得委婉。而从其中被修饰形容词的语义色彩上看，这些形容词都是具有消极意义的，用来表示不如意、不企望的事情。王静（2004）在《绝对程度副词从近代汉语到现代汉语的发展演变》中指出，现代汉语中“太 A”、“太 A 了”这两种格式可以兼用，而古汉语中只用“太 A”的格式。我们认为这种观点不太准确，因为《水浒传》中就已经出现“太 A 了”格式，只是使用频率比较低，至现代汉语中“太 A 了”格式却比“太 A”格式更常用。其次，在否定句中，只有“太不 A”一种格式，未出现“太不 A 了”的格式，如例③，这种用法共 2 例，而且这里的否定副词“不”与形容词“良”已凝固为表示否定意义的形容词。从其中被修饰形容词的语义色彩上看，形容词“良”是具有积极意义的，但整个结构“太不良”仍表示不如意、不企望的事情。

有必要说明一下，现代汉语中程度副词“太”在修饰否定形式的成分时，很多学者都认为这种用法的“太”表示程度高，不表示程度过分，整个结构表示极力否定。我们则认为，修饰否定形式的“太”仍然是表示程度过分，如上面例③中“太不良”，“不良”是一般人可以承受的程度，而“太不良”则超过了适当的可以承受的限度，意思相当于“太坏了”，带有批评的语气，因此，我们仍将修饰否定形式的“太”理解为表示程度过分的意义。

第二，太+V，共7例，《水浒传》中未出现“太”修饰动词性短语的用例，只修饰动词。如：

⑤三个人入到里面大客位里，李师师接着，拜谢道：“员外识荆之初，何故以厚礼见赐？却之不恭，受之太过。”(72回)

⑥古贤遗训太叮咛，气酒财花少纵情。(46回)

⑦火船火炮连天起，杀得孤军太不情。(96回)

从被修饰动词的音节特征来看，以双音节动词为主，共5例，占动词总数的71.4%，如例⑥、例⑦中的“叮咛”、“不情”；单音节动词只有2例，如例⑤中的“过”。从被修饰动词的语义色彩来看，以表示消极意义的为主，共6例，占此类总数的85.7%，如“过”（表示超过某种范围或限度，带有过犹不及的意味）、“诪张”（表示欺骗、作伪）、“无情”、“不情”（表示无情）等，它们受程度副词“太”的修饰，都表示不如意的事情；偶尔也有表示积极意义的，仅1例，即例⑥中的“叮咛”（表示再三嘱咐），但其程度过分，超出了一定的限度，同样不合目的，因此由肯定义转变为否定义，也表示不如意的事情。从“太”出现的句式来看，同样包括肯定句（4例）与否定句（3例），但动词后面都不能加语气词“了”，有些动词如“无情”、“不情”本身已包含否定词，其所在句子为否定句。

（2）句法功能方面，程度副词“太”能充当的句法成分只有状语。“太”与所修饰成分构成的短语主要作句中的谓语或主谓谓语句中的小谓语，共16例，占总数的84.2%；有时还可充当补语，共3例，只占总数的15.8%。

（3）适用句式方面，“太”主要用于肯定句中，共14例，占总数的73.7%，只有5例用于否定句。在否定句中，“太”修饰的都是含有否定词“不”、“无”的形容词或动词，否定词只用于“太”之后。

《水浒传》中程度副词“太”的用法详见下表：

<table>
<tr><th colspan="4">程度副词“太”的用法</th><th>举例</th><th colspan="2">数量</th><th>比例（%）</th></tr>
<tr><td rowspan="5">组合能力</td><td rowspan="3">太 + AP</td><td rowspan="2">太 + 形容词</td><td>单音节</td><td>迟、重、晚、莽</td><td>5</td><td rowspan="3">12</td><td rowspan="3">63.2</td></tr>
<tr><td>双音节</td><td>匆忙、喽啰、猖狂、森严、不良</td><td>6</td></tr>
<tr><td colspan="2">太 + 并列短语</td><td>恶粗</td><td>1</td></tr>
<tr><td rowspan="2">太 + VP</td><td rowspan="2">太 + 动词</td><td>单音节</td><td>过</td><td>2</td><td rowspan="2">7</td><td rowspan="2">36.8</td></tr>
<tr><td>双音节</td><td>诪张、叮咛、无情、不情</td><td>5</td></tr>
<tr><td colspan="2" rowspan="2">适用句式</td><td colspan="2">肯定句</td><td>只恨宋江相会太晚</td><td colspan="2">14</td><td>73.7</td></tr>
<tr><td colspan="2">否定句</td><td>可怪潘姬太不良，偷情潜自入僧房</td><td colspan="2">5</td><td>26.3</td></tr>
</table>

（二）过

“过”的本义是“经过”，引申为“超过”、“超越”，由此虚化为程度副词，表示程度过分，这种用法约始于汉代，一直沿用至今。但《水浒传》中程度副词“过”的用例很少，只有2例，都用来修饰单音节动词。如：

①据这柴大官人，名闻寰海，声播天下的人，教头若非武艺超群，他如何肯荐上山？非是吴用过称，理合王伦让这第一位头领坐。（19回）

②花荣道：“深谢都监过爱。”（33回）

从语义色彩来看，“过”所修饰的动词都是具有积极意义的。例①中的“过称”表示过分赞誉，本身具有否定义，但其用于否定句中，双重否定仍表肯定义；例②中的“过爱”表示过分错爱，是谦辞，固不含否定义。

（三）忒

“忒”表示程度极高或过分，它在古汉语中读作“tè”，意思相当于“太”。关于程度副词“忒”的来源，各家说法不一：有人认为它是由本义“更改”引申而来①；有人认为“忒”与“太（大）”音通，一声之转，故由“太”发展而来；还有人认为“忒”与“特”音近，故由“特”发展而来②。目前尚无定论，但可知“忒”与“特”、“太”、“大”同义。“忒”作程度副词的用法始见于宋代，宋元明清时期一直使用。

《水浒传》中的程度副词“忒”共17例。在句法功能上，“忒”都作状语。在句法组合能力上，“忒”以修饰形容词为主，共11例，占总数的64.7%；“忒”也修饰少量动词性成分，共4例，占总数的23.5%；比较特别的是，“忒”还可以修饰主谓

① 参见中国社会科学院语言研究所古代汉语研究室编：《古代汉语虚词词典》，商务印书馆，1999年，第572页。

② 参见［日］香坂顺一：《水浒词汇研究（虚词部分）》，植田均译，文津出版社，1992年，第94页。

短语和名词性成分，各有1例，各占总数的5.9%，这是少数程度副词才具有的句法组合能力。在音节组合能力上，“忒”以修饰双音节成分为主，共11例，占总数的64.7%；修饰单音节和多音节成分则分别有4例和2例。在意义组合能力上，因为程度副词“忒”本身具有否定性的倾向，因此，主要修饰具有消极意义或中性意义的成分，共12例，占总数的70.6%；少数修饰具有积极意义的成分，共5例。在适用的句式上，“忒”主要出现于肯定句中，共15例，占总数的88.2%；否定句只有2例。现代汉语中程度副词“忒”只保留在方言中，比如在北方方言中就很常见，今北方方音读作“tēi”或“tuī”。

《水浒传》中程度副词“忒”的用法具体表现为：

（1）组合能力方面，“忒”所修饰的成分有：

第一，忒+A，共11例。如：

①自从嫁得你哥哥，吃他忒善了，被人欺负，清河县里住不得，搬来这里。(24回)

②就便着我们把索子缚绑了，本待便解去县里见官，一者忒早些，二者也要教保正知道，恐日后父母官问时，保正也好答应。(14回)

③李逵笑道：“我下去不怕，你们莫要割断了绳索。”吴学究道：“你却也忒奸猾!”(54回)

从被修饰形容词的音节特征来看，以双音节形容词为主，共7例，占此类总数的63.6%，如例③；单音节形容词共4例，如例①、例②。从被修饰形容词的语义色彩来看，包括三种情况：表示积极意义的共5例，如例①中的“善”；表示中性意义的仅1例，即例②中的“早”；表示消极意义的共5例，如例③中的“奸猾”。程度副词“忒”修饰这些形容词时，都表示超出正常的程度，表达否定的意义。少数形容词后有表示不定量的量词“些”或数量词“些个”作补语，表示“（一）点儿”，如例②中的“些”与程度副词“忒”配合使用，使得过量的程度有所减弱，带有委婉的语气。

第二，忒+VP，共4例，分为以下几种情况：

A. 忒+V，共3例。如：

④愁怀郁郁苦难开，可恨王伦忒弄乖。明日早寻山路去，不知那个送头来?(11回)

“忒”所修饰的动词包括“偏向”、“弄乖”、“无礼”。从音节特征来看，这些动词皆为双音节形式的。从语义色彩来看，这些动词都具有消极意义。

B. 忒+偏正短语，仅1例。如：

⑤如何怪得众弟兄们发怒，朝廷忒不将人为念。(75回)

此例中的“忒”修饰由否定副词“不”构成的状中短语。

第三，忒 + S，仅 1 例。如：

⑥宋江道："虽是朝廷诏旨不明，你们众人也忒性躁。"（75 回）

此例中的"忒"修饰主谓短语"性躁"，"忒"的语义指向主谓短语中的形容词"躁"。

第四，忒 + NP，仅 1 例，"忒"修饰名词性的偏正短语。如：

⑦安道全道："兄弟忒这般短命见识！"（65 回）

此例中的"这般短命见识"是个多层定中结构的名词性短语，受程度副词"忒"的修饰，一起在句中作谓语。

（2）句法功能方面，"忒"能充当的句法成分只有状语。"忒"与所修饰的成分构成的短语在句子中充当的成分主要是谓语，共 16 例，占总数的 94.1%，充当补语的仅有 1 例。

（3）适用句式方面，"忒"主要用于肯定句中，共 15 例，占总数的 88.2%，只有 2 例用于否定句。在否定句中，"忒"修饰的都是含有否定词"不"、"无"的动词及短语。

《水浒传》中程度副词"忒"的用法详见下表：

<table>
<tr><th colspan="4">程度副词"忒"的用法</th><th>举例</th><th colspan="2">数量</th><th>比例（%）</th></tr>
<tr><td rowspan="6">组合能力</td><td rowspan="2">忒 + AP</td><td rowspan="2">忒 + 形容词</td><td>单音节</td><td>善、早、毒</td><td>4</td><td rowspan="2">11</td><td rowspan="2">64.7</td></tr>
<tr><td>双音节</td><td>毒害、认真、神明、大胆、奸猾</td><td>7</td></tr>
<tr><td rowspan="2">忒 + VP</td><td>忒 + 动词</td><td>双音节</td><td>偏向、弄乖、无礼</td><td>3</td><td rowspan="2">4</td><td rowspan="2">23.5</td></tr>
<tr><td colspan="2">忒 + 偏正短语</td><td>不将人为念</td><td>1</td></tr>
<tr><td>忒 + S</td><td colspan="2">忒 + 主谓短语</td><td>性躁</td><td colspan="2">1</td><td>5.9</td></tr>
<tr><td>忒 + NP</td><td colspan="2">忒 + 定中短语</td><td>这般短命见识</td><td colspan="2">1</td><td>5.9</td></tr>
<tr><td colspan="2" rowspan="2">适用句式</td><td colspan="2">肯定句</td><td>你这汉子忒认真，便说了一声打甚么不紧</td><td colspan="2">15</td><td>88.2</td></tr>
<tr><td colspan="2">否定句</td><td>你女儿忒无礼，被我杀了</td><td colspan="2">2</td><td>11.8</td></tr>
</table>

（四）忒杀

"忒杀"表示程度极高或动作、行为的过分、过度，相当于"太"、"过于"、"十分"等。"忒杀"又可作"忒煞"（元代也作"特煞"），"煞"与"杀"音义相同，固通用，但《水浒传》中只写作"忒杀"。从内部构成来看，"忒杀"是由程度副词"忒"与"煞（杀）"并列而成的双音副词，顺应了汉语词汇双音节化的普遍趋势，最早出现于宋代，主要应用于宋元明清时期。"忒杀"曾是官话词汇，使用范围较广，现代汉语中主要见于吴语，只保留在方言中。"忒杀"的意义与"忒"相同，表示程度过分，但使用频率上却远不如其构成成分“忒”与“煞（杀）”。《水浒传》中程度副词“忒杀”共3例，所修饰的成分包括形容词性和动词性短语。从语义色彩上看，被修饰成分都具有消极意义。如：

①作阵成团空里下，这回忒杀堪怜。剡溪冻住子猷船。（10回）

②哥哥忒杀欺负人！我不中也是你一个亲兄弟……（17回）

③入娘撮鸟，忒杀是欺负人！把水酒做御酒来哄俺们吃！（75回）

例①中的“忒杀”修饰形容词性的状中短语“堪怜”；例②、例③中的“忒杀”修饰动宾短语。唐贤清先生（2002）认为例②中的“忒杀”既可理解为程度副词，也可理解为表示强调的语气副词，语义上两可，并认为这主要是由其构成成分“煞（杀）”兼作程度副词和语气副词引起的。我们则将之处理为程度副词，因为例②、例③中“忒杀”在意义和用法上基本相同，都可表示程度过分。据唐贤清先生（2002）的研究，至清代含程度副词“忒杀”的句子在句法上出现了一个显著的变化，就是句末带语气词“了”，并认为这是将程度副词明确化的一个重要手段，正如现代汉语中程度副词“太”在句尾也经常带有“了”一样。

与《水浒传》中程度副词“忒”的用法相比，“忒杀”不修饰单独的动词和形容词，也没有修饰名词性短语的功能；在意义搭配上，只修饰具有消极意义的成分；在音节组合上，也不与单音节的成分组合，这可以理解为双音副词对被修饰成分的音节具有选择性。当然，“忒杀”在用法上的诸多限制可能与其用例较少也有关系，不过总体来说，近代汉语单纯副词在用法上比合成副词复杂灵活，使用频率也高得多，“忒”与“忒杀”的比较也说明了这一点。

二、极高级绝对程度副词

所谓极高级绝对程度副词，是指所表程度在正常范围内、为心理评价标准的极点的程度副词。《水浒传》中此类程度副词共有极、极是、至、绝4个。下面分别加以讨论。

（一）极

“极”的本义为“屋脊之栋”，引申为程度副词，表示程度很高，达到了顶点，相当于“非常”、“最”等，先秦时已有用例，后一直沿用至现代汉语。《水浒传》中程度副词“极”共有61例，从句法功能上都作状语。在句法组合能力上，“极”主要修饰形容词，共56例，占总数的91.8%，而且这些形容词以单音节形式为主，共52例，占总数的85.2%，双音节形容词只有4例；“极”也修饰少量动词性成分，共5例，占总数的8.2%，包括动宾短语（2例）、动补短语（1例）、偏正短语（2例），皆为多音节短语。在意义组合能力上，“极”主要修饰具有积极意义的成分，共47例，占总数的77.0%，具有中性意义（12例）和消极意义（2例）的成分相对较少。在适用的句式上，“极”绝大多数用于肯定句中，共60例，占总数的98.4%，只有1

例用于否定句中，用来修饰含有否定词“不”的词语。

现代汉语中程度副词“极”仍是一个比较常用的程度副词，一般用于书面语中，经常作状语，也可以用在形容词或心理动词后作补语。“极”作补语时后面一般带语气词“了”，或前面加结构助词“之”，构成“之极”的形式（与“至”作补语的形式“之至”相同）。其实“极”作补语的用法先秦已经出现，只是在《水浒传》中未见用例。

《水浒传》中程度副词“极”的用法具体表现为：

（1）组合能力方面，“极”所修饰的成分有：

第一，极 + A，共 56 例。如：

①如今景阳冈上有一只极大的大虫，夜夜出来伤人。(23 回)

②原是本府六案孔目出身，极好刀笔。(44 回)

③吕枢密道：“此言极是。”(92 回)

④打紧这婆娘极不贤，只要调拨他丈夫行不仁的事，残害良民，贪图贿赂。(33 回)

⑤这个极容易医治，我只听你的言情便了。(24 回)

从音节特征来看，“极”所修饰的形容词以单音节形式为主，共 52 例，占形容词总数的 92.9%，如例①至例③，“极”能与单音形容词构成标准音步；“极”也可修饰双音节形容词，这种用法较少，共 4 例，如例④、例⑤。从语义色彩来看，这些形容词以表示积极意义的为主，共 42 例，占此类总数的 75.0%，另外，表示中性意义的共 12 例，占此类总数的 21.4%，表示消极意义的只有 2 例。从句法功能来看，“极 + A”可充当的成分有定语（2 例）、状语（2 例）、谓语（48 例）、补语（4 例），其中以充当谓语的情况为主，占此类总数的 85.7%。例①中“极 + 大”修饰名词，构成定中结构时中间带结构助词“的”，这与现代汉语中的用法相一致；例②中“极 + 好”则直接修饰名词，中间不带“的”，这种用法“与整个近代汉语中定中结构的定语和中心成分之间可以不加结构助词的语法结构规律是一致的”①，不同于现代汉语。

第二，极 + VP，共 5 例，分为以下几种情况：

A. 极 + 动宾短语，共 2 例。如：

⑥百姓哀怜，盖造祠堂于墓前，春秋祭赛，虔诚奉事，士庶祈祷，极有灵验。(100 回)

⑦这裴宣极使得好双剑，让他年长，见在山寨中为主。(44 回)

例⑥中存现动词“有”构成动宾结构，受程度副词“极”的修饰，例⑦中使用了“极 + V + 得 + O”的结构，即动补短语带宾语受程度副词“极”的修饰。

B. 极 + 动补短语，仅 1 例。如：

① 参见杨荣祥：《近代汉语副词研究》，商务印书馆，2005 年，第 225 页。

⑧此位胡正卿极写得好。（26 回）

此例中的“极”在句法上修饰动补结构，在语义上表示补语“好”的程度。近代汉语中程度副词一般可以自由地修饰述补结构，不同于现代汉语。

C. 极 + 偏正短语，共 2 例，“极”修饰的是由能愿动词“能”、“肯”构成的状中短语。如：

⑨此女颇有些聪明伶俐，善知音律，极能针指。（30 回）

⑩常常见他散施棺材药饵，极肯济人贫苦。（21 回）

能愿动词“能”表示能力，“肯”表示意愿，都修饰动词性成分构成偏正结构。

（2）句法功能方面，程度副词“极”都作状语，未出现作补语的用例。“极”和所修饰成分构成的短语可充当的句法成分有定语（2 例）、状语（2 例）、谓语（53 例）、补语（4 例）。可见，以作谓语的情况为主，占总数的 86.9%。

（3）适用句式方面，程度副词“极”绝大多数都用于肯定句中，共 60 例，占总数的 98.4%，只有 1 例用于否定句中，即上面例④中的“极不贤”，“极”修饰含有否定词“不”的词语。

《水浒传》中程度副词“极”的用法详见下表：

<table>
<tr><th colspan="4">程度副词“极”的用法</th><th>举例</th><th colspan="2">数量</th><th>比例（%）</th></tr>
<tr><td rowspan="5">组合能力</td><td rowspan="2">极 + AP</td><td rowspan="2">极 + 形容词</td><td>单音节</td><td>妙、明、当、多、广、平、难</td><td>52</td><td rowspan="2">56</td><td rowspan="2">91.8</td></tr>
<tr><td>双音节</td><td>容易、专精、精详、不贤</td><td>4</td></tr>
<tr><td rowspan="3">极 + VP</td><td colspan="2">极 + 动宾短语</td><td>有灵验、使得好双剑</td><td>2</td><td rowspan="3">5</td><td rowspan="3">8.2</td></tr>
<tr><td colspan="2">极 + 动补短语</td><td>写得好</td><td>1</td></tr>
<tr><td colspan="2">极 + 状中短语</td><td>能针指、肯济人贫苦</td><td>2</td></tr>
<tr><td rowspan="2" colspan="2">适用句式</td><td colspan="2">肯定句</td><td>宋江军中智勇猛将极多</td><td colspan="2">60</td><td>98.4</td></tr>
<tr><td colspan="2">否定句</td><td>打紧这婆娘极不贤</td><td colspan="2">1</td><td>1.6</td></tr>
</table>

（二）极是

“极是”与“最是”相似，是由程度副词“极”与副词后缀“是”构成的双音节副词，与程度副词“极”同义，但在分化过程中，“极是”的意义显得更为突出，当然，其中的后缀“是”已没有实在意义，成为羡余成分。作程度副词使用的“极是”在晚唐时期的《祖堂集》中已经出现[①]，主要见于近代汉语时期。《水浒传》中程度副词“极是”共 5 例（此外，还有程度副词“极”与形容词“是”的组合形式，详

① 参见杨艳：《“很是”、“最是”的主观性》，《对外汉语教学与研究》（第 2 辑），胡有清主编，南京大学出版社，2005 年，第 229 页。

见前面“极”的相关内容），都在句中作状语。在句法组合能力上，“极是”可修饰形容词性成分（包括单独形容词1例，并列短语1例）和动词短语（包括动宾短语1例，动补短语2例），其中以修饰动词短语的用法为主，占总数的60.0%。在音节组合能力上，“极是”只能修饰双音节或多音节的成分，其中以修饰多音节成分为主，共4例，占总数的80.0%。在意义组合能力上，“极是”修饰的都是表示积极意义的成分。在适用的句式上，“极是”只用于肯定句中。“极是”在整个近代汉语中的使用频率不高，现代汉语中已不再使用。而明代以来经常使用的程度副词“极为”却保留在现代汉语的书面语中，但《水浒传》中并未出现程度副词“极为”的用例。

《水浒传》中程度副词“极是”的用法具体表现为：

（1）极是+AP，共2例，分为以下几种情况：

第一，极是+A，仅1例。如：

①他是额外之人，四方显化，极是灵验，世人皆称为道通祖师。（1回）

第二，极是+并列短语，仅1例。如：

②此人极是仁慈宽厚，待人接物，一团和气。（81回）

（2）极是+VP，共3例，分为以下几种情况：

第一，极是+动宾短语，仅1例。如：

③我家大娘子最好，极是容得人。（24回）

此例中的“极是”修饰“V+得+O”的结构，即动补短语带宾语的结构。

第二，极是+动补短语，共2例。如：

④酒进数杯，食供两套，那端王起身净手，偶来书院里少歇，猛见书案上一对儿羊脂玉碾成的镇纸狮子，极是做得好，细巧玲珑。（2回）

⑤上有三檐滴水，雕梁绣柱，极是造得好……（66回）

（3）“极是”与“极”用法的比较：

《水浒传》中程度副词“极是”的使用频率很低，与“最是”的情况相同，都只有5例，相比之下，仍以使用原来的单音程度副词“极”（61例）、“最”（150例）的用法为主。《水浒传》中程度副词“极是”的用法与“极”相比，有很多共同之处，但也有一些差异。在句法组合能力上，两者都能修饰形容词和动词短语，但“极”还可修饰由能愿动词构成的状中短语，“极是”却不能；在音节组合能力上，“极”主要修饰单音词，“极是”却只能修饰双音节或多音节成分，这是两者用法上最主要的区别，在一定程度上形成互补。究其原因，是受汉语韵律组合规则的制约。在适用的句式上，“极是”只用于肯定句，“极”也基本用于肯定句，但偶尔还修饰否定成分。

（三）至

“至”的本义为“到达”，作动词，先秦时已有作程度副词的用法，表示程度达到顶点，相当于“最”、“过分”等。《水浒传》中程度副词“至”共29例。在句法功能上，“至”的基本功能是作状语，共25例，占总数的86.2%；但有时也可在语义不变的情况下作补语，采用的是“中心语+之至”的特殊形式，共4例，只占总数的13.8%。在句法组合能力上，“至”主要修饰形容词性成分，共20例，占总数的69.0%，其中有19例为单独形容词；“至”也修饰少量动词，共8例，其中有6例为心理动词“爱”，占总数的20.7%。在音节组合能力上，“至”主要修饰单音节词，共23例，占总数的79.3%；“至”也修饰少量双音节词（4例）和多音节短语（2例）。在意义组合能力上，“至”主要修饰具有积极意义的成分，共18例，占总数的62.0%，具有中性意义（6例）和消极意义（5例）的成分相对较少。在适用的句式上，“至”主要用于肯定句中，共27例，占总数的93.1%，否定句只有2例。现代汉语中程度副词“至”是个文言词，只用于书面语，其使用范围比《水浒传》中的狭窄，而且现代汉语中“至”一般只能修饰单音节的形容词或心理动词，“之至”作补语时只能修饰双音节的形容词。

《水浒传》中程度副词“至”的用法具体表现为：

（1）组合能力方面，根据程度副词“至”的句法位置和功能，可分为以下两大类：

第一，“至”用于中心语前作状语，构成偏正结构，这种用法共25例，“至”所修饰的成分有：

A. 至+AP，共19例，具体如下：

a. 至+A，共18例。如：

①何清道：“不要慌，且待到至急处，兄弟自来出些气力拿这伙小贼。”（17回）

②天子笑道：“此事至容易！你是李行首兄弟，谁敢拿你！”（81回）

从音节特征来看，“至”作状语时主要修饰单音节形容词，共17例，占形容词总数的94.4%；偶尔也能修饰双音节形容词，仅1例，即例②中的“容易”。从形容词的语义色彩来看，以表示积极意义的为主，共10例，占此类总数的55.6%，其次是表示中性意义的，共6例，占此类总数的33.3%，表示消极意义的只有2例。从句法功能来看，“至+A”可充当的成分有定语（3例）、谓语（13例）、补语（2例），其中以充当谓语为主，占此类总数的72.2%。另外，有些组合因为常用已凝固成词，这类词包括至亲（1例）、至公（1例）、至圣（3例）、至明（4例）、至微（1例）①。

b. 至+并列短语，仅1例。如：

③宋江等本无异心，只要归顺朝廷，与国家出力，被至不公不法之人，逼得如此。（77回）

此例中的“至”修饰由形容词“不公”、“不法”构成的并列短语，一起作定语。

① 参见罗竹风主编：《汉语大词典》，汉语大词典出版社，1989年，第5057~5060页。

B. 至+V，共6例，“至”全部修饰心理动词“爱”、“至爱”，一起作定语。如：

④宋公明和我又是至爱弟兄，他如今为吟了反诗，救他不得。(39回)

⑤既然他两处好汉尚兀自仗义行仁救叔，今者三郎和他至爱交友，如何不去！(58回)

第二，“至”用于中心语后作补语，构成述补结构，中间都加结构助词“之”，形成“……之至”的形式，这是程度副词“至”作补语时不同于一般程度副词的特殊形式，《水浒传》中共4例，都采用“不胜+中心语+之至”的格式，根据中心语的不同分为以下几种情况：

A. 不胜+A+之至，仅1例。如：

⑥今得瞻天子圣颜，抱龙凤之姿，挺天日之表，正应此气，臣不胜幸甚之至！(96回)

“不胜”意为“非常”、“十分”，作状语，修饰形容词“幸甚”。“幸甚”表示非常庆幸或幸运，本身已含有表示程度高的副词“甚”，“之至”则作补语，补充说明程度达到极点。

B. 不胜+V+之至，共2例，其中的动词都是双音节的心理动词。如：

⑦拂楮拳拳，幸垂昭察，不胜感激之至！(81回)

⑧实陛下仁育之赐，遂微臣退休之心。诚惶诚恐，稽首顿首。臣江等不胜战慄之至！(99回)

C. 不胜+并列短语+之至，仅1例。如：

⑨进纳岁币，誓不敢违。臣等不胜战栗屏营之至！(89回)

“战栗”、“屏营”都表示惶恐害怕，构成并列结构在句中作谓语。

这里的“之至”显然是由动词“之（达到）”和名词“至（极点）”虚化而来的。“之”作结构助词，作用相当于谓语和补语之间的结构助词“得”，这种用法上古已经出现；“之”在韵律上还能起到协调音节的作用，因为“之至”和所修饰的中心语都是双音节（或四音节）的，满足了韵律组合的要求。作补语的“至”则同充当状语时一样，都表示程度之极。程度副词“至”作补语的这几例采用相同的格式，“不胜”与“之至”共享，一作状语，一作补语，皆表示程度高。这种用法在现代汉语中不常见，古代汉语中却早已出现，程度词前后共享可以表达强烈的感情，起到加强语气的作用。上述几例都是下级对皇帝或丞相所说的话，为了强调说话人的感激或惶恐之情而重复使用程度词，不同于一般的语义表达。

(2) 句法功能方面，程度副词“至”主要作状语，共25例，占总数的86.2%；有时也可作补语，共4例，“至”作补语时采用“……之至”的特殊形式，与其他程度副词不同。“至”和所修饰的成分构成的短语可充当的成分有谓语（17例）、定语（10例）、补语（2例），可见，以作谓语为主，占总数的58.6%，其次是作定语，占总数的34.5%。

(3) 适用句式方面，程度副词“至”主要用于肯定句中，共27例，占总数的93.1%，只有2例用于否定句中，例③的“至不公不法之人”，“至”与否定副词“不”连用。

《水浒传》中程度副词“至”的用法详见下表：

<table>
<tr><th colspan="4">程度副词“至”的用法</th><th>举例</th><th colspan="2">数量</th><th>比例(%)</th></tr>
<tr><td rowspan="7">组合能力</td><td rowspan="3">至+AP</td><td rowspan="2">至+形容词</td><td>单音节</td><td>公、亲、急、厚、紧、恶</td><td>17</td><td rowspan="4">20</td><td rowspan="4">69.0</td></tr>
<tr><td>双音节</td><td>容易</td><td>1</td></tr>
<tr><td colspan="2">至+并列短语</td><td>不公不法</td><td>1</td></tr>
<tr><td>AP+之至</td><td>形容词+之至</td><td>双音节</td><td>幸甚</td><td>1</td></tr>
<tr><td>至+VP</td><td>至+动词</td><td>单音节</td><td>爱</td><td>6</td><td rowspan="3">9</td><td rowspan="3">31.0</td></tr>
<tr><td rowspan="2">VP+之至</td><td>动词+之至</td><td>双音节</td><td>感激</td><td>2</td></tr>
<tr><td colspan="2">并列短语+之至</td><td>战栗屏营</td><td>1</td></tr>
<tr><td colspan="2" rowspan="2">句法功能</td><td colspan="2">作状语</td><td>军师高论至明</td><td colspan="2">25</td><td>86.2</td></tr>
<tr><td colspan="2">作补语</td><td>臣不胜幸甚之至</td><td colspan="2">4</td><td>13.8</td></tr>
<tr><td colspan="2" rowspan="2">适用句式</td><td colspan="2">肯定句</td><td>只是武松做下的罪犯至重</td><td colspan="2">27</td><td>93.1</td></tr>
<tr><td colspan="2">否定句</td><td>又无至恶之名</td><td colspan="2">2</td><td>6.9</td></tr>
</table>

(四) 绝

程度副词“绝”在先秦时已有用例，主要应用于魏晋时期，但使用频率不是非常高，晚唐五代以后已呈明显下降的趋势。《水浒传》中程度副词“绝”共9例，使用频率不高，用法却比较丰富。在句法功能上，“绝”的基本功能是作状语，共8例，占总数的88.9%，也可作补语，仅1例，只占总数的11.1%。在句法组合能力上，“绝”主要修饰形容词，作状语或补语，共7例，占总数的77.8%；“绝”也可以修饰动宾短语和方位名词，各1例，分别只占总数的11.1%。在音节组合能力上，“绝”主要修饰单音节词，共7例，占总数的77.8%；“绝”也修饰少数双音节词和多音节的短语，只占总数的22.2%。在意义组合能力上，“绝”主要修饰具有积极意义的成分，共6例，占总数的66.7%；具有中性意义的成分有3例，占总数的33.3%；“绝”不修饰具有消极意义的成分。在适用的句式上，程度副词“绝”都出现在肯定句中，不修饰否定形式的成分，而只用于否定词前表示“绝对”的“绝”是语气副词，起加强否定的作用。现代汉语中程度副词“绝”只修饰少数单音节形容词，使用上很受限制。

《水浒传》中程度副词“绝”的用法具体表现为：

(1) 组合能力方面，根据程度副词“绝”的句法位置和功能，可分为以下两大类：

第一，“绝”用在中心语前作状语，构成偏正结构，这种用法共8例，“绝”所修饰的成分有：

A. 绝+A，表示事物的性质或状态到了极点，共6例。如：

①只见两个侍者捧出茶来，白雪锭器盏内，朱红托子，绝细好茶。(45回)

②只见旁边恼犯了一个壮士曾升，武艺绝高，使两口飞刀，人莫敢近。(68回)

③四方珍果，盘中色色绝新鲜；诸郡佳肴，席上般般皆奇异。(82回)

从音节特征来看，“绝”主要修饰单音节形容词，共5例，占形容词总数的83.3%，包括“绝高”(3例)、“绝早”(1例)、和“绝细”(1例)；只有1例修饰双音节形容词，即例③中的“绝新鲜”。从被修饰形容词的语义色彩来看，以表示积极意义的为主，共4例，占此类总数的66.7%；表示中性意义的只有2例；“绝”不修饰表示消极意义的形容词。从句法功能来看，“绝+A”可充当的成分有定语(2例)、状语(1例)、谓语(2例)和宾语(1例)，功能比较广泛。“绝+A”修饰名词构成定中结构时中间可带结构助词“的”，也可不带“的”，现代汉语中则一般不能省略。“绝早”因为常用已凝固成词①。

B. 绝+动宾短语，表示程度之甚，仅1例。如：

④但见容貌似海棠滋晓露，腰肢如杨柳袅东风，浑如阆苑琼姬，绝胜桂宫仙姊。(81回)

此例中的程度副词“绝”与动词“胜”构成标准音步。

C. 绝+N，仅1例，“绝”修饰时间名词“后”，这里“绝”相当于“最”。如：

⑤话说为何只说这三个到任，别的都说了绝后结果？为这七员正将，都不厮见着，先说了结果。(100回)

②“绝”用在中心语后作补语，构成述补结构，表示程度之甚，相当于“极”等，仅1例，“绝”修饰单音节形容词“胜”。如：

⑥果然杭州城郭非常，风景胜绝。(95回)

(2) 句法功能方面，程度副词“绝”主要作状语，共8例，占总数的88.9%；有时也可作补语，仅1例，只占总数的11.1%。“绝”和所修饰成分构成的短语可充当的成分有定语(3例)、状语(1例)、谓语(4例)和宾语(1例)，以作谓语的情况略占优势，占总数的44.4%；另外是作定语，占总数的33.3%。

(3) 适用句式方面，程度副词“绝”只用于肯定句中，不修饰否定形式的成分。

《水浒传》中程度副词“绝”的用法详见下表：

---

① 参见罗竹风主编：《汉语大词典》(缩印本)，1989年，第5656页。

<table>
<tr><th colspan="4">程度副词“绝”的用法</th><th>举例</th><th colspan="2">数量</th><th>比例（%）</th></tr>
<tr><td rowspan="5">组合能力</td><td rowspan="3">绝+AP/AP+绝</td><td rowspan="2">绝+形容词</td><td>单音节</td><td>早、细、高</td><td>5</td><td rowspan="3">7</td><td rowspan="3">77.8</td></tr>
<tr><td>双音节</td><td>新鲜</td><td>1</td></tr>
<tr><td>形容词+绝</td><td>单音节</td><td>胜</td><td>1</td></tr>
<tr><td>绝+VP</td><td colspan="2">绝+动宾短语</td><td>胜桂宫仙姊</td><td colspan="2">1</td><td>11.1</td></tr>
<tr><td>绝+NP</td><td>绝+名词</td><td>单音节</td><td>后</td><td colspan="2">1</td><td>11.1</td></tr>
</table>

三、次高级绝对程度副词

次高级绝对程度副词在绝对程度副词系统中仅处在原级之上，内部成员众多，能表达的量幅变化比较大，但与极高级相比，程度还是相对低得多，故统称为次高级。《水浒传》中此类程度副词最多，共有 26 个：多少、好、好生、老、十分、非常、大、大大、生、酷、良、深、深为、深深、重、重重、厚、偏、盛、雅、甚、甚是、甚为、分外、颇、杀（煞）。下面分别加以讨论。

（一）多少

“多少”表示感叹程度之高，相当于现代汉语中的“多么”。《水浒传》中共 3 例。如：

①小弟奉养你母子二人，以终天年，多少是好！（2 回）

②李逵道：“哥哥不要焦躁，一发和你同上山去快活，多少是好。”（43 回）

这里“多少”都构成了“多少是好”的形式，表示“多么好”。这种用法在元曲中很多见。“多少”是由两个反义形容词构成的偏义复合词，在中古汉语中作程度副词时意义偏指“少”，表示程度的轻微，在作形容词时意义才偏指“多”①。发展到近代汉语中，“多少”作程度副词时意义可偏指“多”，始见于唐代，宋代比较常见，此后逐渐消失。香坂顺一先生认为表示程度使用“多少”，在旧白话里很普遍，但在现在北京话里，它的位置让给了“多”、“多么”。北京话里的“多么”专用于感叹。但它大约是由“多少”变来的②。在现代汉语的部分方言中，“多少”表示程度的用法还保留着。

（二）好

程度副词“好”表示程度深，并且多带有感叹的语气，意思相当于现代汉语中的“多么”。“好”作程度副词的用法始于魏晋时期，但其时“好”一般没有附加的感叹

---

① 参见董志翘、蔡镜浩：《中古虚词语法例释》，吉林教育出版社，1994 年，第 159 页。

② 参见［日］香坂顺一：《白话语汇研究》，江蓝生、白维国译，中华书局，1997 年，第 103 页。

语气①。至元明时“好”已普遍应用，现代汉语中仍在使用，且都带有强调、夸张、感叹的意味。

《水浒传》中程度副词“好”共188例。在句法功能上，“好”的基本功能是作状语，共182例，占总数的96.8%；有时也可在语义不变的情况下作补语，共6例，只占总数的3.2%，“好”作补语时前面都加结构助词“的/得”，构成组合式补语。在句法组合能力上，首先，“好”以修饰数量（名）短语为主，共75例，占总数的39.9%，包括数量短语（15例）和数量名短语（60例），其中以修饰数量名短语为主，占总数的31.9%；其次，“好”修饰动词性成分，共58例，占总数的30.9%，包括动宾短语（40例）、动补短语（1例）和状中短语（17例），其中以修饰动宾短语为主，占总数的21.3%；再次，“好”修饰形容词性成分作状语或补语，共54例，占总数的28.7%，其中绝大多数为单独形容词，共46例，占总数的24.5%，还有2例为偏正短语；最后，“好”还偶尔修饰名词性的定中短语，仅1例，只占总数的0.5%。在音节组合能力上，“好”以修饰多音节短语为主，共118例，占总数的62.8%；“好”也修饰一定的双音节成分（44例）和单音节成分（26例），分别占总数的23.4%和13.8%。在意义组合能力上，首先，“好”主要修饰具有积极意义的成分，共72例，占总数的38.3%；其次，“好”修饰具有消极意义的成分，共66例，占总数的35.1%；再次，“好”修饰具有中性意义的成分，共50例，占总数的26.6%。在适用的句式上，“好”主要用于肯定句中，共159例，占总数的84.6%；也可用于否定句中，共29例，占总数的15.4%，否定词只能位于“好”之后。

《水浒传》中程度副词“好”的用法具体表现为：

（1）组合能力方面，根据程度副词“好”的句法位置和功能，可分为以下两大类：

第一，“好”用于中心语前作状语，构成偏正结构，这种用法共182例，“好”所修饰的成分有：

A. 好+AP，共48例，分为以下几种情况：

a. 好+A，共46例。如：

①又过半月有余，朱武等三人在寨中商议，掳掠得一串好大珠子，又使小喽啰连夜送来史家庄上。(2回)

②戴宗喝道：“兄弟好村！你不要做声，只顾吃酒便了。”(38回)

③只见个人从灵床底下钻将出来，叫声：“兄弟，我死得好苦！”(26回)

④兄弟好懦弱！一个村坊过去不得，怎地敢抵敌官军？(2回)

⑤虽是个酒肆之中，端的好整齐器皿。(38回)

⑥李忠见鲁达凶猛，敢怒而不敢言，只得陪笑道：“好急性的人。”(3回)

① 参见董志翘、蔡镜浩：《中古虚词语法例释》，吉林教育出版社，1994年，第213页。

从“好”所修饰形容词的音节特征来看，单音节和双音节形容词各有23例，未体现出明显的倾向性。从这些形容词的语义色彩来看，以表示消极意义的为主，共26例，占此类总数的56.5%；也有表示积极意义和中性意义的，分别为11例和9例，可见，它们没有受“好”自身语义色彩的影响而局限于表示积极意义。从句法功能来看，“好+A”可在句子中作定语（15例）、谓语（28例）和补语（3例），以作谓语为主，占此类总数的60.9%。其中，“好+$A_{单音}$”可在句子中作定语（12例）、谓语（8例）、补语（3例），如例①至例③，其中以充当定语为主，如“好大”（7例）、“好痴”等都作定语，占“好+$A_{单音}$”总数的52.2%；“好+$A_{双音}$”可作定语（3例）和谓语（20例），如例④至例⑥，其中以充当谓语为主，占“好+$A_{双音}$”总数的87.0%，充当定语的只有3例，只占此项总数的13.0%。可见，程度副词“好”与不同音节形式的形容词组合后在句法功能上表现出明显的差异性。值得注意的是，“好+A”充当定语时，可以直接修饰名词，中间不加结构助词“的”，这与现代汉语有所不同，如例①、例⑤中的“好大珠子”、“好整齐器皿”在现代汉语中必须说成“好大的珠子”、“好整齐的器皿”；也有极少数用例中使用了结构助词“的”，如例⑥中“好急性的人”，但仅此1例。

b. 好+偏正短语，共2例，偏正短语都是由否定副词“不”与形容词构成的状中短语。如：

⑦林冲听了，看着洪教头便拜。那洪教头说道：“休拜，起来。”却不躬身答礼。柴进看了，心中好不快意。(9回)

⑧兄长，你好不精细。石碣村那里，一步步近去，便是梁山泊。(18回)

此两例中，程度副词“好”与否定副词“不”连用，被修饰的形容词在语义色彩上都具有积极意义，但整个短语却表示消极意义。

B. 好+VP，共58例，分为以下几种情况：

a. 好+动宾短语，共40例。如：

⑨那打铁的看见鲁智深腮边新剃暴长短须，戗戗地好渗濑人，先有五分怕他。(4回)

⑩相貌威严，好似伏虎降龙卢六祖。(31回)

⑪林冲怒道：“这厮们好无道理。”(10回)

⑫你三个好没分晓！却怎地在那里说话？(66回)

从句式上看，例⑨、例⑩是肯定句；例⑪、例⑫是否定句，“好”修饰的是由表示存现的特殊动词“无”、“没”构成的动宾短语。

b. 好+动补短语，仅1例，“好”的语义指向补语，带有明显的感叹语气。如：

⑬小人何处不寻过，原来却在这里吃酒耍。好吃得安稳！(21回)

c. 好+偏正短语，共17例，如：

⑭武大呷了一口，说道："大嫂，这药好难吃!"（25 回）

⑮和尚且休要动手，你的声音好厮熟。你且通个姓名。（5 回）

⑯你这个鸟头陀好不依本分，却怎地便动手动脚的!（32 回）

"好"所修饰的动词性偏正短语皆为状中短语。其中修饰语的构成有三类：一是形容词作修饰语，如例⑭中的形容词"难"；二是情状方式副词作修饰语，仅 1 例，即例⑮中的"厮"，意为"相"；三是否定副词"不"作修饰语，如例⑯。中心语都是由动词性成分构成的，有两类：一是动词充当中心语，如例⑭、例⑮中的"吃"、"熟"；二是动宾短语充当中心语，如例⑯中的"依本分"。

C. 好 + NP，仅 1 例。如：

⑰你这客人好不君子相！戴头识脸的，也这般啰唣。（16 回）

此例中的"好"修饰由否定副词"不"作修饰语的名词性定中短语，一起在句中作谓语。"不"是否定副词，这里表示"无"、"没有"，多用在名词前[①]。

D. 好 + NumP，程度副词"好"还有一种特殊的用法，即可以用来修饰数量短语或者数量成分作定语的名词性结构，即"数量（名）结构"。《水浒传》中共有 75 例，根据被修饰成分的不同，可分为以下两类：

a. "好"修饰数量短语。由于数量短语不像动宾短语、动补短语、偏正短语等那样具有性状义，而是具有数量义，因此，受程度副词修饰后表示的不是程度的高低而是数量的多少[②]。程度副词"好"表示程度深，修饰数量短语强调的是数量多。这种用法《水浒传》中共 15 例。如：

⑱我想也得好一片地来排陷他。（86 回）

⑲老身直去县前那家有好酒买一瓶来，有好歇儿担阁。（24 回）

⑳今日得这三头行货，倒有好两日馒头卖，又得这若干东西。（27 回）

㉑俺好些时不曾拽拳使脚，觉道身体都困倦了，洒家且使几路看。（4 回）

㉒我见你说好几遍了，只管把这话来惊吓人。（16 回）

程度副词"好"所修饰的数量短语有一定的限制，即必须是表示少量和不定量的。"好"和这样的数量短语结合，反而表示数量多，可理解为"好"具有夸大的作用。从数量短语中数词的使用情况来看，只有"一"、"两"、"几"三个词表示少量。其中的"两"字，有时候当"几"字讲，并不表示确数"二"，只是尽量往少里说[③]，如例⑳"好两日"中的"两"就不表示确数。所以，"两"和"几"还能表示不定量。从量词的使用情况看，有三类：一是物量词，如"片"、"个"，例㉑中的"些"还表示不定量；二是动量词，如"回"、"遍"；三是时量词（一般认为是特殊的时间

① 参见杨伯峻、何乐士：《古汉语语法及其发展》，语文出版社，1992 年，第 323 页。

② 参见张谊生：《现代汉语副词探索》，学林出版社，2004 年，第 29 页。

③ 参见侯兰笙：《近代汉语里副词"好"的两种特殊用法》，《中国语文》1996 年第 5 期，第 360 页。

名词，这里姑且看作量词)，如“年”、“日”、“时”，例⑲中的“歇儿”指很短的一段时间，表示少量、不定量。“好”修饰表时间的数量短语，表示时间久。从“好+数量短语”的句法功能看，可以充当主语（3例)、定语（4例)、状语（5例)、宾语（1例）和补语（2例)。

b. 程度副词“好”也可以修饰“数+量+名”结构，即数量成分作定语的名词性结构，带有明显的感叹语气。这种用法在《水浒传》中共60例，分为以下几种情况：

• 好+数+量+名，共6例。如：

㉓智深提了禅杖便走，早来到寺前，入得山门看时，端的好一座大刹。(6回)

㉔好一块羊肉，倒落在狗口里。(24回)

㉔两位好汉，端的好两口朴刀，神出鬼没。(12回)

以上各例中，“好”修饰“数+量+名”结构的定中短语。这种用法中的数词仅限于“一”和“两”。侯兰笙先生（1996）曾提到这种感叹句中“数字一大，感叹语气就减弱了”，并且认为“这也是现代汉语没有继承‘好+两+量+名’的原因”①。这种观点能够解释此类用法中数词使用上的限制，而且《水浒传》中此类句子句首多用语气副词“端的”（意即“的确”、“真个”）表示肯定、强调，与程度副词“好”配合使用，加强了感叹语气。

• 好+量+名，共54例。数词是“一”时往往可以省略，“好”与量词直接连用，更能增强感叹的语气。如：

㉖好块羊肉，怎地落在狗口里！(24回)

㉗真个好个宋哥哥，人说不差了！(38回)

㉘晁盖见了，说道：“好条大汉！”(14回)

㉙两个斗了十数合，那汉暗暗的喝采道：“好个莽和尚！”(6回)

㉚众僧冷笑道：“好个没分晓的长老！”(4回)

㉛那妇人便道：“师兄，端的是好个出家人去处，清幽静乐。”(45回)

“好”可以直接与带量词的名词性短语结合，表达感叹语气，并且句首多有语气副词“端的”、“果然”、“真个”等与之配合，加强语气。有些作中心语的名词性成分之前带有修饰性的形容词或者动宾短语等，如例㉘、例㉙中的形容词“大”、“莽”，例㉚中的动宾短语“没分晓”，香坂顺一先生（1997）认为“这些带量词的短语似以在意义上为修饰关系作为条件”②，即“好”在意义上修饰“大”、“莽”、“没分晓”等。这种解释对带有修饰性成分的名词性短语可以说得通；对于有后续分句补充说明性状的句子也可以说得通，如例㉛可理解为“好”修饰短语“清幽静乐”。但

① 参见侯兰笙：《近代汉语里副词“好”的两种特殊用法》，《中国语文》1996年第5期，第360页。

② 参见［日］香坂顺一：《白话语汇研究》，江蓝生、白维国译，中华书局，第167页。

当名词中心语前没有修饰性成分时，“好”在意义上就没有明确的修饰对象，如例㉖、例㉗，或许我们可以将这种情况理解为语义的省略，但这仅是从语义关系上来看的。在句法层面上，我们仍认为“好”修饰的是整个名词性短语。至于“好”在修饰“数+量+名”结构时所充当的句法成分，我们则认为是状语。

第二，“好”用于中心语后作补语，构成述补结构，这种用法共6例，只占总数的3.2%。“好”只修饰形容词“晴明”，用来补充说明“晴明”的程度高，中间都带结构助词“的/得”，形成组合式补语。如：

㉜不觉中秋节至，是日晴明得好。(2回)

㉝是日晴明的好，天和气朗，月白风清。(71回)

程度副词“好”作补语的用例很少，而且用法单一。相比而言，在句中作状语是程度副词“好”最主要的句法功能。

(2) 句法功能方面，程度副词“好”主要充当状语，共182例，占总数的96.8%；“好”有时也可作句子的补语，共6例，只占总数的3.2%，这是少数程度副词所具有的句法功能，“好”作补语时前面都使用结构助词“的/得”。程度副词“好”和所修饰成分构成的短语可以充当所有的句法成分，包括主语（3例）、谓语（144例）、定语（19例）、宾语（10例）、状语（5例）和补语（7例），其中以作谓语的为主，占总数的76.6%。

(3) 适用句式方面：

第一，程度副词“好”主要出现在肯定句中，在《水浒传》的188例中，肯定句形式共有159例，占总数的84.6%。

第二，程度副词“好”也出现在否定句中，能够修饰否定形式的结构，否定意义是由否定动词“没”、“无”和否定副词“不”来体现的，否定词只能位于“好”之后，这种用法《水浒传》中共有29例，占总数的15.4%，分为以下几种情况：

A. 好+没/无+O（宾语），共11例，“好”修饰的都是动宾短语，如例⑪、例⑫。再如：

㉞哥哥好没寻思！当初在梁山泊里，不受一个的气，却今日也要招安，明日也要招安，讨得招安了，却惹烦恼。放着兄弟们都在这里，再上梁山泊去，却不快活！(90回)

㉟毛太公道：“你这两个好无道理！我好意请你吃酒饭，你颠倒赖我大虫！”(49回)

B. 好+不+A/VP/NP，共18例，“好”修饰偏正短语，这些否定句往往具有强烈的感情色彩，“好”在否定句中表现出明显的感叹语气。如例⑦、例⑧、例⑯、例⑰。

在《水浒传》中，没有出现意义相当于“好”的肯定式“好不”连用的形式，用例全部是程度副词“好”修饰含否定副词“不”的短语，即否定式“好不”，尽管肯定式的"好不"连用的情况在唐宋时就已经出现①。

《水浒传》中程度副词"好"的用法详见下表：

<table>
<tr><th colspan="4">程度副词"好"的用法</th><th>举例</th><th colspan="2">数量</th><th>比例（%）</th></tr>
<tr><td rowspan="10">组合能力</td><td rowspan="3">好 + AP</td><td rowspan="2">好 + 形容词</td><td>单音节</td><td>大、凉、痴、怪、苦、多</td><td>23</td><td rowspan="4">54</td><td rowspan="4">28. 7</td></tr>
<tr><td>双音节</td><td>懦弱、孤恓、粗卤、整齐、险隘</td><td>23</td></tr>
<tr><td colspan="2">好 + 偏正短语</td><td>不精细、不快意</td><td>2</td></tr>
<tr><td>AP + 的/得 + 好</td><td>形容词 + 好</td><td>双音节</td><td>晴明</td><td>6</td></tr>
<tr><td rowspan="3">好 + VP</td><td colspan="2">好 + 动宾短语</td><td>欺客、没分晓</td><td>40</td><td rowspan="3">58</td><td rowspan="3">30. 9</td></tr>
<tr><td colspan="2">好 + 偏正短语</td><td>难吃、不晓事、不识人敬重</td><td>17</td></tr>
<tr><td colspan="2">好 + 动补短语</td><td>吃得安稳</td><td>1</td></tr>
<tr><td>好 + NP</td><td colspan="2">好 + 偏正短语</td><td>不君子相</td><td colspan="2">1</td><td>0. 5</td></tr>
<tr><td rowspan="2">好 + NumP</td><td colspan="2">好 + 数量短语</td><td>一片、两日、几遍</td><td>15</td><td rowspan="2">75</td><td rowspan="2">39. 9</td></tr>
<tr><td colspan="2">好 + 数量名短语</td><td>一座大刹、一块羊肉、两口朴刀、条大汉、座上清宫</td><td>60</td></tr>
<tr><td colspan="2" rowspan="2">句法功能</td><td colspan="2">作状语</td><td>你那伙人好不晓事</td><td colspan="2">182</td><td>96. 8</td></tr>
<tr><td colspan="2">作补语</td><td>是日晴明得好</td><td colspan="2">6</td><td>3. 2</td></tr>
<tr><td colspan="2" rowspan="2">适用句式</td><td colspan="2">肯定句</td><td>兄弟好懦弱</td><td colspan="2">159</td><td>84. 6</td></tr>
<tr><td colspan="2">否定句</td><td>哥哥好没寻思</td><td colspan="2">29</td><td>15. 4</td></tr>
</table>

（三）好生

"好生"是由"好"附加副词词尾"生"构成的，意义与"好"相似，也表示程度深，始见于晚唐时期的《敦煌变文集》②。但因为词尾"～生"具有表示容状的功能，晚唐至宋代的"好生"只表示情状方式，意即"好好儿地"，元代时才出现了表示程度高的"好生"。《水浒传》中表示程度与方式的"好生"并存，表示程度的共69例，表示方式的共15例，可见，是以作程度副词的用法为主的。但香坂顺一先生（1992）认为"《水浒》中的'好生'，没有'好好儿（地）'的意思，只是表示程度较高的'很'"③，似有不妥。现代汉语里"好生"只保留在一些方言中，两种意义继续并存。

---

① 参见孟庆章：《"好不"肯定式出现时间新证》，《中国语文》1996年第2期，第160页。

② 参见杨荣祥：《近代汉语副词研究》，商务印书馆，2005年，第129页。

③ 参见［日］香坂顺一：《水浒词汇研究（虚词部分）》，植田均译，文津出版社，1992年，第89页。

《水浒传》中程度副词“好生”共69例，在句法功能上都作状语。在句法组合能力上，“好生”以修饰动词性成分为主，共37例，占总数的53.6%，包括单独动词(22例)、动宾短语（8例)、动补短语（4例)、状中短语（2例）和兼语短语（1例)，其中以修饰单独动词为主，占总数的31.9%；“好生”也修饰形容词性成分，共32例，占总数的46.4%，其中有29例为单独形容词，占总数的42.0%，还有3例是偏正短语（1例）和并列短语（2例)。在音节组合能力上，“好生”以修饰双音节成分为主，共57例，占总数的82.6%；还有12例是多音节短语，只占总数的17.4%，“好生”不修饰单音词。在意义组合能力上，“好生”主要修饰具有消极意义的成分，共48例，占总数的69.6%；具有积极意义的成分共17例，占总数的24.6%；具有中性意义的成分只有4例。在适用的句式上，“好生”主要用于肯定句中，共64例，占总数的92.8%；也可用于否定句中，共5例，只占总数的7.2%，“好生”可与否定动词“没”、“无”以及否定副词“不”连用，否定词只能位于“好生”之后。

《水浒传》中程度副词“好生”的用法具体表现为：

(1）组合能力方面，“好生”所修饰的成分有：

第一，好生+AP，共32例，分为以下几种情况：

A. 好生+A，共29例。如：

①未及三个月，他家大娘子好生利害，将奴赶打出来，不容完聚。(3回)

②今年觉得身体好生不济，又撞着如今闰月，趁这两日要做，又被那裁缝勒揹，只推生活忙，不肯来做。(24回)

③呼延灼见杨志手段高强，寻思道：“怎地那里走出这两个来？好生了得，不是绿林中手段。”(57回)

从音节特征来看，“好生”所修饰的形容词都是双音节形式的，如例①至例③中的“利害”、“不济”、“了得”。“好生”不修饰单音节形容词，究其原因，“好生”是近代汉语中新产生的双音节副词，而双音节副词对被饰成分的音节选择总是倾向于双音节或者多音节形式的，这种现象符合汉语韵律系统中“音步必双”的要求，只有这样才能形成较好的韵律结构。从被修饰形容词的语义色彩来看，以表示消极意义的为主，共21例，占形容词总数的72.4%；也有表示积极意义和中性意义的，分别为6例和2例，只占形容词总数的27.6%。

B. 好生+偏正短语，仅1例，偏正短语是以形容词为中心的状中短语。如：

④石秀心中好生不快意，只推肚疼，自去睡在板壁后了。(45回)

此例中的“好生”修饰状中短语“不快意”，“好生”与否定副词“不”连用。前面讨论过的程度副词“好”也可修饰“不快意”，可见，“好”与“好生”在修饰多音节成分时用法基本相同，可互相替换。

C. 好生+并列短语，共2例。如：

⑤宋江道："我只觉背上好生热疼。"（65回）

⑥宋江自此去了五个弟兄，心中好生郁郁不乐。（90回）

例⑤中形容词"热"与"疼"构成并列短语，受"好生"修饰。例⑥中的"郁郁不乐"是四音节的成语，内部是并列关系，属于固定短语。

第二，好生+VP，共37例，分为以下几种情况：

A. 好生+V，共22例。如：

⑦贺统军正退回在城中，为折了两个兄弟，心中好生纳闷。（86回）

⑧当有殿帅府太尉高俅、杨戬，因见天子重礼厚赐宋江等这伙将校，心内好生不然。（100回）

⑨智深好生无礼，全没些个出家人体面。（4回）

从音节特征来看，"好生"所修饰的动词皆为双音节的。从意义类别来看，例⑦、例⑧中的被饰动词"纳闷"（3例）、"不然"（3例）是心理动词，此类动词还有"愁闷"、"忧闷"、"忧心"、"懊悔"、"欢喜"、"欣喜"、"伤感"、"着迷"、"吃惊"、"慕爱"等，共17例，占被饰动词总数的77.3%，可见，"好生"所修饰的动词以心理动词为主。从语义色彩来看，"好生"所修饰的动词以表示消极意义的为主，共16例，占动词总数的72.7%；也有表示积极意义和中性意义的，分别为5例和1例，只占动词总数的27.3%。

B. 好生+动宾短语，共8例。如：

⑩不瞒大哥说，这几个月里好生没买卖。（36回）

⑪这酒好生有气力！主人家，有饱肚的买些吃酒。（23回）

⑫戴宗道："罗真人说你要杀他，好生怪你。"（85回）

⑬圣上已知你等众将好生用心，军士劳苦，特差下官前来军前监督……（84回）

从"好生"所修饰的动宾短语中动词的类别来看，这些短语可分为三类：一是由表示存现的特殊动词"没"、"有"构成的动宾短语，如例⑩、例⑪，这种情况有3例。二是由心理动词构成的动宾短语，如例⑫中动宾短语"怪你"中的"怪"为心理动词，此类用法的动词还有"眇视"、"看觑"、"慕"等，共4例。三是由普通的动作动词构成的动宾短语，如例⑬中的"用心"，仅1例。

C. 好生+兼语短语（V_1+N+V_2），仅1例。如：

⑭但凡好汉，犯了"溜骨髓"三个字的，好生惹人耻笑。（32回）

根据现代汉语的研究成果，具有使令意义的 V_1 所构成的兼语短语根据致使动词 V_1 的特征可分为两类：一类是由"使"、"令"、"叫"、"招"、"让"、"讨"、"引"等不具有实在行为意义的动词充任 V_1 的兼语短语；一类是由"请"、"派"、"托"、

"嘱咐"、"命令"等具有实在行为意义的动词充任 V_1 的兼语短语[①]。可受程度副词修饰的兼语短语中致使动词 V_1 必须是不具有实在行为义的动词，即第一类动词，这种规律在近代汉语中也同样适用。例⑭中的"惹"就属于第一类没有实在行为义的动词，因此，由它构成的兼语短语能够受程度副词的修饰。

D. 好生+动补短语，共4例。如：

⑮宋江正没做道理处，口里只不做声，肚里好生进退不得。(21回)

⑯城门日中后便关，出入的好生盘问得紧。(41回)

此两例中，"好生"修饰动补短语。从语义指向上看，例⑮中"好生"的语义指向动补短语；例⑯中"好生"在语义上则是表示补语的程度，但在形式上它修饰的是整个动补结构，这种语序与现代汉语不同，此句在现代汉语中应说成"出入的盘问得好生紧"。但"好生"一般不修饰单音节形容词，所以，此例中"好生"修饰多音节的动补结构更符合韵律的要求，而且程度副词修饰动补短语的用法在近代汉语中比现代汉语中要自由得多，也常见得多，是近代汉语程度副词在组合功能上的一个显著特点[②]。

E. 好生+偏正短语，共2例，"好生"皆用来修饰状中短语"相敬"，其中情状方式副词"相"修饰动词"敬"。如：

⑰那老儿不曾回东京去，却随个相识也在雁门县住，他那个女儿就与了本处一个财主赵员外。和俺厮见了，好生相敬。(5回)

(2) 句法功能方面，"好生"能充任的句法成分只有状语，"好生"和所修饰成分构成的状中短语可以充当的句法成分只有谓语。

(3) 适用句式方面，程度副词"好生"主要用于肯定句中，共64例，占总数的92.8%；"好生"也用在否定句中，共5例，只占总数的7.2%，否定意义是由否定动词"没"、"无"和否定副词"不"来体现的，否定词只出现在"好生"后面。如例④、例⑨、例⑩。

《水浒传》中程度副词"好生"的用法详见下表：

① 参见张谊生：《现代汉语副词探索》，学林出版社，2004年，第24页。

② 参见杨荣祥：《近代汉语副词研究》，商务印书馆，2005年，第222页。

<table>
<tr><th colspan="3">程度副词“好生”的用法</th><th>举例</th><th colspan="2">数量</th><th>比例（%）</th></tr>
<tr><td rowspan="8">组合能力</td><td rowspan="3">好生 + AP</td><td>好生 + 形容词</td><td>利害、艰难、悭吝、兴旺、狼狈、热闹</td><td>29</td><td rowspan="3">32</td><td rowspan="3">46.4</td></tr>
<tr><td>好生 + 偏正短语</td><td>不快意</td><td>1</td></tr>
<tr><td>好生 + 并列短语</td><td>热疼</td><td>2</td></tr>
<tr><td rowspan="5">好生 + VP</td><td>好生 + 动词</td><td>忧闷、欢喜、伤感、着迷、吃惊、慕爱</td><td>22</td><td rowspan="5">37</td><td rowspan="5">53.6</td></tr>
<tr><td>好生 + 动宾短语</td><td>没买卖、有福、看觑他</td><td>8</td></tr>
<tr><td>好生 + 兼语短语</td><td>惹人耻笑</td><td>1</td></tr>
<tr><td>好生 + 动补短语</td><td>盘问得紧</td><td>4</td></tr>
<tr><td>好生 + 偏正短语</td><td>相敬</td><td>2</td></tr>
<tr><td colspan="2" rowspan="2">适用句式</td><td>肯定句</td><td>他家大娘子好生利害</td><td colspan="2">64</td><td>92.8</td></tr>
<tr><td>否定句</td><td>智深好生无礼</td><td colspan="2">5</td><td>7.2</td></tr>
</table>

（4）“好生”与“好”的比较。

“好生”是在“好”基础上产生的双音节程度副词，它是近代汉语中新产生的副词，符合近代汉语词汇普遍双音节化的规律。《水浒传》中程度副词“好生”和“好”在意义和用法上有很多相同之处，但也有明显的差异，主要表现在以下几个方面：

从意义来看，两者都表示程度高，但“好”经常带有感叹的语气；而“好生”就不一定带有感叹的语气①。

从句法组合能力来看，“好”以修饰数量（名）成分为主，表示数量多或者表达感叹语气，而“好生”却不能修饰数量（名）结构。“好生”以修饰动词性成分占优势，其中以修饰单独动词为主，动词中的心理动词占绝大多数，而且动词短语的类型也很丰富，包括动宾短语、动补短语、兼语短语和偏正短语；“好”也修饰较多的动词性成分，但一般不修饰单独动词特别是心理动词，只修饰动词短语，其中以动宾短语最为常见。

从音节组合能力来看，“好”主要修饰多音节的短语，也修饰一定的双音节和单音节成分，可见，“好”在被修饰成分音节的选择上没有限制；“好生”则只修饰双音节或者多音节成分，而且以修饰双音节形式的成分为主。

从意义组合能力来看，“好”主要修饰具有积极意义的成分，也修饰不少具有消极意义和中性意义的成分；“好生”则主要修饰具有消极意义的成分，同时也修饰一些具有积极意义和中性意义的成分。

（四）老

“老”作程度副词表示程度高，相当于现代汉语中的“很”。“老”作程度副词的

① 参见［日］香坂顺一：《白话语汇研究》，江蓝生、白维国译，中华书局，1997 年，第166 页。

用法始于宋元[①]。《水浒传》中程度副词“老”共14例。从音节特征来看，“老”全部修饰单音节形容词“大”。从句法功能来看，“老”只能作状语，“老”和“大”构成的短语都在句子中作定语。如：

①一个鬓边老大一搭朱砂记，拿着一条朴刀，望杨志跟前来。(16回)

②你老大一个人，原来没些见识！(25回)

③那两个轿夫应道：“本是走不动，却被背后老大栗暴打将来。”(32回)（栗暴：指拳头的棱角处）

④时迁嘻嘻的笑着，去灶上提出一只老大公鸡来。(46回)

从组合能力来看，“老”只能修饰少数的单音节形容词，《水浒传》中只出现了“老”修饰形容词“大”的用例，“老大”一起在句中作定语。程度副词“老”一直沿用至现代汉语中，一般也只能修饰“大”、“长”、“高”、“远”等指大的单音节形容词[②]。

（五）十分

“十分”本是偏正短语，表示“按十等分划分”，引申为“十成”，作数量短语，后又引申为“充分”、“十足”之义，作形容词，最后才虚化为程度副词，表示程度之甚。程度副词“十分”在宋代已有用例，元明时期则进一步发展兴盛，现代汉语中仍是十分常用的程度副词，多用于书面语。《水浒传》中的“十分”共106例，其中用作程度副词的共82例，除此之外，还有充当数量短语和形容词的用法（另有2例“十二分”也是数量短语），共24例，这些用法与程度副词的用法使用频率之比为24∶82，可见，《水浒传》中的“十分”主要是用作程度副词的。

《水浒传》中程度副词“十分”共82例，在句法功能上都作状语。在句法组合能力上，“十分”以修饰形容词性成分为主，共49例，占总数的59.8%，其中有43例为单独形容词，占总数的52.4%，还有6例为并列短语；“十分”也修饰动词性成分，共33例，占总数的40.2%，包括单独动词（21例）、动宾短语（7例）、动补短语（2例）、状中短语（1例）和并列短语（2例），其中以修饰单独动词为主，占总数的25.6%。在音节组合能力上，“十分”以修饰双音节成分为主，共47例，占总数的57.3%；修饰单音节成分共21例，占总数的25.6%；修饰多音节成分共14例，占总数的17.1%。“十分”在修饰单音节动词、形容词时往往受到一定的限制，一般要在句末附加语气词“了”（少数在单音形容词前加助词“之”），这与双音节副词对被修饰成分的韵律要求有关。在意义组合能力上，“十分”主要修饰具有积极意义的成分，共64例，占总数的78.0%；具有消极意义和中性意义的成分分别只有11例和7例，共占总数的22.0%。在适用的句式上，“十分”主要出现于肯定句中，共76例，占总

① 参见李计伟：《试论程度副词“老大”的来源》，《云南师范大学学报》（对外汉语教学与研究版）2005年第6期，第55页。

② 参见北京大学中文系1955、1957级语言班编：《现代汉语虚词例释》，商务印书馆，1982年，第310页。

数的92.7%；也可用于否定句中，共6例，只占总数的7.3%，“十分”可与否定词“无”、“不”连用，否定动词“无”能够出现在“十分”前面或后面，否定副词“不”只能位于“十分”之前。

《水浒传》中程度副词“十分”的用法具体表现为：

(1) 组合能力方面，“十分”所修饰的成分有：

第一，十分+AP，共49例，分为以下几种情况：

A. 十分+A，共43例。如：

①太公道：“恁地时，十分好。”(2回)

②贤弟，多蒙你好心，在此十分之好。(2回)

③待诏道：“小人好心，只可打条四五十斤的，也十分重了。”(4回)

④我差几个人同你去取了上山来，也是十分好事。(42回)

⑤看官听说，那时西湖不比南渡以后，安排得十分的富贵。(94回)

⑥李逵惧怕罗真人法术，十分小心伏侍公孙胜，那里敢使性。(54回)

还有1例较难确定。如：

⑦清影十分圆满，桂花玉兔交馨。(2回)

此例中的“十分”很像程度副词，但也可能是数量短语“十分”(即十成)而不是九分。我们姑且将此例作为程度副词处理。

从音节特征来看，“十分”所修饰的形容词以双音节形式为主，共27例，占形容词总数的62.8%，如例⑤、例⑥；单音节形容词共16例，占形容词总数的37.2%，如例②至例④。从句法功能来看，“十分+$A_{单音}$”可在句子中充当谓语(11例)和定语(5例)。单音节形容词作谓语时往往会受到一定的限制，一般要在形容词前面加助词“之”(2例)或在形容词后面加语气词“了”(6例)，如例②中的“在此十分之好”和例③中的“也十分重了”，以便构成标准音步；单音节形容词能自由作谓语的情况很少，仅有1例，即例①中的“十分好”。“十分+A双音”可充当的句法成分有谓语(18例)、状语(1例)和补语(8例)，可见，被修饰形容词无论是单音节还是双音节形式，“十分+A”都以充当谓语为主。例⑤中的“十分”与被修饰的中心语“富贵”之间使用了结构助词“的”(《水浒传》中结构助词“的”可代替“地”，用于状语和中心语之间)，语义上有突出、强调的作用，仅此1例，绝大多数情况下“十分”都直接修饰中心语，无须使用结构助词。从语义色彩来看，“十分”所修饰的形容词以表示积极意义的占绝大多数，共39例，占此类总数的90.7%；表示中性意义和消极意义的分别只有3例和1例，只占此类总数的9.3%。

B. 十分+并列短语，并列短语都是由形容词并列构成的，共6例。如：

⑧那妇人道：“有些十分香美的好酒，只是浑些。”(27回)

⑨花知寨十分英勇了得，谁敢去近前当他弓箭！(33回)

从音节特征来看，例⑧中的并列短语由单音节形容词“香”、“美”并列而成，例⑨中的并列短语由双音节形容词“英勇”、“了得”并列而成，一起受程度副词“十分”的修饰。

第二，十分+VP，共33例，分为以下几种情况：

A. 十分+V，共21例。如：

⑩林冲起身谢道：“大官人不必多赐，只此十分勾了，感谢不当。”（9回）

⑪我把娘子十分错爱，我为你下了两年心路。（45回）

⑫正值有个当案孔目，姓孙名定，为人最鲠直，十分好善，只要周全人，因此人都唤做孙佛儿。（8回）

⑬因这一夜道场里，才见他十分有意。（45回）

从音节特征来看，“十分”所修饰的动词以双音节形式为主，共16例，占动词总数的76.2%，如例⑪至例⑬；单音节动词共5例，如例⑩中的“勾”，不过，单音节动词后面大多附加语气词“了”或“矣”，以便构成标准音步，满足韵律组合的要求。从意义类别来看，“十分”所修饰的动词中心理动词略占优势，共11例，如“错爱”、“好善”、“惊慌”、“疑忌”等，占动词总数的52.4%；非心理动词共10例，占动词总数的47.6%。从语义色彩来看，“十分”所修饰的动词中以表示积极意义的占优势，共10例，占此类总数的47.6%；表示消极意义的共8例，占此类总数的38.1%；表示中性意义的只有3例，只占此类总数的14.3%。

B. 十分+动宾短语，共7例。如：

⑭李固又道：“小人近日有些脚气的症候，十分走不的多路。”（61回）

⑮若得他来这里，十分是好。却恨他投那里去了！（32回）

⑯自东郭演武之后，梁中书十分爱惜杨志，早晚与他并不相离。（13回）

例⑭中“十分”修饰的短语“走不的多路”是“动+补$_1$+补$_2$+宾”的结构，补$_1$“不的”是可能补语，补$_2$“多”是结果补语，“十分”的语义直接指向后面的短语。例⑮中使用了判断动词“是”，此处用“是”主要不是为了表达肯定语气，因为“是”的意义已经逐渐虚化，省略也不会影响语义，因此，它更像是为了满足被修饰成分双音节形式的需要，才出现在副词“十分”与形容词“好”之间的，作用与助词“之”类似，“十分”的语义指向宾语“好”。例⑯中受“十分”修饰的动词“爱惜”为心理动词，“十分”在句法和语义上都指向其后的动宾短语。动宾短语中使用心理动词的共3例，占此类总数的60.0%，这与现代汉语中“十分”多修饰心理动词的用法相一致。

C. 十分+动补短语，共2例。如：

⑰那队伍军马，十分摆布得整齐。（78回）

从形式上看，“十分”修饰动补结构，这是近代汉语程度副词的常见用法，而现代汉语中程度副词就不能自由地修饰动补结构，此句在现代汉语中的语序应为“摆布得十分整齐”。组合功能不同，自然会造成语序上的差异。从语义指向上看，“十分”的语义指向后面的补语“整齐”，表示补语的程度高。

D. 十分 + 偏正短语，仅 1 例。如：

⑱暗地叫出郁保四来，用好言抚恤他，十分恩义相待……（68 回）

E. 十分 + 并列短语，共 2 例。如：

⑲路上不要吃酒，却小心在意，使不得往常性格。（72 回）

此例中的动词“小心”、“在意”构成并列短语，一起受“十分”修饰，“十分”含有“尽力地”之义。

（2）句法功能方面，程度副词“十分”能充当的句法成分只有状语。“十分”和所修饰成分构成的状中短语可以充当的句法成分有谓语（66 例）、定语（6 例）、宾语（1 例）、状语（1 例）、补语（8 例），其中以充当谓语为主，占总数的 80.5%。

（3）适用句式方面：

第一，程度副词“十分”主要用于肯定句中，共 76 例，占总数的 92.7%。

第二，程度副词“十分”也可用于否定句中，共 6 例，占总数的 7.3%，否定意义是由否定动词“无”、否定副词“不”来体现的，主要使用副词“不”，共 4 例，占否定句总数的 66.7%，还有 2 例使用动词“无”。否定词“无”、“不”都能与程度副词“十分”连用，但连用的次序不完全相同。否定动词“无”的位置比较灵活，与“十分”连用时可前可后，否定副词“不”只能位于“十分”之前。从总体上看是否定词在前的居多，共 5 例，占总数的 83.3%。如：

⑳已是高太尉陷害，配他到此，又无十分大事。（9 回）
㉑叵耐那厮十分无礼！（47 回）
㉒原来宋江是个好汉，只爱学使枪棒，于女色上不十分要紧。（21 回）

例⑳、例㉑中使用了否定动词“无”，分别位于“十分”之前和之后，这两种用法各有 1 例。例㉒中“不十分”属于否定副词与程度副词的连用，“不”在句法上修饰“十分要紧”，在语义上指向程度副词“十分”，两者连用使得程度减弱，含有委婉语气，这种用法共有 4 例。其实表单纯否定的副词“不”与程度副词连用时位置可前可后，主要与其否定焦点和辖域有关，“不”位置靠前说明其语义辖域更宽，否定的对象是其后的整个谓语，“不”的位置靠后紧邻谓语中心则说明其否定对象仅仅是谓语中心本身[1]。因此，在近代汉语的其他文献中可以找到“十分不”连用的用例，只是《水浒传》中没有出现。

---

① 参见张谊生：《副词的连用类别和共现顺序》，《烟台大学学报》（哲学社会科学版）1996 年第 2 期，第 93 页。

（4）副词并用的现象：

《水浒传》中出现了程度副词“十分”与程度副词“大”并用的现象，共4例。如：

㉓正是六月初四日时节，天气未及晌午，一轮红日当天，没半点云彩，其日十分大热。(16回)

㉔宋江见了兄弟不戴孝，心中十分大怒……（35回）

㉕原来程太守有个女儿，十分大有颜色……（69回）

这几例中，程度副词“十分”与“大”并用，强调程度深。在句法结构上，“十分”与“大”处于同一结构层次，两者是并列关系，共同修饰后面的中心谓词；在语义表达上，两者意义相同，因此语义上显得重复和冗余，当然，这在一定程度上也能起到加强语义的作用。但我们认为，此处副词并用的主要目的是为了调节韵律，因为双音节副词“十分”只有与双音节的成分搭配才能形成最好的节奏，如上面例中的“心中/十分/大怒”、“十分/大有/颜色”，“大怒”、“大有”都能构成标准音步，以双音节为单位读起来会比较顺口，节奏较好，尽管其句法上的划分并非如此，因此，如果去掉“大”，韵律就不和谐。但是，这种副词并用的现象只是出于语用上的需要，不是意义表达所必需的，所以宋代时就逐渐衰落[①]，故《水浒传》中用例很少。

《水浒传》中程度副词“十分”的用法详见下表：

<table>
<tr><th colspan="4">程度副词“十分”的用法</th><th>举例</th><th colspan="2">数量</th><th>比例（%）</th></tr>
<tr><td rowspan="9">组合能力</td><td rowspan="3">十分+AP</td><td rowspan="2">十分+形容词</td><td>单音节</td><td>好、重、大</td><td>16</td><td rowspan="3">49</td><td rowspan="3">59.8</td></tr>
<tr><td>双音节</td><td>英雄、英勇、了得、圆满、幽雅、兴旺、悲怆、齐整、殷勤、相称</td><td>27</td></tr>
<tr><td colspan="2">十分+并列短语</td><td>香美、长大、英雄了得、腰细膀阔</td><td>6</td></tr>
<tr><td rowspan="6">十分+VP</td><td rowspan="2">十分+动词</td><td>单音节</td><td>匀、足、怒、喜</td><td>5</td><td rowspan="6">33</td><td rowspan="6">40.2</td></tr>
<tr><td>双音节</td><td>叹息、盘诘、疑忌、害民、有情</td><td>16</td></tr>
<tr><td colspan="2">十分+动宾短语</td><td>害人、周全你、爱惜杨志</td><td>7</td></tr>
<tr><td colspan="2">十分+动补短语</td><td>摆布得整齐、看得仔细</td><td>2</td></tr>
<tr><td colspan="2">十分+偏正短语</td><td>恩义相待</td><td>1</td></tr>
<tr><td colspan="2">十分+并列短语</td><td>仗义疏财、小心在意</td><td>2</td></tr>
</table>

① 参见杨荣祥：《近代汉语副词研究》，商务印书馆，2005年，第281页。

（续上表）

程度副词“十分”的用法		举例	数量	比例（%）
适用句式	肯定句	王定六看了，十分叹息	76	92.7
	否定句	只是心中踌躇，不十分欢喜	6	7.3

（六）非常

“非常”表示程度高，意义相当于现代汉语中的“十分”、“极”。“非常”在古汉语中本是一个偏正词组，由副词“非”和形容词“常”组合而成，表示“非同寻常”一类的意义，先秦时已有之，后来因为经常连用作名词的定语，西汉时凝固为一个形容词，常带有褒义色彩，比如“非常之功”，也有少数作名词的用法，表示“意外之事”，常带有贬义色彩。东汉时出现了置于形容词后的“非常”，可表示程度高，可以看作是程度副词用法的起源。根据陈兰芬（2004）的考证，魏晋南北朝时又出现了能置于被修饰词前面的“非常”，如《南史》中已见用例，其程度副词的用法有了明显的发展，既可作状语也可作补语。至迟在唐代，程度副词“非常”已发展成熟。但宋元明时期，程度副词“非常”却并不常用，《水浒传》中只有2例，至清代以后，其使用频率明显增加，现代汉语中“非常”已是很常用的程度副词。《水浒传》中程度副词“非常”的用法具体表现为：

（1）非常+A，仅1例。如：

①但是经传一代天师，亲手便添一道封皮，使其子子孙孙不敢妄开。走了魔君，非常利害。(1回)

此例中的“非常”作状语，修饰双音节形容词“利害”，是典型的程度副词的用法。

（2）V+非常，仅1例。如：

②李逵双斧白如霜，劈倒真人命已亡。料得精魂归碧落，一心暗地喜非常。(53回)

此例中的“非常”作补语，置于动词“喜”之后。对于这种用法，一些学者也提出了不同的看法，有的认为此处的“非常”是状语后置，有的认为是形容词作补语，还有的认为是偏正词组作谓语，不把动词或形容词之后的“非常”看作副词。我们则在承认程度副词可以作补语的前提下，认为此处的“非常”表示程度高，而不只是停留在“非同寻常”的意义上，它位于动词或形容词前后语义没有区别，两种用法可以并存，只是在产生时间上有先后，故将之分析为程度副词作补语。此例的“非常”出现于诗句中，可见是沿用了程度副词“非常”最早作补语的用法。

由此可见，《水浒传》中程度副词“非常”的用例很少，但已概括了“非常”作为程度副词的基本句法功能，即可以充当状语和补语。句法组合能力方面，“非常”

既能修饰形容词，也能补充说明动词。音节组合能力方面，“非常”既可修饰单音节动词，也可修饰双音节形容词。但总的来说，《水浒传》中程度副词“非常”的用法比较单一，使用频率很低。而现代汉语中“非常”的用法则很广泛，既能修饰大量的形容词，又能修饰动词或动词短语；其中的动词多为心理动词、能愿动词。

（七）大

“大”的本义与“小”相对，用作形容词，引申作程度副词，表示程度之甚，相当于“太”、“非常”、“十分”、“大大地”等，先秦已有用例，一直沿用至今。《水浒传》中程度副词“大”共1 048例，从意义上看，“大”修饰动词性成分时，不仅可以表示动作行为的程度高，还可反映出动作的力度、规模大，涉及的范围广；“大”修饰形容词时，则表示事物性状达到的程度高。在句法功能上，“大”都作状语。在句法组合能力上，“大”以修饰动词性成分为主，共1 016例，占总数的96.9%，其中单独动词用例较多，共894例，占总数的85.3%，动宾短语共121例，占此类总数的11.9%，状中短语仅1例；“大”也修饰少数形容词，共32例，只占总数的3.1%。在音节组合能力上，“大”以修饰单音词为主，共880例，占总数的84.0%；其次修饰多音节的短语，共120例，占总数的11.4%；“大”也修饰少数双音节成分，共48例，只占总数的4.6%。在意义组合能力上，“大”主要修饰具有消极意义的成分，共445例，占总数的42.5%；其次修饰具有积极意义的成分，共352例，占总数的33.6%；再次修饰具有中性意义的成分，共251例，占总数的23.9%。在适用的句式上，“大”只用于肯定句中。

现代汉语中程度副词“大”一般只能修饰单音节的动词、形容词，或者多音节的动词短语；“大”的前后可加否定副词“不”，形成“不大”、“大不”的形式，用于否定句中。

《水浒传》中程度副词“大”的用法具体表现为：

(1) 组合能力方面，“大”所修饰的成分有：

第一，大+A，共32例。如：

①此计大妙，却似瓮中捉鳖，手到拿来！(33回)

②城中军马大乱，急急奔回，杀死者多。(80回)

③武松却好迎着，正在大阔路上撞见。(29回)

④此时天大明朗，都到那山顶上，远远望见窝边果然杀死两个小虎…… (43回)

以上几例中，“大”修饰形容词，用例较多的有“大乱”(9例)、“大妙”(7例)、“大明”(5例)、“大红”(4例)等。从音节特征上看，“大”所修饰的形容词绝大多数是单音节形式的，能与“大”构成标准音步，这种情况共31例，占形容词总数的96.9%；“大”修饰双音节形容词的情况仅1例，即例④中的“明朗”。从语义色彩上看，这些形容词以表示中性意义的为主，共15例，占此类总数的46.9%；其次是表示消极意义的，共10例，占此类总数的31.2%；再次是表示积极意义的，共7例，占此类总数的21.9%。从“大+A”的句法功能上看，以充当谓语为主，共24例，占此类总数的75.0%；也可充当定语，共7例，占此类总数的21.9%；还可充当主语，仅1例，只占此类总数的3.1%。

第二，大+VP，共1 016例，分为以下几种情况：

A. 大+V，共894例。如：

⑤太尉大惊，便道：“你是牧童，如何得知？”（1回）

⑥因从沧州回乡来，昨晚在冈子那边酒店吃得大醉了，上冈子来，正撞见这畜生。（23回）

⑦人丛里一个人骑在马上，口里大喝道：“休教走了这贼！”（4回）

⑧这雷横是个大孝的人，见了母亲吃打，一时怒从心发，扯起枷来，望着白秀英脑盖上打将下来。（51回）

⑨老人道：“客人，只可快走，别处躲避，这里早晚要大厮杀也。”（47回）

从音节特征来看，“大”所修饰的动词以单音节形式为主，能与“大”构成标准音步，这种情况共有849例，占此类总数的95.0%，如例⑤至例⑧；双音节动词共45例，只占此类总数的5.0%，如例⑨中的“厮杀”。从意义类别上看，“大”所修饰的动词中以心理动词占优势，而且皆为单音节形式，共554例，占动词总数的62.0%，其中心理动词“喜”的出现频率最高，共242例，占动词总数的27.1%，用例较多的心理动词还有“怒”（141例）、“笑”（78例）、“惊”（74例）、“哭”（16例）等；被修饰的动词中动作动词也很多，共340例，占动词总数的38.0%，用例较多的有“叫”（85例）、“喝”（69例）、“骂”（29例）、“败”（25例）、“踏步”（24例）等。从语义色彩来看，这些动词以表示消极意义的为主，共390例，占动词总数的43.6%；表示积极意义的也很多，共332例，占动词总数的37.1%；表示中性意义的则相对较少，共172例，占动词总数的19.2%。从句法功能来看，“大+V”以充当谓语的为主，共875例，占此类总数的97.9%；“大+V”偶尔也可充当补语（13例）、宾语（4例）和定语（2例），共19例，只占此类总数的2.1%。

B. 大+动宾短语，共121例。如：

⑩西边那伙使枪棒的，大发喊声，只顾乱杀将来，一派杀倒土兵狱卒。（40回）

⑪天子闻奏，大加称赞，就传圣旨，命黄门侍郎宣宋江等面君朝见，都教披挂入城。（90回）

⑫原来程太守有个女儿，十分大有颜色……（69回）

⑬史进先杀了一两个人，结识了十数个好汉，大闹动河北，直使天罡地煞一齐相会。（2回）

从“大”所修饰的动宾短语中动词的音节特征看，以单音节动词为主，共120例，占此类总数的99.2%，如例⑩至例⑫中的“发”、“加”、“有”等都能与“大”构成标准音步；双音节动词仅1例，即例⑬中的“闹动”。例⑫中程度副词“十分”

与“大”并用，共同修饰动宾短语“有颜色”。

C. 大+偏正短语，偏正短语是由能愿动词“肯”（表示愿意）与中心动词短语构成的，仅1例。如：

⑭如今梁山泊十分兴旺，宋公明大肯招贤纳士。(49回)

（2）句法功能方面，程度副词“大”只能作状语，“大”和所修饰的成分构成的状中短语在句中主要作谓语，共1 021例，占总数的97.4%；少数可作补语（13例）、定语（9例）、宾语（4例）和主语（1例），共27例，只占总数的2.6%。

（3）适用句式方面，程度副词“大”只用于肯定句中，修饰肯定形式的成分，未出现“大”与否定副词连用的情况，但在《水浒传》之前和之后的一些文献中却能见到这种用法。

《水浒传》中程度副词“大”的用法详见下表：

<table>
<tr><th colspan="4">程度副词“大”的用法</th><th>举例</th><th colspan="2">数量</th><th>比例（%）</th></tr>
<tr><td rowspan="6">组合能力</td><td rowspan="2">大+AP</td><td rowspan="2">大+形容词</td><td>单音节</td><td>明、妙、阔、乱、痛</td><td>31</td><td rowspan="2">32</td><td rowspan="2">3.1</td></tr>
<tr><td>双音节</td><td>明朗</td><td>1</td></tr>
<tr><td rowspan="4">大+VP</td><td rowspan="2">大+动词</td><td>单音节</td><td>忧、悟、哭、骂、开、胜</td><td>849</td><td rowspan="4">1 016</td><td rowspan="4">96.9</td></tr>
<tr><td>双音节</td><td>发作、厮杀、进兵、转身</td><td>45</td></tr>
<tr><td colspan="2">大+动宾短语</td><td>发声喊、辱君命、敲木鱼</td><td>121</td></tr>
<tr><td colspan="2">大+偏正短语</td><td>肯招贤纳士</td><td>1</td></tr>
</table>

（八）大大

“大大”是由程度副词“大”重叠构成的双音程度副词。重叠式的“大大”与基式“大”相比，意义基本相同，都表示程度高、规模大等，但“大大”比“大”语义更重，语气更强；从音节组合能力上看，“大大”一般修饰双音节或多音节成分，“大”一般修饰单音节成分；从句法功能上看，“大大”和“大”都能在句中充当状语，但“大大”可以带结构助词“的/地”，能突出其摹状性，也能对副词起强调作用，而基式“大”一般不能附加结构助词。《水浒传》中程度副词“大大”仅出现1例，用来修饰多音节的动宾短语，带结构助词“地”。如：

那人又笑着，大大地唱个肥喏道：“小人不敢。”(24回)

现代汉语中程度副词“大大”也经常使用，多用于书面语，主要修饰双音节或多音节的成分，可以带结构助词“地”。

（九）生

“生”表示程度深，相当于现代汉语中的“非常”、“很”，唐代始见程度副词的用法，只用于心理动词的前面[①]。其使用频率一直很低，现代汉语中仍在使用，但只用于少数表示感情、感觉的词前面，比如“生疼”、“生冷”等，多见于一些方言中。《水浒传》中程度副词“生”共4例，都与心理动词“怕”组合使用。如：

这婆子生怕打搅了这事，自又添钱去买些好酒好食希奇果子来，殷勤相待。(24回)

《汉语大词典》认为“生怕”是一个词，唐代时就有用例。《现代汉语虚词例释》则认为“生怕”是一个固定词组，意思是很为某事担心[②]。由于受程度副词“生”修饰的词语所限，“生”常常与“怕”组合使用，具有较强的生命力，可以看作一个词。但其意义上却没有明显的变化，未能体现合成词意义的整体性，故也可以看作一个词组。由此我们将“生怕”看作固定词组，将“生”看作程度副词。《水浒传》中程度副词“生”在句法上只修饰动宾短语，“生”与所修饰成分一起在句中作谓语。

（十）酷

根据《说文》的解释，“酷”的本义指酒味浓厚。后来引申表示程度极甚，相当于现代汉语中的“极其”、“十分”等。据陈兰芬（2004）的考察，“酷”作为程度副词萌芽于魏晋时期，在南北朝时得到广泛应用。“酷”用在动词或形容词前面，主要修饰一些表示消极意义的形容词（如“贫”、“寒”、“热”等），表示相似义的动词性成分（如“肖”、“似”、“类”等）和表示喜好义的心理动词及词组（如“爱”、“嗜”、“好”等）。现代汉语中“酷”作为文言词仍有保留，但使用频率很低，使用范围也只限于上述几种。《水浒传》中程度副词“酷”只有2例，用法具体表现为：

（1）酷+动宾短语，仅1例，“酷”修饰由心理动词“爱”构成的动宾短语。如：

①酷爱道法，礼拜包道乙为师，学得他许多法术在身。(97回)

（2）酷+A，仅1例，“酷”修饰表示消极意义的形容词“热”。如：

②此时正是五月半天气，虽是晴明得好，只是酷热难行。(16回)

（十一）良

“良”表示程度之甚，相当于现代汉语中的“很”。“良”作程度副词的用法始于汉代，但功能比较单一，主要与形容词“久”结合组成固定词组，以“良久”的形式出现，这种用法一直延续至今。同时，“良”还产生了作语气副词表示肯定的用法。现代汉语则只保留了其表示程度的用法，用于书面语，一般只能修饰“久”、“苦”、“多”等少数单音节形容词，通常不用于否定句。《水浒传》中程度副词“良”共9例，都是与形容词“久”连用的，它们一起在句中充当补语、状语和宾语。如：

---

① 参见董志翘、蔡镜浩：《中古虚词语法例释》，吉林教育出版社，1994年，第468页。

② 参见北京大学中文系1955、1957级语言班编：《现代汉语虚词例释》，商务印书馆，1982年，第386页。

①交战良久，宋江恐怕徐宁有失，便教鸣金收军。(69回)

②良久，孙新道："请哥哥、嫂嫂去房里看病。"(49回)

③未及良久，遥望辽兵远远而来。(88回)

从"良久"这一固定组合的句法位置和功能看，它主要在句子中充当补语，共6例，如例①中的"交战良久"；也可充当状语，共2例，如例②中的"良久"是句首状语；还可充当宾语，仅1例，即例③中的"未及良久"。

(十二) 深

"深"的本义与"浅"相对，作形容词，后引申作程度副词，表示程度之甚，因此，副词义就有实词"深"的痕迹，相当于"很"、"非常"、"深刻"、"深深地"、"透彻"等，先秦时"深"已有程度副词的用法。

《水浒传》中程度副词"深"共46例，从句法功能上看都作状语。在句法组合能力上，"深"主要用来修饰动词性成分，共41例，占总数的89.1%，其中绝大多数都是动宾短语，共40例，占总数的87.0%，只有1例是单独动词，而其中使用的动词都是单音节形式的，且以心理动词为主，共27例，占动词总数的65.9%；"深"也修饰少数形容词性成分，共5例，只占总数的10.9%，这些形容词及短语都是由助动词"可"、"堪"与心理动词组合构成的。在音节组合能力上，"深"主要修饰多音节短语，共43例，占总数的93.5%；"深"也偶尔修饰单音动词（1例）和双音形容词（2例），分别只占总数的2.2%和4.3%，"深"能与其后的单音词构成标准音步的共43例，占总数的93.5%。在意义组合能力上，"深"所修饰的成分以表示积极意义的为主，共37例，占总数的80.4%；其次是表示消极意义的，共7例，占总数的15.2%；表示中性意义的只有2例。在适用的句式上，"深"都用于肯定句中。在语体色彩上，《水浒传》中程度副词"深"大多出现在小说人物的语言中，可见，它多用于当时的口语，使用频率较高。

现代汉语中程度副词"深"主要也是用来修饰动宾短语，短语中的动词多为单音节形式，但与《水浒传》中用法不同的是，其书面语色彩较浓，使用频率不高。

《水浒传》中程度副词"深"的用法具体表现为：

(1) 组合能力方面，"深"所修饰的成分有：

第一，深+AP，共5例，这里的AP皆为助动词（可、堪）与心理动词构成的形容词或状中短语。

A. 深+A，共2例。如：

①叵耐缁流之辈，专为狗彘之行，辱莫前修，遗臭后世，庸深可恶哉！(45回)

此例中的程度副词"深"修饰双音节形容词"可恶"，"可恶"的内部结构关系是状中关系。"庸"是表示反诘的语气词，与"深"形成了标准音步，使得韵律协调。

B. 深+偏正短语，这里的偏正短语都是状中短语，共3例。如：

②败军损将深堪愧，辽主行当坐陷车。（86回）

③虽犯罪恶，各有所由，察其情悬，深可悯怜。（82回）

《水浒传》中受程度副词“深“修饰的形容词性成分皆是由助动词与心理动词构成的形容词或状中短语。从助动词的使用看，包括“可”（4例）和“堪”（1例）两种，以使用助动词“可”为主。从中心语的构成看，这些助动词经常修饰心理动词，《水浒传》中此类用例中的动词都是心理动词，而且以单音节形式为主，共3例，如例①、例②中的“恶”、“愧”都是单音节心理动词；双音节心理动词共2例，如例③中的“悯怜”。但是助动词与心理动词构成的整个组合却是形容词性质的，如“可恶”、“堪愧”、“可悯怜”都是形容词性质的。其中助动词“可”与单音节的心理动词“恶”、“悯”组合已经凝固为双音节的形容词“可恶”、“可悯”，共2例，其余3例为形容词性短语。

第二，深+VP，共41例，分为以下几种情况：

A. 深+V，仅1例。如：

④杨雄、石秀深谢了，留在后堂，饮酒等待。（47回）

B. 深+动宾短语，共40例。如：

⑤端王大喜道：“深谢厚意。想那笔架必是更妙。”（2回）

⑥宋太公谢了道：“深相感二位都头相觑。”（22回）

⑦将军休要去赶，恐防暗器，此人深好弓箭。（50回）

⑧原来张顺为人甚好，深得弟兄情分。（94回）

从“深”所修饰的动宾短语中动词的音节特征看，这些动词都是单音节形式的，例⑥中“深相感二位都头相觑”的动词“感”前有情状方式副词“相”作修饰成分，仅此1例。从动词的意义类别看，这些动词中心理动词共27例，占此类总数的67.5%，如“感”、“谢”、“好”、“怪”等；非心理动词共13例，如“得”、“知”等，仅占此类总数的32.5%，可见，程度副词“深”所修饰的动词以心理动词为主。

（2）句法功能方面，程度副词“深”只能作状语，“深”和所修饰成分构成的状中短语可以充当的句法成分只有谓语，也可以形成独立的句子。

（3）适用句式方面，程度副词“深”都出现在肯定句中，修饰肯定形式的成分。

（十三）深为、深深

（1）“深为”的用法：

“深为”是由程度副词“深”与后缀“为”构成的双音程度副词，其中的“为”本为动词，后来逐渐虚化，成为词内成分。“深为”与“深”同义，也表示程度深。从语用上看，“深为”比“深”语气更强，因而语义更重。《水浒传》中程度副词“深为”共4例，皆用来修饰具有否定意义的双音形容词“未便”、“不便”，如：

①倘或宋江以下，有智谋之人识破，翻变起来，深为未便。（79回）

②即目辽兵犯境，各处军马遮掩不及，若要起兵征伐，深为不便。（74回）

“深为”只修饰表示否定意义的形容词“未便”（3例）、“不便”（1例），意为“不当、不利”。从语义色彩上看，它们都具有消极意义。

（2）“深深”的用法：

“深深”是由程度副词“深”重叠而成的双音程度副词，在语义和语用上，“深深”比“深”程度更深，语气更重。张谊生先生（1997）认为，现代汉语重叠副词的基式与重叠式表达功效的差别，总的来说，基式偏重于判断，重叠式偏重于描写；基式显得客观、平稳，重叠式带有夸张、强调的意味。这种规律同样适用于近代汉语中的重叠式副词。《水浒传》中程度副词“深深”共6例，后面都附加结构助词“的/地”，全部用来修饰动词性短语。如：

①正说得入耳，只见一个女娘，年方二八，穿一身纱衣，来到跟前，深深的道了四个万福。（38回）

②这妇人情知不是，叉手深深地道个万福，说道：“奴家一时失手，官人休怪。”（24回）

③那和尚入到里面，深深地与石秀打个问讯。（45回）

例①、例②中“深深”后附助词“的/地”，用来修饰动宾短语，这种用法共5例，占总数的83.3%；例③中“深深”后也附有助词“地”，用来修饰偏正短语“与石秀打个问讯”，其中表示动作对象的介词短语“与石秀”作状语，修饰动宾短语“打个问讯”，“深深”位于介词短语前面，这种用法只有1例，只占总数的16.7%。

（3）“深为”、“深深”与“深”的比较：

从语义来看，《水浒传》中程度副词“深为”、“深深”与“深”的意义基本相同，但从语用角度来说，加缀与重叠形式的双音节副词比基式语气更强，因而语义也更重。

从使用频率来看，双音节的“深为”、“深深”在出现频率上远不及单音节的“深”，三者的使用比例为4∶6∶46。

从句法来看，它们之间也存在着明显的差异，主要体现在以下几个方面：

从句法组合能力来看，程度副词“深为”只修饰形容词，“深深”只修饰动词短语，而“深”既可修饰动词性成分，也可修饰形容词性成分，不过“深深”与“深”都以修饰动宾短语为主。在后附结构助词“的/地”的能力上，只有“深深”全部后附助词“的/地”，而且“深深”在附带“的/地”之后，更突出了其摹状性，而“深为”与“深”都不能带助词“的/地”。

从音节组合能力来看，“深为”只修饰双音节的形容词，“深深”只修饰多音节的短语，而“深”既能修饰单音节成分，也能修饰双音节或者多音节成分，其中以修饰多音节短语为主，但无论“深”在句法上修饰何种音节的成分，它在节奏上一般都能与其前或其后的单音节成分构成标准音步。

从意义组合能力来看，“深为”只修饰具有消极意义的成分，“深深”只修饰具有中性意义的成分，而“深”则以修饰具有积极意义的成分为主，同时也可修饰具有消极意义和中性意义的成分。

从修饰肯定、否定形式的能力来看，“深为”只修饰由否定词构成的具有否定意义的形容词，而“深深”和“深”只修饰肯定形式的成分。

《水浒传》中程度副词“深”、“深为”、“深深”的用法比较详见下表：

<table>
<tr><td rowspan="4">用法
词项</td><td colspan="9">句法方面</td><td rowspan="4">语义及语用方面</td><td rowspan="4">合计</td></tr>
<tr><td colspan="6">句法组合能力</td><td rowspan="3">音节组合能力</td><td rowspan="3">意义组合能力</td><td rowspan="3">适用句式</td></tr>
<tr><td colspan="2">AP</td><td colspan="3">VP</td><td rowspan="2">加助词“的/地”的能力</td></tr>
<tr><td>A</td><td>偏正短语</td><td>V</td><td>动宾短语</td><td>偏正短语</td></tr>
<tr><td>深</td><td>2</td><td>3</td><td>1</td><td>40</td><td>0</td><td>不加</td><td>单、双、多音节</td><td>积极为主</td><td>肯定</td><td>程度深</td><td>46</td></tr>
<tr><td>深为</td><td>4</td><td>0</td><td>0</td><td>0</td><td>0</td><td>不加</td><td>双音节</td><td>消极</td><td>否定</td><td>程度更深
语气更强</td><td>4</td></tr>
<tr><td>深深</td><td>0</td><td>0</td><td>0</td><td>5</td><td>1</td><td>都加</td><td>多音节</td><td>中性</td><td>肯定</td><td>程度更深
语气更强</td><td>6</td></tr>
</table>

（十四）重

“重”的本义指“分量重”，与“轻”相对，用作形容词，后引申作程度副词，表示程度之甚以及数量之大之多，先秦已有用例，一直沿用至今，保留在现代汉语的书面语中。《水浒传》中程度副词“重”共21例，从句法功能上看都作状语。在句法组合能力上，“重”主要修饰动词性成分，共20例，占总数的95.2%，包括单独动词（7例）和动宾短语（13例），其中以修饰动宾短语的用法为主，占总数的61.9%；“重”也偶尔修饰形容词性的状中短语，仅1例，只占总数的4.8%。在音节组合能力上，“重”主要修饰多音节的动宾短语，共13例，占总数的61.9%，其中的动词都是单音节形式的；“重”修饰的单音节词都是单独动词，共7例，占总数的33.3%，“重”与其后的单音动词都能组成标准音步；“重”修饰双音节的形容词性短语仅1例，只占总数的4.8%。在意义组合能力上，“重”主要修饰具有积极意义的成分，共20例，占总数的95.2%，仅有1例修饰具有消极意义的成分。在适用的句式上，“重”都用于肯定句中。

《水浒传》中程度副词“重”的用法具体表现为：

（1）组合能力方面，“重”所修饰的成分有：

第一，重+AP，“重”修饰由助动词“堪”与心理动词“忧”构成的形容词性状中短语，这里的“重”相当于现代汉语中的“很”、“非常”，仅1例。如：

①山岭崎岖绕睦州，损兵折将重堪忧。（97回）

第二，重 + VP，共 20 例，分为以下几种情况：

A. 重 + V，共 7 例。如：

②国舅乃金枝玉叶，小将是投降之人，怎消受国舅殊礼重待！(85 回)

③吕枢密道："你两个若拿得这个贼人，我当一力保奏，加官重赏。"(92 回)

④若事毕之后，则当重酬。(82 回)

从音节特征来看，"重"所修饰的动词都是单音节形式的。从意义来看，"重"修饰动词时表示动作行为的程度之甚，如例②中"重待"的"重"表示"非常"、"特别"，而当动词的含义与财物有关时，如例③、例④中的"赏"、"酬"等，"重"可表示数量之大之多，同时也表示程度之甚，相当于"重重地"、"多"、"厚"等。

B. 重 + 动宾短语，共 13 例。如：

⑤重蒙列位头领看待许久，小道岂敢失信。(42 回)

⑥卿等休辞道途跋涉，军马驱驰，与寡人征虏破辽，早奏凯歌而回，朕当重加录用。(83 回)

⑦论臣愚意，郎主可加官爵，重赐金帛，多赏轻裘肥马，臣愿为使臣，说他来降俺大辽国。(85 回)

⑧微臣亲往宋先锋寨内，重许厚礼。(89 回)

以上几例中，"重"修饰动宾短语。从动宾短语中动词的音节特征来看，这些动词都是单音节形式的，能与"重"组成标准音步，宾语则以双音节形式为主，共 9 例，占此类总数的 69.2%，还有 4 例为多音节形式。从动宾短语中宾语的语法构成来看，谓词性宾语共 7 例，占此类总数的 53.8%，如例⑤中的"列位头领看待许久"是主谓短语，例⑥中的"录用"是动词；名词性宾语共 6 例，占此类总数的 46.2%，如例⑦中的"金帛"是名词，例⑧中的"厚礼"是名词性定中短语。

(2) 句法功能方面，程度副词"重"只能充当状语。"重"和所修饰成分构成的状中结构都作句子的谓语或独立成句。

(3) 适用句式方面，程度副词"重"只用于肯定句中。

(十五) 重重

"重重"是由程度副词"重"重叠构成的双音程度副词，与"重"的意义基本相同，《汉语大词典》中所引"重重"的最早用例就出自《水浒传》。

(1) "重重"的用法：

《水浒传》中程度副词"重重"共 16 例，都在句中作状语，其后可附加结构助词"的/地"，带"的/地"的共 8 例，不带"的/地"的也有 8 例，可见，"重重"带不带"的/地"是任意的，完全取决于表达的需要。在句法组合能力上，"重重"全部用来修饰动词性成分，其中以修饰动宾短语的用法为主，共 13 例，占总数的 81.2%，"重重"也修饰少数单独动词（2 例）和兼语短语（1 例），分别只占总数的 12.5% 和 6.3%。在音节组合能力上，"重重"以修饰双音节动词及短语为主，共 14 例，占总数的87.5%，还有2例为多音节短语，仅占总数的12.5%。在意义组合能力上，“重重”所修饰的成分都是具有积极意义的。在适用的句式上，“重重”只用于肯定句中。

《水浒传》中程度副词“重重”只修饰VP，分为以下几种情况：

第一，重重+V，共2例。如：

①教头今日既到这里，一发成全了他亦好。老汉自当重重酬谢。(2回)

②高太尉被俺哥哥活捉上山，不肯杀害，重重管待，送回京师，生擒人数，尽都放还。(81回)

从音节特征上看，“重重”所修饰的动词皆为双音节形式的，构成了标准音步。从意义上看，例①中“重重”修饰的动词“酬谢”与财物有关，“重重”可理解为数量之多，也表示程度之甚。

第二，重重（的/地）+动宾短语，共13例，如：

③我有心要抬举你，这献生辰纲的札子内另修一封书在中间，太师跟前重重保你，受道敕命回来。(16回)

④前日有劳你走了一遭，真个办事，未曾重重赏你。(40回)

⑤官人便去取些砒霜来，我自教娘子下手。事了时，却要重重的谢我。(25回)

⑥亏了相公与小人报了冤仇。再当重重地答报恩相。(31回)

以上几例，“重重”修饰动宾短语。从后附结构助词“的/地”的情况看，带“的/地”的共7例（其中3例用“地”，4例用“的”，说明《水浒传》中状语与中心语之间的“的”、“地”可通用），占此类总数的53.8%，不带“的/地”的共6例，占此类总数的46.2%，可见，“重重”后带不带助词“的/地”是自由的。从动宾短语的音节特征看，以双音节形式为主，共12例，如例③至例⑤，还有1例为四音节形式，即例⑥的“答报恩相”。从韵律上看，这些动宾短语都能划分成标准音步。

第三，重重地+兼语短语，仅1例。如：

⑦我若得了杭州宁海军时，重重地请僧人设斋做好事，追荐超度众兄弟。(95回)

此例中的“重重”后附带结构助词“地”，用来修饰兼语短语“请僧人设斋做好事”。本文前面提到过，程度副词所修饰的兼语短语中第一个动词V_1一般要求不具有实在的行为意义，此例中的动词“请”不属于这一类，但仍然可以与程度副词“重重”搭配，这种现象与重叠式副词偏重于描写，具有摹状性有关，而其后附带的结构助词“地”也具有同样的功能，这使得“重重”的搭配范围更加广泛，与兼语短语组合时其中的V_1也可以是具有实在行为意义的动词“请”等。

（2）“重重”与“重”的比较：

从句法上看，首先，“重重”后面带不带结构助词“的/地”是任意的，取决于表达的需要，带“的/地”时能突出副词的摹状性或起到舒缓语气的作用，而单音副词“重”后不能附加助词“的/地”；其次，在句法组合能力上，“重重”只修饰动词性成分，“重”以修饰动词性成分为主，偶尔也修饰形容词性成分；再次，在音节组合能力上，“重重”主要修饰双音节成分，“重”则主要修饰多音节成分，但“重”一般能与其后的单音动词构成标准音步。

从语义上看，“重重”表示程度非常深，比“重”的语义更重；在意义组合能力上，“重重”只修饰具有积极意义的成分，“重”也主要修饰具有积极意义的成分，但偶尔也修饰具有消极意义的成分。

从语用上看，“重重”比“重”的语气更强。在适用的句式上，“重重”与“重”都只用于肯定句中，修饰肯定形式的成分。

《水浒传》中程度副词“重重”与“重”的用法比较详见下表：

用法 词项	句法方面								语义及语用方面	合计
	句法组合能力					音节组合能力	意义组合能力	适用句式		
	AP	VP			加助词“的/地”的能力					
	偏正短语	V	动宾短语	兼语短语						
重	1	7	13	0	不加	多音节为主	积极为主	肯定	程度深	21
重重	0	2	13	1	任意	双音节为主	积极	肯定	程度更深 语气更强	16

（十六）厚

“厚”本作形容词，与“薄”相对，引申作程度副词，表示动作行为的程度超过一般，相当于“大大地”、“多多地”等，多用于动词前面，先秦已有用例，一直沿用至今。《水浒传》中程度副词“厚”共8例，在句法功能上都作状语。在句法组合能力上，“厚”全部用来修饰动词性成分，包括单独动词（5例）和动宾短语（3例），其中以修饰单独动词的用法为主，占总数的62.5%，而且这些动词皆为单音节形式的。在意义组合能力上，“厚”以修饰表示积极意义的成分为主，共7例，占总数的87.5%，还有1例是表示消极意义的。在适用的句式上，“厚”只用于肯定句中。具体如下：

（1）厚+V，共5例。如：

①林冲道：“师兄回去，泰山处可说知。防护之恩，不死当以厚报。”（9回）

②滑稽谁造丰亨论？至理昭昭敢厚诬。（71回）

从音节特征来看，“厚”所修饰的动词皆为单音节形式的。从意义来看，例①中“厚报”的“厚”相当于“多多地”，例②中“厚诬”的“厚”相当于“大大地”。从语义色彩来看，“厚”所修饰的动词以表示积极意义的为主，共4例，如例①中的

“厚报”（4 例），占动词总数的 80.0%，表示消极意义的仅 1 例，即例②中的“厚诬”。

（2）厚 + 动宾短语，共 3 例。如：

③其余跟来人数，连日自是朱武、乐和管待，依例饮馔，酒量高低，并皆厚赠金银财帛，众人皆喜。(82 回)

④卢先锋得了昱岭关，厚赏了时迁……（98 回）

从意义上看，“厚”所修饰的动宾短语都与财物有关，“厚”可理解为“多多地”。从动宾短语中动词的音节特征看，都是单音节形式的，能与“厚”组成标准音步。

（十七）偏

“偏”本为“偏颇”义，用作形容词，由此虚化为程度副词，表示程度深，相当于“最”、“很”、“特别”，其引申过程与“颇”相同[①]。“偏”作程度副词的用法在先秦已经出现，魏晋以后普遍使用，近代汉语中使用渐少，现代汉语中则已经消失。

《水浒传》中程度副词“偏”共 15 例，从句法功能上看都作状语。在句法组合能力上，“偏”以修饰动词性成分为主，占总数的 60.0%，包括单独动词（2 例）、动宾短语（6 例）、状中短语（1 例），其中以修饰动宾短语的用法为主，占总数的 40.0%；“偏”修饰单独形容词的用法共 6 例，占总数的 40.0%。在音节组合能力上，“偏”主要修饰多音节的动词短语，共 7 例，占总数的 46.7%，而且“偏”都能与其后的单音动词组成标准音步；其次，“偏”修饰单音动词、形容词的用法共 6 例，占总数的 40.0%；再次，“偏”修饰双音动词、形容词的用法共 2 例，只占总数的 13.3%。在意义组合能力上，“偏”所修饰成分以表示积极意义的为主，共 10 例，占总数的 66.7%；表示中性意义的共 4 例，占总数的 26.7%；表示消极意义的只有 1 例，只占总数的 6.7%。在适用的句式上，“偏”只用于肯定句中。在语体色彩上，“偏”全部出现于诗句中，且用例较少，可见，它已脱离当时的口语，趋于衰落。

《水浒传》中程度副词“偏”的用法具体表现为：

（1）组合能力方面，“偏”所修饰的成分有：

第一，偏 + A，共 6 例。如：

①李二夫妻能爱客，供茶送酒意偏长。(10 回)

②人逢忠义情偏洽，事到颠危志益坚。(17 回)

③行步如飞偏出众，摩云金翅是欧鹏。(41 回)

从音节特征来看，“偏”所修饰的形容词以单音节形式为主，共 5 例，占形容词总数的 83.3%，如例①、例②中的“长”、“洽”，双音节形容词仅 1 例，即例③中的

---

① 参见董志翘、蔡镜浩：《中古虚词语法例释》，吉林教育出版社，1994 年，第 401 页。

“出众”，只占形容词总数的16.7%。

第二，偏+VP，共9例，分为以下几种情况：

A. 偏+V，共2例。如：

④鞍上将似南山猛虎，人人好斗偏争。(52回)

⑤抢鼓夺旗，石秀众中偏拼命。(78回)

从音节特征来看，以上两例中的“偏”所修饰的动词分别为单音节和双音节的。

B. 偏+动宾短语，共6例。如：

⑥虽是登州搜猎户，忠良偏恶奸邪。(49回)

⑦纤腰袅娜，绿罗裙微露金莲；素体轻盈，红绣袄偏宜玉体。(4回)

⑧只好强人安寨栅，偏宜好汉展旌旗。(44回)

以上几例中，“偏”修饰动宾短语。从动宾短语中动词的音节特征看，这些动词都是单音节形式的，能与“偏”组成标准音步，宾语则以多音节形式为主，共4例，占此类总数的66.7%。当然，这与诗句特殊的韵律要求有关，还有2例为双音节形式，占此类总数的33.3%。从动宾短语中宾语的语法构成看，以名词性宾语为主，共5例，占此类总数的83.3%；还有1例是谓词性宾语，即例⑧中的“好汉展旌旗”，是主谓短语作宾语，只占此类总数的16.7%。

C. 偏+偏正短语，仅1例。如：

⑨黑旋风善会偷营，船火儿偏能劫寨。(78回)

此例中的“偏”修饰由能愿动词“能”与中心动词“劫寨”构成的状中短语，“偏”与“能”组成标准音步。

（2）句法功能方面，程度副词“偏”只能在句中充当状语。“偏”和所修饰成分构成的状中结构都作谓语。

（3）适用句式方面，程度副词“偏”只用于肯定句中。

《水浒传》中程度副词“偏”的用法详见下表：

<table>
<tr><th colspan="4">程度副词“偏”的用法</th><th>举例</th><th colspan="2">数量</th><th>比例（%）</th></tr>
<tr><td rowspan="6">组合能力</td><td rowspan="2">偏+AP</td><td rowspan="2">偏+形容词</td><td>单音节</td><td>长、能、好、俏、洽</td><td>5</td><td rowspan="2">6</td><td rowspan="2">40.0</td></tr>
<tr><td>双音节</td><td>出众</td><td>1</td></tr>
<tr><td rowspan="4">偏+VP</td><td rowspan="2">偏+动词</td><td>单音节</td><td>争</td><td>1</td><td rowspan="4">9</td><td rowspan="4">60.0</td></tr>
<tr><td>双音节</td><td>拼命</td><td>1</td></tr>
<tr><td colspan="2">偏+动宾短语</td><td>逞秀仪容、恶奸邪</td><td>6</td></tr>
<tr><td colspan="2">偏+偏正短语</td><td>能劫寨</td><td>1</td></tr>
</table>

（十八）盛、雅

“盛”作实词的有“丰盛”义，由此引申作程度副词，表示程度之甚，先秦已有用例，后一直沿用至今。“雅”本有“规范的”、“标准的”之义，引申作程度副词，表示程度之甚，汉代已有用例，后一直沿用于文言中。《水浒传》中单音程度副词“盛”、“雅”的用例很少，都只有1例，可见，这两个词已经脱离当时的口语。其用法具体表现为：

(1)“盛”的用法：

①林冲初吃棒时，倒也无事，次后三两日间，天道盛热，棒疮却发，又是个新吃棒的人，路上一步挨一步，走不动。(8回)

此例中的“盛”修饰单音节形容词“热”，形成标准音步。

(2)“雅”的用法：

②碧琉璃掩映绛纱灯，红菡萏参差青翠叶。堪宜金屋琼楼挂，雅称瑶台宝殿悬。(59回)

此例中的“雅”修饰由单音动词“称”构成的动宾短语，“雅”与“称”形成标准音步。

（十九）甚

“甚”原本表示“过分”，后由形容词虚化为程度副词，表示程度之深，相当于“很”、“非常”等，先秦时已有用例。从秦汉至明清时期，程度副词“甚”的使用频率一直很高，但在现代汉语中其地位已经被“很”取代，只用于书面语中。

《水浒传》中程度副词“甚”共92例，在句法功能上，“甚”的基本功能是作状语，共82例，占总数的89.1%；但有时也可在语义不变的情况下作补语，共10例，只占总数的10.9%，其中以“甚”直接后附于中心语充当粘合式补语的情况居多，共9例，占“甚”作补语总数的90.0%，此外，也可以在“甚”前面加结构助词“之”构成组合式补语“……之甚”的形式，这种情况仅1例。

在句法组合能力上，“甚”主要修饰形容词性成分作状语或补语，共57例，占总数的62.0%，其中绝大多数为单独形容词，共56例，占总数的60.9%；也可以修饰动词性成分作状语或补语，共35例，占总数的38.0%，其中以修饰单独动词为主，共29例，占总数的31.5%。这些动词皆为心理动词，此外“甚”还修饰少量动宾短语（4例）和动补短语（2例），共6例，只占总数的6.5%。在音节组合能力上，“甚”主要修饰单音节词，共76例，占总数的82.6%；其次，“甚”也修饰少量双音节词，共10例，占总数的10.9%；“甚”修饰多音节词组的情况只有6例。可见，“甚”所修饰的成分总体上都比较简短。在意义组合能力上，“甚”主要修饰具有积极意义的成分，共49例，占总数的53.3%；其次，“甚”也修饰不少具有中性意义的成分，共33例，占总数的35.9%；再次，“甚”修饰具有消极意义的成分则相对较少，只有10例，占总数的10.9%。

在适用的句式上，“甚”主要用于肯定句中，共79例，占总数的85.9%；“甚”用于否定句的情况共13例，占总数的14.1%，皆为否定副词“不”、“未”与程度副词“甚”连用，其中以用“不”的情况为主，共12例，占否定句总数的92.3%，但它们与“甚”连用时的次序并不完全相同，“不”与“甚”连用时位置可前可后，比较灵活，“未”则只能位于“甚”之前。从总体上看是否定词在前的居多，共12例，占否定句总数的92.3%。

现代汉语中程度副词“甚”只用于书面，单用时一般只能修饰单音节动词或形容词，当“甚”前有另一单音词时，合起来才可以修饰双音词。

《水浒传》中程度副词“甚”的用法具体表现为：

（1）组合能力方面，根据程度副词“甚”的句法位置和功能，可分为以下两大类：

第一，“甚”用于中心语前作状语，构成偏正结构，这种用法共82例，“甚”所修饰的成分有：

A. 甚+AP，共49例，分为以下几种情况：

a. 甚+A，共48例。如：

①别有甚好鲜鱼时，另造些辣汤来与我这位官人醒酒。(38回)

②往来城中，观看者甚众，就里有人对蔡京说知此事。(90回)

③要杀使唤的时，原来厨刀不甚快，砍了一个人，刀口早卷了。(65回)

④雷横道：“且是多多相扰，理甚不当。”(14回)

⑤此时天色未甚明亮，那二百来人拥在门首，谁敢先入去，都惧怕花荣了得。(33回)

从“甚”所修饰形容词的音节特征上看，以单音节形容词为主，共42例，占形容词总数的87.5%，用例较多的有“好”（6例）、“高”（6例）、“急”（5例）、“多”（4例）、“杂”（4例）、“紧”（4例）等；双音节形容词共6例，如例④中表示否定意义的形容词“不当”、例⑤中的“明亮”等，用例相对较少。从语义色彩上看，这些形容词以表示中性意义的为主，共32例，占形容词总数的66.7%；表示积极意义的共14例，占形容词总数的29.2%；表示消极意义的只有2例。从句法功能上看，“甚+A单音”可以作定语（2例）、谓语（30例）、宾语（2例）、补语（8例），其中以作谓语为主；“甚+A双音”则只能作谓语。此外，有2例“甚+好”作定语修饰名词时中间都不带结构助词“的”，现代汉语中则一般不能省略“的”。从适用的句式上看，例①、例②是肯定句，例③至例⑤是否定句。否定副词“不”与“甚”连用时位置可前可后，以在前的居多，否定副词“未”与“甚”连用时则只能位于前面。

b. 甚+偏正短语，仅1例。如：

⑥都监贪婪甚可羞，谩施奸计结深仇。(31 回)

此例中能愿动词“可”与心理动词“羞”构成形容词性的状中短语，受程度副词“甚”修饰。

B. 甚 + VP，共 33 例，分为以下几种情况：

a. 甚 + V，共 27 例，被修饰动词皆为心理动词。如：

⑦宋江见活捉拿得天目将彭玘，心中甚喜，且来阵前看孙立与呼延灼交战。(55 回)

⑧奈缘劝谏不从，忠言不听，三番败绩，言之甚羞。(81 回)

⑨却说梁中书正在衙前闲坐，初听报说，尚自不甚慌……(66 回)

⑩太公缘何模样不甚喜欢，莫不怪小僧来搅扰你么？(5 回)

从这些心理动词的音节特征上看，以单音节动词为主，共 26 例，占此类总数的 96.3%，其中以单音节心理动词“喜”的使用频率最高，共 18 例，占此类总数的 66.7%，其他心理动词还有“慌”(3 例)、“忧”(2 例)、“恭”(1 例)等；双音节动词仅 1 例，即例⑩中的“喜欢”，只占此类总数的 3.7%。从语义色彩上看，这些心理动词中表示积极意义的占绝大多数，共 21 例，占此类总数的 77.8%，其中表示“喜爱”一类语义的比较多见，共 19 例，占此类总数的 70.4%；表示消极意义的只有 6 例，占此类总数的 22.2%。从句法功能上看，“甚 + V”主要作句子的谓语，共 25 例，占此类总数的 92.6%；其余 2 例作补语，只占此类总数的 7.4%。从适用的句式上看，例⑦、例⑧是肯定句，例⑨、例⑩是否定句。否定副词“不”用在程度副词“甚”前面，其后的动词在音节上可单可双。

b. 甚 + 动宾短语，共 4 例。如：

⑪江湖上义士甚称吾师清德，今日得识慈颜，平生甚幸！(58 回)

⑫其山秀丽，松柏森然，甚有风水，和梁山泊无异。(100 回)

从动宾短语中动词的使用情况看，其中有两例使用了存现动词“有”。

c. 甚 + 动补短语，共 2 例。如：

⑬宋江看这人时，虽是骨瘦形粗，却甚生得奇怪。(60 回)

⑭梁中书道：“你甚说的是。我写书呈，重重保你，受道诰命回来。”(16 回)

《水浒传》动补结构中的结构助词“得”可用“的”代替。

第二，“甚”用于中心语后作补语，构成述补结构，这种用法共 10 例。从“甚”作补语的类型看，可分为以下两类：

A. V/A + 甚，共 9 例，“甚”直接后附于中心词形成粘合式补语。如：

⑮山僻之客，孤陋寡闻，得睹花容，生平幸甚。(72 回)

⑯铁心张顺无情甚，白刃横飞血漫流。(65 回)

例⑮中形容词“幸”与程度副词“甚”构成述补关系，“幸甚”因为常用已凝固成词，共8例；例⑯中程度副词“甚”补充说明动词“无情”的程度，作句子的补语，仅1例。

B. V+之甚，仅1例，“甚”作补语，补充说明心理动词“思慕”的程度，中间加结构助词“之”，形成组合式补语。如：

⑰寡人近感微疾，见今神医安道全看治，有数十日不曾来与爱卿相会，思慕之甚。(100回)

“甚”作补语时前面可以加结构助词“之”，构成“……之甚”的形式，这与程度副词“至”作补语的形式相同。这种组合式补语主要能起到协调韵律的作用，中心动词“思慕”是双音节的，与双音节的补语搭配才能形成最好的节奏，但这种形式的补语出现频率极低。而例⑯中的中心动词“无情”虽然也是双音节的，但因为此例是诗句，所以“甚”可直接后附于动词，形成粘合式补语，以满足诗的节奏需要。

(2) 句法功能方面，程度副词“甚”主要充当状语，共82例，占总数的89.1%；“甚”有时也可作句子的补语，共10例，只占总数的10.9%，其中，“甚”直接后附于中心语充当粘合式补语的情况占绝大多数，共9例，占此类总数的90.0%，“甚”也可以在它与中心语之间加结构助词“之”形成组合式补语，这种情况仅1例。

“甚”和所修饰成分构成的短语可充当的句子成分有定语(2例)、谓语(77例)、宾语(3例)和补语(10例)，其中以作谓语的情况为主，占总数的83.7%；其次是作补语，占总数的10.9%。

(3) 适用句式方面：

①程度副词“甚”主要出现在肯定句中，在《水浒传》的92例中，肯定句形式共79例，占总数的85.9%。

②程度副词“甚”也出现在否定句中，共13例，占总数的14.1%，否定意义是由否定副词“不”、“未”来体现的，主要使用副词“不”，共12例，占否定句总数的92.3%，只有1例使用副词“未”。“不”、“未”都能与程度副词“甚”连用，但连用的次序不完全相同。否定副词“不”的位置比较灵活，与“甚”连用时可前可后，否定副词“未”只能位于“甚”之前。总体上看是否定词在前的居多，共12例，占总数的92.3%。根据否定副词“不”、“未”与程度副词“甚”连用次序的不同，下面分别加以说明：

A. 不/未+甚+A/V，共12例，如上面例③中的“不甚快”、例⑤中的“未甚明亮”、例⑨中的“不甚慌”、例⑩中的“不甚喜欢”等。

从音节构成上看，“不/未+甚”后面的形容词(10例)或动词(2例)既可以是单音节的，也可以是双音节的，其中以双音节形式为主，共8例，占此类总数的66.7%，单音节形式只有4例。而“甚”单独作修饰语时则主要修饰单音词，符合韵律组合的要求。从语义上看，“不/未+甚”的副词连用形式表示程度减弱，否定的意义也相应减轻，“不/未”的语义指向“甚”，但从句法上看，否定副词和程度副词并不处于相同的结构层次上。

B. 甚+不+A，仅1例，即例④中的“理甚不当”。“甚”可以修饰否定形式的成分，“不当”因为常用已凝固成词。

《水浒传》中程度副词“甚”的用法详见下表：

<table>
<tr><th colspan="4">程度副词“甚”的用法</th><th>举例</th><th colspan="2">数量</th><th>比例（%）</th></tr>
<tr><td rowspan="10">组合能力</td><td rowspan="3">甚+AP</td><td rowspan="2">甚+形容词</td><td>单音节</td><td>紧、杂、苦、妙、急、幸、暖</td><td>42</td><td rowspan="4">57</td><td rowspan="4">62.0</td></tr>
<tr><td>双音节</td><td>温柔、分明、深重、不当</td><td>6</td></tr>
<tr><td colspan="2">甚+偏正短语</td><td>可羞</td><td>1</td></tr>
<tr><td>AP+甚</td><td>形容词+甚</td><td>单音节</td><td>幸</td><td>8</td></tr>
<tr><td rowspan="4">甚+VP</td><td rowspan="2">甚+动词</td><td>单音节</td><td>羞、恭、喜、忧、慌、熟</td><td>26</td><td rowspan="6">35</td><td rowspan="6">38.0</td></tr>
<tr><td>双音节</td><td>喜欢</td><td>1</td></tr>
<tr><td colspan="2">甚+动宾短语</td><td>得军心、有周全你的好意</td><td>4</td></tr>
<tr><td colspan="2">甚+动补短语</td><td>生得奇怪、说的是</td><td>2</td></tr>
<tr><td rowspan="2">VP+(之)甚</td><td>动词+甚</td><td>双音节</td><td>无情</td><td>1</td></tr>
<tr><td>动词+之甚</td><td>双音节</td><td>思慕</td><td>1</td></tr>
<tr><td colspan="2" rowspan="2">句法功能</td><td colspan="2">作状语</td><td>天气甚冷</td><td colspan="2">82</td><td>89.1</td></tr>
<tr><td colspan="2">作补语</td><td>得睹花容，生平幸甚</td><td colspan="2">10</td><td>10.9</td></tr>
<tr><td colspan="2" rowspan="2">适用句式</td><td colspan="2">肯定句</td><td>军师此计甚高</td><td colspan="2">79</td><td>85.9</td></tr>
<tr><td colspan="2">否定句</td><td>这个鱼真是不甚好</td><td colspan="2">13</td><td>14.1</td></tr>
</table>

（二十）甚是、甚为

“甚是”、“甚为”是由程度副词“甚”与副词后缀“是”、“为”组合构成的双音程度副词，其中的“是”、“为”都不再起动词的作用，没有实在意义，主要是为了构成双音的形式而已，顺应了汉语词汇双音节化的普遍趋势。“甚是”、“甚为”与程度副词“甚”的意义基本相同，都表示程度高，而且与“甚”相比还带有强调肯定的口气，这一方面是由于“是”、“为”作副词后缀时虽然意义已经基本虚化，但原本作动词的语义在由它们构成的新词中仍会有极少量的残留，另一方面双音节词的形式自然会在语音上比单音节词显得更为突出、强调。在音节组合能力上，双音形式的“甚是”、“甚为”主要修饰双音节词。在意义组合能力上，两者都主要修饰具有消极意义的成分。

(1)“甚是”的用法：

根据《汉语大词典》的引例，元代已有程度副词“甚是”的用例。《水浒传》中程度副词“甚是”共有45例，远远高于其他“F是”的使用频率（“极是”、“最是”在《水浒传》中分别只有5例）。

从句法功能来看，“甚是”只能充当状语。在句法组合能力上，“甚是”的组合范围很广，主要用来修饰动词性成分和形容词性成分，修饰动词性成分共21例，占总数的46.7%，包括单独动词（11例）、动宾短语（7例）、动补短语（1例）和状中短语（2例）；修饰形容词性成分共20例，占总数的44.4%，其中主要是单独形容词，共19例，仅有1例是并列短语；比较特别的是，“甚是”还可以修饰主谓短语（3例）和名词性成分（即定中短语，仅1例），各占总数的6.7%和2.2%，这也是少数程度副词才具有的句法组合能力。在音节组合能力上，“甚是”以修饰双音节成分为主，共33例，占总数的73.3%，包括绝大多数的形容词、所有的动词及部分短语；其次是修饰多音节成分，共11例，占总数的24.4%，其中能划分成标准音步、符合韵律要求的共6例；极少数能修饰单音节词，仅1例，只占总数的2.2%。在意义组合能力上，“甚是”主要修饰具有消极意义的成分，共26例，占总数的57.8%；其次是修饰具有积极意义的成分，共14例，占总数的31.1%；再次是修饰具有中性意义的成分，共5例，只占总数的11.1%，其中“甚是”修饰形容词性成分时以表示积极意义的占优势（占此类总数的55.0%），修饰动词性成分时则以表示消极意义的占优势（占此类总数的71.4%）。在适用的句式上，“甚是”主要出现于肯定句中，共36例，占总数的80.0%；也出现于否定句中，共9例，占总数的20.0%，“甚是”修饰由否定动词“无”以及否定副词“不”、“休”构成的形容词、动词及短语。

现代汉语中“甚是”一般只出现在书面语中，特别是带有文言风格的作品中，口语中不再使用。

《水浒传》中程度副词“甚是”的用法具体表现为：

第一，组合能力方面，“甚是”所修饰的成分有：

A. 甚是+AP，共20例，分为以下几种情况：

a. 甚是+A，共19例。如：

①李逵却似钉住了的一般，两只脚立定地下，那移不动。其法甚是灵。（53回）

②我这里出家是个清净去处，你这等做，甚是不好。（4回）

③不曾见这般请客的，甚是粗卤！（62回）

④李逵只得叫：“爷爷，且住一住！”走的甚是神捷。（53回）

从音节特征来看，“甚是”主要修饰双音节形容词，共18例，占形容词总数的94.4%，如例②至例④；“甚是”修饰单音节形容词的情况只有1例，即例①中的形容词“灵”。从被修饰形容词的语义色彩来看，表示积极意义的共10例，占形容词总数的52.6%；表示消极意义的共9例，占形容词总数的47.4%，可见，以表示积极意义的形容词略占优势。从句法功能来看，“甚是+A”主要作句子的谓语，共17例，占此类总数的89.5%；还有2例作补语，只占此类总数的10.5%。从适用的句式来看，例②是否定句，“甚是”修饰的是含否定副词“不”的形容词“不好”（2例），这类形容词还有“不当”（3例）、“不宜”（1例），共6例，占形容词总数的31.6%，而且它们因为经常组合使用而凝固成词，都含有否定的意义，其他用例则都是肯定句，共13例，占此类总数68.4%。

b. 甚是+并列短语，仅1例。如：

⑤却说潘金莲言语甚是精细撇清。(24回)

此例中的“精细”、“撇清”构成并列短语，受“甚是”修饰。

B. 甚是+VP，共21例，分为以下几种情况：

a. 甚是+V，共11例。如：

⑥武松慌忙答礼道：“却才甚是冲撞，休怪，休怪！”(32回)

⑦保正休怪！早知是令甥，不致如此。甚是得罪！(14回)

⑧且说晁盖提了灯笼，自出房来，仍旧把门拽上，急入后厅来见雷横，说道：“甚是慢客。”(14回)

⑨赵枢密听知此事，辗转忧闷，甚是烦恼，只得写了申呈奏本，关会省院，打发来的人伴回京去了。(88回)

从意义类别来看，“甚是”所修饰的动词包括两类：一类是动作动词，所占比例较大，如例⑥、例⑦中的“冲撞”（2例）、“得罪”（1例），还有“冒渎”（3例）、“趁钱”（1例），共7例，占动词总数的63.6%；另一类是心理动词，如例⑧、例⑨中的“慢客”、“烦恼”等，共4例，占动词总数的36.4%。从音节特征来看，“甚是”所修饰的动词都是双音节形式的，满足了韵律组合的要求。从语义色彩来看，这些动词以表示消极意义的占绝大多数，共9例，占此类总数的81.8%；表示中性意义的只有2例，占此类总数的18.2%。从句法功能来看，“甚是+V”都作句子的谓语。从适用的句式上看，绝大多数是肯定句，共11例，占此类总数的90.9%；只有1例是否定句，“甚是”修饰含否定词的动词“无礼”，只占此类总数的9.1%。

b. 甚是+动宾短语，共7例。如：

⑩老汉打熬不得，夜来甚是有失陪侍。(45回)

⑪词中之意，甚是有悲哀忧戚之思。(90回)

⑫因此宋公明甚是爱他。(53回)

从动宾短语中动词的意义类别看，主要是动作动词，如例⑩中的“失”等，共5例（“有失陪侍”中的“有”是助词，没有实在意义，用作套语，表示客气，用在此处还能构成标准音步，起到协调韵律的作用。这种用法的“有”还有1例，即“甚是有劳和尚”），另有存现动词“有”和心理动词“爱”各1例，即例⑪、例⑫。从动宾短语的音节特征看，主要是多音节形式的，共5例，还有2例是双音节形式的，如例⑫中的“爱他”构成了标准音步，能构成标准音步的还有使用助词“有”的2例，即“有失陪侍”和“有劳和尚”，共4例。

c. 甚是 + 动补短语，仅 1 例。如：

⑬且说宋江军马在路，甚是摆的整齐。(82 回)

d. 甚是 + 偏正短语，共 2 例。如：

⑭省院官甚是不喜我等，今又做出这件事来，正中了他的机会。(83 回)

⑮有劳高邻，甚是休怪。(26 回)

这两例中的“甚是”修饰的都是以否定副词“不”、“休”作修饰语的状中短语。

C. 甚是 + NP，仅 1 例。如：

⑯那人夫妻两个，亦是江湖上好汉，有名的，都叫他做菜园子张青，其妻母夜叉孙二娘，甚是好义气。(17 回)

此例中的“好义气”是名词性的定中短语，受程度副词“甚是”的修饰，在句中作谓语。

D. 甚是 + S，共 3 例。如：

⑰这班贼人甚是胆大！(17 回)

⑱恰才在营内，甚是言语冒渎了哥哥，万望恕罪。(38 回)

⑲李瑞兰生的甚是标格出尖。(69 回)

以上 3 例，“甚是”修饰主谓短语，这是少数程度副词具有的句法组合能力。例⑰中的“胆大”是双音节形式的，例⑱中的主谓短语“言语冒渎了哥哥”是“主 + 动 + 宾”结构的句子形式，例⑲中的“标格”表示“风度、风姿”①，作主谓短语中的主语，“甚是标格出尖”在句中作补语。

第二，句法功能方面，程度副词“甚是”只能在句中充当状语。“甚是”和所修饰成分构成的状中结构在句中主要作谓语，共 82 例，占总数的 93.3%；少数可作补语，只有 3 例，只占总数的 6.7%。

第三，适用句式方面，程度副词“甚是”主要出现在肯定句中，在《水浒传》的 45 例中，肯定句形式共 36 例，占总数的 80.0%；“甚是”也出现在否定句中，能够修饰含有否定词的形容词、动词及动词短语，《水浒传》中共 9 例，占总数的 20.0%。否定句的否定意义是由否定动词“无”以及否定副词“不”、“休”来体现的，主要使用副词“不”，共 7 例，占否定句总数的 77.8%，使用动词“无”和副词“休”的情况各 1 例。这些否定词都不能出现在“甚是”前面。

《水浒传》中程度副词“甚是”的用法详见下表：

① 参见胡竹安编著：《水浒词典》，汉语大词典出版社，1989 年，第 27 页。

<table>
<tr><th colspan="4">程度副词“甚是”的用法</th><th>举例</th><th colspan="2">数量</th><th>比例（%）</th></tr>
<tr><td rowspan="9">组合能力</td><td rowspan="3">甚是 + AP</td><td rowspan="2">甚是 +
形容词</td><td>单音节</td><td>灵</td><td>1</td><td rowspan="3">20</td><td rowspan="3">44.4</td></tr>
<tr><td>双音节</td><td>快乐、粗卤、齐备、贤慧、凄惨</td><td>18</td></tr>
<tr><td colspan="2">甚是 + 并列短语</td><td>精细撇清</td><td>1</td></tr>
<tr><td rowspan="4">甚是 + VP</td><td>甚是 + 动词</td><td>双音节</td><td>得罪、冒渎、奇怪、烦恼、慢客</td><td>11</td><td rowspan="4">21</td><td rowspan="4">46.7</td></tr>
<tr><td colspan="2">甚是 + 动宾短语</td><td>欺君、惊吓了高邻、有劳和尚</td><td>7</td></tr>
<tr><td colspan="2">甚是 + 动补短语</td><td>摆的整齐</td><td>1</td></tr>
<tr><td colspan="2">甚是 + 偏正短语</td><td>不喜我等、休怪</td><td>2</td></tr>
<tr><td>甚是 + NP</td><td colspan="2">甚是 + 定中短语</td><td>好义气</td><td colspan="2">1</td><td rowspan="2">8.9</td></tr>
<tr><td>甚是 + S</td><td colspan="2">甚是 + 主谓短语</td><td>胆大、言语冒渎了哥哥</td><td colspan="2">3</td></tr>
<tr><td colspan="2" rowspan="2">适用句式</td><td colspan="2">肯定句</td><td>楼上甚是明朗</td><td colspan="2">36</td><td>80.0</td></tr>
<tr><td colspan="2">否定句</td><td>省院官甚是不喜我等</td><td colspan="2">9</td><td>20.0</td></tr>
</table>

（2）“甚为”的用法：

《水浒传》中程度副词“甚为”的使用频率很低，只有2例，分别修饰含有否定词的形容词“不宜”和心理动词“忧戚”，被修饰成分皆为双音节形式的，而且都具有消极意义。如：

⑳见今数万之众，逼城下寨，甚为不宜。（82回）

㉑寡人多知卿等征进劳苦，边塞用心，中伤者多，寡人甚为忧戚。（90回）

现代汉语中程度副词“甚为”只用于书面语中，带有文言色彩，用法与《水浒传》中的相同，只能修饰双音节成分，否定词只能出现在“甚为”后面。

（3）“甚是”、“甚为”与“甚”用法的比较：

从使用频率来看，《水浒传》中程度副词“甚是”共45例，“甚为”共2例，“甚”共92例，“甚是”、“甚为”的用例分别只占“甚”的48.9%和2.2%。可见，同义的双音程度副词在使用频率上远远低于单音程度副词。

从句法功能来看，“甚是”、“甚为”只能作状语，“甚”能兼作状语和补语，并以作状语为主。

从句法组合能力来看，“甚是”、“甚为”和“甚”都能修饰形容词性成分和动词性成分，“甚是”、“甚为”修饰两类成分的用例相当，“甚”则以修饰形容词性成分为主。此外，“甚是”还能修饰少数名词性成分和主谓短语，“甚”和“甚为”则不能。

从音节组合能力来看，“甚是”以修饰双音节成分为主，极少能修饰单音词，“甚为”只修饰双音词，“甚”则以修饰单音词为主。可见，音节不同的同义程度副词在音节组合能力上形成互补。

从意义组合能力来看，“甚是”主要修饰具有消极意义的成分，其次修饰具有积极意义的成分，偶尔也修饰具有中性意义的成分；“甚为”只修饰具有消极意义的成分；“甚”则主要修饰具有积极意义的成分，也修饰不少具有中性意义的成分，修饰具有消极意义的成分则相对较少。

从适用的句式来看，“甚是”和“甚”都主要出现于肯定句中，“甚为”出现于肯定句、否定句的情况各有 1 例，比例相当。在否定句中，否定词只能出现在“甚是”、“甚为”后面，而“甚”的前后均可出现否定词，且以否定词在前的情况居多。

《水浒传》中程度副词“甚”、“甚是”、“甚为”的用法比较详见下表：

<table>
<tr><th rowspan="4">用法
词项</th><th colspan="11">组合能力</th><th rowspan="4">句法功能</th><th rowspan="4">总计</th></tr>
<tr><th colspan="9">句法组合能力</th><th rowspan="3">音节组合能力</th><th rowspan="3">意义组合能力</th></tr>
<tr><th colspan="3">AP</th><th colspan="4">VP</th><th>NP</th><th>S</th></tr>
<tr><th>A</th><th>状中短语</th><th>并列短语</th><th>V</th><th>动宾短语</th><th>动补短语</th><th>状中短语</th><th>定中短语</th><th>主谓短语</th></tr>
<tr><td>甚</td><td>56</td><td>1</td><td>0</td><td>29</td><td>4</td><td>2</td><td>0</td><td>0</td><td>0</td><td>单音为主</td><td>积极为主</td><td>状语
补语</td><td>92</td></tr>
<tr><td>甚是</td><td>19</td><td>0</td><td>1</td><td>11</td><td>7</td><td>1</td><td>2</td><td>1</td><td>3</td><td>双音为主</td><td>消极为主</td><td>状语</td><td>45</td></tr>
<tr><td>甚为</td><td>1</td><td>0</td><td>0</td><td>1</td><td>0</td><td>0</td><td>0</td><td>0</td><td>0</td><td>双音</td><td>消极</td><td>状语</td><td>2</td></tr>
</table>

（二十一）分外

“分外”表示程度不同于一般，意义相当于现代汉语中的“特别地”。根据《汉语大词典》的注释，“分外”本是一个偏正词组，意为“本分之外”，《三国志》中已有用例，大约至唐代时凝固为一个表示程度高的复合副词，但很少使用，宋代使用渐多，如根据杨荣祥（2005）的研究，《朱子语类》中有 16 例，但元明时期使用频率仍然不高，《水浒传》中只有 2 例。现代汉语中“分外”发展为一个比较常用的程度副词。《水浒传》中程度副词“分外”的用法如下：

①史进见了大怒，仇人相见，分外眼明。(3 回)

②仇人相见，分外眼明。(68 回)

这两例中的“分外”都出现于“仇人相见，分外眼明”这个俗语中，修饰具有消极意义的双音节形容词“眼明”（意为“眼红、激怒的样子”），在句中作状语。现代汉语中程度副词“分外”主要修饰双音节形容词，也能修饰一些心理动词及其构成的短语。

（二十二）颇$_1$

“颇”的本义为“头偏”，先秦时引申作形容词，表“偏颇”之义，后又虚化为程度副词，最初表示程度浅，相当于“略微”、“稍微”，西汉的《史记》中首次出现了“颇”作程度副词的用法。后来，“颇”的语义发生了变化，它所表示的程度有所加深，但至今“也还没有变化到能和‘很’、‘甚’完全相当的程度”①。这正如王力先生（1984）所言：“依数千年的语言习惯，‘颇’字的用意只是不满或谦逊，决不像‘甚’字那样用于夸饰。”② 由于“颇”是基于“偏颇”的意义而表示偏斜到某个方面的程度，偏斜程度的大小都表示一定的倾向，带有不确定性，因此，《水浒传》中的程度副词“颇”既可表示程度偏高，也可表示程度偏低，具体含义要视语言环境而定。“颇”能表示程度的范围很大，因而是《水浒传》程度副词中语义最为模糊的一个。《水浒传》中的程度副词“颇”共34例，为了便于说明，我们把表示程度偏高的“颇”记作“$颇_1$”，共13例，占总数的38.2%；把表示程度偏低的“颇”记作“$颇_2$”，共21例，占总数的61.8%。可见，《水浒传》中的程度副词“颇”以表示程度偏低的用法占优势。这一部分我们讨论“$颇_1$”。

表示程度偏高的“$颇_1$”始于何时，各家说法不一，比如洪成玉（1997）认为“至少在唐代以前，‘颇’只有表示程度浅一种语义”，高育花（2001）则认为东汉的《论衡》中“$颇_1$”已经出现，我们也同意这种观点。《水浒传》中表示程度偏高的“$颇_1$”共13例，都在句中作状语。在句法组合能力上，“$颇_1$”可修饰形容词性成分（共5例，包括形容词4例，状中短语1例）和动词性成分（共8例，包括动词2例，动宾短语5例，状中短语1例），其中以修饰动宾短语的用法为主，占总数的38.5%。在音节组合能力上，“$颇_1$”主要修饰单音节的形容词和动词，共12例，占总数的92.3%，“$颇_1$”都能与其后的单音节词构成标准音步，满足韵律的要求；只有1例修饰多音节的形容词性短语，未构成标准音步，只占总数的7.7%。在意义组合能力上，“$颇_1$”主要修饰具有积极意义的成分，共9例，占总数的69.2%；具有中性意义的成分共4例，占总数的30.8%；“$颇_1$”不修饰具有消极意义的成分。在适用的句式上，“$颇_1$”都用于肯定句中，修饰肯定形式的成分。

现代汉语中程度副词“$颇_1$”只用于书面语中，表示“达到相当高的程度”③，一般用来修饰动词短语和形容词性成分，也可以修饰否定形式的成分。

《水浒传》中程度副词“$颇_1$”的用法具体表现为：

（1）组合能力方面，“$颇_1$”所修饰的成分有：

第一，$颇_1$ + AP，共5例，分为以下几种情况：

A. $颇_1$ + A，共4例，其中的形容词都是单音节形式的。如：

①这篇词章，说不尽西湖佳景，以致后人吟咏颇多。（94回）

②当案却是黄孔目，本人与戴宗颇好，却无缘便救他，只替他叫得苦。（40回）

---

① 参见洪成玉：《程度副词“颇”的语义特点》，郭锡良主编，《古汉语语法论集》，语文出版社，1998年，第214页。

② 参见王力：《王力文集》（第一卷），山东教育出版社，1984年，第177页。

③ 参见侯学超：《现代汉语虚词词典》，北京大学出版社，1998年，第453页。

B. 颇$_1$ + 偏正短语，仅 1 例。如：

③此女颇有些聪明伶俐，善知音律，极能针指。(30 回)

此例中的“颇”修饰形容词性的状中短语“有些聪明伶俐”，程度副词“颇”与“有些”连用，“有些”是表示程度轻微的程度副词，其前的“颇”似乎可理解成表示程度偏低的“颇$_2$”，两者连用表示程度更轻，但结合全句考虑，后续的分句中有表示程度很高的词语“善”和“极”与之呼应，故将此例的“颇”理解为表示程度偏高的“颇$_1$”更为合理。程度副词“颇$_1$”与“有些”表示的程度不同，两者连用，使得“颇$_1$”所表示的较高程度有所弱化，含有委婉的语气。

第二，颇$_1$ + VP，共 8 例，分为以下几种情况：

A. 颇$_1$ + V，共 2 例，其中的动词都是单音节形式的。如：

④宋江听的，心中颇喜，再与卢先锋计较，先打蓟州。(84 回)

⑤今来元觉与元帅石宝，退守乌龙岭关隘，近日连斩宋江四将，声势颇振。(97 回)

例④中的“喜”为心理动词，例⑤中的“振”为动作动词。

B. 颇$_1$ + 动宾短语，共 5 例，其中的动词也是单音节形式的。如：

⑥吾儿自小习学阵法，颇知玄妙。宋江那厮把甚阵势捉了吾儿？(87 回)

⑦原是落科举子出身，科举不第，弃文就武，颇有谋略，精通书算……(41 回)

C. 颇$_1$ + 偏正短语，仅 1 例，偏正短语是由能愿动词作修饰语的状中结构。如：

⑧史进庄上，有个为头的庄客王四，此人颇能答应官府，口舌利便，满庄人都叫他做赛伯当。(2 回)

(2) 句法功能方面，程度副词“颇$_1$”都作状语，未出现作补语的用例。“颇$_1$”和所修饰成分构成的短语都作谓语。

(3) 适用句式方面，程度副词“颇$_1$”都用于肯定句中，不修饰否定形式的成分。

(二十三) 杀 (煞)

“杀”本为“杀戮”的意思，可引申为“穷尽”之义，后虚化为程度副词，表示程度之深，“杀”作程度副词的用法最早出现于汉代，只能作补语，唐代时又出现了作状语的用法。同时，唐代还出现了与之同义的“煞”，是“杀”的俗体，作副词时最初也主要作补语。但自宋代始，“煞”主要作状语，“杀”则主要作补语，两者用法逐渐分流。有些学者认为副词只能充当状语，不承认程度副词可以充当补语，故将作补语的“杀 (煞)”处理为动词，比如《现代汉语词典》(2005) 就采用了这种观点。我们认为这种看法是值得商榷的，因为近代汉语中有相当一部分程度副词可以充当补语，下文还将谈到。

《水浒传》中程度副词“杀”、“煞”共 38 例，在句法功能上都只能作补语，没有明显的分工，未出现“煞 (杀)”作状语的用法，而且以用副词“杀”的情况为主，共37例，占总数的97.4%，副词“煞”只出现了1例。在句法组合能力上，“杀/煞”用在动词或形容词后面，它所补充说明的对象以动词为主，共33例，占总数的86.8%，由“V杀/煞”构成的述补结构带宾语的有31例，占此类总数的93.9%，这是“杀”能够作补语时就存在的用法，在《水浒传》中也最常用；“杀”补充说明形容词的用法只有5例。在音节组合能力上，“杀/煞”主要修饰单音节动词和形容词，共28例，占总数的73.7%；修饰双音节成分的用法只有10例。在意义组合能力上，“杀/煞”所修饰的动词、形容词中表示积极意义的共13例；表示消极意义的共19例；表示中性意义的共6例，其中以表示消极意义的动词、形容词为主，占总数的50.0%。在适用的句式上，“杀（煞）”只用于肯定句中。

现代汉语中程度副词“杀（煞）”一般用于书面语中。“杀”只能作补语，且普通话及多数北方方言中已基本改用“死”，“死”表程度的引申途径与“杀”相同，汉代已有用例，但在《水浒传》中只用程度副词“杀”。“煞”则可兼作状语和补语，以作状语为主，张谊生（2000）将这种兼职充当补语的副词称为“可补副词”（与之相对的是专职充当补语的“唯补副词”），并总结出现代汉语中可补副词共16个，其中就有“煞”。此外，“煞”在句法分布上的差别还体现在语音上，《现代汉语词典》（2005）标注“煞”作状语时读作“shà”，作补语时读作“shā”，音同“杀”。

《水浒传》中程度副词“杀（煞）”的用法具体表现为：

（1）V+杀/煞+O，共31例。如：

①李逵应道：“哥哥，救我一救！饿杀铁牛也！”（53回）

②兄长，休怪小弟引这等人来相会，全没些个体面，羞辱杀人！（38回）

③探听军情，多亏杀兄弟一个。（78回）

④牵过两匹马来与张干办、李虞候骑，这两个男女，不知身已多大，装煞臭幺。（75回）

这是“杀”自汉魏就产生的用法。有些学者认为这种用法中的“杀”是不及物动词充当结果补语，如梅祖麟先生（1991）认为“愁杀”、“笑杀”中的“杀”至迟在六朝时由他动词变为自动词，“这种‘杀’的用法同‘死’，说明‘V杀’是被‘V死’同化而成动补结构”，因为“他动词+自动词”带了宾语以后，就发展成动补结构[①]。杨荣祥先生（2005）也持这种观点，认为“作补语的‘煞’是继承了动词‘杀’作补语的用法，应看作动词作结果补语”[②]，不承认程度副词可以充当补语。但也有不少学者把它看作程度副词，如董志翘、蔡镜浩先生编著的《中古虚词语法例释》中就认为副词“杀（煞）”可以“用在动词、形容词的前面或后面，充当状语或补语，表示程度之甚”[③]。我们同意《中古虚词语法例释》中的观点，因为在近代汉

① 参见蒋绍愚：《近代汉语研究概况》，北京大学出版社，1994年，第167~168页。

② 参见杨荣祥：《近代汉语副词研究》，商务印书馆，2005年，第301页。

③ 参见董志翘、蔡镜浩：《中古虚词语法例释》，吉林教育出版社，1994年，第456页。

语中动词“杀”与副词“杀”是并存的，它们意义不同却都能充当补语，但动词“杀”（表示失去生命）充当的是结果补语，而副词“杀”充当的是程度补语，因此两者的语义指向也不同。而且副词“杀”作补语、状语时意义是相同的，都用来说明谓语达到的程度，所以，表程度的“杀”不管作状语还是补语都应看作程度副词。

《水浒传》中此类用法的“杀”都作补语，只有例④中写作“煞”。从被修饰动词的音节形式来看，单音节动词共22例，双音节动词共9例，其中以单音节动词为主，占此类总数的71.0%，它们与单音节的“杀”搭配后，符合汉语双音节化的韵律要求。从动词的类别来看，心理动词共12例，非心理动词共19例，其中心理动词占有相当的比例，占此类总数的38.7%。从这些动词的语义色彩来看，表示积极意义的共10例，表示消极意义的共18例，表示中性意义的共3例，可见，以表示消极意义的为主，占此类总数的58.1%，如例①、例②中“杀”修饰动词时都表示肉体上或精神上痛苦的极限，例①的句尾还带有语气词“也”表示感叹。

（2）V/A＋杀，共7例。如：

⑤晁盖强杀，只是个远来新到的人，安敢便来占上。(20回)

⑥我不中也是你一个亲兄弟，你便奢遮杀，只做得个缉捕观察，便叫我一处吃盏酒，有甚么辱没了你？(17回)

⑦只今满朝文武，俱是奸邪，蒙蔽圣聪，就比俺的直裰染做皂了，洗杀怎得干净？(71回)

这种用法产生于唐代，由第一种用法发展而来，由于“杀”的词义虚化逐渐定型，于是出现了“V杀”后不带宾语的说法。《水浒传》中此类“杀”表示程度的极限，都含有让步之意，后面的分句中多用“只”、“也”等词语与之配合，表示转折，构成让步复句。这种格式中使用形容词的共5例，使用动词的共2例，可见，以使用形容词的用法为主。从音节特征上看，这些动词、形容词绝大多数是单音节形式的，共6例，双音节形式的仅1例，即例⑥中的双音形容词“奢遮”，表示“了不起”、“出色”。

《水浒传》中程度副词“杀（煞）”的用法详见下表：

<table>
<tr><th colspan="4">程度副词“杀（煞）”的用法</th><th>举例</th><th colspan="2">数量</th><th>比例（%）</th></tr>
<tr><td rowspan="7">组合能力</td><td rowspan="3">V＋杀/煞＋O</td><td rowspan="2">V＋杀＋O</td><td>单音节</td><td>吓、亏</td><td>21</td><td rowspan="3">31</td><td rowspan="3">81.6</td></tr>
<tr><td>双音节</td><td>辱没、连累</td><td>9</td></tr>
<tr><td>V＋煞＋O</td><td>单音节</td><td>装</td><td>1</td></tr>
<tr><td rowspan="3">V/A＋杀</td><td>V ＋杀</td><td>单音节</td><td>想</td><td>2</td><td rowspan="3">7</td><td rowspan="3">18.4</td></tr>
<tr><td rowspan="2">A＋杀</td><td>单音节</td><td>苦</td><td>4</td></tr>
<tr><td>双音节</td><td>奢遮</td><td>1</td></tr>
</table>

四、较低级绝对程度副词

所谓较低级绝对程度副词指的是所表程度不高，其量级低于原级的程度副词。《水浒传》中此类程度副词共有“有些（儿）”、“少”、“颇$_2$”、“小”4个。下面分别加以讨论。

（一）有些（儿）

程度副词“有些（儿）”表示程度不深，“稍微”、“略微”的意思。近代汉语中“有些”有两种意义和结构，一是动词义的“有些”，即由动词“有”和不定量词“些”构成的动词短语，表示数量不多，后面带名词性成分，“些”作定语，构成“有+些NP”的动宾结构，这种用法的“有些”在唐代的诗文中已见；二是副词义的“有些”，它是由前者凝固虚化而来的，表示程度不深，后面带谓词性成分，构成“有些+VP/AP”的偏正结构，这种用法的“有些”在唐代的《敦煌变文选》里已见，用来修饰形容词性成分[①]。在句法上对这两种用法不同的“有些”进行区分的有效办法就是看“有些”后面的成分是名词性的还是谓词性的。《水浒传》中的“有些（儿）”也具有这两种意义和用法，动词义的“有些”共109例，副词义的“有些（儿）”共53例，两者的使用比例约为2∶1，但当有些被修饰成分本身分不清是体词性的还是谓词性的成分时，“有些”就出现了歧义。如：

①只见一个三髭须白净面皮的抢将过来答应道：“我等姓李，从濠州来，贩枣子去东京卖。”我虽写了，有些疑心。（18回）

此例中的“疑心”既可以作名词，表示怀疑的念头，也可以作动词，表示怀疑。

本文主要探讨副词义的“有些”，故暂把有歧义的“有些”都看作程度副词，动词义的短语“有些”不在讨论之列。因此，下文中的“有些”一律指作程度副词的“有些”。

《水浒传》中程度副词“有些（儿）”共53例，在句法功能上都作状语。在句法组合能力上，“有些（儿）”的组合范围比较广，主要用来修饰动词性成分，共30例，占总数的56.6%，包括单独动词（24例）、动宾短语（2例）、动补短语（1例）、状中短语（2例）和并列短语（1例）；其次用来修饰形容词性成分，共17例，占总数的32.1%，其中主要是单独形容词，共14例，只有3例是并列短语；比较特别的是，“有些”还可以修饰主谓短语，共6例，占总数的11.3%，这也是少数程度副词才具有的句法组合能力。在音节组合能力上，“有些（儿）”以修饰双音节成分为主，共39例，占总数的73.6%，包括绝大多数的形容词、所有的动词及部分短语；其次是修饰多音节成分，共11例，占总数的20.8%，其中能划分成标准音步、符合韵律要

---

① 参见王静：《绝对程度副词从近代汉语到现代汉语的发展演变》，河南大学硕士学位论文，2004年，第61~62页。

求的共8例，占此类总数的72.7%；极少数能修饰单音节词，共3例，只占总数的5.7%。在意义组合能力上，“有些（儿）”主要修饰具有消极意义的成分，共38例，占总数的71.7%；其次修饰具有中性意义的成分，共12例，占总数的22.6%；再次修饰具有积极意义的成分，只有3例，只占总数的5.7%。在适用的句式上，“有些（儿）”主要用于肯定句中，共47例，占总数的88.7%，否定句只有6例，只占总数的11.3%，“有些（儿）”只修饰含否定副词“不”的成分，否定词只出现在“有些（儿）”后面。

现代汉语中程度副词“有些”仍在使用，多修饰带有消极意义的成分，也可以修饰具有中性意义的成分，表示不如意的情况，但突出其程度较低，具有缓和语气的作用。“有些”多用于书面语中，而与其语义语法性质相近的“有点（儿）”却更为常用，更为口语化，但在《水浒传》的时代程度副词“有点（儿）”尚未出现。

《水浒传》中程度副词“有些（儿）”的用法具体表现为：

（1）组合能力方面，“有些（儿）”所修饰的成分有：

第一，有些+AP，共17例，分为以下几种情况：

A. 有些+A，共14例。如：

②只觉袋里有些重，便把手抽开，望桌子上只一抖，正抖出那包金子和书来。（21回）

③宋江道：“兄长是谁？真个有些面熟，小人失忘了。”（20回）

④武松有些焦躁起来，那人只得去里面说知。（28回）

⑤那妇人三杯酒落肚，便觉有些朦朦胧胧上来……（45回）

以上几例中，“有些”修饰形容词。例⑤比较特殊，“有些”修饰形容词的重叠形式“朦朦胧胧”，这种用法仅此1例。形容词的重叠式和基式所表达的意义范畴基本相同，它们都具有状态性和描写性，只是两者在程度和语气上有所不同，一般来说，形容词的重叠式比基式程度更深，语气更重，它们都可受表示程度轻微的程度副词“有些”修饰。

从“有些”所修饰形容词的音节特征来看，以双音节形容词为主，共10例，占被修饰形容词总数的71.4%，满足了韵律组合的要求；单音节形容词只有3例，占被修饰形容词总数的21.4%；还有1例为形容词的重叠式。从这些形容词的语义色彩来看，以表示中性意义的为主，共8例，占形容词总数的57.1%；还有6例是表示消极意义的，占形容词总数的42.9%。从“有些+A”的句法功能来看，以充当谓语为主，共16例，占此类总数的94.1%；偶尔也可充当宾语，仅1例，只占此类总数的5.9%。

B. 有些+并列短语，共3例。如：

⑥此女颇有些聪明伶俐，善知音律，极能针指。（30回）

⑦婆子一头寻思，一面自在灶前吃了三大钟酒，觉道有些痒麻上来，却又筛了一

碗吃，旋了大半旋，倾在注子里，爬上楼来。(21 回)

⑧董平无妻，累累使人去求为亲，程万里不允，因此日常间有些言和意不和。(69 回)

以上 3 例中，“有些”修饰形容词性的并列短语。例⑥中表示程度偏高的程度副词“颇$_1$”与“有些”连用，表达的程度比单用“颇$_1$”时有所减弱，含有委婉的语气，在句法上“颇”修饰状中短语“有些聪明伶俐”。

从并列短语的构成成分来看，例⑥中的并列短语“聪明伶俐”由双音节形容词并列而成；例⑦中的并列短语“痒麻”由单音节形容词并列而成；例⑧中的并列短语“言和意不和”由主谓短语并列而成，其中的谓词“和”是形容词。从并列短语的内部意义关系上看，例⑥、例⑦为同义关系，例⑧为反义关系。

第二，有些（儿）+VP，共 30 例，分为以下几种情况：

A. 有些+V，共 24 例。如：

⑨你若有些疏失，吃他把大名府军官都看得轻了。(13 回)

⑩石秀道：“缘来恁地！”自肚里已有些瞧科。(45 回)

⑪虽是如今眼下有些啰唣，后来却成得正果。(4 回)

⑫是便是了，中间还有些胡说。(40 回)

从意义类别来看，“有些”所修饰的动词包括两类：一类是心理动词，所占比例较大，如例⑨、例⑩中的“疏失”（5 例）、“瞧科”（1 例，表示察觉），还有“疑忌”（1 例）、“疑虑”（1 例）、“放心”（1 例）、“惊恐”（1 例）等，共 15 例，占动词总数的 62.5%；另一类是动作动词，如例⑪、例⑫中的“啰唣”、“胡说”等，共 9 例，占动词总数的 37.5%。从音节特征来看，“有些”所修饰的动词都是双音节形式的，满足了韵律组合的要求。从语义色彩来看，这些动词以表示消极意义的占绝大多数，共 20 例，占此类总数的 83.3%；表示中性意义和积极意义的分别只有 2 例，各占此类总数的 8.3%。从句法功能来看，“有些+V”都作句子的谓语。从适用句式来看，“有些”主要用于肯定句，共 23 例，占此类总数的 95.8%；只有 1 例用于否定句，“有些”修饰含否定词的动词“不然”，只占此类总数的 4.2%。

B. 有些+动宾短语，共 2 例。如：

⑬那主管也有些认得武松，不敢不出来。(26 回)

⑭有些象东村头会粘雀儿的王小二。(73 回)

从被修饰动宾短语的内部音节构成来看，例⑬中动词“认得”和宾语“武松”都是双音节的，例⑭中动词“象”是单音节的，宾语是多音节的复杂宾语。

C. 有些儿+动补短语，仅 1 例。如：

⑮那妇人道：“你往常酒性好，但吃醉了便睡。我夜来只有些儿放不下。”(45 回)

此例中的“有些”后带儿化音“儿”，这种用法仅此1例，“有些儿”修饰动补短语“放不下”，补语“不下”是可能补语的否定形式。

D. 有些＋偏正短语，共2例。如：

⑯兄弟，你心中有些不乐，莫不家里有甚言语伤触你处？（45回）

⑰哥哥如何尊颜有些不喜？心中必有忧疑不决之事。（56回）

此两例中，“有些”修饰状中短语“不乐”、“不喜”，“乐”、“喜”都是具有积极意义的心理动词，它们的否定形式皆表示消极意义，受“有些”修饰，可见，“有些”常用于不如意的事情。

E. 有些＋并列短语，仅1例。如：

⑱从你去后，我只怕你有些失支脱节，或早或晚回来。（31回）

此例中的“有些”修饰动词性的并列结构“失支脱节”，具有消极意义。

第三，有些＋S，共6例。如：

⑲我们今早吃饭时五更，走了这许多路，如今端的有些肚饥。（27回）

⑳虽然仗义，只有些心匾窄。（13回）

㉑便是小贱人有些言语高低，伤触了押司，也看得老身薄面，自教训他与押司陪话。（21回）

以上几例，“有些”修饰主谓短语，其意义都与人的感觉和行为有关，如“肚饥”、“心匾窄”等，例㉑中“言语高低”指言语有出入、不恰当，都具有消极意义。

（1）句法功能方面，程度副词“有些（儿）”只作状语，“有些（儿）”和所修饰成分构成的状中短语在句中主要充当谓语，共50例，占总数的94.3%；偶尔也可充当宾语，共3例，只占总数的5.7%。

（2）适用句式方面，程度副词“有些（儿）”主要用于肯定句中，在《水浒传》的53例中，有47例为肯定句，占总数的88.7%；否定句只有6例，只占总数的11.3%。“有些（儿）”修饰含否定副词“不”的成分，否定词“不”只出现在“有些（儿）”后面，如上面的例⑮至例⑰。

《水浒传》中程度副词“有些（儿）”的用法详见下表：

<table>
<tr><th colspan="4">程度副词“有些（儿）”的用法</th><th>举例</th><th colspan="2">数量</th><th>比例（%）</th></tr>
<tr><td rowspan="3">组合能力</td><td rowspan="3">有些＋AP</td><td rowspan="2">有些＋形容词</td><td>单音节</td><td>干、重、渴</td><td>3</td><td rowspan="3">17</td><td rowspan="3">32.1</td></tr>
<tr><td>双音节及重叠</td><td>面善、心懒、尴尬、焦躁、沉重、跷蹊、朦朦胧胧</td><td>11</td></tr>
<tr><td colspan="2">有些＋并列短语</td><td>聪明伶俐、痒麻、言和意不和</td><td>3</td></tr>
</table>

（续上表）

<table>
<tr><th colspan="4">程度副词“有些（儿）”的用法</th><th>举例</th><th colspan="2">数量</th><th>比例（%）</th></tr>
<tr><td rowspan="6">组合能力</td><td rowspan="5">有些（儿）+VP</td><td>有些+动词</td><td>双音节</td><td>决撒、疑忌、苏醒、胡说、惊恐</td><td>24</td><td rowspan="5">30</td><td rowspan="5">56.6</td></tr>
<tr><td colspan="2">有些+动宾短语</td><td>认得武松</td><td>2</td></tr>
<tr><td colspan="2">有些儿+动补短语</td><td>放不下</td><td>1</td></tr>
<tr><td colspan="2">有些+偏正短语</td><td>不喜、不乐</td><td>2</td></tr>
<tr><td colspan="2">有些+并列短语</td><td>失支脱节</td><td>1</td></tr>
<tr><td>有些+S'</td><td colspan="2">有些+主谓短语</td><td>颜色变了、肚饥、言语高低</td><td colspan="2">6</td><td>11.3</td></tr>
<tr><td colspan="2" rowspan="2">适用的句式</td><td colspan="2">肯定句</td><td>朱全方才有些放心</td><td colspan="2">47</td><td>88.7</td></tr>
<tr><td colspan="2">否定句</td><td>我夜来只有些儿放不下</td><td colspan="2">6</td><td>11.3</td></tr>
</table>

（二）少

“少”的本义为数量小，与“多”相对，由此引申作程度副词，表示程度的轻微，相当于“稍”、“略微”等。先秦已有用例，而且经常使用，但自西汉以后其使用频率逐渐下降，中古时出现较少，至近代汉语中才又变得常用起来，并一直沿用至今，但在现代汉语中使用频率很低。

《水浒传》中程度副词“少”共68例，在句法功能上都作状语。在句法组合能力上，“少”主要修饰动词性成分，共65例，占总数的95.6%，包括单独动词（49例）、动宾短语（9例）、动补短语（7例），其中以修饰单独动词的用法为主，占总数的72.1%；“少”也偶尔修饰单独形容词，共3例，只占总数的4.4%。在音节组合能力上，“少”所修饰的动词、形容词皆为单音节形式的，“少”在修饰动词短语时也都与其中的单音动词构成了标准音步。在意义组合能力上，“少”所修饰的成分以表示中性意义的为主，共66例，占总数的97.1%，表示消极意义的只有2例，只占总数的2.9%；被修饰成分中含有少量义的成分较少，只有12例，占总数的17.6%，不含少量义的被修饰成分共有56例，占总数的82.4%，说明在大多数情况下程度副词“少”都单独用来表示程度轻微，不与含有少量义的词语配合使用。在适用的句式上，“少”主要用于肯定句中，共65例，占总数的95.6%；否定句只有3例，只占总数的4.4%，否定副词“未尝”（2例）、“不”（1例）都出现在“少”前面。

《水浒传》中程度副词“少”的用法具体表现为：

（1）组合能力方面，“少”所修饰的成分有：

第一，少+A，共3例。如：

①小弟少冗，不曾探得师兄。（7回）

②吾传天书与汝，不觉又早数年矣。汝能忠义坚守，未尝少怠。（88回）

从音节特征来看，“少”所修饰的形容词皆为单音节形式的，例①中“少”修饰的单音形容词“冗”可理解为“忙”，例②中程度副词“少”前有否定副词“未尝”，是否定副词与程度副词的连用。

第二，少+VP，共65例，分为以下几种情况：

A. 少+V，共49例。如：

③又斗了四五合，那汉叫道：“少歇，我有话说。”（6回）

④柴进说：“教头请里面少坐。”（9回）

⑤方枷铁锁并临头，坐守行监不少休。（36回）

从音节特征来看，“少”所修饰的动词皆为单音节形式的，用例较多的有“少坐”（24例）、“少歇”（14例）、“少待”（5例）、“少停”（3例）等。这些动词都表示具体的动作义，而且都是可持续动词，程度副词“少”修饰这些动词时都表示动作的少量，并可引申表示时间的短暂。例⑤中的“不少休”在程度副词“少”前有否定副词“不”，是否定副词与程度副词的连用。

B. 少+动宾短语，共9例。如：

⑥宋江与柴进四人，微饮三杯，少添春色。（72回）

⑦兄弟，休忘愚兄之言，少戒酒性。保重，保重！（32回）

⑧花荣道：“且请都监少叙三杯了去。”（33回）

从“少”所修饰的动宾短语中动词的音节特征来看，这些动词皆为单音节形式的，都与“少”组成了标准音步，其后的宾语都是双音节的，符合韵律的要求。

C. 少+动补短语，共7例。如：

⑨小吏略到寒舍分拨了些家务便到，观察少坐一坐。（18回）

⑩宋江道：“弟兄之情，贤弟少等一等。”（23回）

⑪两个小头目听了这话，欢天喜地说道：“好了！众人在此少待一时。”（17回）

⑫今日幸得相见义士一面，愚男如拨云见日一般。且请到后堂少叙片时。（29回）

以上几例中，“少”修饰动补短语。从补语的类型来看，例⑨、例⑩中的补语“一坐”、“一等”为动量补语，表示动作发生的次数，其中的“坐”、“等”是与动词同源且同形的动量词，“V一V”的形式表示动作行为的短暂；例⑪、例⑫中的补语“一时”、“片时”是时量补语，表示动作持续的时间，其中都含有表示少量的成分，比如“一”、“片”，它们与程度副词“少”配合使用，强调动作的少量义和时间的短暂。

（2）句法功能方面，程度副词“少”只作状语，“少”和所修饰成分构成的状中短语只能在句中充当谓语。

（3）适用句式方面，程度副词“少”主要用于肯定句中，在《水浒传》的68例中，有65例为肯定句，占总数的95.6%；否定句只有3例，只占总数的4.4%。否定副词“未尝”（2例）、“不”（1例）都出现在“少”前面，具体见例②、例⑤。

《水浒传》中程度副词“少”的用法详见下表：

程度副词“少”的用法				举例	数量		比例（%）
组合能力	少+AP	少+形容词	单音节	冗、怠	3		4.4
	少+VP	少+动词	单音节	歇、坐、待、停、等、休	49	65	95.6
		少+动宾短语		添春色、戒酒性	9		
		少+动补短语		坐一坐、叙片时	7		
适用句式		肯定句		两位哥哥在此少等	65		95.6
		否定句		求贤之心未尝少怠	3		4.4

（三）颇$_2$

根据上下文的语境分析，《水浒传》中表示程度偏低的“颇$_2$”共21例，都在句中作状语。在句法组合能力上，“颇$_2$”全部修饰动词性成分，其中主要是动宾短语，共18例，占总数的85.7%，而且为了限定“颇$_2$”的程度，动词后常常带有表示少量、不定量的数量成分与“颇$_2$”配合使用，“颇$_2$”修饰单独动词和状中短语的用法各1例。在音节组合能力上，“颇$_2$”主要修饰多音节的动词短语，共19例，占总数的90.5%；“颇$_2$”修饰单音节和双音节形式的动词各有1例，“颇$_2$”能与其后的单音动词或副词构成标准音步的共12例，占总数的57.1%。在意义组合能力上，“颇$_2$”修饰的都是具有中性意义的成分。在适用的句式上，“颇$_2$”只用于肯定句中。

《水浒传》中程度副词“颇$_2$”的用法具体表现为：

（1）组合能力方面，“颇$_2$”全部修饰VP，分为以下几种情况：

A. 颇$_2$+V，共2例。如：

①非是卢某说口，金帛钱财家中颇有，但得到北京盘缠足矣。（62回）

②我家里也颇有贯伯钱财，虽不及邓通，也颇得过……（24回）

例①中的动词“有”的受事“金帛钱财”位于句子开头作主语，形成主谓谓语句。例②中的“得过”指“说得过去”，受表程度浅的“颇$_2$”修饰，表达自谦的语气。

B. 颇$_2$+动宾短语，共18例。如：

③文斌不才，自幼颇读兵书，略晓些阵法，就到军前，略施小策，愿决一阵，与宋先锋分忧。（88回）

④李吉拿起，颇识几字，将书拆开看时，见上面写着少华山朱武、陈达、杨春，中间多有兼文带武的言语，却不识得，只认得三个名字。（2回）

⑤小可身无罪累，颇有些少家私。（62 回）

⑥燕青答道：“小人颇学的些本事，怎敢在娘子跟前卖弄过！”（81 回）

⑦小弟不才，颇也学得本事，休道三五个汉子，便是一二千军马队中，拿条枪也不惧他。（14 回）

表示程度偏低的“颇$_2$”修饰动宾结构时常常跟表示少量的词相伴而用，以限定“颇”的偏斜程度。如上面例②“颇有贯伯钱财”中的“贯伯”指千百文，犹如说串把，是钱财的虚数，表示少量的钱。不说自己很有钱，只说串把，是客气话①。例③中的“颇”与表示程度浅的副词“略”对举，表示程度偏低。例④中的数词“几”、例⑤中的形容词“些少”、例⑥中的量词“些”，都表示少量、不定量，与“颇”配合使用可以确定“颇”表示的是程度浅。

单独使用“颇$_2$”的只有 2 例，如例⑦，虽然没有数量成分等限定“颇”的程度，但从上下文的语境来看，“颇”显然是表示程度浅，因为“颇$_2$”一般都用于表示谦逊特别是自谦的话语中，只能表示不足。

C. 颇$_2$ + 偏正短语，仅 1 例。如：

⑧吕枢密道：“你弟兄两个，曾习武艺么？”穆弘道：“托赖恩相福荫，颇曾训练。”（91 回）

此例中的“颇”修饰由时间副词作修饰语的状中短语，与副词“曾”连用。

（2）句法功能方面，程度副词“颇$_2$”都作状语，“颇$_2$”和所修饰成分组成的状中结构都作谓语。

（3）适用句式方面，程度副词“颇$_2$”都用于肯定句中，不修饰否定形式的成分。

（4）副词连用方面，“颇$_2$”可以与类同副词“也”连用，仅 1 例，即例⑦；“颇$_2$”也可以与时间副词“曾”连用，仅 1 例，即例⑧。现代汉语中，时间副词与程度副词连用时，一般是时间副词在前，程度副词在后，程度副词的位置更靠近被修饰的动词，不同于《水浒传》中的这种语序。

《水浒传》中程度副词“颇$_1$”、“颇$_2$”的用法比较详见下表：

修饰的对象 / 词项	AP		VP			合计
	形容词	偏正短语	动词	动宾短语	偏正短语	
颇$_1$（程度偏高）	4	1	2	5	1	13
颇$_2$（程度偏低）	0	0	2	18	1	21

从上表可以看出，《水浒传》中的程度副词“颇”用于表示程度偏低的用例居多，而且从所修饰成分来看，“颇$_2$”的用法比较特殊，不同于一般的程度副词，它只

① 参见施耐庵、罗贯中：《水浒传》注释⑤，人民文学出版社，1997 年第 2 版，第 317 页。

修饰动词性成分，不修饰任何形容词性成分。在现代汉语中，程度副词“颇”只保留了“颇$_1$”的意义和用法，表示程度相当高。

（四）小

“小”的本义指“微小”，作形容词，由此引申作程度副词，表示动作行为的程度轻微，相当于“稍”、“略微”等，常用于动词前，表示数量之少或规模之小，相当于“小规模地”、“小量地”等，先秦已有用例，后一直沿用至今。《水浒传》中程度副词“小”的用例很少，只有5例，在句法功能上都作状语。在句法组合能力上，“小”全部用来修饰动词性成分，包括单独动词（4例）和动宾短语（1例），其中以修饰单独动词的用法为主，占总数的80.0%。在音节组合能力上，“小”以修饰双音节的动词及短语为主，共4例，占总数的80.0%；还有1例修饰单音动词，只占总数的20.0%。在意义组合能力上，“小”以修饰表示中性意义的成分为主，共4例，占总数的80.0%；还有1例修饰表示消极意义的成分。在适用的句式上，“小”只用于肯定句中。其用法具体表现为：

（1）小+V，共4例。如：

①一壁便叫取酒食来，与观察小酌。（72回）

②混江龙太湖小结义，宋公明苏州大会垓。（93回）

从音节特征来看，“小”所修饰动词以双音节形式为主，共3例，占动词总数的75.0%；单音节动词仅1例，即例①中的“酌”。从意义来看，动词前的“小”都可理解为“小规模地”，例②中“小”与“大”在上下句中对举，相互配合。

（2）小+动宾短语，仅1例。如：

③等他来时，诱他去粪窖边，只做恭贺他，双手抢住脚，翻筋斗撷那厮下粪窖去，只是小耍他。（6回）

此例中的“小”修饰双音节形式的动宾短语“耍他”，从意义上看，“小”表示“稍稍地”。

第二节 相对程度副词

一、最高级相对程度副词

所谓最高级相对程度副词指的是程度胜过其余，在一定范围内居于首位的程度副词。这类副词在语义上要求比较对象必须是多项。《水浒传》中此类程度副词共有最、最是、最为3个，可统称为“最”类副词，它们都表示多项比较的极点。

然而在实际的语言运用中，“最”类副词的含义未必表示事实上的极点。邢福义先生（2000）曾经指出，在自然语言表述系统中，程度副词“最”有两种表述：一种是客观性表述，“这是一种尊重客观事实的、讲求科学性的数字式认定①”，一般有比较明确的比较范围。另一种是主观性表述，“这是一种来自主观心态的表述，属于情绪性的认定。其准确性的追求，是感情的真实，而不是计量的真实②”，所以不需也不能辨别真伪。其比较范围是说话人主观认定的，可以是有限的，也可以是无限的。在主观性表述中，“最”仍然表示比较，只是这种比较是建立在说话人主观认定的标准之上的，其表义重点在于强调某事物处于最高量级，而比较对象和范围却经常被忽略，因而可以省略，但比较对象依然存在，如果需要，这种比较义都可以通过比较句式而得到形式上的验证。《水浒传》中“最”类副词同样存在以上两种表述和含义，而且以主观性表述为主，用来表明说话人的主观看法，而未必表示客观上的程度处于极点。下面我们对《水浒传》中此类副词分别加以讨论。

（一）最

“最”表示某种属性超过所有同类的人或事物，程度达到极点。程度副词“最”在先秦时已经产生，一直沿用至现代汉语中，其使用频率自汉代以来一直很高。“最”是通过比较来表示程度的，因而属于相对程度副词。“最”还有作名词的用法，古代考核政绩或军功时划分的等级以上等为最，引申为居于首要地位的人或事物，《水浒传》中也有1例。如：

那厮不说长大，原来有一身好本事，使得好枪棒，拽拳飞脚，相扑为最。(29回)

《水浒传》中程度副词“最”共150例，在句法功能上都作状语。在句法组合能力上，“最”以修饰单独形容词为主，共121例，占总数的80.7%，其中以单音节形容词“好”的使用频率最高，共67例，占形容词总数的55.4%；“最”也修饰一些动词性成分，共28例，占总数的18.7%，包括单独动词（6例）、动宾短语（14例）、动补短语（3例）、偏正短语（5例），以动宾短语的用例最多，占此类总数的50.0%，这些动词性成分中使用心理动词的共11例，占此类总数的39.3%；“最”还修饰极少数名词性成分，仅1例，占总数的0.7%。在音节组合能力上，“最”以修饰单音节成分为主，共103例，占总数的68.7%；其次修饰双音节成分，共27例，占总数的18.0%；其余20例为多音节的短语。在意义组合能力上，“最”主要修饰具有积极意义的成分，共95例，占总数的63.3%；具有中性意义的成分共48例，占总数的32.0%；极少数修饰具有消极意义的成分，仅7例。在适用的句式上，“最”主要出现于肯定句中，共148例，占总数的98.7%，否定句只有2例。

现代汉语中程度副词“最”的用法与《水浒传》中的相近，但也有一些区别：《水浒传》中程度副词“最”不能修饰形容词的否定形式，如“最不A”，只能修饰

① 参见邢福义：《“最”义级层的多个体涵量》，《中国语文》2000年第1期，第16页。
② 同上，第17页。

否定形式的动词，如“最不才”；“最+A”作补语时形容词只能是单音节的，现代汉语中没有这种限制，而且现代汉语中“最+A”可以用来估计、限定时间、程度或数量的极限，《水浒传》中却没有这种用法；现代汉语中“最”修饰的动词以心理动词居多，《水浒传》中“最”修饰的动词则比较广泛，心理动词所占比例只占近40%。

《水浒传》中程度副词“最”的用法具体表现为：

(1) 组合能力方面，“最”所修饰的成分有：

第一，最+A，共121例，分为以下几种情况：

A. 最+好。《水浒传》中程度副词“最”所修饰的形容词中以单音节形容词“好”的使用频率最高，共67例，占形容词总数的55.4%。根据“最好”这一组合意义的不同，分为以下几种情况：

a. 表示最理想的选择或情况，多用于应答句中，表示“满意”的语气，已成为固定用法，共51例。如：

①宋江道：“得些辣鱼汤醒酒最好。”(38回)

②林冲道：“若得如此顾盼最好，深谢主盟。”(11回)

③阮小二道：“我的酒钱一发还你。”店主人道：“最好，最好。”(15回)

例①中的“最好”用于说话人假想的情况，在说话人看来这是最理想的选择。这种用法《水浒传》中共10例，“最好”都作谓语。例②、例③中的“最好”用于应答句中，与例①不同的是，理想的情况往往是由另一方提供的，应答者对此表示满意、赞同，这种情况可以是已然的。这种用法《水浒传》中共41例，“最好”常常独立成句(27例)，也可以在句中作谓语(13例)和补语(1例)。

香坂顺一先生认为这种应答语中的“最”由于常用，程度似乎有弱化的趋势，不再表示程度之“极”。这种现象与现代汉语中的“很好”并不表示“非常好”相似[①]。对于这种现象，我们则认为与“最”本身的特性有关。首先，“最”是相对程度副词，其程度义是建立在比较基础上的，虽然就通常情况而言，“最”的程度达到极点，不可超越，但“最”所强调的极度“是在某种特定范围内相对而言的；其实际度量，有的时候可能反而偏于低或偏于少。这受到特定语境的规约”[②]。所以，应答语中的“最”是在比较中体现的程度，其实际度量未必很高，可能远远低于高量级的“极”，出现“最高不高”的现象。其次，“最”有时是主观性表述，特别是在应答句中往往表示说话人在主观认识范围内认为事物处于最高量级，是一种情绪性的认定，未必与客观的情形相一致。

b. “好”表示交好、友爱，“最好”前面都有介词短语作状语，表示谓语涉及的对象，共12例。如：

---

① 参见［日］香坂顺一：《水浒词汇研究（虚词部分）》，植田均译，文津出版社，1992年，第85页。

② 参见邢福义：《“最”义级层的多个体涵量》，《中国语文》2000年第1期，第18页。

④知县却和宋江最好，有心要出脱他，只把唐牛儿来再三推问。(22回)

⑤又得当牢一个康节级，与施恩最好。(31回)

c.“好”表示优点多的，使人满意的，“最好”用来形容人的性格，可作谓语或主谓谓语句中的小谓语，共4例。如：

⑥原来宋江为人最好，上下爱敬，满县人没一个不让他。(21回)

⑦我家大娘子最好，极是容得人。(24回)

B. 最+其他形容词，共54例。如：

⑧晁盖等却不认得，只见他第一个出力，杀人最多。(40回)

⑨既然宋公明如此大贤，义气最重，我等不可逆天，来早都下山投拜。(60回)

⑩只有一件事最要紧，地方上团头何九叔，他是个精细的人，只怕他看出破绽，不肯殓。(25回)

⑪惟有祝家庄最豪杰，为头家长唤做祝朝奉，有三个儿子，名为祝氏三杰：长子祝龙，次子祝虎，三子祝彪。(47回)

从“最”所修饰形容词的音节特征来看，以单音节形容词为主，共102例，占形容词总数的84.3%，用例较多的有“好”（67例）、“难”（7例）、“多”（6例）、“重”（3例）、“大”（3例）等；双音节形容词共19例，用例较多的有“要紧”（4例）、“英雄”（3例）、“了得”（2例）等。从被修饰形容词的语义色彩来看，以表示积极意义的为主，共84例，占形容词总数的69.4%；表示中性意义的共35例，占形容词总数的28.9%；表示消极意义的只有2例。从句法功能来看，“最+A”可以充当除状语以外所有的句法成分，包括谓语（83例）、补语（4例）、主语（4例）、定语（2例）、宾语（1例），还可独立成句（27例），其中以作谓语的情况居多，占此类总数的68.6%。“最+A”作定语的两例是“最大者”、“最高着（zhāo）”，其中的形容词都是单音节的，与“最”组合后直接修饰单音节名词，中间不用加结构助词“的”，这是上古汉语已有的用法，现代汉语中“最”修饰“大”、“高”等形容词时，后面也可不带“的”直接作定语。

第二，最+VP，共28例，分为以下几种情况：

A. 最+V，共6例。如：

⑫小弟多在江湖上行，此处无为军最熟。(41回)

⑬张清石子最通神，到处将人打得真。(84回)

⑭骠骑将军没羽箭，张清哨路最当先。(76回)

从“最”所修饰动词的音节特征来看，单音节动词仅1例，即例⑫；双音节动词有5例，如例⑬、例⑭中的“通神”（2例）、“当先”（1例）。

B. 最+动宾短语，共14例。如：

⑮这三个是亲弟兄，最有义气。(15回)

⑯思今古，南方离位，荧惑最为头。绿窗归焰烬，隔花深处，掩映钓渔舟。（10回）

⑰自小最好赌钱，闲汉出身，为人忠良慷慨，更兼一身好武艺……（49回）

⑱家住浔阳江浦上，最称豪杰英雄。（37回）

从“最”修饰的动宾短语中动词的使用情况来看，这些短语可分为三类：一是由表示存现、判断的特殊动词“有”（5例）、“无”（1例）、“为”（1例）构成的动宾短语，如例⑮、例⑯，这种情况共7例，且以用“有”的肯定句为主。二是由心理动词构成的动宾短语，如例⑰中的心理动词“好”（2例），此类心理动词还有“怜”（2例）、“爱”（2例），共6例。三是由动作动词构成的动宾短语，如例⑱中的动词“称”，仅1例。

C. 最+动补短语，共3例。如：

⑲我最耐得，他便打我四百顿，休想我回他一拳……（24回）

⑳施恩道：“见今当牢节级姓康的，和孩儿最过得好。只得去求浼他如何？”（30回）

[比较]

黄信那人亦是治下，二者是秦明教他的武艺，三乃和我过的最好。（34回）

例⑲中“耐得”的“得”作可能补语，当“V得（O）”用于非已然的语境时，它表示实现某种行为的可能性①。例⑳中的“最”在语义上表示补语“好”的程度，在形式上修饰整个动补结构。“最”可以比较自由地修饰述补结构，这是近代汉语程度副词在组合功能上不同于现代汉语的显著特点②。“最”也可以直接用在补语“好”的前面（见［比较］句），这种用法、语序与现代汉语相一致。在《水浒传》中，“最+动+补（形容词）”和“动+最+补（形容词）”两种组合形式是平行共存的，使用频率也相当，“最”直接用在述补结构中补语前的情况共4例。

D. 最+偏正短语，共5例。如：

㉑玲珑心地最虚鸣，此是良工巧制成。（90回）

㉒那石子百发百中，不放一个空，最会打人。（84回）

㉓这个相扑，一来一往，最要说得分明。（74回）

例㉑中状中短语“虚鸣”是以形容词“虚”为状语的，例㉒、例㉓中的状中短语都是以能愿动词为状语的，使用的能愿动词包括“会”（3例）和“要”（1例）两个。

第三，最+N，仅1例，“最”修饰时间名词“先”。如：

---

① 参见杨平：《“动词+得+宾语”结构的产生和发展》，《中国语文》1989年第2期，第133页。

② 参见杨荣祥：《近代汉语副词研究》，商务印书馆，2005年，第224页。

㉔最先来提掇甚分明，念几段杂文真罕有。(82 回)

(2) 句法功能方面，程度副词“最”只能充当状语。“最”和所修饰的成分构成的状中结构在句中主要作谓语，共 110 例，占总数的 73.3%；其次可独立成句，共 27 例，占总数的 18.0%；少数可作主语（4 例）、补语（4 例）、定语（3 例）、宾语（1 例）、状语（1 例），共 13 例。

(3) 适用句式方面，程度副词“最”主要用于肯定句中，共 148 例，占总数的 98.7%；只有 2 例用于否定句中，“最”修饰含有否定词“不”、“无”的动词及短语，否定词只出现在“最”后面。

《水浒传》中程度副词“最”的用法详见下表：

<table>
<tr><th colspan="4">程度副词“最”的用法</th><th>举例</th><th colspan="2">数量</th><th>比例（%）</th></tr>
<tr><td rowspan="8">组合能力</td><td rowspan="2">最 + AP</td><td rowspan="2">最 + 形容词</td><td>单音节</td><td>好、长、妙、多、奇、快、深</td><td>102</td><td rowspan="2">121</td><td rowspan="2">80.7</td></tr>
<tr><td>双音节</td><td>可怜、要紧、难得、鲠直、高强</td><td>19</td></tr>
<tr><td rowspan="5">最 + VP</td><td rowspan="2">最 + 动词</td><td>单音节</td><td>熟</td><td>1</td><td rowspan="5">28</td><td rowspan="5">18.7</td></tr>
<tr><td>双音节</td><td>当先、通神、熟惯、不才</td><td>5</td></tr>
<tr><td colspan="2">最 + 动宾短语</td><td>有权势、爱结识好汉</td><td>14</td></tr>
<tr><td colspan="2">最 + 动补短语</td><td>赌的直、过得好</td><td>3</td></tr>
<tr><td colspan="2">最 + 状中短语</td><td>会决断、要说得分明</td><td>5</td></tr>
<tr><td>最 + NP</td><td colspan="2">最 + 名词</td><td>先</td><td colspan="2">1</td><td>0.7</td></tr>
<tr><td colspan="2" rowspan="2">适用句式</td><td colspan="2">肯定句</td><td>若是步行使这钩镰枪，亦最得用</td><td colspan="2">148</td><td>98.7</td></tr>
<tr><td colspan="2">否定句</td><td>平生最无面目，到处投人不着</td><td colspan="2">2</td><td>1.3</td></tr>
</table>

（二）最是、最为

程度副词“最”因为常常与判断动词“是”、“为”连用，逐渐凝固为复合词“最是”、“最为”，表示程度之极。其中的判断动词“是”、“为”不再表示判断，而只起加强语气的作用，于是逐渐虚化，最后与前面的程度副词融为一体，这也顺应了汉语词汇双音节化的趋势。

(1)“最是”的用法：

根据杨艳（2005）的研究，最早的“最是”连用形式出现在魏晋时的《世说新语》中，至近代汉语中逐渐定型成词。“F 是”最初的内部结构关系是偏正关系，后来语义重心逐渐转移到“F”上，“是”的词汇意义极为弱化，变为词内成分，语音上也有所弱化，“F 是”便成了附加式副词，一般修饰谓词性的成分在句中作状语。相对于其他程度副词“F 是”来说，“最是”用作程度副词的时间最早，但发展速度并不快，在整个近代汉语时期其出现频率都远不及“甚是”。但“最是”在现代汉语中却比“甚是”常见，因为古代汉语中常用的“甚”逐渐被“很”取代，只能出现在文言作品中，所以，由“甚”产生的双音节程度副词“甚是”的使用频率也变得越来越低。

《水浒传》中程度副词“最是”共5例，都在句中作状语。在句法组合能力上，“最是”可修饰单独形容词（1例）、动词短语（包括动宾短语2例，状中短语1例）以及主谓短语（1例），其中以修饰动词短语的用法为主，占总数的60.0%。在音节组合能力上，“最是”只能修饰双音节或多音节的成分，其中以修饰双音节的成分为主，共3例，占总数的60.0%。在意义组合能力上，“最是”以修饰表示积极意义的成分略占优势，共3例，占总数的60.0%；表示消极意义的成分共2例。其用法具体表现为：

第一，最是+A，仅1例，形容词是双音节的，满足了韵律组合的要求。如：

①看官听说，原来这色最是怕人。(21回)

第二，最是+VP，共3例，分为以下几种情况：

A. 最是+动宾短语，共2例。如：

②李云日常时最是爱我，常常教我使些器械。(43回)

③且说东京开封府汴梁宣武军，一个浮浪破落户子弟，姓高，排行第二，自小不成家业，只好刺枪使棒，最是踢得好脚气球。(2回)

例②中“最是”修饰双音节形式的动宾短语“爱我”，例③中“最是”修饰的成分“踢得好脚气球”是“动词+可能补语+宾语”的结构。

B. 最是+偏正短语，仅1例。如：

④此间大宽转，有一个市井，却用走三十余里向开路程；更兼路杂，最是难认。(61回)

此例中的形容词“难”修饰动词“认”构成状中短语，一起受“最是”修饰。

第三，最是+S，仅1例。如：

⑤最是兄长好心顾盼小弟，只是一件却使不得……(28回)

第四，“最是”与“最”用法的比较：

程度副词“最是”在近代汉语中的用例相对较少，还处在发展过程中。《水浒传》中程度副词“最是”的用法与“最”相比，有很多共同之处，也存在一些差异：在句法功能上，两者都只能作状语；在句法组合能力上，两者都能修饰形容词性成分、动词性成分，“最”还能修饰名词性成分，“最是”却不能，因为“最是+NP”中的“是”为判断动词，尚未虚化，但“最是”可修饰主谓短语，“最”则未出现这种用法，不过，在近代汉语的其他文献中，“最”可以修饰主谓短语；在音节组合能力上，“最”主要修饰单音词，“最是”则只修饰双音节或多音节成分，这是两者最显著的区别，形成互补。此外，根据杨艳（2005）的研究，“最是”比“最”更多一些强调的口气，也更多一些主观评价的色彩，因为后缀“是”作焦点标记的功能在词语格式中还有所残留。当然，从现代语义学的观点看，这可以说是同义表达形式逐步分化的结果，变化形式的语义自然比基础形式更为突出、更为强调。同时，音节的差异也会影响语义，因为双音节比单音节更为清晰、响亮，无形中也加强了语气。但毋庸置疑的是，词缀“是”已经虚化，成为构词语素。

（2）“最为”的用法：

“最为”连用的形式先秦就已经出现了，但也至近代汉语中才发展为程度副词。《水浒传》中程度副词“最为”仅1例，用来修饰双音节形容词。如：

⑥军师所虑，最为得理。何不使人连夜去北京探听虚实，我这里好做准备。（67回）

现代汉语中程度副词“最为”也不修饰单音节词，而且因为它从文言中保留下来，所以具有很强的书面色彩。

《水浒传》中程度副词“最是”、“最为”的用法比较详见下表：

修饰的对象 词项	AP	VP		S	合计
	形容词	动宾短语	偏正短语	主谓短语	
最是	1	2	1	1	5
最为	1	0	0	0	1

由上表可知，《水浒传》中“最是”的搭配范围比“最为”广泛，使用频率也比“最为”要高。

二、更高级相对程度副词

所谓更高级相对程度副词是指通过两项比较来表示程度相当高，但尚未达到极点的程度副词。《水浒传》中此类副词共有更、更是、越、越是、如法、转、倍、愈、益、一发10个，可统称为“更”类副词。“更”类副词在语义上要求比较对象只能是两项。两项的比较既可以是横向的两物比较，也可以是纵向的两时比较，而且比较的对象在句子的表层结构中可以不出现，但由于“更”类副词具有强烈的比较义，所以句子中总是有“比较”的预设存在，给人以比较项的信息暗示与背景提示。下面我们对《水浒传》中此类副词分别加以讨论。

（一）更

“更”的本义是“更改”、“改变”，引申作程度副词，表示程度增加，用于比较，这种用法先秦已见，但在近代汉语之前其使用频率一直不高。《水浒传》中程度副词“更”共41例，从句法功能来看，“更”都作状语，而且“更”还可以兼作关联副词，用来联结分句构成递进复句，因而还具有一定的篇章义。在句法组合能力上，“更”以修饰形容词性成分为主，共30例，占总数的73.2%，其中绝大多数为单独形容词，共25例，占总数的61.0%，还有少数状中短语（4例）和形补短语（1例）；“更”也可以修饰动词性成分，共11例，占总数的26.8%，包括单独动词（5例）、兼语短语（1例）和状中短语（5例）。在音节组合能力上，“更”以修饰双音节的形容词、动词及短语为主，共31例，占总数的75.6%；其次，“更”也用来修饰单音节的形容词（5例）和多音节的短语（5例），共占总数的24.4%，其中“更”能与其后的单音词构成标准音步的有6例。在意义组合能力上，“更”所修饰的成分以表示积极意义的为主，共24例，占总数的58.5%；其次是表示消极意义的，共11例，占总数的26.8%；表示中性意义的只有6例，占总数的14.6%。在适用的句式上，“更”主要用于肯定句中，共35例，占总数的85.3%；否定句只有6例，只占总数的14.7%，“更”修饰含否定动词“无”（3例）及否定副词“不”（3例）的成分，否定词只出现在“更”后面。

现代汉语中程度副词“更”的使用频率很高，用法与《水浒传》中的接近，但一般不修饰单个的动词，可以修饰动词短语。

《水浒传》中程度副词“更”的用法具体表现为：

(1) 组合能力方面，“更”所修饰的成分有：

第一，更+AP，共30例，分为以下几种情况：

A. 更+A，共25例。如：

①端王大喜道：“深谢厚意。想那笔架必是更妙。”(2回)

②定拟将身入土牢，谁知此处更清标。(28回)

③自谓魔君能破敌，岂知正法更专精。(54回)

以上几例中，“更”修饰形容词。从“更”所修饰形容词的音节特征来看，以双音节形容词为主，共20例，占形容词总数的80.0%；单音节形容词共5例，只占形容词总数的20.0%。从这些形容词的语义色彩来看，以表示积极意义的为主，共19例，占形容词总数的76.0%；表示中性意义的共4例，占形容词总数的16.0%；只有2例是表示消极意义的，只占形容词总数的8.0%。从“更+A”的句法功能来看，以充当谓语为主，共23例，占此类总数的92.0%；偶尔也可充当定语和补语，各1例，分别占此类总数的4.0%。

程度副词“更”一般用于比较，如例①中的“笔架”与前文中的“镇纸狮子”进行同一性质的比较，例②中“此处”与前文中“单身房”的环境进行相近程度的比较。

B. 更+偏正短语，共4例。如：

④他时祸起萧墙内，血污游魂更可嗟。(25回)

⑤烟水芦花深夜后，图财致命更堪悲。(65回)

“更”所修饰的形容词性偏正短语皆是由助动词与心理动词构成的。从助动词的使用来看，包括“可”（2例）和“堪”（2例）两个词。从中心语的构成来看，皆为心理动词，而且都是单音节形式的，如例④、例⑤中的“嗟”、“悲”等。这些助动词经常修饰心理动词，由它们构成的整个组合是形容词性质的，如“可悲”已经凝固为双音节形容词，其余3例“可嗟”、“堪悲”、“堪哀”为形容词性短语。从语义色彩来看，这些偏正短语都具有消极意义。

C. 更+形补短语，仅1例，如：

⑥杨志道：“好汉既然认得洒家，便还了俺行李，更强似请吃酒。”（12回）

此例中的“更”修饰“强似请吃酒”，“似”是介词，义同“于”，由“似”构成的介词短语“似请吃酒”作形容词“强”的补语，表示比较。

第二，更+VP，共11例，分为以下几种情况：

A. 更+V，共5例。如：

⑦虎略龙韬说宋江，高廉神术更无双。（54回）

⑧计拙谋疏事不成，宝光兵术更难名。（96回）

⑨张顺英魂显至诚，宋江临祭更伤情。（95回）

从音节特征来看，“更”所修饰的动词都是双音节形式的，这可能是因为这些用例都出自诗句，所以有特殊的韵律要求。从语义色彩来看，这些动词以表示消极意义的为主，共3例，占动词总数的60.0%；表示积极意义的共2例，占动词总数的40.0%。从句法功能来看，“更+V”都作句子的谓语。

B. 更+兼语短语，仅1例。如：

⑩这浮浪子弟门风，帮闲之事，无一般不晓，无一般不会，更无般不爱。（2回）

此例中，“更”所修饰的“无般不爱”是由表示存现的特殊动词“无”构成的兼语短语。从语义来看，此处的“更”可以理解为与同类事物比较更加突出，与“尤其”接近，常出现在表示递进关系的分句中，这是程度副词“更”的一种特殊意义和用法。从语用来看，程度副词“更”具有增强语势的作用，往往能表达递进关系，因此，“更”用在复句中都是为了强调后一种情况。

C. 更+偏正短语，共5例。如：

⑪因此梁中书越怀鬼胎。东京蔡太师见说降了关胜，天子之前，更不敢题，只是主张招安，大家无事。（66回）

⑫城中各处宫观寺院佛殿法堂中，各设灯火，庆赏丰年。三瓦两舍，更不必说。（66回）

⑬十路英雄用计深，分头截杀更难禁。（78回）

以上几例中，“更”修饰偏正短语。从修饰语的构成来看，以能愿动词为主，如例⑪、例⑫中的能愿动词“敢”、“必”，还有“堪”，共4例，占此类总数的80.0%，从这些能愿动词的肯定、否定形式来看，以否定形式为主，如“不敢”、“不必”，共3例，肯定形式只有1例，即“堪”；还有以形容词充当修饰语的，如例⑬中的“难”，仅1例，只占此类总数的20.0%。从中心语的构成来看，皆为单音节的动作动词。例⑪中的“更”与前面分句中的程度副词“越”相呼应。

（2）句法功能方面，程度副词“更”只能作状语。“更”和所修饰成分构成的短语以作谓语为主，共39例，占总数的95.2%；偶尔也可充当定语和补语，各1例，分别只占总数的2.4%。

此外，“更”在句法功能上还有特殊的作用。现代汉语中，程度副词“更”常出现在复句中，用来联结前后关系项，构成“更”字复句。《水浒传》中的程度副词“更”也可以充当关联副词，用来联结分句构成递进复句，因此，“更”还具有一定的篇章义，如例⑩。

（3）适用句式方面，程度副词“更”主要用于肯定句中，在《水浒传》的41例中，有35例为肯定句，占总数的85.3%；否定句只有6例，只占总数的14.7%，“更”修饰含否定动词“无”（3例）以及否定副词“不”（3例）的成分，否定词只出现在“更”后面，如例⑦、例⑩至例⑫。

（4）意义方面，《水浒传》中的副词“更”除了表示程度外，还有以下几种意义和用法。如：

⑭恰似破屋更遭连夜雨，漏船又遇打头风。(45回)

⑮因见了诏书抄白，更打听得高太尉心内迟疑不决，遂来帅府呈献利便事件。(79回)

⑯若是我这兄弟不困乏时，不说你这四个男女，更有四十个也近他不得。(31回)

⑰又有一个黑大汉，姓刘。更有那三个，小人不认得，却是吴学究合将来的。(18回)

⑱老管营道：“他是为你吃官司，你不去救他，更待何时。”(30回)

⑲晁、宋二公待人接纳，并无异心。更得诸公相助，如锦上添花。(44回)

⑳不则一身好花绣，那人更兼吹的、弹的、唱的、舞的，拆白道字，顶真续麻，无有不能，无有不会。(61回)

例⑭、例⑮中的“更”表示动作的重复或连续发生，相当于“又”，例⑭中“更”与“又”呼应。例⑯、例⑰中的“更”表示数量的增加、范围的扩大，相当于“再”、“还”。例⑱中的“更”表示状态的持续，相当于“还”。例⑲、例⑳中的“更”表示累加，相当于“再”、“又”等，“更”后面的分句与前面的分句在内容上互相补充。其中“更兼”的连用，香坂顺一（1992）将其看作累加连词，也有学者认为“更兼”表示递进，其中“更”是程度副词，我们则从成词的角度认为“更兼”已凝固成词，无论其中“更”的意义表示累加还是程度，都不作为单独的程度副词进行统计。

《水浒传》中副词“更”的上述几种用法用例较多，共120例，但现代汉语中已基本不用，它们与现代汉语中副词“还”、“再”、“又”的意义、用法相当。而这几种“更”之间的关系有时也难以截然分清，它们的意义也是相通的，比如，表示累加的“更”似乎也可并入表示动作连续发生和范围扩大的义项中。《水浒传》中表示累加等意义的“更”与表示程度增加的“更”在出现频率上的比例为120∶41，可见，在《水浒传》中，副词“更”的主要用法并不是充当程度副词，而是充当累加副词等，但至清代的《儿女英雄传》中，副词“更”就只表程度了①，这与现代汉语中副词“更”的意义完全一致。

《水浒传》中程度副词“更”的用法详见下表：

<table>
<tr><th colspan="4">程度副词“更”的用法</th><th>举例</th><th colspan="2">数量</th><th>比例（%）</th></tr>
<tr><td rowspan="7">组合能力</td><td rowspan="4">更+AP</td><td rowspan="2">更+形容词</td><td>单音节</td><td>妙、奇、青、多</td><td>5</td><td rowspan="4">30</td><td rowspan="4">73.2</td></tr>
<tr><td>双音节</td><td>稀奇、分明、高强、专精</td><td>20</td></tr>
<tr><td colspan="2">更+偏正短语</td><td>可嗟、堪哀、堪悲</td><td>4</td></tr>
<tr><td colspan="2">更+形补短语</td><td>强似请吃酒</td><td>1</td></tr>
<tr><td rowspan="3">更+VP</td><td>更+动词</td><td>双音节</td><td>无双、伤情、难名、雕镌</td><td>5</td><td rowspan="3">11</td><td rowspan="3">26.8</td></tr>
<tr><td colspan="2">更+兼语短语</td><td>无般不爱</td><td>1</td></tr>
<tr><td colspan="2">更+偏正短语</td><td>堪题、不敢题、不敢受</td><td>5</td></tr>
<tr><td colspan="2" rowspan="2">适用句式</td><td colspan="2">肯定句</td><td>脱离罗网更高强</td><td colspan="2">35</td><td>85.3</td></tr>
<tr><td colspan="2">否定句</td><td>叔夜更不敢受</td><td colspan="2">6</td><td>14.7</td></tr>
</table>

（二）更是

“更是”是由程度副词“更”与副词后缀“是”组合构成的双音程度副词，“是”本为判断动词，在此处意义已经虚化，成为词内成分。“更是”在近代汉语中的使用频率一直不高，《水浒传》中只出现了1例，用来修饰双音节形容词，符合韵律组合的要求。如：

那个兄弟解宝，更是利害，也有七尺以上身材，面圆身黑，两只腿上刺着两个飞天夜叉，有时性起，恨不得腾天倒地，拔树摇山。（49回）

（三）越

“越”的本义是“渡过”、“跨过”，引申为“超过”、“胜过”，并由此虚化为程度副词，表示事物、动作行为的程度因某种原因的影响而加深，相当于“更加”等，宋代已见用例。《水浒传》中程度副词“越”共49例，以单用为主，共43例，占总

① 参见杨荣祥：《近代汉语副词研究》，商务印书馆，2005年，第149页。

数的87.8%，但也有少数“越～越～”连用的形式，只有3例（“越”共计6次），占总数的12.2%，“越”的连用表示两种行为、性状的倚变关系，即后者在程度上随着前者的变化而变化。在句法功能上，“越”只能作状语。在句法组合能力上，“越”以修饰动词性成分为主，共43例，占总数的87.8%，包括单独动词（19例）、动宾短语（8例）、动补短语（11例）、状中短语（4例）和连谓短语（1例），其中以修饰单独动词的用法为主，占总数的38.8%；“越”也可以修饰单独形容词，共6例，只占总数的12.2%。在音节组合能力上，“越”以修饰多音节的动词短语为主，共24例，占总数的49.0%，这些短语中的动词都是单音节形式的，“越”能与其后的单音动词组成标准音步的共12例，占此类总数的50.0%；其次，“越”用来修饰单音节的动词和形容词，都能构成标准音步，共22例，占总数的44.9%；再次，“越”也可以修饰少数双音节的动词和形容词，共3例，仅占总数的6.1%。在意义组合能力上，“越”所修饰的成分以表示消极意义的为主，共37例，占总数的75.5%；表示积极意义和中性意义的各有6例，分别占总数的12.2%。在适用的句式上，“越”主要用于肯定句中，共44例，占总数的89.8%，否定句只有5例，只占总数的10.2%，否定副词“不”只出现在“越”后面。

现代汉语中程度副词“越”很少单用，一般都采用连用形式，可以是两个或两个以上的“越”连用，其主语可以相同，也可以不同，而《水浒传》中“越”的连用形式很少，且其主语都是相同的。此外，现代汉语中还有从“越”的连用形式发展出来的“越来越……”的固定格式，表示程度随着时间的推移而变化，但在《水浒传》的时代，这种表达形式尚未出现，只能单用“越”。

《水浒传》中程度副词“越”的用法具体表现为：

（1）组合能力方面，根据“越”用法的不同，可分为单用和连用两种形式，下面分别加以说明：

第一，“越”的单用形式。这种用法占绝大多数，在《水浒传》的49例中有43例是单用的，占总数的87.8%。“越$_{单用}$”所修饰的成分有：

A. 越$_{单用}$+A，共2例。如：

①众人喝彩，看的人越多了。(12回)

②因患心疼病症，一日日越重了，看看不能勾好，不幸昨夜三更死了。(25回)

此两例中，“越”修饰形容词。从音节特征来看，这些形容词皆为单音节的。从意义上来看，这两例中的“越”都可理解为“越来越……”，即程度随着时间的推移而变化，例②中“越”前面的“一日日”就表达了时间的推移，而程度也随之增加。但其他用例中使用“一日日”这类词语的很少，意义上却仍可以表示程度随着时间的推移而增加，因为在《水浒传》的时代尚未出现“越来越……”的形式。

B. 越$_{单用}$+VP，共41例，分为以下几种情况：

a. 越$_{单用}$+V，共17例。如：

③周谨见第二枝箭又射不着，心里越慌。(13回)

④那人见众人都散了，肚里越怒，拿起讯棍，便奔来打宋江。(38回)

⑤牢里众人越怕了，又将热水来与他洗浴了，换些干净衣裳。(53回)

⑥李逵见了，心里越疑惑。(43回)

从音节特征来看，“越”所修饰的动词以单音节形式为主，共16例，占此类总数的94.1%，如例③至例⑤；只有1例是双音节动词，即例⑥中的“疑惑”，只占此类总数的5.9%。从意义类别上来看，“越”所修饰的动词都是心理动词，以单音节心理动词“慌”的出现频率最高，共9例，占此类总数的52.9%，其他心理动词有单音节的“怒”（5例）、“怕”（1例）、“疑”（1例）和双音节的“疑惑”（1例）。从语义色彩来看，这些心理动词都具有消极意义。从句法功能来看，“越+V”都作句子的谓语或主谓谓语句中的小谓语。

b. 越$_{单用}$+动宾短语，共8例。如：

⑦既然哥哥原来酒后越有本事时，恁地先教两个仆人，自将了家里的好酒果品肴馔，去前路等候，却和哥哥慢慢地饮将去。(29回)

⑧又见折了鲍旭，宋江越添愁闷。(95回)

⑨童贯越添心上怒，咬碎口中牙，喝道：“这贼怎敢戏吾！我当自擒这厮。”(77回)

以上几例中，“越”修饰动宾短语。从音节特征来看，动宾短语中的动词都是单音节形式的，能与“越”组成双音节的标准音步，宾语以双音节形式为主，符合韵律组合的要求，如例⑦、例⑧中的“本事”、“愁闷”等，共7例，占此类总数的87.5%；多音节的仅有1例，即例⑨中的“心上怒”，只占此类总数的12.5%。从语义色彩来看，这些动宾短语以表示消极意义的为主，共7例，如例⑧、例⑨；表示积极意义的只有1例，即例⑦中的“有本事”。

c. 越$_{单用}$+动补短语，共11例。如：

⑩只说鲁智深在亭子上坐了半日，酒却上来；下得亭子，松树根边又坐了半歇，酒越涌上来。(4回)

⑪李逵见他们害怕，越说起风话来。(53回)

⑫智深一者得了史进，肚里胆壮，二乃吃得饱了，那精神气力越使得出来。(6回)

⑬洒家见这厮们不怀好心，越放你不下。(9回)

⑭看那雪，到晚越下的紧了。(10回)

⑮两次招安，都伤犯了天使，越增的罪恶重了，如何是好？(80回)

以上各例中，“越”修饰动补短语。从动补短语中动词的音节特征来看，这些动词皆为单音节形式的。从补语的类型来看，有以下四类：一是趋向补语，如例⑩、例⑪中的“涌上来”、“说起风话来”，“说起风话来”中的补语“起来”是复合趋向动词，引申表示动作的开始并继续，宾语“风话”位于趋向补语的中间。二是可能补语，如例⑫、例⑬中的“使得出来”、“放你不下”，分别为可能补语的肯定形式与否定形式，“使得出来”是在中心动词和趋向补语之间插入“得”，表示动作的趋向可能实现，是可能趋向补语；“放你不下”中的补语是由否定词“不”与简单趋向动词“下”构成的，宾语“你”位于可能补语之前、中心动词之后（现代汉语中其语序则应该是“放不下你”，宾语“你”位于可能补语之后）。三是状态补语，如例⑭中的“下的紧了”是形容词“紧”作状态补语，此例中含有表示时间推移的短语“到晚”，因此，“越”表示同一对象体在时间变化过程中自身活动的增强。四是结果补语，如例⑮中的“增的罪恶重了”是主谓短语“罪恶重了”作补语，补充说明动词“增”的结果。

d. 越$_{单用}$+偏正短语，共4例。如：

⑯吴用并众头领一个个说，卢俊义越不肯落草。(62回)

⑰李逵看看走到红日平西，肚里又饥又渴，越不能勾住脚，惊得一身臭汗，气喘做一团。(53回)

⑱林冲闻得酒香，越要吃，说道：“没奈何，回些罢。”(10回)

“越”所修饰的偏正短语都是以能愿动词为修饰语的，如例⑯至例⑱中的能愿动词“肯”、“能勾”、“要”，从这些能愿动词的肯定、否定形式来看，例⑯、例⑰中的“不肯”、“不能勾”是否定形式，共3例，只有例⑱中的“要”是肯定形式。

e. 越$_{单用}$+连谓短语，仅1例。如：

⑲洪教头心中忖量道：“那人必是不会，心中先怯了。”因此越来惹林冲使棒。(9回)

此例中的“越”修饰连谓短语“来/惹林冲使棒”，后面的动词短语“惹林冲使棒”表示前一动词“来”的目的，而“惹林冲使棒”本身是一个兼语结构，包含在连谓短语之中。

C. “越”的连用形式。《水浒传》中“越”的连用形式用例较少，只有3例，只占程度副词“越”出现总次数的12.2%，而且仅限于两个“越”的连用，为了叙述方便起见，我们将其记作“越a越b”。“越$_{连用}$”的用例如：

⑳武松道：“最好，越浑越好吃。”(27回)

㉑三个头领丁字脚围定，卢俊义全然不慌，越斗越健。(61回)

㉒关胜遥见神火将越斗越精神，圣水将无半点惧色。(67回)

从意义来看，《水浒传》中“越a越b”格式的意义与现代汉语中的相同，都表示在程度上b随着a的增加而增加。从“越”的句法组合能力来看，a可以是形容词，如例⑳中的“浑”，也可以是动词，如例㉑中的“斗”；b只能由形容词充当，如例⑳至例㉒中的“好吃”、“健”、“精神”。从“越”的音节组合能力来看，a都是单音节形式的，b 可以是单音节形式的（1 例），也可以是双音节形式的（2 例），可见，b 是以双音节的形式略占优势。

（2）句法功能方面，程度副词“越”只能作状语，“越”和所修饰成分构成的状中短语只能充当句子的谓语或句中主谓短语的谓语。

（3）适用句式方面，程度副词“越”主要用于肯定句中，在《水浒传》的 49 例中，有 44 例为肯定句，占总数的 89.8%；否定句只有 5 例，只占总数的 10.2%，“越”修饰含否定副词“不”的成分，否定词只能出现在“越”后面，如例⑬、例⑯和例⑰。

《水浒传》中程度副词“越”的用法详见下表：

<table>
<tr><th colspan="4" rowspan="2">程度副词“越”的用法</th><th rowspan="2">单用“越”</th><th colspan="2">连用“越 a 越 b”</th><th colspan="2" rowspan="2">数量总计</th><th rowspan="2">比例（%）</th></tr>
<tr><th>a</th><th>b</th></tr>
<tr><td rowspan="8">组合能力</td><td rowspan="2">越 + AP</td><td rowspan="2">越 + 形容词</td><td>单音节</td><td>2</td><td>1</td><td>1</td><td colspan="2" rowspan="2">6</td><td rowspan="2">12.2</td></tr>
<tr><td>双音节</td><td>0</td><td>0</td><td>2</td></tr>
<tr><td rowspan="6">越 + VP</td><td rowspan="2">越 + 动词</td><td>单音节</td><td>16</td><td>2</td><td>0</td><td rowspan="2">19</td><td rowspan="6">43</td><td rowspan="6">87.8</td></tr>
<tr><td>双音节</td><td>1</td><td>0</td><td>0</td></tr>
<tr><td colspan="2">越 + 动宾短语</td><td>8</td><td>0</td><td>0</td><td>8</td></tr>
<tr><td colspan="2">越 + 动补短语</td><td>11</td><td>0</td><td>0</td><td>11</td></tr>
<tr><td colspan="2">越 + 偏正短语</td><td>4</td><td>0</td><td>0</td><td>4</td></tr>
<tr><td colspan="2">越 + 连谓短语</td><td>1</td><td>0</td><td>0</td><td>1</td></tr>
<tr><td colspan="2" rowspan="2">适用句式</td><td colspan="2">肯定句</td><td>38</td><td colspan="2">6</td><td colspan="2">44</td><td>89.8</td></tr>
<tr><td colspan="2">否定句</td><td>5</td><td colspan="2">0</td><td colspan="2">5</td><td>10.2</td></tr>
</table>

（四）越是

“越是”是由程度副词“越”与副词词缀“是”组合构成的，“是”本为判断动词，但在此处意义已经虚化，变为词内成分，依附于前面的副词“越”，“越是”便从两个分立的单位变为一个双音程度副词，用来修饰谓词性成分，现代汉语中仍在使用。《水浒传》中程度副词“越是”仅 1 例，用来修饰双音节心理动词“疑惑”，满足了韵律组合的要求。如：

宋江心内越是疑惑，连忙扯开封皮，从头读至一半，后面写道：“父亲于今年正月初头，因病身故，见今停丧在家，专等哥哥来家迁葬……”（35 回）

（五）如法

“如法”意义相当于“越发”，《水浒传》中仅 1 例，用来修饰双音节形容词“了得”。如：

惟有一个女儿最英雄，名唤一丈青扈三娘，使两口日月双刀，马上如法了得。(47 回)

此例的“如法”在《水浒全传》中写作“越法”，意义同“越发”，“发”、“法”在《水浒传》的时代因发音相同而混用①。“越发”则在元代已经产生，但用得不多，《水浒传》中未见用例。

（六）转

“转”的本义是“转运物体”，引申为“变化”、“改变”，并由此虚化为程度副词，表示程度增加，相当于“更加”、“越发”，用于比较，三国时期已有用例，但使用频率一直不高。明代之后程度副词“转”很少使用，至现代汉语中已经消失。《水浒传》中程度副词“转”共10例，以单用为主，共6例，占总数的60.0%；但也有部分“转~转~”连用的形式，相当于“越~越~”，共2例（“转”共计4次），占总数的40.0%。在句法功能上，“转”只能作状语。在句法组合能力上，“转”所修饰的形容词和动词性成分各5例，分别占总数的50.0%；动词性成分中包括单独动词（4例）和动宾短语（1例），其中使用心理动词的共3例，占动词总数的75.0%。在音节组合能力上，“转”以修饰单音节词为主，共8例，占总数的80.0%；“转”修饰双音节形容词和多音节动词短语的情况各1例，分别只占总数的10.0%。在意义组合能力上，“转”所修饰的成分以表示消极意义的为主，共9例，占总数的90.0%，表示中性意义的只有1例，只占总数的10.0%。在适用的句式上，“转”只用于肯定句中。

根据程度副词“转”用法的不同，可分为单用和连用两种情况，下面分别加以说明：

(1)“转”的单用形式。这种用法占大多数，共6例。“转$_{单用}$”所修饰的成分有：

第一，转$_{单用}$ + A，仅1例，用来修饰双音节形容词“凄凉”，具有消极意义。如：

①寻贼潜居古庙堂，风寒月冷转凄凉。(73 回)

第二，转$_{单用}$ + VP，共5例，分为以下两类：

A. 转$_{单用}$ + V，共4例。如：

②天子听奏，急敕翰林院随即草诏：一面降赦天下罪囚，应有民间税赋悉皆赦免；一面命在京宫观寺院，修设好事禳灾。不料其年瘟疫转盛。(1 回)

③燕青大哭，拜在地下。天子转疑，便道：“卿且诉胸中之事，寡人与卿理会。”(81 回)

④看看天色晚了，又走得人困马乏，巴得到那山下时，正欲下寨造饭，只见山上

① 参见［日］香坂顺一：《白话语汇研究》，江蓝生、白维国译，中华书局，1997年，第333~334页。

火把乱起，锣鼓乱鸣。秦明转怒，引领四五十马军，跑上山来。(34 回)

从音节特征来看，“转”所修饰的动词皆为单音节的。从意义类别来看，这些动词以心理动词为主，如“疑”、“怒”、“惊”，共3例，占动词总数的75.0%；只有1例为非心理动词，即例②中的“盛”，表示“盛行”。

B. 转$_{单用}$+动宾短语，仅1例。如：

⑤宋江转添愁闷；众将得知，亦皆焦躁，尽有反心，只碍宋江一个。(90 回)

此例中的“转”与其后的单音节动词“添”构成了标准音步。

(2) “转”的连用形式。《水浒传》中“转”连用形式用例较少，只有2例，“转”共计4次，全部出现在引用宋代苏东坡的一句话中，可见，这是“转”在宋代用法的遗留，而且其连用形式仅限于两个“转”的连用，意思相当于“越～越～”，为了叙述方便起见，我们将其记作“转a转b”。“转$_{连用}$”的用例如下：

⑥因此苏东坡学士道：“不秃不毒，不毒不秃；转秃转毒，转毒转秃。”(45 回)

此例中的“转”在连用时所修饰的a和b都是单音节形容词，与“转”形成了标准音步，而且a和b在意义上互为因果关系，形成了回环句式“转a转b，转b转a”。

《水浒传》中程度副词“转”的用法详见下表：

<table>
<tr><td colspan="4" rowspan="2">程度副词“转”的用法</td><td rowspan="2">单用“转”</td><td colspan="2">连用“转a转b”</td><td rowspan="2">数量总计</td><td rowspan="2">比例（%）</td></tr>
<tr><td>a</td><td>b</td></tr>
<tr><td rowspan="4">组合能力</td><td rowspan="2">转+AP</td><td rowspan="2">形容词</td><td>单音节</td><td>0</td><td>2</td><td>2</td><td rowspan="2">5</td><td rowspan="2">50.0</td></tr>
<tr><td>双音节</td><td>1</td><td>0</td><td>0</td></tr>
<tr><td rowspan="2">转+VP</td><td>动词</td><td>单音节</td><td>4</td><td>0</td><td>0</td><td rowspan="2">5</td><td rowspan="2">50.0</td></tr>
<tr><td colspan="2">动宾短语</td><td>1</td><td>0</td><td>0</td></tr>
</table>

(七) 倍

“倍”的本义是“背反”、“背叛”，引申为照原数等加，又抽象出“增益”之义，最后虚化为程度副词，表示程度加深，相当于“更加”，魏晋时期已经产生，一直沿用至今，多用于书面语。《水浒传》中程度副词“倍”的用例很少，只有2例，都用来修饰动词，表示动作行为的程度加深。如：

①曾长官又见折了曾索，烦恼倍增。(68 回)

②千古英雄两坯土，墓云衰草倍伤神。(100 回)

从音节特征来看，例①中的“倍”修饰单音节动词“增”，例②中的“倍”修饰双音节心理动词“伤神”。

(八) 愈、益

“愈”的本义是“胜过”，“益”的本义是“水从器中漫出”，引申为“增加”，两者都虚化为表示程度增加的程度副词，相当于“更加”、“越发”等，先秦时已经出现，且使用频率很高，但在《水浒传》中单音程度副词“愈”、“益”已很少出现，只在诗句中偶有用例，而且它们在现代汉语中也只保留于书面语中，具有文言色彩。

(1)《水浒传》中程度副词“愈”共2例。如：

①杏桃秋到多零落，松柏冬深愈翠苍。(27回)

②活捉先锋彭玘至，梁山水泊愈增光。(55回)

例①中“愈”修饰双音节形容词“翠苍”，本应为“苍翠”，由于诗句押韵的需要而改变词序。例②中“愈”修饰双音节动词“增光”。

(2)《水浒传》中程度副词“益”仅1例，用来修饰单音节形容词“坚”。如：

③人逢忠义情偏洽，事到颠危志益坚。(17回)

(九) 一发

“一发”相当于“更加”、“越发”，是假借同音词“益发”而产生的，元曲中已有用例。但《水浒传》中副词“一发”主要用来表示“一齐”、“索性”两种意义，表示程度增加的“一发”只有2例。如：

①我教哥哥一发放心，前者哥哥认义兄弟那一日，先在酒店里和我吃酒的那两个人，一个是梁山泊神行太保戴宗，一个是锦豹子杨林。他与兄弟十两一锭银子，尚兀自在包里，因此可去投托他。(46回)

②石秀的武艺不低似孙立，要赚祝家庄人，故意教孙立捉了，使他庄上人一发信他。(50回)

这两例中的“一发”分别修饰双音节的动词“放心”和动宾短语“信他”，满足了韵律组合的要求。这两例中的“一发”似乎也可理解为“索性”、“一齐”，香坂顺一先生认为《水浒传》中表示“越发”的“一发”找不出确实的例子①。我们暂且将这两例中的“一发”作为程度副词来处理。

三、比较级相对程度副词

所谓比较级相对程度副词是指通过比较来表示事物达到一定量的程度，其量级仅次于原级的程度副词。这类副词在语义上要求比较对象是多项，表义重点则在于肯定事物具有某种程度的特征，而不注重比较对象，所以比较级相对程度副词不能用于否定比较，不能修饰否定形式的成分，而且其比较对象一般也要求是不定的。《水浒传》中此类程度副词只有1个：“较（觉）”。其用法具体表现为：

“较”本作动词，表示较量，先秦已见，唐代时引申作程度副词，表示相比而言具有一定的程度，其语气上着重于肯定对象具有某种性质或状态，而不注重比较对

① 参见［日］香坂顺一：《白话语汇研究》，江蓝生、白维国译，中华书局，1997年，第254页。

象，因此，其比较对象一般是不定的。《水浒传》中程度副词“较”或写作“觉”，两字古音同，但用例不多，共9例，都在句中作状语。在句法组合能力上，“较（觉）”只修饰形容词，形容词中以“近”的出现频率最高，共7例，占总数的77.8%。在适用的句式上，由于“较（觉）”表示的一定程度跟否定不兼容，因此，只出现于肯定句中，不用于否定式。如：

①原来这清风镇却在青州东南上，从正南取清风山较近，可早到山北小路。（34回）

②刘唐道：“此处黄泥冈较远，何处可以容身？”（16回）

③茶博士道：“不可高声，耳目觉近。”（72回）

④费保道：“我着人把船渡哥哥，从小港里稍到军前，觉近便。”（93回）

以上几例中，“较（觉）”修饰形容词，只有2例写作“觉”，即例③、例④。从这些形容词的音节特征来看，以单音节形式为主，共8例，占总数的88.9%；只有1例为双音节形式，即例④中的形容词“近便”，只占总数的11.1%。从语义色彩来看，单音节形容词都表示中性意义，共8例，占总数的88.9%；只有双音节形容词“近便”表示积极意义，仅1例。

有必要说明一下，《水浒传》中的“较”还有一种用法，各家看法不一。如：

⑤把衣袖卷起，拿刀在手，看的较胜，只一刀，把铜钱剁做两半。（12回）

⑥周谨见一箭射不着，却早慌了，再去壶中急取第二枝箭来，搭上弓弦，觑的杨志较亲，望后心再射一箭。（13回）

⑦花荣见他不赶来，连忙便勒转马头，望宣赞赶来，又取第三枝箭，望得宣赞后心较近，再射一箭，只听得铛地一声响，却射在背后护心镜上。（64回）

以上各例中出现了“较胜”（1例）、“较亲”（9例）、“较近”（4例），在《水浒传》中这种用法的“较”共14例。《水浒词典》中认为其中的“较”表示“最”、“极”，但这种意义在宋代以后已很少见；唐贤清先生（2003）在《朱子语类副词研究》中认为这种用法的“较”表示具有一定程度；《汉语大词典》中则认为其中的“较”不是程度副词，而是形容词，表示“明显”的意思，这种意义古已有之，“较胜”、“较亲”、“较近”皆表示“明显切近”、“准确”的意思。相比之下，我们认为《汉语大词典》的解释最为合理，因此，将这种用法的“较”作为形容词看待。

现代汉语中程度副词“较”只用于书面语中，可修饰形容词和动词短语，其中以修饰单音节形容词较为多见，这与《水浒传》中的情况相同，但现代汉语口语中常用的双音节程度副词“比较”在《水浒传》中尚未出现。

四、较低级相对程度副词

所谓较低级相对程度副词是指通过比较表示程度轻微，在量级上低于比较级的程度副词。这类副词在语义上对比较对象没有明显的限制，既可以是双项的比较，也可以是多项的比较；既可以是横向的不同事物的比较，也可以是纵向的不同时段的比较。由于量级较低，较低级相对程度副词的表意重点与比较级相对程度副词一样，都着重于肯定事物具有某种特征，所以一般不用于否定比较，不修饰否定形式的成分。这类副词的特殊之处在于其所修饰的成分中常常带有表示少量的不定指成分，与程度副词配合使用表示程度的轻微。而且，这类副词可以与较低级绝对程度副词“有些”连用，而其他的相对程度副词一般不能与绝对程度副词连用。另外，此类副词还可以不用于比较，单纯表示性状程度的轻微和动作的少量义。《水浒传》中此类程度副词共有稍、稍稍、略、略略、微、微微6个。下面分别加以讨论。

（一）稍

“稍”在先秦已有副词的用法，一方面有“渐”、“小”、“少”之义，一方面亦有“尽”义，“稍”作副词时最初是时间副词，表示“逐渐”、“渐渐”等义，后由“小”、“少”义引申为“稍微”之义，由“尽”义引申为“很”、“甚”之义[①]。在近代汉语中，副词“稍”主要用作程度副词。《水浒传》中的程度副词“稍”只表示程度浅，其用例不多，只有5例，都在句中作状语。在句法组合能力上，“稍”主要修饰动词性成分，共3例，包括单独动词（2例）和动宾短语（1例），占总数的60.0%；“稍”也可以修饰形容词和主谓短语，各1例，各占总数的20.0%。在音节组合能力上，“稍”主要修饰单音词，共3例，占总数的60.0%，“稍”在修饰多音节的短语（2例）时也都与其后的单音词构成标准音步。在意义组合能力上，“稍”主要修饰具有中性意义的成分，共4例，占总数的80.0%；仅有1例修饰具有消极意义的成分。在适用的句式上，“稍”全部用于肯定句中。现代汉语中程度副词“稍”也只表示程度浅，主要用来修饰单音词，后面还常常带“点”、“些”等表示微量的词，与“稍”配合表示程度，也使得语气舒缓些。

《水浒传》中程度副词“稍”的用法具体表现为：

（1）组合能力方面，“稍”所修饰的成分有：

第一，稍+A，仅1例，形容词是单音节的。如：

①那十一个厢禁军，担子又重，无有一个稍轻，天气热了，行不得，见着林子便要去歇息。（16回）

此例中的“稍”修饰形容词“轻”，具有比较义。现代汉语中“稍”修饰形容词表示比较时，形容词一般不能单用，后面多有表示少量、不定量的成分“一点儿”、“一些”等与之配合，与《水浒传》中的用法不同。

第二，稍+VP，共3例，分为以下几种情况：

A. 稍+V，共2例，动词都是单音节的。如：

---

① 参见中国社会科学院语言研究所古代汉语研究室编：《古代汉语虚词词典》，商务印书馆，1999年，第493页。

②秦明见了，大叫："哥哥稍歇，看我立斩此贼。"(52 回)

③虽然放了一冷箭，辽兵稍退，天明必来攻围，裹的铁桶相似，怎生救解？(84 回)

这两例中的"稍"修饰动词，表示动作量度的轻微，即"少量"义。

B. 稍 + 动宾短语，仅 1 例。如：

④略施妙计，使阿罗汉抱住比丘尼；稍用机关，教李天王搂住鬼子母。(24 回)

此例中的"稍"在句法上修饰动宾短语"用机关"，在韵律上则与单音节动词"用"组成标准音步。而且，"稍"与前面分句中的程度副词"略"形成呼应。

第三，稍 + S，仅 1 例。如：

⑤安道全谏道："将军疮口未完，切不可轻动。稍若怒气相侵，实难痊可。"(66 回)

此例中的"稍"修饰主谓短语"怒气相侵"。"若"为连词，表示假设，"稍若"构成双音节的标准音步。

(2) 句法功能方面，程度副词"稍"只能作状语，"稍"和所修饰成分构成的状中短语都在句中作谓语。

(3) 适用句式方面，程度副词"稍"只用于肯定句中。

(二) 稍稍

"稍稍"是由副词"稍"重叠而成的双音副词，先秦已经产生，"稍稍"同副词"稍"一样，最初作时间副词，表示动作行为是逐渐发生、出现的。至唐代时，"稍稍"又产生了表示程度轻微的用法，并且其用于程度义的比例在逐渐增加。

(1) "稍稍"的用法：

《水浒传》中"稍稍"仅 1 例，表示程度浅，用来修饰双音节的动宾短语。如：

阮小五、阮小七挂孝已了，自来谏劝宋江道："我哥哥今日为国家大事折了性命，也强似死在梁山泊埋没了名目。先锋主兵，不须烦恼，且请理国家大事，我弟兄两个自去复仇。"宋江听了，稍稍回颜。(96 回)

现代汉语中程度副词"稍稍"只表示程度浅，很少用来修饰单个的动词或形容词，除了带宾语等形式外，后面多有表示不定量的数量成分"一点儿"、"点儿"、"一些"、"些"、"一下"、"一会儿"等。

(2) "稍稍"与"稍"的比较：

齐沪扬（1987）认为副词的基式与重叠式在语义上的差别首先表现在义项的多少上，重叠式的义项一般比基式少。重叠式的"稍稍"在上古汉语和中古汉语中都只用作时间副词，自近代汉语以来则逐渐发展为只表示程度浅的程度副词。基式"稍"在古代汉语中则长期具备多个义项。其次，两者在语义上的差别还表现在表示程度强弱的不同上，相同的意思，重叠式一般要比基式更重一些，基式"稍"表示程度浅，重叠式的“稍稍”带有强调和加强语义的意味，表示的程度比“稍”更浅。可见，此类较低级程度副词在语义、语气上的增强反而会使程度有所减弱。

在音节组合能力上，副词的基式以修饰单音词为主，也可以修饰多音节（包括双音节）的成分，而重叠式通常只修饰多音节（以双音节为主）的成分。

在句法功能上，副词的基式与重叠式在句子中都能充当状语，但基式的后面不能带结构助词“地”或“的”，而重叠式的后面一般可以带结构助词“地”或“的”。

《水浒传》中程度副词“稍”和“稍稍”的用法比较详见下表：

组合能力 / 词项	句法组合能力				音节组合能力	合计
	AP	VP		S		
	形容词	动词	动宾短语	主谓短语		
稍	1	2	1	1	单音节为主	5
稍稍	0	0	1	0	双音节	1

（三）略

“略”在《说文》段注中的解释为：“凡举其要而用功少皆曰略。”引申为“简略”、“要略”、“略微”诸义。其中“略微”之义可用作程度副词，多用于谓语前，表示动作行为的轻微，先秦已有用例，后沿用于文言中①。《水浒传》中程度副词“略”共46例，在句法功能上都作状语。在句法组合能力上，“略”主要用来修饰动词性成分，表示动作行为的程度轻，有些用例也可理解成表示时间不长或数量不多，但这都是由动作的少量义引申而来的，因此本质上没有什么差别。“略”修饰动词性成分的用法共44例，占总数的95.7%，包括单独动词（2例）、动宾短语（18例）、动补短语（22例）、状中短语（2例），其中以动补短语和动宾短语为主，各占总数的47.8%和39.1%；“略”修饰形容词性成分的用法只有2例，皆为状中短语，只占总数的4.3%。在音节组合能力上，“略”以修饰单音节词为主，共43例，占总数的93.5%；只有3例为双音节词，占总数的6.5%。在意义组合能力上，“略”所修饰的成分都是表示中性意义的，而且大部分被修饰成分中都含有表示少量义的词语，与“略”配合使用，共同表示程度轻微，这种情况共39例，占总数的84.8%；被修饰成分中不含少量义的只有7例，占总数的15.2%。在适用的句式上，“略”只用于肯定句中。

现代汉语中程度副词“略”主要修饰单音节形容词或动词，除了一些文言味较重的结构外，谓词也很少单用，后面多有表示不定量的数量成分“一点儿”、“点儿”、“一些”、“些”、“一下”、“一会儿”、“几”等，也可以采用动词重叠或带宾语等形

① 参见中国社会科学院语言研究所古代汉语研究室编：《古代汉语虚词词典》，商务印书馆，1999年，第354页。

式，与《水浒传》中的用法接近。但现代汉语中程度副词“略”多用于书面语，而《水浒传》中程度副词“略”却常出现在人物语言及叙述语言中，可见其使用范围较广。

《水浒传》中程度副词“略”的用法具体表现为：

（1）组合能力方面，“略”所修饰的成分有：

第一，略 + AP，共 2 例，皆采用“略 + 有些 + A”的形式，程度副词“略”与“有些”连用，“略”修饰形容词性短语“有些 A”。如：

①林冲烘着身上湿衣服，略有些干，只见火炭边煨着一个瓮儿，里面透出酒香。(10 回)

②宋江见了这人，略有些面熟：“莫不是那里曾厮会来?”(20 回)

这两例中的“略”与“有些”虽然都是程度副词，但两者并不处于同一句法层次上，“略”是相对程度副词，可表示比较，“有些”是绝对程度副词，不表示比较。例①中的“略”是对“有些干”的程度再作限定，比“有些干”的程度更低，而且“略”在此处有比较义，其程度是与之前“湿”的状态相比较而言的。例②中的“略”与“有些”都表示程度轻微，不表示比较，但两者仍分属于不同的句法层次，“略”修饰“有些面熟”，对其程度再作限定，比“有些面熟”的程度更低，而“略”一般不能与“面熟”直接搭配。

第二，略 + VP，共 44 例，分为以下几种情况：

A. 略 + V，共 2 例。如：

③宋江见柴进头破额裂，两腿皮肉打烂，眼目略开又闭。(54 回)

④关胜看了，有些面熟，灯光之下略也认得，便问是谁。(64 回)

例③中的“略”修饰单音节动词“开”，再与其后的状中结构“又闭”构成连谓短语，作句子的谓语。例④中的“略”与类同副词“也”连用，构成标准音步，修饰双音动词“认得”，“也”具有舒缓语气的作用。《水浒传》中“略”修饰单个动词的用法很少，仅此 2 例，与现代汉语中的情况趋于一致。

B. 略 + 动宾短语，共 18 例。如：

⑤小人身边略有些东西，若是他好问我讨时，便送些与他；若是硬问我要时，一文也没。(28 回)

⑥宋江道：“略奉一杯，非敢为礼。”(82 回)

⑦吴用不才，略施小计，只在戴院长身上，定要救宋三郎性命。(39 回)

⑧花荣略带住了马，拈弓取箭，扭转身躯，只一箭，把薛元辉头重脚轻射下马去。(54 回)

以上各例中，“略”修饰动宾短语，其中大部分动宾短语都含有少量义，共 15 例，占此类总数的 83.3%，如例⑤至例⑦中动宾短语的宾语中有量词“些”，数词

“一”及形容词“小”，都表示少量或者不定量，它们与“略”配合使用，表示动作的少量义，也可引申表示数量不多，但其本质都是动作的轻微。不含少量义的动宾短语共3例，如例⑧，只占此类总数的16.7%。

C. 略+动补短语，共22例，根据补语类型的不同，分为以下几种情况：

a. 略+动词+趋向补语，共2例。如：

⑨却被武松略躲个过，就势里从胁下钻入来，左手带住头，连肩胛只一提，右手早捽住西门庆左脚，叫声：“下去！”（26回）

⑩那人便把船略拢来凑在岸边，一手把竹篙点定了船，口里大骂着。（38回）

以上两例中的趋向动词“过”、“来”作趋向补语。其中例⑨“略躲个过”在动词和补语中间有量词“个”，使补语兼有宾语的性质①。

b. 略+动词+数量补语，共20例，数量补语可分为动量补语和时量补语两种，它们都是表示少量、不定量的成分。

• 补语是动量补语，由数词和动量词构成，共16例。如：

⑪略斗四五合，穆春便走，呼延灼只怕中了计，不来追赶，望正北大路而走。（57回）

⑫原来金节素有归降大宋之心，故意要本队阵乱，略斗数合，拨回马望本阵先走。（92回）

⑬两个下琵琶亭来，到得江边，张顺略哨一声，只见江面上渔船都撑拢来到岸边。（38回）

⑭李云推却不过，略呷了两口。（43回）

从动量补语中数词的使用来看，有确数，如“一”、“两”、“三”、“半”，也有概数，如“四五”、“数”，都表示少量、不定量。从量词的使用来看，动量词在中古汉语中就有了广泛的应用，《水浒传》中的用例更多，如“合”、“声”、“口”等，其中“声”、“口”是借用名词来表示动量关系。值得注意的是，宋代时产生了用动词本身表示动量的形式②，这种用法在《水浒传》里很常见，“略”所修饰的动补短语中使用同源动量词的共9例，占动量补语总数的56.3%。此类动补短语主要采用“V一V”的形式，用来表示动作行为的短暂，而且其中的数词都用“一”，表示少量，数词“一”一旦被省去，表示短时体的动词重叠式就形成了。使用同源动量词的动补短语可分为以下几种情况：

◇ 略+“V一V”，共7例，第一个V是动词，第二个V是同源动量词，位于数词“一”之后。如：

⑮那个大虫又饥又渴，把两只爪在地下略按一按，和身望上一扑，从半空里撺将

---

① 参见向熹：《简明汉语史》，高等教育出版社，1993年，第379页。

② 参见向熹：《简明汉语史》，高等教育出版社，1993年，第357~358页。

下来。(23回)

⑯只见那店小二略睡一睡，放心不下，扒将起来，前后去照管。(46回)

此两例中，“略”修饰动补短语“按一按”、“睡一睡”，动量成分“一按”、“一睡”作补语。此类用例还有“待一待”、“闪一闪”、“摇一摇”、“侧一侧”，其中的动量补语都具有少量义，与程度副词“略”配合使用，强调动作量度的轻微。其中“略”修饰“睡一睡”、“待一待”，也可理解为表示时间不长，但这是由动作的轻微量度造成的，其意义没有本质的区别。

◇略+“V得一V”，仅1例。如：

⑰只指头略擦得一擦，他自倒了。不曾见这般鸟女子，恁地娇嫩！(39回)

“得”是助词，用在动词后表示动作的实现，其后的数量成分“一擦”作补语，具有少量义。

◇略+“VO一V”，仅1例。如：

⑱你和黑厮最好，你可略等他一等，随后与他同来。(72回)

此例中的动宾短语“等他”带动量补语，受程度副词“略”修饰，表示动作的少量或引申理解为时间短促。

•补语是时量补语，共4例。如：

⑲只是众弟兄难得员外到此，既然不肯入伙，且请小寨略住数日，却送还宅。(62回)

⑳观察略待一时，少刻坐厅时，小吏来请。(18回)

时量补语中所谓的量词其实都是时间名词，如“日”、“时”、“宵”等，整个动补短语受“略”修饰，可理解为动作量少或时间短促。

第三，略+偏正短语，共2例。如：

㉑杨志在马上把腰只一纵，略将脚一拍，那马勃喇喇的便赶。(13回)

㉒李逵便放了手，那人略得脱身，一道烟走了。(38回)

例㉑中的介词短语“将脚”和关联副词“一”都作状语。例㉒中的能愿动词“得”指能够，用来修饰动词“脱身”构成状中短语，一起受“略”修饰。“略”与“得”组成标准音步。

(2)句法功能方面，程度副词“略”只能作状语，“略”和所修饰成分构成的状中短语可充当的句法成分只有谓语。

(3)适用句式方面，程度副词“略”只用于肯定句中，因为“略”是较低级的相对程度副词，语义上强调对象具有某种特质，往往具有肯定色彩。

《水浒传》中程度副词“略”的用法详见下表：

<table>
<tr><th colspan="3">程度副词“略”的用法</th><th>举例</th><th colspan="2">数量</th><th>比例（%）</th></tr>
<tr><td rowspan="5">组合能力</td><td>略+AP</td><td>略+状中短语</td><td>有些干、有些面熟</td><td colspan="2">2</td><td>4.3</td></tr>
<tr><td rowspan="4">略+VP</td><td>略+动词</td><td>开、也认得</td><td>2</td><td rowspan="4">44</td><td rowspan="4">95.7</td></tr>
<tr><td>略+动宾短语</td><td>有些薄礼、放片言</td><td>18</td></tr>
<tr><td>略+动补短语</td><td>拢来、斗一合、待一待</td><td>22</td></tr>
<tr><td>略+状中短语</td><td>将脚一拍、得脱身</td><td>2</td></tr>
</table>

（四）略略

“略略”是由程度副词“略”构成的重叠式副词，表示程度浅，而且与“略”相比，“略略”的语气更强，表示的程度更浅。“略略”是近代汉语中才出现的双音节程度副词，宋代的《朱子语类》中已有用例①。

《水浒传》中程度副词“略略”仅1例，用来修饰动宾短语。如：

放下水火棍，便倒在树边，略略闭得眼，从地下叫将起来。（8回）

此例中的“得”是助词，用在动词后表示动作的实现，“略略”修饰动宾短语“闭得眼”，表示动作的轻微量度或时间的短暂。

程度副词“略略”在近代汉语中的使用频率较低，相比之下，单音节程度副词“略”的使用频率很高，《水浒传》中两者出现的比例为1∶46。在现代汉语中，程度副词“略略”则变得更为常用一些，与“略”的使用频率相仿，而且一般也用于书面语。

（五）微

“微”本作动词，有“隐匿”之义，后引申出副词的用法，表示动作行为的方式是秘密的，程度是轻微的，或者表示否定等，先秦已有用例。程度副词“微”自产生以后发展很快，魏晋时期已成为十分常用的程度副词，明清时期使用频率仍然很高。但发展至现代汉语中，由于“微”具有文言色彩，只能修饰单音节动词或形容词，随着现代汉语词汇双音化趋势的日益增强，“微”呈现出明显的语素化倾向，经常作为构词语素存在于双音节的程度副词中，如“稍微”、“略微”、“微微”等现代汉语常用的程度副词中都含有语素“微”，而“微”独立作程度副词的能力却越来越弱。

《水浒传》中程度副词“微”共40例，在句法功能上都作状语。在句法组合能力上，“微”修饰形容词和动词性成分的数量接近，以修饰形容词的用法略占优势，共21例，占总数的52.5%；“微”修饰动词性成分的用法共19例，占总数的47.5%，包括单独动词（5例）、动宾短语（13例）和动补短语（1例），其中以修饰动宾短语的用法为主，占总数的32.5%。在音节组合能力上，“微”所修饰的动词、形容词皆

① 参见唐贤清：《〈朱子语类〉副词研究》，湖南师范大学博士学位论文，2003年，第41页。

为单音节形式的，都能与“微”构成标准音步，而且“微”在修饰动词短语时也都与其后的单音节动词组成标准音步。在意义组合能力上，“微”所修饰的成分都是表示中性意义的，其中被修饰成分包含少量义的只有5例，只占总数的12.5%；被修饰成分中不含少量义的共35例，占总数的87.5%，说明在绝大多数情况下程度副词“微”都单独用来表示程度轻微，不需与含有少量义的词语配合使用。在适用的句式上，“微”只用于肯定句中。

《水浒传》中程度副词“微”的用法具体表现为：

（1）组合能力方面，“微”所修饰的成分有：

第一，微+A，共21例。如：

①是夜月色微明，星光满天。(70回)

②因为他一身好武艺，面貌微黄，以此人都称他做病关索杨雄。(44回)

③又过了三二日，冬已将残，天色回阳微暖。(24回)

以上几例中，“微”修饰形容词，用例较多的有“微明”（10例）、“微红”（3例）、“微黄”（3例）。从音节特征来看，“微”所修饰的形容词都是单音节形式的。从语义色彩来看，被修饰的形容词都是具有中性意义的。从句法功能来看，“微+A”以充当谓语为主，共19例，占此类总数的90.5%，偶尔也可充当定语（1例）和宾语（1例）。

第二，微+VP，共19例，分为以下几种情况：

A. 微+V，共5例，动词皆为单音节形式的。如：

④手中羽扇动天关，头上纶巾微岸。(76回)

⑤宋江便觉道春色微醺，又怕酒后醉失体面，再拜道：“臣不胜酒量，望乞娘娘免赐。”(42回)

例④中的动词“岸”指将冠帽上推，露出前额；例⑤中的动词“醺”指使人沉醉，两者都受程度副词“微”修饰，构成标准音步。

B. 微+动宾短语，共13例。如：

⑥背上雌雄宝剑，匣中微喷光华。(76回)

⑦和尚笑道：“不成礼数，微表薄情而已。”(45回)

⑧生得三拳骨叉脸儿，微有几根髭髯，年近三十五六。(27回)

以上各例中，“微”修饰动宾短语。从动宾短语中动词的音节特征来看，它们都是单音节形式的，都与“微”组成标准音步。其后的宾语为双音节或多音节形式的，且都能以双音节为单位划分节奏，形成最佳的韵律结构，如“微喷/光华”、“微表/薄情/而已”。从意义来看，动宾短语的宾语中含有表示少量义成分的共5例，占此类总数的38.5%，如例⑦中的形容词“薄”、例⑧中的数词“几”都能表示少量义，与程度副词“微”配合使用，强调动作的程度轻微；不含少量义的动宾短语共8例，占此类总数的61.5%，可见，“微”以单独表示程度的用法占优势。

C. 微+动补短语，仅1例。如：

⑨微闪开眼来看那蛇时，但见：昂首惊飚起，掣目电光生。(1回)

此例中的“微”修饰动补短语“闪开眼来”，宾语“眼”位于两个趋向补语“开”、“来”之间，形成“补+宾+补”的结构，它们分属三个层次。

(2) 句法功能方面，程度副词“微”只能作状语，“微”和所修饰的成分构成的状中短语能充当的句法成分有谓语（38例）、定语（1例）和宾语（1例），其中绝大多数都作谓语，占总数的95.0%。

(3) 适用句式方面，程度副词“微”都用于肯定句中。

(六) 微微

1. “微微”的用法

“微微”是由程度副词“微”重叠而成的双音节程度副词。根据《汉语大词典》的注释，“微微”最初表示“幼小”、“渺小”等义，继承了“微”表示“小”的义项并加以强调，用作形容词，汉代已有用例，至近代汉语中，“微微”的语义逐渐发生转移，主要用来表示动作行为的程度轻微，用作程度副词。《水浒传》中“微微”共6例，其中有5例用作程度副词，表示程度浅，只有1例用作形容词，表示“隐约”。程度副词“微微”从来源与形成的角度看，可以说并不是由程度副词“微”重叠构成的，而是由同形的形容词重叠转化而成的，但我们并不对其来源严格加以区分，故仍将程度副词“微微”看作是由程度副词“微”重叠构成的。《水浒传》中程度副词“微微”共5例，全部用来修饰双音节或多音节的动词性成分，分为以下几种情况：

(1) 微微+V，共2例，动词皆为双音节形式的。如：

①关胜听了，微微冷笑：“盗贼之徒，不足与吾对敌。”(64回)

②李逵叫一声：“柴大官人!”那里见动。把手去摸时，只觉口内微微声唤。(54回)

(2) 微微+动补短语，共3例。如：

③看见月光微微照在身上，王四吃了一惊，跳将起来，却见四边都是松树。(2回)

④燕青微微咳嗽一声，只见屏风背后转出一个丫嬛来……(72回)

⑤燕青微微地咳嗽一声，丫嬛出来见了，便传报李妈妈出来。(81回)

例③中的“微微”修饰动补短语“照在身上”，介词短语“在身上”作动词的补语。例④、例⑤中的“微微”修饰动补短语“咳嗽一声”，动量短语“一声”作补语，数词“一”含有少量义，与“微微”配合使用表示程度轻微。这两例用法的区别在于，例④中的“微微”直接修饰动补短语，例⑤中的“微微”后面则附加了结构助词“地”，说明程度副词“微微”作状语时后面带不带结构助词“地”是任意的。从语用上看，带结构助词“地”可以使语气舒缓，而且对副词本身也有强调作用。另外，单音节副词“微”后都不能带结构助词“地”。

现代汉语中“微微”一般只用作程度副词，表示程度浅，在句法上它可以与较低级绝对程度副词“有点儿”连用，修饰形容词及心理动词，也可以直接修饰动词短语，其中可出现含有少量义的成分，与“微微”配合表示程度浅。另外，“微微”一般只修饰双音节形容词或动词，而“微”则只修饰单音词，形成互补。此外，“微微”既可用于书面语，也可用于口语，而“微”只能用于书面语。

2. “微微”与“微”的比较

《水浒传》中程度副词“微”与“微微”的用法比较详见下表：

<table>
<tr><td rowspan="4">用法
词项</td><td colspan="6">句法方面</td><td rowspan="4">语义及
语用方面</td><td rowspan="4">合计</td></tr>
<tr><td colspan="5">句法组合能力</td><td rowspan="3">音节组
合能力</td></tr>
<tr><td>AP</td><td colspan="3">VP</td><td rowspan="2">加助词
“地”的
能力</td></tr>
<tr><td>A</td><td>V</td><td>动宾
短语</td><td>动补
短语</td></tr>
<tr><td>微</td><td>21</td><td>5</td><td>13</td><td>1</td><td>不加</td><td>单音节
为主</td><td>程度浅</td><td>40</td></tr>
<tr><td>微微</td><td>0</td><td>2</td><td>0</td><td>3</td><td>任意</td><td>多音节
为主</td><td>程度更浅
语气更强</td><td>5</td></tr>
</table>

从上表可见，《水浒传》中单音副词“微”的使用频率明显高于双音节的“微微”，两者出现的比例为8∶1，“微”的句法组合能力也比“微微”要强，“微”既可修饰动词性成分，也可修饰形容词性成分，“微微”只能修饰动词性成分，不过，“微”后不能加结构助词“地”，“微微”却可以。此外，两者对被修饰成分音节的选择呈互补状态，“微”以修饰单音节成分为主，“微微”则以修饰多音节成分为主。在语用上，重叠式的“微微”比基式的“微”语气更强，由于表示程度轻微，加重语气的结果反而使得程度有所减弱。

针对以上情况，我们从意义上（根据有无明确的比较对象和程度量级的差别）对《水浒传》中程度副词的两个大类八个小类逐一进行了计量考察和详细描写，《水浒传》中程度副词的各种用法及分布情况基本得到了勾画，下面作个小结。

第一，从词量和使用频率来看，《水浒传》中的程度副词共有58个，出现总次数是2 397次，无论从词量上看还是从使用频率上看都是副词中一个十分重要的次类。从《水浒传》中具体程度副词的使用频率来看，按由高到低的顺序处于前十位的依次是：大（1 048）、好（188）、最（150）、甚（92）、十分（82）、好生（69）、少（68）、极（61）、有些（儿）、（53）、越（49）。从它们的发展趋势来看，其中的“甚”、“好生”、“少”在现代汉语中使用频率已经很低甚至消失，而其余几个程度副词在现代汉语中仍比较常用，体现出向现代汉语发展的明显趋势（详见“《水浒传》程度副词的产生时代和音节特征分类表”）。

第二，从产生时代来看，《水浒传》中的程度副词可分为上古、中古汉语中已经产生的和近代汉语中才出现的，这表明《水浒传》中的程度副词是一个具有不同时间层次的词汇系统。其中从上古、中古汉语中继承下来的程度副词有34个，占总数的58.6%，使用频率有2 009次，占总使用频率的83.8%，占据了主导地位；同时，《水浒传》中近代汉语新出现的程度副词有24个，占总数的41.4%，使用频率有388次，占总使用频率的16.2%，这说明近代汉语中产生了很多新兴的程度副词，但还处在发展阶段，因此，在《水浒传》中的使用频率不高。总的来说，《水浒传》中的程度副词继承多于发展，表现出相对的稳定性（详见“《水浒传》程度副词的产生时代和音节特征分类表”）。

另外，从近代汉语向现代汉语的发展来看，现代汉语中不少常用的程度副词都是从近代汉语继承下来的，《水浒传》中的程度副词保留至现代汉语的有49个，其中现代汉语比较常用的有20个，包括“大”、“老”、“好”、“十分”、“非常”、“分外”、“太”、“最”、“稍”、“稍稍”、“有些”、“较”、“越”、“越是”、“更”等，其他都只用于书面语中或者只保留在某些方言中。

第三，从音节特征来看，《水浒传》中的程度副词可分为单音节和双音节两种形式。其中单音程度副词有35个，占总数的60.3%，使用频率有2 086次，占总使用频率的87.0%；双音程度副词有23个，占总数的39.7%，使用频率有311次，占总使用频率的13.0%。可见，单音程度副词在词量和使用频率上都占很大优势。不过，结合其历时发展我们也应该看到，由于上古、中古汉语中单音程度副词占有绝对优势，因此，《水浒传》中从前代继承下来的程度副词有94.1%是单音节形式的，但随着整个汉语词汇的普遍双音节化，近代汉语中新产生的程度副词绝大多数都是双音节形式的，《水浒传》中近代新产生的程度副词有87.5%是双音节词，可见，双音节程度副词的比例在逐渐增大。在现代汉语中，双音节程度副词已占有明显优势（详见“《水浒传》程度副词的产生时代和音节特征分类表”）。

音节特征 / 时代	单音副词	双音副词	词数（比例） 频率（比例）
上古、中古汉语已有	太、过、极、至、绝、好、颇$_1$、生、酷、良、深、重、厚、偏、盛、雅、大、甚、杀（煞）、少、颇$_2$、小、最、更、愈、益、倍、转、较（觉）、稍、略、微	非常、稍稍	34个（58.6%） 2 009次（83.8%）

（续上表）

音节特征 时代	单音副词	双音副词	词数（比例） 频率（比例）
近代汉语出现	老、忒、越	多少、分外、忒杀、十分、好生、深为、最为、甚为、最是、极是、甚是、越是、更是、大大、深深、重重、略略、微微、有些（儿）、如法、一发	24 个（41.4%） 388 次（16.2%）
词数、频率	35 个（60.3%） 2 086 次（87.0%）	23 个（39.7%） 311 次（13.0%）	58 个 2 397 次

第四，从结构形式来看，《水浒传》中的程度副词可分为单纯词和合成词两大类。其中单纯词都是单音节形式的，有 35 个，合成词都是双音节形式的，有 23 个（统计同上）。单纯词往往有多个义项，可称之为“多项副词”，我们还根据其义项的不同将该副词分立为不同的副词项，如“颇”，根据其表示程度深浅的不同可分为两项，但随着时间的推移，“颇”就发展为只表示程度深的“单项副词”了。相比之下，单纯词的使用频率比合成词要高得多，而且大多是从前代继承下来的，可见，其生命力持久，其中有些词一直沿用至现代汉语中，且仍很常用，如“最”、“太”、“好”、“更”等。合成词中的多项副词则比单纯词中要少得多，很多合成词都只有表示程度的一个义项，而且合成词的使用频率总体来说比较低，其中大多是近代汉语中新出现的，尚处于发展阶段。

《水浒传》中的双音程度副词即合成副词从构成方式上看，可以分为复合式、重叠式和附加式三类：

（1）复合式，可分为以下三种：①并列复合式，从语义关系看有同义关系的，即“忒杀”，也有反义关系的，即“多少”，而且“多少”是偏义的并列复合词；②偏正复合式，这类程度副词从来源上看都是由偏正词组演变来的，包括“非常”、“分外”、“十分”、“一发”和“如法”，共 5 个；③述宾复合式，只有“有些（儿）”1 个。

（2）重叠式，《水浒传》中的重叠式程度副词都是由单音程度副词重叠构成的，包括“大大”、“深深”、“重重”、“略略”、“微微”、“稍稍”，共 6 个。这些副词的基式和重叠式具有同义关系，但也存在一些差别和分工：在句法结构中，它们最明显的差别表现在对被修饰成分音节的选择上，基式一般可以修饰各种音节的成分，其中以单音节居多，重叠式则只能修饰双音节或多音节的成分。在语义和语用上，它们的差别则表现在重叠式比基式程度更深（或更浅），语气更强（具体见前面相关词的论述）。

（3）附加式，都是由单音节程度副词附加副词后缀“是”、“为”、“生”构成的，包括“最是”、“极是”、“甚是”、“越是”、“更是”、“深为”、“最为”、“甚为”、“好生”，共9个。近代汉语以来，随着汉语词汇双音化的发展，这种词根加词缀的构词方式大量出现。作为词根的单纯词与附加式合成词在语义上存在着对应关系，但也存在着一些差别：在句法结构中，两者最明显的差别仍然是对被修饰成分音节的选择，单纯词以修饰单音词为主，合成词则只能修饰双音节或多音节成分。在语义和语用上，合成词的语义和语气都比单纯词更强化。对于“是”、“为”是否可以看作副词后缀，学术界的观点不一，而由它们作副词后缀能构成哪些副词，各家的看法更是大相径庭，我们则认为《水浒传》中此类“F是”、“F为”结构中的“是”、“为”意义已经虚化，成为后附的词内成分，因而可以看作副词后缀。“是”、“为”本为判断动词，它们与前面的程度副词“F”原本不在一个结构层次上，没有直接的组合关系，但由于“是”、“为”的虚化（即语法化）引起语言结构层次的变化（即重新分析），它们便与“F”构成了直接成分，也最终确定了“是”、“为”作为副词后缀的身份，《水浒传》中此类“F是”、“F为”结构的程度副词都是近代汉语中新产生的。后缀“生”产生于晚唐五代时期，也是近代汉语中新出现的，最早由“生”构成的副词就是“好生”。

从来源来看，这些程度副词，无论是单纯词还是合成词，都是由实词虚化而来的。其中单纯词和部分合成词是由实词直接虚化而来的。还有一部分合成词是由实词间接虚化而来的，这主要包括并列式的“忒杀”、重叠式的“略略”、“微微”以及附加式的“最是”、“最为”等，它们都未经过由实到虚的阶段，而是一经形成就只用作副词，但其构词语素都经历了虚化的过程，因而是间接虚化。

第五，从句法功能来看，《水浒传》中的程度副词以充当状语为主，少数可以充当补语，具体可以分为以下三类：①只能作状语的“唯状副词”，这类程度副词占绝大多数，共52个，占总数的89.7%；②以作状语为主，少数情况下也可以作补语的“可补副词”，共5个，包括“好”、“非常”、“至”、“绝”、“甚”，占总数的8.6%；③只能作补语的“唯补副词”[①]，只有“杀（煞）”1个，只占总数的1.7%。从使用频率上看，程度副词作状语的次数共2 337次，占总次数的97.5%，作补语的次数共60次，只占总数的2.5%，可见，《水浒传》中程度副词的主要功能是作状语，与其在现代汉语中的情况一致。

第六，从组合功能来看，《水浒传》中的程度副词主要具有以下特点：

（1）在句法组合能力方面，《水浒传》中的程度副词可以修饰的成分有形容词性结构（AP）、动词性结构（VP）、名词性结构（NP）、数量（名）结构（NumP）、主谓结构（S）。其中以修饰VP的用法为主，其次是修饰AP，还有少数修饰NP、NumP和S的用法。而现代汉语中的程度副词则可以比较自由地修饰形容词，也可以修饰一

① 张谊生（2000）在《程度副词充当补语的多维考察》一文中将能够充当补语的程度副词从句法功能角度分为“兼职充当补语的可补副词”与“专职充当补语的唯补副词”，本文采用其名称，并将专职充当状语的程度副词称为“唯状副词”。

些助动词、心理动词及其构成的短语，而且绝大多数程度副词还能够修饰非心理动词，但它们与动词短语的组合能力不强，很少能修饰由动作动词构成的动宾短语、动补短语等，与《水浒传》中程度副词的句法组合能力存在一定的差异。《水浒传》程度副词的句法组合情况具体如下：

①能修饰AP的程度副词共42个，占总数的72.4%，使用频率共629次，占总使用频率的26.2%。其中以修饰AP为主或只能修饰AP的程度副词有20个，占总数的34.5%，比如“太”、“忒”、“极”、“至”、“甚”、“最”、“较（觉）”、“分外”等。未见修饰AP的程度副词有16个，分别是“过”、“多少”、“大大”、“生”、“深深”、“重重”、“厚”、“雅”、“颇$_2$”、“小”、“越是”、“一发”、“稍稍”、“略略”、“微微”、“倍”。

②能修饰VP的程度副词共48个，占总数的82.8%，使用频率共1 676次，占总使用频率的69.9%；其中以修饰VP为主或只能修饰VP的程度副词有32个，占总数的56.1%，比如“深”、“大”、“略”、“少”、“有些”、“越”、“重”、“过”等。未见修饰VP的程度副词有10个，分别是“老”、“良”、“深为”、“盛”、“分外”、“最为”、“更是”、“如法”、“益”、“较（觉）”。

③能修饰NP的程度副词只有5个，占总数的8.6%，使用频率共5次，占总使用频率的0.2%，分别是“忒”、“好”、“甚是”、“最”、“绝”。其中“忒”、“好”、“甚是”均修饰名词性的短语，作谓语，“最”与“绝”分别修饰时间名词与方位名词。现代汉语中一般只有最高级相对程度副词“最”、“顶”等可以修饰方位名词，而《水浒传》中绝对程度副词“绝”也可以修饰方位名词，用法不同于现代汉语。

④能修饰NumP的程度副词只有“好”1个，占总数的1.7%，使用频率共75次，占总使用频率的3.1%，这是近代汉语中“好”不同于其他程度副词的特殊用法，在《水浒传》中有很明显的体现。

⑤能修饰S的程度副词只有5个，占总数的8.6%，使用频率共12次，占总使用频率的0.5%，分别是“忒”、“甚是”、“最是”、“稍”、“有些（儿）”。其中“忒”与“甚是”能修饰VP、AP、S、NP，组合能力很强，但在现代汉语普通话中两者都已基本不用。这五个词中，“有些”修饰S的用例最多，有6例，可见，在《水浒传》的时代“有些”的搭配能力也很强。

《水浒传》中程度副词句法组合情况详见下表：

可修饰成分 / 词量和词频	AP	VP	NP	NumP	S
词量（比例）	42 （72.4%）	48 （82.8%）	5 （8.6%）	1 （1.7%）	5 （8.6%）
频率（比例）	629 （26.2%）	1 676 （69.9%）	5 （0.2%）	75 （3.1%）	12 （0.5%）

（2）在意义组合能力方面，我们主要考察程度副词所修饰成分的语义色彩。《水浒传》中以修饰具有积极意义的成分为主的程度副词共 24 个，占总数的 41.4%，比如“好”、“十分”、“深”、“最”、“至”、“极”、“甚”、“更”等；以修饰具有消极意义的成分为主的程度副词共 18 个，占总数的 31.0%，比如“大”、“好生”、“分外”、“太”、“忒杀”、“甚是”、“有些（儿）”、“越”、“转”等；以修饰具有中性意义的成分为主的程度副词共 13 个，占总数的 22.4%，比如“老”、“良”、“略”、“微”、“少”、“较”等。还有少数程度副词（共 3 个）对被修饰成分语义色彩的选择未表现出明显的倾向性。

（3）在与肯定、否定形式的组合能力方面，我们主要考察程度副词与否定动词、否定副词的连用情况。程度副词可以与否定动词/否定副词连用的共 15 个，占总数的 25.9%，比如“好”、“好生”、“十分”、“太”、“忒”、“最”、“至”、“极”、“甚”等。此外，否定动词/否定副词可以与程度副词连用的只有 3 个，占总数的 5.2%，分别是“至”、“甚”、“少”，其中动词“无”可与“至”连用，动词“无”、副词“不”可与“甚”连用，副词“未尝”、“不”可与“少”连用。

（4）从后附结构助词“的/地”的能力来看，单音节程度副词均不能带“的/地”，双音节程度副词也只有少数能带“的/地”，共有 5 个，占总数的 8.6%，分别是“十分”、“大大”、“深深”、“重重”、“微微”。其中以重叠式副词带“的/地”的情况较为多见，而且“十分”、“重重”、“微微”带不带“的/地”是任意的，并以不带“的/地”的情况居多。总的来看，程度副词带“的/地”作修饰语的用法并不多见，而“的/地”是状语的标记性成分，这或许可以说明程度副词作状语是无标记的。

第七，从程度副词的连用与并用情况来看，《水浒传》中这类用法很少。

《水浒传》中可以连用的程度副词只有“颇有些”（1 例）、“略有些”（2 例），共 3 例，连用的副词分别属于两个不同的句法结构层次。“颇”与“有些”都是绝对程度副词，但量级不同，“颇”是次高级的，“有些”是较低级的，两者连用所表示的程度低于“颇”而又高于“有些”，介于两者之间，这样的表达是在程度上留有分寸的肯定，含有委婉语气。“略”与“有些”则分别属于相对程度副词与绝对程度副词，但其量级都是较低级的，两者连用表示的程度更低。现代汉语中也存在这种程度副词连用的情况，比如“很有点儿”、“稍微有点儿”、“微微有点儿”等。

程度副词的并用在《水浒传》中也很少见，只有“十分大”并用的情况，共 4 例，“十分”与“大”都是次高级绝对程度副词，两者处于同一句法结构层次上，共同充当修饰语。副词的并用主要起调适韵律的作用，当然也有加强语义的作用，但从本质上看，它只是一种语用现象，违背了语言简约性的原则，因而在现代汉语中基本不见。

本章参考文献

著作

1. 北京大学中文系 1955、1957 级语言班编：《现代汉语虚词例释》，北京：商务印书馆，1982 年。

2. 陈群：《近代汉语程度副词研究》，成都：巴蜀书社，2006 年。

3. 董志翘、蔡镜浩：《中古虚词语法例释》，长春：吉林教育出版社，1994 年。

4. 何乐士、敖镜浩、王克仲等：《古代汉语虚词通释》，北京出版社，1985 年。

5. 洪成玉：《程度副词“颇”的语义特点》，郭锡良主编《古汉语语法论集》，北京：语文出版社，1998 年。

6. 侯学超：《现代汉语虚词词典》，北京：北京大学出版社，1998 年。

7. 胡竹安编：《水浒词典》，上海：汉语大词典出版社，1989 年。

8. 蒋绍愚：《近代汉语研究概况》，北京：北京大学出版社，1994 年。

9. 蒋绍愚、江蓝生编：《近代汉语研究》（二），北京：商务印书馆，1999 年。

10. 刘月华、潘文娱、故韡：《实用现代汉语语法》，北京：外语教学与研究出版社，1983 年。

11. 陆俭明、马真：《现代汉语虚词散论》，北京：北京大学出版社，1985 年。

12. 吕叔湘主编：《现代汉语八百词》（增订本），北京：商务印书馆，1999 年。

13. 吕叔湘：《汉语语法分析问题》，北京：商务印书馆，1979 年。

14. 罗竹风主编：《汉语大词典》，上海：汉语大词典出版社，1989 年。

15. 王力：《中国现代语法》，北京：商务印书馆，1985 年。

16. ［日］香坂顺一：《水浒词汇研究（虚词部分）》，北京：文津出版社，1992 年。

17. ［日］香坂顺一：《白话语汇研究》，北京：中华书局，1997 年。

18. 向熹：《简明汉语史》，北京：高等教育出版社，1993 年。

19. 杨荣祥：《近代汉语副词研究》，北京：商务印书馆，2005 年。

20. 杨伯峻、何乐士：《古汉语语法及其发展》，北京：语文出版社，1992 年。

21. 杨艳：《“很是”、“最是”的主观性》，胡有清主编，《对外汉语教学与研究》（第 2 辑），南京：南京大学出版社，2005 年。

22. 张斌主编：《现代汉语虚词词典》，北京：商务印书馆，2001 年。

23. 张谊生：《现代汉语副词研究》，上海：学林出版社，2000 年。

24. 张谊生：《现代汉语副词探索》，上海：学林出版社，2004 年。

25. 中国社会科学院语言研究所古代汉语研究室编：《古代汉语虚词词典》，北京：商务印书馆，1999 年。

26. 朱德熙：《语法讲义》，北京：商务印书馆，1982 年。

论文

1. 曹小云：《〈五代史平话〉中已有肯定式“好不”用例出现》，《中国语文》1996 年第 2 期。

2. 陈宝勤：《汉语副词生源探微》，《沈阳大学学报》1998 年第 1 期。

3. 陈兰芬：《中古汉语程度副词探析》，广州：华南师范大学硕士学位论文，2004 年。

4. 董秀芳：《“是”的进一步语法化：由虚词到词内成分》，《当代语言学》2004 年第 1 期。

5. 端木三：《汉语的节奏》，《中国语文》2000 年第 4 期。

6. 冯胜利：《论汉语的“韵律词”》，《中国社会科学》1996 年第 1 期。

7. 冯卓：《唐诗“尤最”副词研究》，长春：吉林大学硕士学位论文，2005 年。

8. 高育花：《中古汉语副词“颇”探微》，《温州师范学院学报》2001 年第 1 期。

9. 韩陈其：《古汉语单音程度副词之间的音义关系》，《徐州师范学院学报》1988 年第 4 期。

10. ［韩］韩容洙：《现代汉语的程度副词》，《汉语学习》2000 年第 2 期。

11. 侯兰笙：《近代汉语里副词“好”的两种特殊用法》，《中国语文》1996 年第 5 期。

12. 胡宗哲：《副词性“X 为”结构研究概述及思考》，《新疆石油教育学院学报》1998 年第 2 期。

13. 黄盛璋：《谈程度副词》，《语文学习》1957 年第 4 期。

14. 蒋绍愚：《近十年间近代汉语研究的回顾与前瞻》，《古汉语研究》1998 年第 4 期。

15. 刘晓惠：《〈搜神记〉程度副词考察》，《山西广播电视大学学报》2005 年第 3 期。

16. 李计伟：《试论程度副词“老大”的来源》，《云南师范大学学报》（对外汉语教学与研究版）2005 年第 6 期。

17. 李永斗：《程度副词“很”、“极”、“死”、“坏”研究》，上海师范大学硕士学位论文，2005 年。

18. 李媚乐：《副词重叠与重叠式副词》，《辽宁大学学报》2005 年第 2 期。

19. 林华勇：《现代汉语副词研究回顾》，《汉语学习》2003 年第 1 期。

20. 卢惠惠：《近代汉语程度副词“十分”的语法化及其特殊用法》，《语言研究》2005 年第 2 期。

21. 吕雅贤：《从先秦到西汉程度副词的发展》，《北京大学学报》1992 年第 5 期。

22. 马碧：《汉语“更”类副词的历时考察》，湖南师范大学硕士学位论文，2004 年。

23. 孟艳红:《〈五灯会元〉程度副词研究》,武汉大学硕士学位论文,2004 年。

24. 孟庆章:《“好不”肯定式出现时间新证》,《中国语文》1996 年第 2 期。

25. 齐沪扬:《谈单音节副词的重叠》,《中国语文》1987 年第 4 期。

26. 宋玉珂:《程度副词“最”和“很”的用法》,《杭州大学学报》1980 年第 1 期。

27. 唐贤清:《〈朱子语类〉副词研究》,湖南师范大学博士论文,2003 年。

28. 唐贤清:《近代汉语副词“忒煞”杂议》,《湖南医科大学学报》(社会科学版)2002 年第 3 期。

29. 唐贤清:《近代汉语副词“太煞”刍议》,《湖南社会科学》2003 年第 3 期。

30. 唐贤清:《副词“煞”与“杀”句法分布的历时演变》,《长沙电力学院学报》(社会科学版)2004 年第 2 期。

31. 王静:《绝对程度副词从近代汉语到现代汉语的发展演变》,河南大学硕士学位论文,2004 年。

32. 王洪君:《汉语的韵律词与韵律短语》,《中国语文》2000 年第 6 期。

33. 王继红:《现代汉语副词重叠现象考察》,《绥化师专学报》2001 年第 1 期。

34. 王蕊:《单双音节同义副词研究》,上海师范大学硕士学位论文,2005 年。

35. 王群:《〈醒世姻缘传〉副词研究》,山东师范大学硕士学位论文,2001 年。

36. 武振玉:《程度副词“十分”的产生和发展》,《山东教育学院学报》2004 年第 6 期。

37. 武振玉:《程度副词“好”的产生与发展》,《吉林大学社会科学学报》2004 年第 2 期。

38. 武振玉:《程度副词“非常、异常”的产生与发展》,《古汉语研究》2004 年第 2 期。

39. 武振玉:《〈儿女英雄传〉中的程度副词述评》,《绥化师专学报》2003 年第 4 期。

40. 武振玉:《〈红楼梦〉中“尤最”副词探讨》,《长春师范学院学报》2004 年第 2 期。

41. 武振玉:《试论〈三言二拍〉中的双音程度副词》,《延边大学学报》2005 年第 2 期。

42. 武振玉:《古代汉语中双音程度副词的产生与发展》,《新疆师范大学学报》(哲学社会科学版)2005 年第 2 期。

43. 肖奚强,钱如玉:《现代汉语副词研究综述》,《云南师范大学学报》(对外汉语教学与研究版)2006 年第 3 期。

44. 谢翠玲:《程度量主观性及副词“太”的相关分析》,上海师范大学硕士学位论文,2003 年。

45. 邢福义:《“最”义级层的多个体涵量》,《中国语文》2000 年第 1 期。

46. 徐俊霞:《程度副词“非常”的来源》,《殷都学刊》2003 年第 1 期。

47. 许荣:《论〈红楼梦〉程度副词“最”》,《镇江师专学报》1996 年第 2 期。

48. 杨荣祥:《现代汉语副词次类及其特征描写》,《湛江师范学院学报》1999 年第 1 期。

49. 杨淑敏:《明代白话中某些新兴或特殊副词研究》,《东岳论丛》1994 年第 3 期。

50. 杨平:《“动词 + 得 + 宾语”结构的产生和发展》,《中国语文》1989 年第 2 期。

51. 张桂宾:《相对程度副词与绝对程度副词》,《华东师范大学学报》1997 年第 2 期。

52. 张谊生:《程度副词充当补语的多维考察》,《世界汉语教学》2000 年第 2 期。

53. 张谊生:《副词的连用类别和共现顺序》,《烟台大学学报》1996 年第 2 期。

54. 张谊生:《副词的重叠形式与基础形式》,《世界汉语教学》1997 年第 4 期。

55. 周勤:《简阳方言的程度副词“多”、“少”、“多少”》,《乐山师范学院学报》2001 年第 5 期。

56. 周小兵:《论现代汉语的程度副词》,《中国语文》1995 年第 2 期。

57. 朱德琳:《从量的角度看程度副词“更”》,《高等函授学报》(哲学社会科学版)2003 年第 1 期。

后　记

当本书几经修订终于面世的时候，当年参与写作的5位同志都已在各自的岗位工作了两年：征文平任职于苏州科技学院，徐冲任教于苏州大学海外教育学院，王华任教于泰州高专，冯芳任教于昆山市震川中学，卞于靖任教于南京师范大学附属中学。真可谓光阴荏苒，时光易逝！

本书既是我与我的研究生们共同探讨学术问题的结晶，也是我所在方向2007届5位硕士研究生三年同门情谊的见证。

自2000年招收第一批硕士研究生起，我就与我的学生们约定，今后每一届同学都要共同完成一项工作，作为我们师生一场、同学们同门一场的一个纪念。当时，那仅仅是我个人的一个美好的愿望，一个期望学生去追求、去努力的目标，一种能激起学生豪情的倡导。

我大概算是有激情的。我在高校任教整整25个年头了，数十届我授过课的学生，对我有一个共同的评价：讲课富有激情。我也喜欢有激情的学生。而事实上，我的研究生大部分也都有那么一点激情，回过头去看看他们在跟我读研的三年中所做的一切就能感受到这一点。

我的第一届硕士研究生（2000—2003年）是饱含激情的。他们全力以赴我与他们的约定，全力以赴我和他们共同的梦想。在校期间，他们合作完成了一部30多万字的大学语文课程教参（由我推荐给北京大学出版社出版了），既锻炼了他们自己的文字表达能力和科研协同能力，也获得了丰厚的物质回报——每人3 000多元的稿酬，这在当时是一笔很可观的收入了，也是他们平生第一次领取写作报酬，同时这也是他们同门一场的一个珍贵纪念。紧接着，按照我的设计和要求，这一届硕士研究生还协同完成了对《型世言》中助词、介词、代词的初步探讨，这也成了他们的毕业论文（详见《〈型世言〉虚词计量研究》一书的第一章第三节“《型世言》虚词计量研究课题概述”和“后记”）。他们中除了吕传峰走上了仕途——任职于贵阳市委之外，其余均在高校工作：张云峰执教于安徽阜阳师范学院，施建平任职于苏州职业大学，赵焱执教于泰州高专。

我的第二届硕士研究生（2002—2005年）也同样是饱含激情的。他们继承了他们的师兄、师姐肯吃苦、勤读书、善思考、有毅力的品质，在学业上取得了更骄人的成绩。他们参加了由我主编的“商务语言研究丛书”6种的写作，除了柏丽洁（因身体欠佳而回家休养）、德吉卓嘎（系藏族学生）未能参与写作外，其他同学每人撰写了1种：吴汉江撰写了《商标语言》（13万多字）一书，钱理撰写了《商店名称语言》(13 万多字) 一书，龚穗丰撰写了《商业调查报告语言》(12 万字) 一书，全部由上海的汉语大词典出版社出版。尤其是吴汉江，还协助我一起完成了《商品叫卖语言》(18 万多字) 一书的写作，该书于 2008 年荣获了江苏省哲学社会科学优秀成果奖。这一届学生除了钱理去了苏州高新区的外资企业外，其余全部在高校工作：吴汉江执教于苏州科技学院中文系，柏丽洁执教于华东理工大学海外教育学院，龚穗丰执教于江西师范大学外国语学院，德吉卓嘎执教于拉萨师范学院中文系。

我的第三届硕士研究生 (2004—2007 年) 就是参与本书写作的 5 位，也同样没有使我失望。他们卓越的研究工作的结晶就是呈现在大家面前的这部著作。具体详情可参见本书第一章之第三节。这一届还有一位高校在职攻读硕士学位的学员——胡冰，她是江苏技术师范学院经济管理学院的副书记，她的毕业论文完成了我的第一届硕士生所没能完成的对《型世言》连词的计量研究。

我的第四届硕士研究生 (2006—2009 年) 聪明异常，勤奋异常。我多次在不同的场合赞扬他们就如同当年第一批入朝参战的志愿军战士，特别能吃苦，特别能做事。他们思维敏捷，思路开阔，悟性好，文字功底也扎实。任何事情，只要一点拨就开窍。他们一入学就参与了我主持但至今未获立项的 "《现代汉语词典》的修订和现代汉语词汇的发展" 课题的基础工作——建立《现代汉语词典》一至五版所有词目、义项、释义、引例等的增删改换的数据资料。由于种种原因，这项可以作为他们同门三年情谊见证的成果至今仍没有出版。其中唯一的男生高军与我合作撰写了《广告语言学教程》(近 50 万字) 一书，他的毕业论文《〈金瓶梅词话〉词缀计量研究》圆了我多年来的一个梦，完成了一项我一直想做却没有时间能做的工作，而且做得相当出色——在毕业论文答辩时获得了答辩委员会成员的一致好评，同时也开启了我主持的另一个尚没有立项的课题 "汉语词缀史 (1000—1900 年)" 的写作。可惜的是，他原可以留在高校最终却没有，而是考上了公务员进了海事局。万茹刚入学时的勤奋刻苦竟然引起了周边同学的不适应和疑惑，她的毕业论文是《〈现代汉语词典〉第 5 版修订计量研究》，工作量之繁重让人瞠目，我至今不知道别的学生能否承受她所承受过的巨大作业量。万茹的毕业论文很出色，其中的两小节抽出来，由我修改润色后分别推荐给了《语言研究》和《学术交流》这两份国内著名的学术期刊，在她毕业即将去淮阴师范学院报到前夕得以发表。郑秋娟是由苏州大学新闻传播系考入我方向的——原本高考时就是以高分录取进来的，基础、悟性自然不用说。三年中她默默无闻地为我的研究做了许多建设性的基础工作，使我节省了大量的时间可以着手最紧要的工作，所以我在她的硕士论文答辩会上说她对本方向的建设与发展贡献最大绝不是虚妄之言、溢美之词。她的毕业论文《〈儿女英雄传〉助词计量研究》，是我目前主持的国家社科基金项目 "北京话虚词史 (1750—1950)" 的子课题 "《儿女英雄传》虚词计量研究" 的重要构成部分之一，她前后做了近两年，最终定稿时有 16 万多字，是目前为止我所有的硕士研究生中毕业论文做得最长的学生，无论是盲审专家还是毕业论文答辩委员会委员均给予了极高的评价。她的这篇毕业论文较之我今年七月去南京担任评委评出的那些“江苏省优秀硕士论文”的水平不知要高出多少！可惜的是，苏州大学从来只报送优秀博士论文而不报送优秀硕士论文。郑秋娟毕业后任职于江苏技术师范学院。还有一位叫张秋梅，她是在身体极其虚弱的情况下咬牙坚持着完成她的毕业论文《〈儿女英雄传〉连词计量研究》的，这也是我主持的国家社科基金项目子课题“《儿女英雄传》虚词计量研究”的重要构成部分，她写了11万多字。

目前在读的2007级、2008级和刚进校的2009级硕士研究生，以及2007级、2008级和刚入学的2009级博士研究生，我相信，他们也同样不会让我失望的。

投到我门下的研究生，一般要比别的研究生辛苦，因为他们会有做不完的事情。但即便是如此，每年新生进来之后总有相当多的学生第一志愿是选择我的方向的。虽然我每年招收的硕士研究生数量几乎均要多于别人——这也难免引起别人的误解，但还是有不少事先同我联系过的、通过我的研究生表达意愿的、托系内老师打招呼的新生最终没能如愿，这也常常让我感到苦恼，感到歉疚。

当年我上大学的时候，男生是占绝对比例的，而到了眼下，不要说本科生，就是硕士研究生、博士研究生，也都是女生的天下了，男生成了可怜的少数族群。物以稀为贵，男生便成了大家所争夺的资源。在我业已毕业的20个硕士研究生中，男生只有5名，2名去了外地，3名留在了苏州的高校。目前在读的硕士、博士研究生中，男生也只有2名，我曾放言，我不会让他们离开苏州城的，除非我本人离开了苏州城。从毕业后的情况来看，同我联系最多的还是男生，无论是在外地的还是在苏州的，像首届招收的吕传峰，虽然身在贵阳，被贵阳市委工作的公务缠身，但却是同我联系最多的毕业生之一。男生，即使屡屡遭我训斥，也不会不同我联系，像首届招收的施建平，不但被我训斥过，也曾被他的师母批评过，但还是同我联系最多的毕业生之一。而女生就不同了，有一位女生，我曾委婉地批评了她在为人处事方面的一些欠妥的做法，她毕业后就杳无音讯了。当然，女生也有她们的长处——心细：柏丽洁毕业一年之后从上海邮寄来的羽绒服竟然是那么地合身，几年来每逢冬天我就穿上，由于保养得好，现在还簇新如初；龚穗丰毕业之后每年四月都会从南昌寄来她托人去江西婺源等地购买的绿茶，到今年已经是第5个春秋了，虽然我多次跟她说过，邮寄很麻烦的，而且我也不缺茶叶，可她还是一如既往地邮寄。与同事聊天，有人说女生懂事、贴心，有人说男生有事业心，能成气候，要我说，关键是看招收了什么样的学生，好学生是不分性别的。我的运气不错，招收了不少好学生。暑假中，系里一位相交多年的退休女教师突然辞世，无论是去她家里吊唁，还是去殡仪馆参加追悼会，还是晚上按吴地风俗应邀去吃豆腐饭，看到最多的身影还是她的和她先生的学生，心中不免感慨。这些学生真是不错，冒着酷暑，放下手头的活计，从全国各地纷纷跑来与他们的老师或师母作最后的告别。内中有一位在北京机场正要回美国的，闻知噩耗，当即退票，赶赴苏州老师家中。这是一位女生，毕业已经好多年了。

指导研究生，尤其是硕士研究生，确实费劲而且有操不完的心：先要安排他们顺利拿到所有的学分，还要教会他们研究问题的方法；给他们论文题目，指导他们先学着写小论文，帮他们修改论文，还要给他们推荐发表这些论文。尔后，为他们确定毕业论文题目，告诉他们一步步该怎么做；再为他们修改毕业论文初稿，一次又一次，直至定稿。最后，邀请有关专家组成论文答辩委员会走完毕业论文答辩的所有程序。按理说，到此应该忙完了，但新的问题又来了：学生毕业了总得有份工作，于是又得给他们到处联系安排工作。等工作全部落实了，学生也离开学校了。照理说，这下该是彻底忙完了，可问题又来了：其中的一位学生中彩了——其毕业论文被省学位办抽检到了，于是又得忙活开了。以上就是指导一届硕士研究生的大致流程，如果哪个环节出了点问题，还得增加程序。这也就难怪乎如今一些教授宁可招收博士生也不愿接受硕士生。当然，个中也有愉悦、乐趣，尤其是成就感。试想，一个糊里糊涂的男孩、女孩进来，经过三年的打磨，成为一名高校教师或中学骨干或企业白领或具有较高学历的公务员，这是一种怎样的蜕变！真可谓脱胎换骨！我想，不少人大概就是冲着成为这种蜕变的创造者所带来的巨大的愉悦而承担起指导硕士生的工作的，其中就有我。

最后说几句与本书有关的话语。

“明代早中晚期三部白话小说虚词计量研究”三种实际上是一个小系列，其宗旨是通过此来管窥有明一代三百年汉语虚词系统的发展演变。这显然是一项极有意义的工作。同时，这也是我的一个大系列的开端，那就是我的近代汉语虚词研究系列——按照计划，3 年内我和我指导的博士生们要完成 5 部书稿的写作。这个系列的读者面肯定没有我的另一个大系列——汉语词汇研究系列广，所以这个系列的相关成果的出版所带来的经济效益必然是小于零的负数。在这里，我要由衷地感谢暨南大学出版社，感谢出版方的代表——本书的责任编辑杜小陆先生对本书以及本系列的出版所给予的帮助和支持。也正因为有了这样的帮助和支持，才使我们在“学术著作出版难，语言研究著作出版尤难”的肃杀现实中感受到了丝丝暖意。也正因为有了这丝丝暖意，才使我们在严酷的生存环境中——既要承受枯坐冷板凳终日的孤寂，又要躲避来自周遭的忌恨乃至构陷——不气馁，不放弃，坚持了下来。对于暨南大学出版社一直以来对我们学术研究的支持以及杜小陆编辑一直以来为我们的学术成果的出版所付出的心血，我们将永远铭记在心！

曹 炜
2009 年 9 月 10 日午夜
于苏州东大街寓所

又是夜深人静时分，站在书房外的阳台窗前，任由白露后已有丝丝凉意的夜风拂拭着我光着的上身肌肤，很是惬意。环顾四周，所有的窗户看不到一盏灯火，想必我的芳邻们早已进入梦乡。难得今夜有如此好的心情。真希望这种时刻多些，再多些……

图书在版编目（CIP）数据

《水浒传》虚词计量研究/曹炜等著．—广州：暨南大学出版社，2009.12
ISBN 978-7-81135-407-2

Ⅰ．水…　Ⅱ．曹…　Ⅲ．水浒传—古汉语虚词—研究　Ⅳ．H141

中国版本图书馆 CIP 数据核字（2009）第 193504 号

出版发行：暨南大学出版社

地　　址：中国广州暨南大学
电　　话：总编室（8620）85221601
　　　　　营销部（8620）85225284　85228291　85220693（邮购）
传　　真：（8620）85221583（办公室）　85223774（营销部）
邮　　编：510630
网　　址：http：//www.jnupress.com　http：//press.jnu.edu.cn

责任编辑：杜小陆　侯丽庆
责任校对：张剑峰　周明思

排　　版：暨南大学出版社照排中心
印　　刷：佛山市浩文彩色印刷有限公司

开　　本：787mm×1092mm　1/16
印　　张：24.25
字　　数：536 千
版　　次：2009 年 12 月第 1 版
印　　次：2009 年 12 月第 1 次
印　　数：1—2000 册

定　　价：46.80 元